TOSEL®

HIGH JUNIOR

VOCA 1

CONTENTS

BROCHURES

High Junior 1권

High Junior 2권

TOSEL® Level Chart TOSEL 단계표

COCOON
아이들이 접할 수 있는 공식 인증 시험의 첫 단계로써, 아이들의 부담을 줄이고 즐겁게 흥미를 유발할 수 있도록 컬러풀한 색상과 디자인으로 시험지를 구성하였습니다.

Pre-STARTER
친숙한 주제에 대한 단어, 짧은 대화, 짧은 문장을 사용한 기본적인 문장표현 능력을 측정합니다.

STARTER
흔히 접할 수 있는 주제와 상황과 관련된 주제에 대한 짧은 대화 및 짧은 문장을 이해하고 일상생활 대화에 참여하며 실질적인 영어 기초 의사소통 능력을 측정합니다.

BASIC
개인 정보와 일상 활동, 미래 계획, 과거의 경험에 대해 구어와 문어의 형태로 의사소통을 능력을 측정합니다.

JUNIOR
일반적인 주제와 상황을 다루는 회화와 짧은 단락, 실용문, 짧은 연설 등을 이해하고 간단한 일상 대화에 참여하는 능력을 측정합니다.

HIGH JUNIOR
넓은 범위의 사회적, 학문적 주제에서 영어를 유창하고 정확하게, 효과적으로 사용할 수 있는 능력 및 중문과 복잡한 문장을 포함한 다양한 문장구조의 사용 능력을 측정합니다.

ADVANCED
대학 및 대학원에서 요구되는 영어능력과 취업 또는 직업근무환경에 필요한 실용영어 능력을 측정합니다.

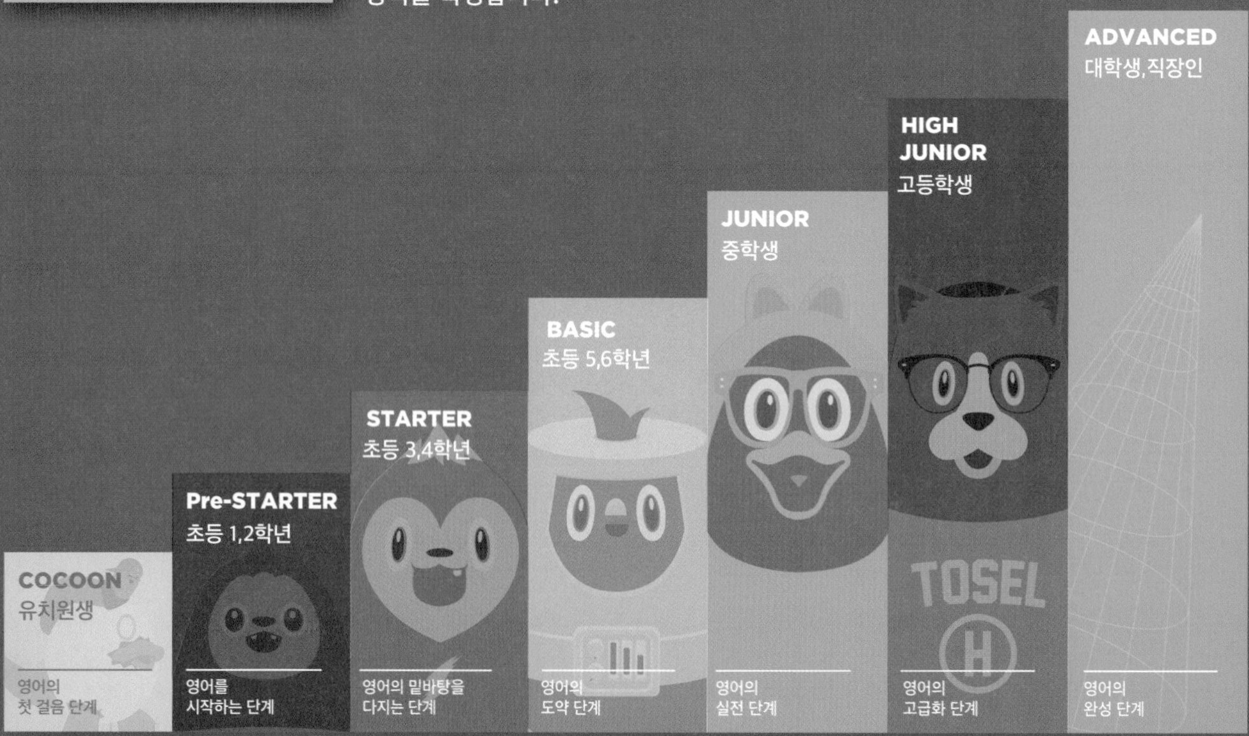

TOSEL

교재 Series

교과 과정 및 교재별 연계

TOSEL LEVEL	Age	Vocabulary Frequency	Readability Score	교과 과정 연계	VOCA	Reading	Listening	Grammar
Cocoon	K5-K7	500	0-1	Who is he? (국어 1단원 1-1)	150	Picking Pumpkins (Phonics Story)	Phonics	There is · There are
Pre-Starter	P1-P2	700	1-2	How old are you? (통합교과 1-1)	300	Me & My Family (Reading series Ch.1)	상대방 소개하기	be + adjective
Starter	P3-P4	1000-2000		Spring, Summer, Fall, Winter (통합교과 3-1)	800	Ask More Questions (Reading Series Ch.1)	날씨/시간 표현	Simple Present
Basic	P5-P6	3000-4000	3-4	Show and Tell (사회 5-1)	1700	Culture (Reading Series Ch.3)	의견 묻고 답하기	Superlative
Junior	M1-M2	5000-6000	5-6	중 1, 2 과학, 기술가정	4000	Humans and Animals (Reading Series Ch.1)	사물 소개하기	to-infinitive
High Junior	H1-H3			고등학교 - 체육	7000	Health (Reading Series Ch.1)	상태 묘사	2nd Conditional

■ TOSEL의 세분화된 레벨은 각 연령에 맞는 어휘와 읽기 지능 및 교과 과정과의 연계가 가능하도록 설계된 교재들로 효과적인 학습 커리큘럼을 제공합니다.

■ TOSEL의 커리큘럼에 따른 학습은

정확한 레벨링 → 레벨에 적합한 학습 → 영어 능력 인증 시험 TOSEL에서의 공신력 있는 평가를 통해 진단 → 학습 → 평가의 선순환 구조를 실현합니다.

About TOSEL® — TOSEL에 대하여

TOSEL은 각급 학교 교과과정과 연령별 인지단계를 고려하여 단계별 난이도와 문항으로 영어 숙달 정도를 측정하는 영어 사용자 중심의 맞춤식 영어능력인증 시험제도입니다. 평가유형에 따른 개인별 장점과 단점을 파악하고, 개인별 영어학습 방향을 제시하는 성적분석자료를 제공하여 영어능력 종합검진 서비스를 제공함으로써 영어 사용자인 소비자와 영어능력 평가를 토대로 영어교육을 담당하는 교사 및 기관 인사관리자인 공급자를 모두 만족시키는 영어능력인증 평가입니다.

TOSEL은 인지적-학문적 언어 사용의 유창성 (Cognitive-Academic Language Proficiency, CALP)과 기본적-개인적 의사소통능력 (Basic Interpersonal Communication Skill, BICS)을 엄밀히 구분하여 수험자의 언어능력을 가장 친밀하게 평가하는 시험입니다.

대상	목적	용도
유아, 초, 중, 고등학생, 대학생 및 직장인 등 성인	한국인의 영어구사능력 증진과 비영어권 국가의 영어 사용자의 영어구사능력 증진	실질적인 영어구사능력 평가 + 입학전형 및 인재선발 등에 활용 및 직무역량별 인재 배치

연혁

2002.02	국제토셀위원회 창설 (수능출제위원역임 전국대학 영어전공교수진 중심)
2004.09	TOSEL 고려대학교 국제어학원 공동인증시험 실시
2006.04	EBS 한국교육방송공사 주관기관 참여
2006.05	민족사관고등학교 입학전형에 반영
2008.12	고려대학교 편입학시험 TOSEL 유형으로 내체
2009.01	서울시 공무원 근무평정에 TOSEL 점수 가산점 부여
2009.01	전국 대부분 외고, 자사고 입학전형에 TOSEL 반영 (한영외국어고등학교, 한일고등학교, 고양외국어고등학교, 과천외국어고등학교, 김포외국어고등학교, 명지외국어고등학교, 부산국제외국어고등학교, 부일외국어 고등학교, 성남외국어고등학교, 인천외국어고등학교, 전북외국어고등학교, 대전외국어고등학교, 청주외국어고등학교, 강원외국어고등학교, 전남외국어고등학교)
2009.12	청심국제중 • 고등학교 입학전형 TOSEL 반영
2009.12	한국외국어교육학회, 팬코리아영어교육학회, 한국음성학회, 한국응용언어학회 TOSEL 인증
2010.03	고려대학교, TOSEL 출제기관 및 공동 인증기관으로 참여
2010.07	경찰청 공무원 임용 TOSEL 성적 가산점 부여
2014.04	전국 200개 초등학교 단체 응시 실시
2017.03	중앙일보 주관기관 참여
2018.11	관공서, 대기업 등 100여 개 기관에서 TOSEL 반영
2019.06	미얀마 TOSEL 도입 발족식 베트남 TOSEL 도입 협약식
2019.11	2020학년도 고려대학교 편입학전형 반영
2020.04	국토교통부 국가자격시험 TOSEL 반영
2021.07	소방청 간부후보생 선발시험 TOSEL 반영

About TOSEL® — TOSEL에 대하여

What's TOSEL?

"Test of Skills in the English Language"

TOSEL은 비영어권 국가의 영어 사용자를 대상으로 영어구사능력을 측정하여 그 결과를 공식 인증하는 영어능력인증 시험제도입니다.

영어 사용자 중심의 맞춤식 영어능력 인증 시험제도

맞춤식 평가

획일적인 평가에서 세분화된 평가로의 전환

TOSEL은 응시자의 연령별 인지단계에 따라 별도의 문항과 난이도를 적용하여 평가함으로써 평가의 목적과 용도에 적합한 평가 시스템을 구축하였습니다.

공정성과 신뢰성 확보

국제토셀위원회의 역할

TOSEL은 고려대학교가 출제 및 인증기관으로 참여하였고 대학입학수학능력시험 출제위원 교수들이 중심이 된 국제토셀위원회가 주관하여 사회적 공정성과 신뢰성을 확보한 평가 제도입니다.

수입대체 효과

외화유출 차단 및 국위선양

TOSEL은 해외시험응시로 인한 외화의 유출을 막는 수입대체의 효과를 기대할 수 있습니다. TOSEL의 문항과 시험제도는 비영어권 국가에 수출하여 국위선양에 기여하고 있습니다.

Why TOSEL®

왜 TOSEL인가

01 학교 시험 폐지

일선 학교에서 중간, 기말고사 폐지로 인해 객관적인 영어 평가 제도의 부재가 우려됩니다. 그러나 전국단위로 연간 4번 시행되는 TOSEL 평가시험을 통해 학생들은 정확한 역량과 체계적인 학습방향을 꾸준히 진단받을 수 있습니다.

02 연령별/단계별 대비로 영어학습 점검

TOSEL은 응시자의 연령별 인지단계 및 영어 학습 단계에 따라 총 7단계로 구성되었습니다. 각 단계에 알맞은 문항유형과 난이도를 적용해 모든 연령 및 학습 과정에 맞추어 가장 효율적으로 영어실력을 평가할 수 있도록 개발된 영어시험입니다.

03 학교내신성적 향상

TOSEL은 학년별 교과과정과 연계하여 학교에서 배우는 내용을 학습하고 평가할 수 있도록 문항 및 주제를 구성하여 내신영어 향상을 위한 최적의 솔루션을 제공합니다.

04 수능대비 직결

유아, 초, 중등시절 어렵지 않고 즐겁게 학습해 온 영어이지만, 수능시험준비를 위해 접하는 영어의 문항 및 유형 난이도에 주춤하게 됩니다. 이를 대비하기 위해 TOSEL은 유아부터 성인까지 점진적인 학습을 통해 수능대비를 자연적으로 해나갈 수 있습니다.

05 진학과 취업에 대비한 필수 스펙관리

개인별 '학업성취기록부' 발급을 통해 영어학업성취이력을 꾸준히 기록한 영어학습 포트폴리오를 제공하여 영어학습 이력을 관리할 수 있습니다.

06 자기소개서에 토셀 기재

개별적인 진로 적성 Report를 제공하여 진로를 파악하고 자기소개서 작성시 적극적으로 활용할 수 있는 객관적인 자료를 제공합니다.

07 영어학습 동기부여

시험실시 후 응시자 모두에게 수여되는 인증서는 영어학습에 대한 자신감과 성취감을 고취시키고 동기를 부여합니다.

08 AI 분석 영어학습 솔루션

국내외 15,000여 개 학교·학원 단체 응시인원 중 엄선한 100만 명 이상의 실제 TOSEL 성적 데이터를 기반으로 영어인증시험 제도 중 세계 최초로 인공지능이 분석한 개인별 AI 정밀 진단 성적표를 제공합니다. 최첨단 AI 정밀진단 성적표는 최적의 영어 학습 솔루션을 제시하여 영어 학습에 소요되는 시간과 노력을 획기적으로 절감해줍니다.

09 명예의 전당, 우수협력기관 지정

우수교육기관은 'TOSEL 우수 협력 기관'에 지정되고, 각 시/도별, 최고득점자를 명예의 전당에 등재합니다.

Evaluation — 평가

평가의 기본원칙

TOSEL은 PBT(Paper Based Test)를 통하여 간접평가와 직접평가를 모두 시행합니다.

TOSEL은 언어의 네 가지 요소인 읽기, 듣기, 말하기, 쓰기 영역을 모두 평가합니다.

문자언어: 읽기능력, 쓰기능력 + 음성언어: 듣기능력, 말하기능력

↓

대한민국 대표 영어능력 인증 시험제도

TOSEL®

Reading 읽기	모든 레벨의 읽기 영역은 직접 평가 방식으로 측정합니다.
Listening 듣기	모든 레벨의 듣기 영역은 직접 평가 방식으로 측정합니다.
Speaking 말하기	모든 레벨의 말하기 영역은 간접 평가 방식으로 측정합니다.
Writing 쓰기	모든 레벨의 쓰기 영역은 간접 평가 방식으로 측정합니다.

TOSEL은 연령별 인지단계를 고려하여 **아래와 같이 7단계로 나누어 평가합니다.**

단계	레벨	대상
1 단계	TOSEL® COCOON	5~7세의 미취학 아동
2 단계	TOSEL® Pre-STARTER	초등학교 1~2학년
3 단계	TOSEL® STARTER	초등학교 3~4학년
4 단계	TOSEL® BASIC	초등학교 5~6학년
5 단계	TOSEL® JUNIOR	중학생
6 단계	TOSEL® HIGH JUNIOR	고등학생
7 단계	TOSEL® ADVANCED	대학생 및 성인

Grade Report

성적표 및 인증서

개인 AI 정밀진단 성적표

십 수년간 전국단위 정기시험으로 축적된 빅데이터를 교육공학적으로 분석 · 활용하여 산출한 개인별 성적자료

정확한 영어능력진단 / 섹션별 · 파트별 영어능력 및 균형 진단 / 명예의 전당 등재 여부 / 온라인 최적화된 개인별 상세 성적자료를 위한 QR코드 / 응시지역, 동일학년, 전국에서의 학생의 위치

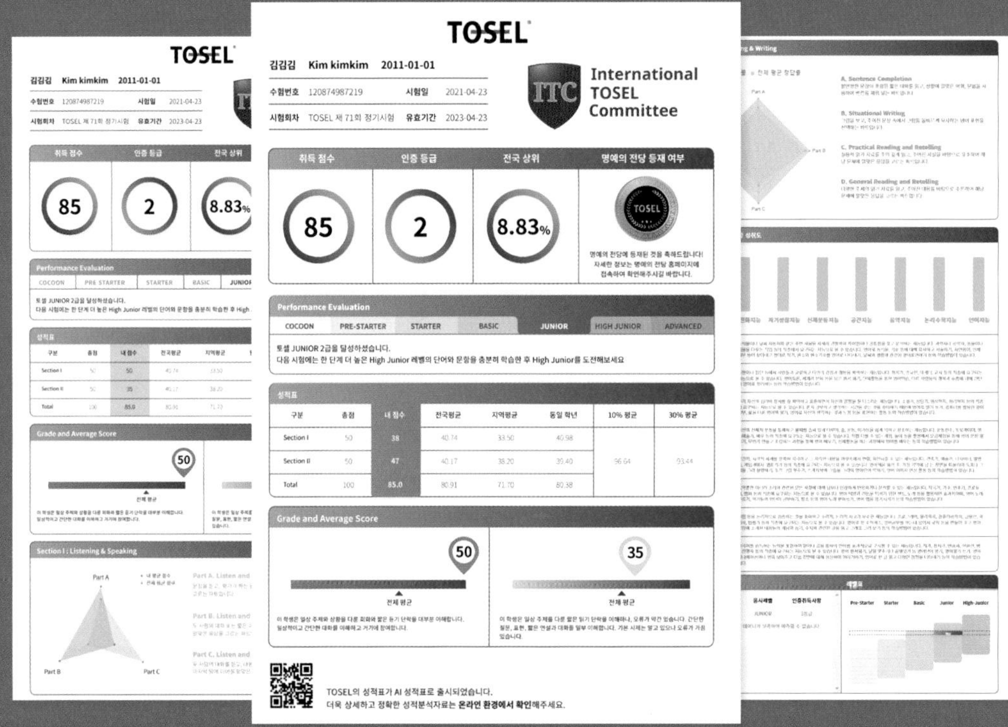

단체 및 기관 응시자 AI 통계 분석 자료

십 수년간 전국단위 정기시험으로 **축적된 빅데이터를 교육공학적으로 분석 · 활용**하여 산출한 응시자 통계 분석 자료

- 단체 내 레벨별 평균성적추이, LR평균 점수, 표준편차 파악
- 타 지역 내 다른 단체와의 점수 종합 비교 / 단체 내 레벨별 학생분포 파악
- 동일 지역 내 다른 단체 레벨별 응시자의 평균 나이 비교
- 동일 지역 내 다른 단체 명예의 전당 등재 인원 수 비교
- 동일 지역 내 다른 단체 최고점자의 최고 점수 비교
- 동일 지역 내 다른 응시자들의 수 비교

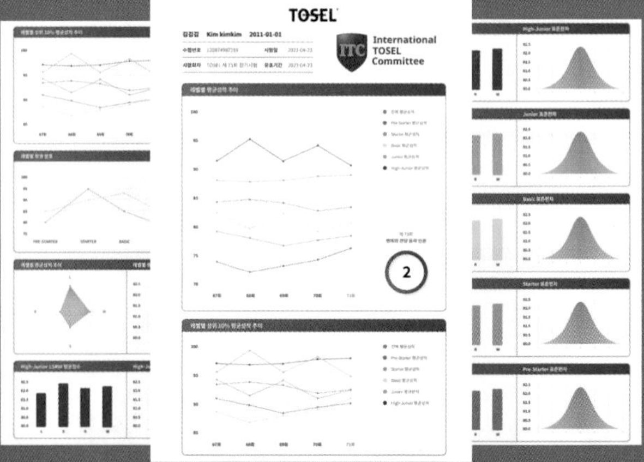

'토셀 명예의 전당' 등재

특별시, 광역시, 도 별 **1등 선발**
(7개시 9개도 **1등 선발**)

*홈페이지 로그인 - 시험결과 - 명예의 전당에서
해당자 등재 증명서 출력 가능

'학업성취기록부'에 토셀 인증등급 기재

개인별 **'학업성취기록부' 평생 발급**
진학과 취업을 대비한 **필수 스펙관리**

인증서

대한민국 초,중,고등학생의 영어숙달능력 평가 결과 공식인증

고려대학교 인증획득 (2010. 03) 팬코리아영어교육학회 인증획득 (2009. 10) 한국응용언어학회 인증획득 (2009. 11)
한국외국어교육학회 인증획득 (2009. 12) 한국음성학회 인증획득 (2009. 12)

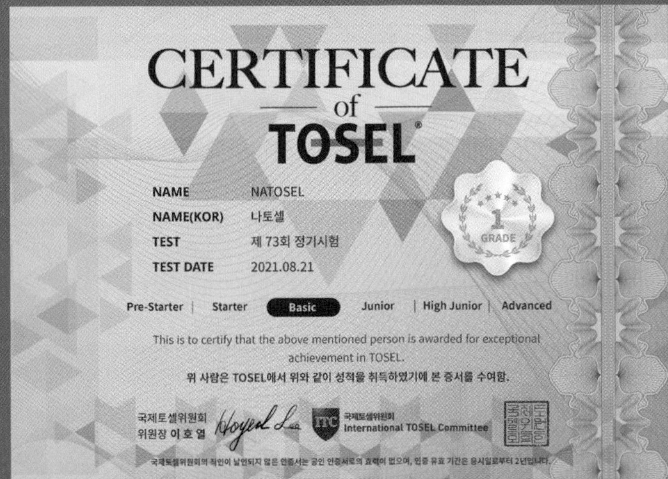

Voca Series 특장점

TOSEL 시험을 기준으로 빈출 지표를 활용한 단어 선정 및 예문과 문제 구성

TOSEL 시험에 출제된 빈출 단어를 기준으로 단어 선정

TOSEL 시험에 활용된 문장을 사용하여 예문과 문제를 구성

TOSEL 기출 문제 풀이를 통한 TOSEL 및 실전 영어 시험 대비 학습

세분화된 레벨링

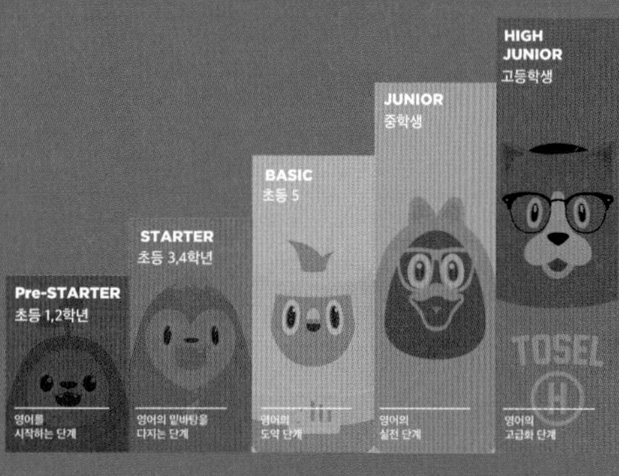

20년 가까이 대한민국 영어 평가 기관으로서
연간 4회 전국적으로 실시되는 정기시험에서
축적된 성적 데이터를 기반으로
정확하고 세분화된 레벨링을 통한
영어 학습 콘텐츠 개발

언어의 4대 영역 균형 학습

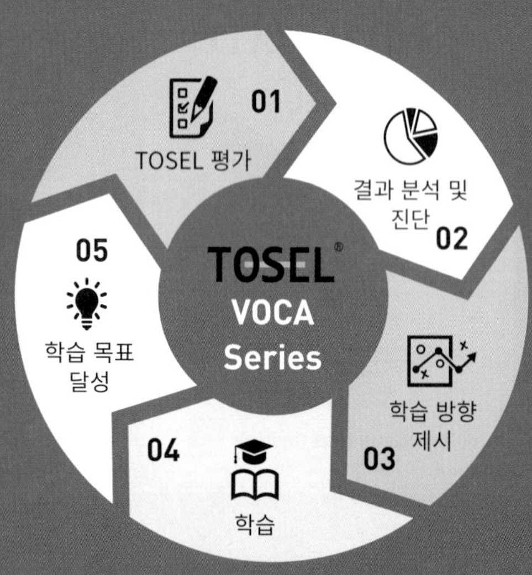

1 TOSEL 평가: 학생의 영어 능력을 정확하게 평가

2 결과 분석 및 진단: 시험 점수와 결과를 분석하여 학생의 강점, 취약점, 학습자 특성 등을 객관적으로 진단

3 학습 방향 제시: 객관적 진단 데이터를 기반으로 학습자 특성에 맞는 학습 방향 제시 및 목표 설정

4 학습: 제시된 방향과 목표에 따라 학생에게 적합한 어휘 학습법 소개 및 단어 암기 훈련

5 학습 목표 달성: 학습 후 다시 평가를 통해 목표 달성 여부 확인 및 성장을 위한 다음 학습 목표 설정

Voca Series

Level

TOSEL의 Voca Series는 레벨에 맞게 단계적으로 단어를 학습할 수 있도록 구성되어 있습니다.

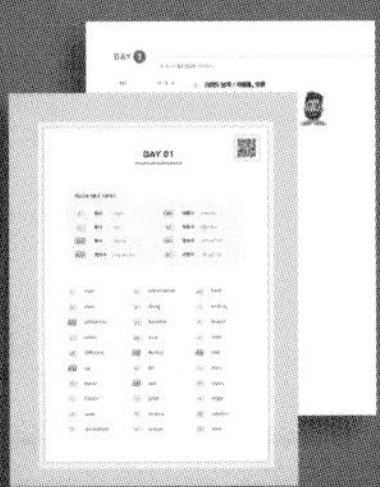
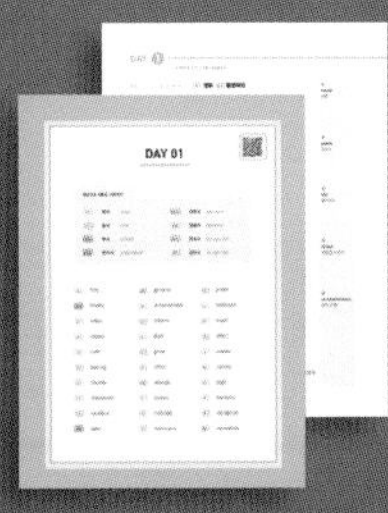
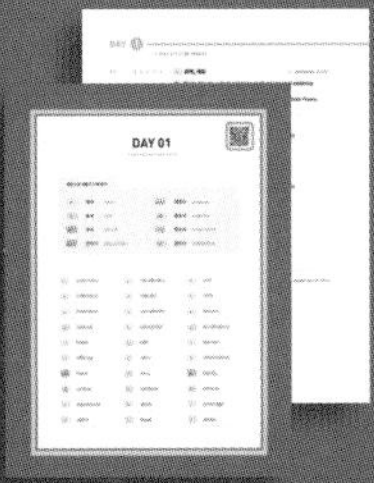

Pre-Starter | Starter | Basic | Junior | High Junior

- 그림을 활용하여 단어에 대한 이해도 향상
- 다양한 활동을 통해 단어 반복 학습 유도
- TOSEL 기출 문제 연습을 통한 실전 대비

- TOSEL 기출의 빈도수를 활용한 단어 선정으로 효율적 학습
- 실제 TOSEL 지문의 예문을 활용한 실용적 학습 제공
- TOSEL 기출 문제 연습을 통한 실전 대비

최신 수능 출제 단어를 포함하여 수능 대비 가능

TOSEL LEVEL	PS	S	B	J	HJ
총 단어 수	300	500	900	2300	3000
누적 단어 수	300	800	1700	4000	7000
권 수	1권	1권	2권	2권	2권
하루 단어 암기량	20	30	30	30	30
목차 구성	15 units	15 units	30 days	70 days	100 days
unit 당 학습 기간	3일	3일	3일	2일	2일
총 학습 기간 (1권 / 2권)	45일 (약1.5개월)	45일 (약 1.5개월)	45일 / 90일 (2권 총합 약 2개월)	70일 / 140일 (2권 총합 약 4개월)	100일 / 200일 (2권 총합 약 6개월)

1시간 학습 Guideline

01
Preview

10분

■ 해당 단원에서 학습할 단어를 미리 학습
■ 단어의 품사 파악하기 및 QR코드를 활용하여 올바른 발음 듣기

02
품사 구분하기

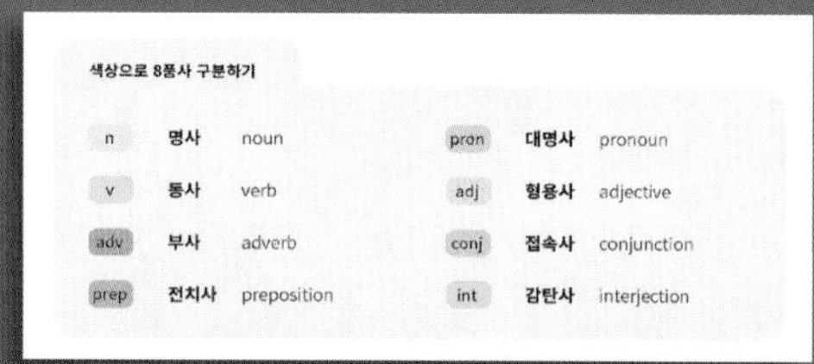

색상으로 8품사 구분하기

n	명사 noun	pron	대명사 pronoun
v	동사 verb	adj	형용사 adjective
adv	부사 adverb	conj	접속사 conjunction
prep	전치사 preposition	int	감탄사 interjection

05
Practice

10분

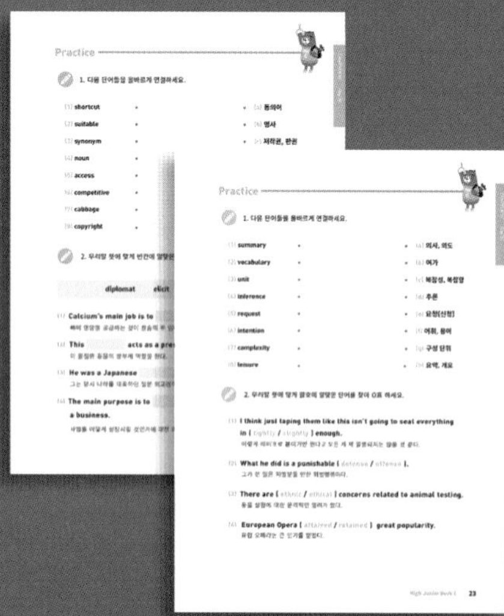

연결하기 문제 예시
일치하는 단어와 올바르게 연결하기

단어 맞추기 문제 예시
영어 뜻에 알맞은 단어 찾아서 쓰기

빈칸 채우기 문제 예시
빈칸에 맞는 단어 찾아서 쓰기

■ 해당 단어 표현에 대해서는 우리말 보다는 영어로 말할 수 있도록 지도하기
■ 문제의 정답률 보다는 단어의 활용에 초점을 두어 교수하기

03

발음 듣기

n	summary	n	vocabulary	n	unit
n	inference	n	request	n	verb
n	intention	n	complexity	n	leisure
v	spread	n	caterpillar	v	accompany
n	blaze	v	edit	n	learner
n	offense	n	ratio	n	information
adv	hard	v	miss	adv	tightly
adj	undue	v	validate	adj	ethical
n	expansion	n	atom	n	coverage
n	debit	v	howl	v	attain

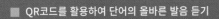

- QR코드를 활용하여 단어의 올바른 발음 듣기
- 소리 내어 읽으면서 단어 학습
- 단어의 구체적 의미보다는 발음과 스펠링에 집중하여 학습

04

단어 학습

20분

- 단어의 스펠링과 우리말 뜻에 유의하며 학습
- 한 번 읽어본 이후에는 우리말 뜻을 가리고 학습하며 단어의 의미 상기하기
- 출제 빈도 표시 추가 (TOSEL 지문을 분석)

06

Self Test

10분

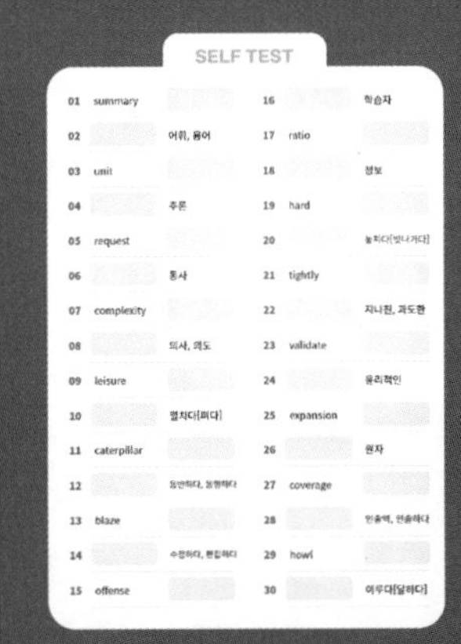

SELF TEST

01	summary		16		학습자
02		어휘, 용어	17	ratio	
03	unit		18		정보
04		추론	19	hard	
05	request		20		놓치다[빗나가다]
06		동사	21	tightly	
07	complexity		22		지나친, 과도한
08		의사, 의도	23	validate	
09	leisure		24		윤리적인
10		펼치다[퍼다]	25	expansion	
11	caterpillar		26		원자
12		동반하다, 동행하다	27	coverage	
13	blaze		28		인출액, 인출하다
14		수정하다, 편집하다	29	howl	
15	offense		30		이루다[달하다]

- 단어 시험지 형태의 구성
- 수업 시간에 활용하기 용이하며 혼자서 복습할 수 있도록 구성

07

TOSEL 실전문제

10분

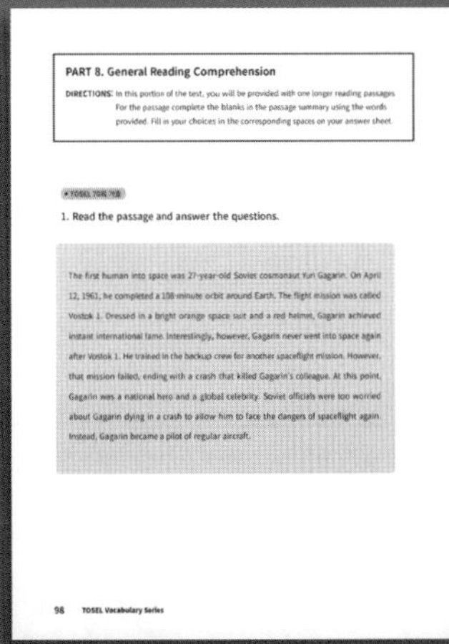

PART 8. General Reading Comprehension

DIRECTIONS: In this portion of the test, you will be provided with one longer reading passages. For the passage complete the blanks in the passage summary using the words provided. Fill in your choices in the corresponding spaces on your answer sheet.

1. Read the passage and answer the questions.

The first human into space was 27-year-old Soviet cosmonaut Yuri Gagarin. On April 12, 1961, he completed a 108-minute orbit around Earth. The flight mission was called Vostok 1. Dressed in a bright orange space suit and a red helmet, Gagarin achieved instant international fame. Interestingly, however, Gagarin never went into space again after Vostok 1. He trained in the backup crew for another spaceflight mission. However, that mission failed, ending with a crash that killed Gagarin's colleague. At this point, Gagarin was a national hero and a global celebrity. Soviet officials were too worried about Gagarin dying in a crash to allow him to face the dangers of spaceflight again. Instead, Gagarin became a pilot of regular aircraft.

- 실제 TOSEL 기출 문제를 통한 실전 대비 학습
- 실제 시험 시간과 유사하게 풀이할 수 있도록 지도하기
- 틀린 문제에 대해서는 해당 단원에서 복습하도록 지도하기

CHAPTER 01

DAY 01

색상으로 8품사 구분하기

n	명사	noun	pron	대명사	pronoun
v	동사	verb	adj	형용사	adjective
adv	부사	adverb	conj	접속사	conjunction
prep	전치사	preposition	int	감탄사	interjection

n	summary	n	vocabulary	n	unit
n	inference	n	request	n	verb
n	intention	n	complexity	n	leisure
v	spread	n	caterpillar	v	accompany
n	blaze	v	edit	n	learner
n	offense	n	ratio	n	information
adv	hard	v	miss	adv	tightly
adj	undue	v	validate	adj	ethical
n	expansion	n	atom	n	coverage
n	debit	v	howl	v	attain

DAY 1

★ 표시는 출제 빈도를 나타냅니다.

001 ★★★★★

summary

n **요약, 개요** 참고 **summarize** 요약하다

ex Please give me a short **summary** of what happened yesterday.
어제 있었던 일을 간단히 요약해 주세요.

In **summary**, many people started to believe in the Gaia Theory.
요약하자면, 많은 사람들이 가이아 이론을 믿기 시작했다.

002 ★★★★★

vocabulary

n **어휘, 용어**

ex The students were not ready for the **vocabulary** quiz.
학생들은 단어 시험을 볼 준비가 되지 않았다.

How do you memorize **vocabulary**?
당신은 단어를 어떻게 외우는가?

003 ★★★★★

unit

n **구성 단위**

ex The clock's processing **unit** works in increments of 9.
그 시계의 처리 장치는 9단위로 작동한다.

The **unit** for length varies from country to country.
길이의 단위는 나라마다 다르다.

004 ★★★★★

inference

n **추론**

ex Your **inference** seems quite reasonable.
당신의 추론은 꽤 타당해 보인다.

He drew an **inference** about the case.
그는 그 사건에 대한 추론을 이끌어냈다.

005 ★★★★★

request

n **요청[신청]** v **요청하다** 유 **require** 필요[요구]하다

ex Please do not **request** extra time for your child.
당신의 자녀를 위한 추가시간을 요청하지 마십시오.

What does the man **request**?
남자가 요청하는 것은 무엇인가?

006 ★★★★★

verb

n **동사**

ex Be sure to keep the main **verb** in its original form.
본동사는 반드시 원형을 유지하도록 해라.

There are many kinds of irregular **verbs.**
불규칙 동사에는 많은 종류가 있다.

007 ★★★★★

intention

n **의사, 의도**

참고 **intension** 강화, 보강

ex It was never my **intention**.
내 의도는 절대 아니었다.

What is the **intention** of this letter?
이 편지의 의도는 무엇인가?

008 ★★★★★

complexity

n **복잡성, 복잡함**

ex What causes the **complexity** of animal behavior?
무엇이 동물 행동의 복잡성을 초래하는가?

The **complexity** of this artwork is what makes it beautiful.
이 작품의 복잡성이 그것을 아름답게 만든다.

009 ★★★★★

leisure

n **여가**

참고 **leisurely** adj. 한가한, 여유로운

ex Workers began to pay for **leisure** activities.
노동자들은 여가 활동에 대한 비용을 지불하기 시작했다.

Many people place **leisure** high on their list of priorities.
많은 사람들이 여가를 우선순위 목록에 높은 순위에 놓는다.

010 ★★★★★

spread

v **펼치다[펴다]** n **확산, 전파**

ex What makes you think I'd **spread** such rumor?
내가 왜 그런 소문을 퍼트렸을 것이라 생각하는가?

The **spread** of the disease made people afraid.
질병의 확산이 사람들을 두렵게 만들었다.

011 ★★★★★

caterpillar

n **애벌레**

㊌ **larva** 유충, 애벌레

ex A few weeks later, **caterpillars** hatch out of the eggs.
몇 주 후, 애벌레는 알에서 부화한다.

They could not possibly pick all of the **caterpillars** off.
그들은 모든 애벌레를 뗄 수 없었다.

012 ★★★★

accompany

v **동반하다, 동행하다**

ex Is there a textbook that **accompanies** the course videos?
수업 영상과 함께 제공되는 교재는 있는가?

These must be **accompanied** by an English translation.
이것들은 반드시 영어 번역본과 동반되어야 한다.

★ 표시는 출제 빈도를 나타냅니다.

013 ★★★★

blaze

n (대형)화재 v 활활 타다, 눈부시게 빛나다

ex In 1962, some burning trash lit the coal on fire, and the **blaze** quickly spread underground.
1962년, 어떤 불타는 쓰레기가 석탄에 불을 붙였고, 불길은 빠르게 지하로 번졌다.

014 ★★★★

edit

v 수정하다, 편집하다 n 수정

㊒ **revise** 변경[수정]하다, 개정하다

ex I just have to do some small **edits.**
나는 단지 약간의 수정을 해야 한다.

I'm really into taking and **editing** pictures.
나는 사진 촬영과 편집에 정말 관심이 많다.

015 ★★★

learner

n 학습자

ex Second language **learners** purchased more pop music than other groups.
제2언어 학습자들은 다른 그룹보다 팝 음악을 더 많이 구입했다.

Visual **learners** can best acquire knowledge from pictures.
시각적 학습자들은 사진으로부터 지식을 가장 잘 습득할 수 있다.

016 ★★★

offense

n 위법행위, 범죄 / 공격

㊒ **defense** 방어, 방위

ex What he did is a punishable **offense**.
그가 한 일은 처벌받을 만한 위법행위이다.

A good **offense** is the best defense.
효과적인 공격은 최선의 방어이다.

017 ★★★

ratio

n 비율, 비

㊒ **proportion** 부분, 비율

ex Mix water with lemon juice at a 1:1 **ratio.**
물과 레몬주스를 1:1 비율로 섞어라.

You can find the golden **ratio** in the spirals of shells.
당신은 껍질의 나선형에서 황금비율을 찾을 수 있다.

018 ★★★

information

n 정보

ex How can you find more **information**?
당신은 어떻게 더 많은 정보를 찾을 수 있는가?

The charts reveal **information** about domestic tourists.
그 차트들은 국내 관광객들에 대한 정보를 보여준다.

019 ★★★

hard

adv **열심히** adj **단단한 / 어려운[힘든]**

ex Sue works as **hard** as John.
Sue는 John 만큼 열심히 일한다.

Be careful, the outer part of the material isn't **hard**.
조심해, 물질의 겉 부분은 단단하지 않아.

---

020 ★★★

miss

v **놓치다[빗나가다]**

ex I wouldn't **miss** my granddaughter's ballet performance.
손녀딸의 발레 공연을 놓치지 않을 것이다.

Why did Monica **miss** her train?
Monica는 왜 기차를 놓쳤는가?

---

021 ★★

tightly

adv **단단히, 꽉**

ex I think just taping them like this isn't going to seal everything in **tightly** enough.
이렇게 테이프로 붙이기만 한다고 모든 게 꽉 밀봉되지는 않을 것 같다.

---

022 ★★

undue

adj **지나친, 과도한** 참고 **due** ~하기로 되어 있는, 적절한, 마땅한

ex DNA-based prediction scores could cause **undue** psychological stress.
DNA 기반 예측 점수는 과도한 심리적 스트레스를 유발할 수 있다.

He gives **undue** attention to other cars when he drives.
그는 운전할 때 다른 차들에게 과도한 주목을 한다.

---

023 ★★

validate

v **입증하다, 인증하다** 참고 **valid** 유효한, 타당한

ex How should riders **validate** their ticket to the bus driver?
승객들은 버스 기사에게 어떻게 탑승권을 증명해야 하는가?

Your license should be **validated** before use.
당신의 면허는 사용되기 전 인증되어야 한다.

---

024 ★★

ethical

adj **윤리적인** 참고 **ethnic** 민족의

ex We discuss the **ethical** principles of justice.
우리는 정의의 윤리적 원칙에 대해 논의하고 있다.

There are **ethical** concerns related to animal testing.
동물 실험에 대한 윤리적인 염려가 있다.

DAY 1

★ 표시는 출제 빈도를 나타냅니다.

025 ★★

expansion

n **확대, 확장, 팽창**

참고 **extension** 확대, 연장

ex After a huge **expansion** of the site, the complex reopened.
현장을 크게 확장한 후, 복합단지는 다시 문을 열었다.

a memorandum of understanding for an airport **expansion**
공항 확장에 대한 양해각서

026 ★

atom

n **원자**

참고 **molecule** 분자

ex Lewis dot structures are a way of showing how **atoms** form certain bonds.
루이스 전자점식은 원자가 어떻게 특정 결합을 형성하는지 보여주는 방법이다.

027 ★

coverage

n **보도[방송], 범위**

ex This case is big and the media **coverage** is going to be huge.
이 사건은 크고 언론 보도도 엄청날 것이다.

There is no insurance **coverage** for this kind of accident.
이런 유의 사고에는 보험 적용이 되지 않는다.

028 ★

debit

n **인출[출금]액** v **인출하다**

참고 **credit** 신용 거래, 융자(금)

ex Please pay with a **debit** card.
체크카드로 결제해 주세요.

I handle the flow of **debit** and credit of the company.
나는 회사의 인출과 융자의 흐름을 처리한다.

029 ★

howl

v **울다[울부짖다]**

참고 **growl** 으르렁거리다

ex He began to run around the castle **howling** at people like a wolf.
그는 늑대처럼 사람들에게 울부짖으며 성 주위를 뛰어다니기 시작했다.

Animals **howl** for different reasons.
동물들은 다른 이유들로 울부짖는다.

030 ★

attain

v **이루다, 달하다**

참고 **retain** 유지[보유]하다

ex European opera **attained** great popularity.
유럽 오페라는 큰 인기를 얻었다.

Attaining success requires patience.
성공을 이루는 것은 인내심을 요구한다.

Practice

1. 다음 단어들을 올바르게 연결하세요.

(1) summary	•	• (a) 의사, 의도
(2) vocabulary	•	• (b) 여가
(3) unit	•	• (c) 복잡성, 복잡함
(4) inference	•	• (d) 추론
(5) request	•	• (e) 요청[신청]
(6) intention	•	• (f) 어휘, 용어
(7) complexity	•	• (g) 구성 단위
(8) leisure	•	• (h) 요약, 개요

2. 우리말 뜻에 맞게 괄호에 알맞은 단어를 찾아 O표 하세요.

(1) **I think just taping them like this isn't going to seal everything in (tightly / slightly) enough.**
이렇게 테이프로 붙이기만 한다고 모든 게 꽉 밀봉되지는 않을 것 같다.

(2) **What he did is a punishable (defense / offense).**
그가 한 일은 처벌받을 만한 위법행위이다.

(3) **There are (ethnic / ethical) concerns related to animal testing.**
동물 실험에 대한 윤리적인 염려가 있다.

(4) **European opera (attained / retained) great popularity.**
유럽 오페라는 큰 인기를 얻었다.

SELF TEST

01	summary	
02		어휘, 용어
03	unit	
04		추론
05	request	
06		동사
07	complexity	
08		의사, 의도
09	leisure	
10		펼치다[펴다]
11	caterpillar	
12		동반하다, 동행하다
13	blaze	
14		수정하다, 편집하다
15	offense	
16		학습자
17	ratio	
18		정보
19	hard	
20		놓치다[빗나가다]
21	tightly	
22		지나친, 과도한
23	validate	
24		윤리적인
25	expansion	
26		원자
27	coverage	
28		인출액, 인출하다
29	howl	
30		이루다, 달하다

DAY 02

색상으로 8품사 구분하기

n	**명사**	noun	pron	**대명사**	pronoun
v	**동사**	verb	adj	**형용사**	adjective
adv	**부사**	adverb	conj	**접속사**	conjunction
prep	**전치사**	preposition	int	**감탄사**	interjection

prep	within	adj	suitable	n	brain
n	synonym	n	noun	n	access
adj	competitive	n	cabbage	adj	complicated
n	copyright	v	embed	n	diplomat
n	contrast	adj	facial	v	drain
adj	indigo	v	think	prep	behind
n	event	v	elicit	n	material
n	cue	v	nourish	v	overturn
n	alcohol	v	cater	adj	loyal
v	mull	adj	nerdy	n	shortcut

DAY 2

★ 표시는 출제 빈도를 나타냅니다.

001 ★★★★★

within

prep 이내에[안에]

참고 **without** ~없이

ex Transfers must occur **within** 30 minutes of the last stopover.
마지막 기착 후 30분 이내에 환승해야 한다.

It seemed that it was a little world **within** itself.
그것은 그 자체로 작은 세상인 것 같았다.

002 ★★★★★

suitable

adj 적합한, 적절한

유 **proper** 적절한

ex It makes the world **suitable** for individuals.
그것은 세상을 개인에게 적합하게 만든다.

Would a beginner's class be a bit more **suitable**?
초급반이 좀 더 적절한가?

003 ★★★★★

brain

n 뇌

ex However, the **brain** and the mind still remain scientific mysteries.
하지만, 뇌와 정신은 여전히 과학적인 미스터리로 남아있다.

Using the feet helps your **brain** and makes you smarter.
발을 사용하는 것은 당신의 뇌를 돕고 더욱 똑똑하게 만들어준다.

004 ★★★★★

synonym

n 동의어

반 **antonym** 반의어

ex A **synonym** of "gallop" is "rush."
"gallop(질주하다)"의 동의어는 "rush(급속히 움직이다)"이다.

If you want to study **synonyms**, you can look them up in the thesaurus.
동의어를 공부하고 싶다면, 유의어 사전을 찾아볼 수 있다.

005 ★★★★★

noun

n 명사

ex These determiners can be used to indicate the quantity of an uncountable **noun**.
이 한정사들은 셀 수 없는 명사의 양을 나타내는 데 사용될 수 있다.

006 ★★★★★

access

n 입장[접근] v 접근하다, 이용하다

참고 **assess** 평가하다

ex You can **access** interpreters from all over the world.
전 세계에서 온 통역사를 이용할 수 있다.

Then I get free **access** to all the TV shows I want to see?
그러면 내가 보고 싶은 모든 TV 프로그램을 무료로 볼 수 있는 것인가?

007 ★★★★★

competitive

adj **경쟁력 있는**

ex Our products have been **competitive** in the global market for 20 years.
우리 제품은 20년 동안 세계 시장에서 경쟁력을 갖추고 있다.

---

008 ★★★★★

cabbage

n **양배추**

ex The **cabbage** patch looked like a battlefield.
그 배추밭은 전쟁터처럼 보였다.

The caterpillars eat the **cabbage** leaves.
애벌레는 양배추 잎을 먹는다.

---

009 ★★★★★

complicated

adj **복잡한**

ex It is highly diverse and **complicated**, and thus immeasurable.
그것은 매우 다양하고 복잡하기 때문에 측정할 수 없다.

The storyline is too **complicated** to understand.
줄거리가 이해하기에 너무 복잡하다.

---

010 ★★★★★

copyright

n **저작권, 판권**

ex An American company was able to own **copyright** of the document.
한 미국 회사가 그 문서의 저작권을 소유할 수 있었다.

Be careful not to infringe **copyright** when you publish something.
무언가를 출판할 때 저작권 침해를 조심해라.

---

011 ★★★★

embed

v **박다[끼워 넣다]**

ex The ThunderCarry has an **embedded** charger for your laptop computer.
ThunderCarry에는 노트북 컴퓨터용 충전기가 내장되어 있다.

---

012 ★★★★

diplomat

n **외교관**

ex He was a Japanese **diplomat** who was representing the country at that time.
그는 당시 나라를 대표하던 일본 외교관이었다.

A **diplomat** tried to relieve the tension between two countries.
외교관이 두 나라 간의 긴장감을 완화시키려고 했다.

DAY 2

★ 표시는 출제 빈도를 나타냅니다.

013 ★★★★

contrast

n 차이, 대조, 대비 v 대조하다 ㈜ contrary ~와 다른, 반대되는

ex Use this table to compare and **contrast** the two ways of living.
이 표를 사용하여 두 생활 방식을 비교 및 대조해라.

A darker color provides a good **contrast** in a table.
테이블에서 어두운 색상은 좋은 대비를 제공한다.

014 ★★★★

facial

adj 얼굴의

ex They try mud-pack **facial** creams.
그들은 진흙 얼굴 크림을 써본다.

It can remove your **facial** hair with just one use.
단 한 번의 사용으로 얼굴의 털을 제거할 수 있다.

015 ★★★★

drain

v 빼내다, 빠지다 n 하수구

ex Sleep mode won't **drain** your battery.
절전 모드에서는 배터리가 방전되지 않는다.

The plumber is fixing the **drain**.
배관공이 하수구를 수리하고 있다.

016 ★★★★

indigo

adj 남색, 쪽빛

ex The hides are dyed **indigo** naturally with vegetable coloring from poppies and cedar.
그 가죽들은 양귀비와 삼나무에서 나온 식물 염료로 자연스럽게 남색으로 염색된다.

017 ★★★

think

v 생각하다

ex You'll have to **think** about it more.
당신은 더 생각해봐야 할 것이다.

I **think** everybody in my class enjoyed the play.
우리 반 모두가 연극을 즐겼다고 생각한다.

018 ★★★

behind

prep ~뒤에 참고 leave behind 두고 가다

ex We had to wait **behind** a bus for a long time.
우리는 버스 뒤에서 오랫동안 기다려야 했다.

Some tourists were left **behind** for being late.
몇몇 늦은 여행객들을 두고 갔다.

019 ★★★

event

n **사건[일], 행사**

ex What is the special **event** in March?
3월에 있는 특별한 행사는 무엇인가?

He was coming to the **event** when I called him.
내가 그에게 전화를 했을 때 그는 행사에 오고 있었다.

---

020 ★★

elicit

v **끌어내다** ㊤ **evoke** 떠올려주다, 환기시키다

ex The main purpose is to **elicit** opinions on how to grow a business.
사업을 어떻게 성장시킬 것인가에 대한 의견을 끌어내는 것이 주된 목적이다.

Sometimes it can be hard to **elicit** empathy from the audience.
가끔은 관객으로부터 공감을 끌어내는 것이 힘들 수 있다.

---

021 

material

n **재료**

ex This **material** acts as a preservative for animals.
이 물질은 동물의 방부제 역할을 한다.

The **material** of the clothes comes first when I shop for them.
나는 옷을 살 때 옷의 재질이 가장 중요하다.

---

022 

cue

n **[당구]큐, 막대 / 신호**

ex Anything from kitchen tables to park benches to pool **cues** is provided.
식탁에서 공원 벤치, 당구 큐대까지 모든 것이 제공된다.

Coach's wink was the **cue** for a start.
코치의 윙크가 시작의 신호였다.

---

023 

nourish

v **영양분을 공급하다, 키우다**

ex Calcium's main job is to **nourish** the bones.
뼈에 영양을 공급하는 것이 칼슘의 주 임무이다.

Our knowledge can be **nourished** through in-depth study.
우리의 지식은 심도 있는 공부를 통해 길러진다.

---

024 

overturn

v **뒤집히다, 뒤집다**

ex A lumber truck **overturned** on Highway 6 at 7:45 this morning.
오늘 아침 7시 45분에 6번 고속도로에서 목재 트럭이 전복되었다.

The result of the election was **overturned** at the last minute.
선거의 결과는 마지막 순간에 뒤집혔다.

DAY 2

★ 표시는 출제 빈도를 나타냅니다.

025 ★★

alcohol

n 술, 알코올

ex **Alcohol** abuse will be strictly banned.
술 남용은 엄격하게 금지될 것이다.

We should all consider the impact of **alcohol**-related problems.
우리는 모두 술과 관련된 문제의 영향에 대해 고려해야 한다.

---

026 ★

cater

v 음식을 공급하다 참고 **catering** n. 음식 공급[업]

ex From this month, we **cater** food for our customers.
이번 달부터, 우리는 고객들을 위한 음식제공 서비스를 시작한다.

That restaurant provides **catering** service on Thanksgiving.
저 레스토랑은 추수감사절에 음식제공 서비스를 제공한다.

---

027 ★

loyal

adj 충실한, 충성스러운 참고 **royal** 국왕의, 왕족

ex He is a **loyal** employee.
그는 충실한 직원이다.

Being **loyal** to your true friends is a meaningful act.
너의 진정한 친구에게 충실한 것은 의미있는 행동이다.

---

028 ★

mull

v 숙고하다 / 실수하다 n 실수, 실패, 혼란

ex I'm still **mulling** over which design to use.
어떤 디자인을 고를지 아직도 곰곰이 생각 중이다.

You need to **mull** it over before you decide.
너는 결정하기 전에 숙고를 할 필요가 있다.

---

029 ★

nerdy

adj 머리는 좋으나 세상 물정을 모르는 참고 **nerd** n. 괴짜

ex Stop acting so **nerdy** intentionally.
의도적으로 괴짜인 척을 하지마라.

I was a little **nerdy** when I was at school.
나는 학교를 다닐 때 세상 물정을 잘 몰랐다.

030

shortcut

n 지름길, 손쉬운 방법

ex To save time, we took a **shortcut** to the destination.
시간을 줄이기 위해 우리는 목적지로 가는 지름길을 이용했다.

Working diligently is a **shortcut** to success.
부지런히 일하는 것은 성공의 지름길이다.

Practice

1. 다음 단어들을 올바르게 연결하세요.

(1) shortcut	(a) 동의어
(2) suitable	(b) 명사
(3) synonym	(c) 저작권, 판권
(4) noun	(d) 경쟁력 있는
(5) access	(e) 지름길
(6) competitive	(f) 입장[접근]
(7) cabbage	(g) 적합한, 적절한
(8) copyright	(h) 양배추

2. 우리말 뜻에 맞게 빈칸에 알맞은 단어를 보기에서 찾아 쓰세요.

diplomat　　elicit　　material　　nourish

(1) **Calcium's main job is to ________ the bones.**
뼈에 영양을 공급하는 것이 칼슘의 주 임무이다.

(2) **This ________ acts as a preservative for animals.**
이 물질은 동물의 방부제 역할을 한다.

(3) **He was a Japanese ________ who was representing at that time.**
그는 당시 나라를 대표하던 일본 외교관이었다.

(4) **The main purpose is to ________ opinions on how to grow a business.**
사업을 어떻게 성장시킬 것인가에 대한 의견을 끌어내는 것이 주된 목적이다.

SELF TEST

01	within	
02		적합한, 적절한
03	shortcut	
04		뇌
05	synonym	
06		접근하다
07	noun	
08		양배추
09	competitive	
10		복잡한
11	copyright	
12		박다[끼워 넣다]
13	contrast	
14		외교관
15	facial	
16		남색, 쪽빛
17	drain	
18		생각하다
19	behind	
20		사건[일], 행사
21	elicit	
22		재료
23	cue	
24		뒤집히다
25	nourish	
26		술, 알코올
27	cater	
28		숙고하다
29	loyal	
30		머리는 좋으나 세상 물정을 모르는

DAY 03

색상으로 8품사 구분하기

n	명사	noun	pron	대명사	pronoun
v	동사	verb	adj	형용사	adjective
adv	부사	adverb	conj	접속사	conjunction
prep	전치사	preposition	int	감탄사	interjection

n	telescope	n	employee	adj	incredible
n	user	v	represent	n	security
v	cut	n	output	n	percentage
v	agree	adj	minor	n	pistol
n	luxury	n	probe	v	react
n	mine	n	band	n	address
n	clutter	n	detour	n	server
v	uproot	adj	unobtrusive	adj	unsuited
adj	lite	v	paralyze	v	reap
n	scenario	n	fist	v	chill

DAY 3

★ 표시는 출제 빈도를 나타냅니다.

001 ★★★★★

telescope

n 망원경 — 참고 microscope 현미경

ex He found a new use for the **telescope**.
그는 망원경의 새로운 용도를 찾았다.

Galileo's **telescope** was much better than the previous one.
Galileo의 망원경은 이전의 망원경보다 훨씬 좋았다.

002 ★★★★★

employee

n 종업원 — 참고 employer 고용주

ex **Employees** attend workshops every day.
직원들은 매일 워크숍에 참석한다.

The **employees** hope to get paid better wages this year.
직원들은 올해 더 나은 임금을 받기를 희망한다.

003 ★★★★★

incredible

adj 믿을 수 없는 — 반 credible 믿을 수 있는

ex It is an **incredible** opportunity for you!
당신에게 정말 놀라운 기회이다!

He was an **incredible** person in the world of mathematics.
그는 수학계에서 대단한 사람이었다.

004 ★★★★★

user

n 이용자, 사용자

ex The **user** agreement is impossible to comprehend.
사용자 동의서를 이해할 수 없다.

Concentrate on the **user** experience.
사용자 경험에 집중하라.

005 ★★★★★

represent

v 대표[대신]하다 — 참고 representative n. 대표자

ex To Koreans, tigers **represent** courage and strength.
한국 사람들에게, 호랑이는 용기와 힘을 상징한다.

Long life is also **represented** by the turtle.
장수 또한 거북이로도 나타내어진다.

006 ★★★★★

security

n 보안, 경비 — 참고 secure adj. 안심하는, 안전한

ex I'll call **security** and see what's happening.
경비실에 전화해서 무슨 일인지 알아보겠다.

There's a **security** card and key inside.
안에 보안 카드와 열쇠가 있다.

007 ★★★★★

cut

v **베다, 자르다, 줄이다**

ex The grass needs to be **cut** regularly to maintain the fine view.
미관을 유지하기 위해 잔디가 정기적으로 베어져야 한다.

Cutting back on heating would probably do you some good.
난방을 줄이는 것이 도움이 될 것이다.

008 ★★★★★

output

n **생산량, 산출량** ㉯ **input** 투입, 입력

ex The energy **output** from solar panels may need to be assessed differently.
태양 전자판에서 나오는 에너지 출력은 다르게 평가되야 할 수도 있다.

Studying the **output**, we figured out the reason for the decline in sales.
생산량을 연구해보니, 매출 감소의 이유를 알아냈다.

009 ★★★★★

percentage

n **백분율, 비율** ㉮ **percent** n. 퍼센트, 백분율

ex From which types of media do the same **percentage** of people get their news?
같은 비율의 사람들이 어떤 종류의 매체로부터 뉴스를 얻는가?

010 ★★★★★

agree

v **동의하다, 찬성하다** 참고 **agreement** n. 협정, 합의

ex It's hard to **agree** on the construction of the dam.
댐 건설에 찬성하기 어렵다.

I **agree** that learning new skills can be difficult.
나는 새로운 기술을 배우는 것이 어렵다는 것에 동의한다.

011 ★★★★

minor

adj **작은, 가벼운** n **부전공** ㉯ **major** 주요한, 중대한

ex Note that warnings for **minor** infractions are issued just once.
경미한 위반에 대한 경고는 단 한 번만 발령된다는 것을 주의해라.

I have enough credits for a **minor** in French.
나는 프랑스어 부전공에 필요한 학점을 충분히 가지고 있다.

012 ★★★★

pistol

n **권총** 참고 **rifle** 소총

ex The fake bride had a **pistol** under her dress.
가짜 신부는 그녀의 드레스 밑에 권총을 가지고 있다.

Where did the cops find a **pistol**?
경찰들은 어디에서 권총을 찾았는가?

DAY 3

★ 표시는 출제 빈도를 나타냅니다.

013 ★★★

luxury

n 호화로움, 사치 adj 호화로운, 사치스러운

ex Most people could not afford this kind of **luxury**.
대부분의 사람들은 이런 종류의 사치를 부릴 여유가 없었다.

An 800-foot-long **luxury** liner hit an iceberg.
800피트 길이의 호화 여객선이 빙산에 부딪혔다.

014 ★★★

probe

n 탐사선, 조사 v 조사하다

ex A **probe** has been launched.
탐사선이 발사되었다.

Probing into someone's personal life too deeply is unpolite.
누군가의 개인생활을 너무 깊게 조사하는 것은 무례하다.

015 ★★★

react

v 반응하다 ㊍ **respond** 대답하다, 반응을 보이다

ex The nerves that sense temperature **react** the same to heat and cold.
온도를 감지하는 신경은 더위와 추위에 같은 반응을 보인다.

I don't understand why you are **reacting** like that.
당신이 그렇게 반응하는 이유를 모르겠다.

016 ★★★

mine

n 광산 v 채굴하다

ex How deep is the coal **mine**?
탄광의 깊이는 얼마나 되는가?

They **mine** and can make any structures that they like.
그들은 채굴을 하고 그들이 좋아하는 어떤 구조물도 만들 수 있다.

017 ★★★

band

n 밴드, 악단

ex What does the man play in the **band**?
남자는 밴드에서 무엇을 연주하는가?

The school **band** needs to decide what to wear for the performance.
학교 밴드는 공연에 무엇을 입을지 결정해야 한다.

018 ★★★

address

n 주소

ex Please provide your name and email **address**.
당신의 이름과 이메일 주소를 제공하십시오.

You can find the web **address** below the page.
페이지 아래에 웹 주소를 찾을 수 있다.

019 ★★★

clutter

n 어수선함, 잡동사니 v 채우다[집어넣다]

㉥ **declutter** 잡동사니들을 처리하다

ex In the middle of the **clutters**, I managed to spot my purse.
잡동사니 가운데서, 나는 내 핸드백을 찾는 것을 해냈다.

020 ★★

detour

n 우회로 v 우회하다, 둘러가다

ex Drivers are advised to make a **detour** and avoid this area.
운전자들은 우회로를 이용하여 이 지역을 돌아갈 것을 권고 받는다.

I needed to **detour** since there was a car accident.
차 사고가 있었기 때문에 우회했어야만 했다.

021 ★★

server

n (컴퓨터의) 서버

ex Cloud computing means that a program and the files it creates are stored on online **servers**.
클라우드 컴퓨팅은 프로그램과 프로그램이 생성하는 파일이 온라인 서버에 저장되는 것을 의미한다.

022 ★★

uproot

v 뿌리째 뽑다 / (오래 살던 곳에서) 떠나다

ex The weeds need to be **uprooted** right away.
잡초들은 바로 뿌리뽑아져야 한다.

Uprooted from my hometown, I will start a new life in New York.
내 고향을 떠나, 나는 뉴욕에서 새로운 삶을 시작할 것이다.

023 ★★

unobtrusive

adj 야단스럽지 않은, (불필요하게) 관심을 끌지 않는

ex This educational technology is regarded by users as an **unobtrusive** facilitator of learning.
이 교육 기술은 사용자들에 의해 야단스럽지 않는 학습 촉진자로 간주된다.

024 ★

unsuited

adj 부적합한

㉥ **suited** 어울리는, 적합한

ex Unfortunately, they were genetically and biologically **unsuited** for this experiment.
불행하게도, 그들은 이 실험에 유전적 그리고 생물학적으로 적합하지 않았다.

DAY 3

★ 표시는 출제 빈도를 나타냅니다.

025 ★★

lite

adj **저칼로리의 (light을 달리 쓴 형태), 가벼운**

ex I think it's best to use the "**lite** version" where you can try out the first 5 sessions for free.
처음 5개 세션은 무료로 체험해볼 수 있는 "가벼운 판"을 사용하는 것이 가장 좋을 것 같다.

---

026 ★

paralyze

v **마비시키다 / 무력하게 만들다**

참고 **paralysis** n. 마비

ex Joseph Stalin was said to be able to **paralyze** people with his eyes.
Joseph Stalin은 눈으로 사람들을 무력하게 만들 수 있다고 한다.

The uncontrollable bear was **paralyzed** by the stun gun.
통제불가한 곰이 마취 총에 의해 마비되었다.

---

027 ★

reap

v **거두다[수확하다]**

참고 **leap** 뛰다, 도약

ex You **reap** what you sow.
뿌린대로 거둔다.

During the harvest season, the farmers were busy **reaping** crops.
추수 기간 동안, 농부들은 농작물을 수확하느라 바빴다.

---

028 ★

scenario

n **시나리오, 각본**

ex Is that the best-case **scenario**?
그것이 최상의 시나리오인가?

Imagine a **scenario** where there is more than one main character.
주인공이 한 명 이상인 각본을 상상해봐라.

---

029 ★

fist

n **주먹**

ex Baby pandas appear to be hairless and are smaller than the size of your **fist**.
아기 판다는 털이 없고 당신의 주먹 크기보다 작게 태어난다.

030

chill

v **차게 하다** n **냉기, 한기**

참고 **chill out** 긴장을 풀다[열을 식히다]

ex Most beverages taste much better when **chilled** in the fridge.
대부분의 음료들은 냉장고에서 차게 되어야 맛이 훨씬 더 좋다.

You need to **chill** out and rethink the issue.
열을 식히고 그 일에 대해 다시 생각해봐.

Practice

1. 다음 단어들을 올바르게 연결하세요.

(1) telescope •	• (a) 동의하다
(2) employee •	• (b) 부적합한
(3) incredible •	• (c) 생산량, 산출량
(4) represent •	• (d) 망원경
(5) security •	• (e) 보안, 경비
(6) output •	• (f) 대표[대신]하다
(7) agree •	• (g) 믿을 수 없는
(8) unsuited •	• (h) 종업원

2. 다음 영어 뜻에 맞게 알맞은 단어를 보기에서 찾아 쓰세요.

probe detour reap minor

(1) of lesser importance or stature or rank

(2) an inquiry into unfamiliar or questionable activities

(3) a roundabout road, especially one that is used temporarily

(4) gather, as of natural products

SELF TEST

01	telescope		16		탐사선, 조사
02		종업원	17	react	
03	incredible		18		광산, 채굴하다
04		이용자, 사용자	19	address	
05	represent		20		밴드, 악단
06		보안, 경비	21	clutter	
07	cut		22		우회로, 우회하다
08		백분율, 비율	23	uproot	
09	output		24		(컴퓨터의) 서버
10		동의하다	25	lite	
11	unobtrusive		26		마비시키다
12		부적합한	27	reap	
13	minor		28		시나리오, 각본
14		권총	29	fist	
15	luxury		30		차게 하다, 냉기

DAY 04

색상으로 8품사 구분하기

n	명사	noun	pron	대명사	pronoun
v	동사	verb	adj	형용사	adjective
adv	부사	adverb	conj	접속사	conjunction
prep	전치사	preposition	int	감탄사	interjection

n	credit	n	bud	n	agreement
adj	flexible	n	backyard	n	contour
n	domain	v	smash	adj	raw
n	profit	prep	beyond	v	intend
n	graffiti	adv	enough	v	happen
v	form	n	shambles	n	revision
v	quote	v	prosper	v	owe
n	precaution	n	audit	n	tumbler
n	detention	adj	elastic	n	generator
v	groom	n	clause	adj	exotic

DAY 4

★ 표시는 출제 빈도를 나타냅니다.

001 ★★★★★

credit

n 신용(거래) 참고 **debt** 빚, 부채

ex Here is my **credit** card and membership card.
여기 제 신용카드와 회원카드 있습니다.

I'm going to call the **credit** card company and see why.
카드사에 전화해서 이유를 알아보려 한다.

002 ★★★★★

bud

n 싹, 꽃봉오리 v 싹을 틔우다 ㊒ **sprout** 싹이 나다, 자라나다

ex They start to **bud** very early in the spring.
그것들은 매우 이른 봄에 싹을 틔우기 시작한다.

In reality, the average number of taste **buds** per person is 2,000 to 4,000.
실제로, 사람마다 평균적으로 2000에서 4000개의 미뢰를 가지고 있다.

003 ★★★★★

agreement

n 협정, 합의, 동의

ex I'm trying to comprehend this user **agreement**.
이 사용자 동의서를 이해하려고 노력중이다.

It is not clear whether individuals used the system for personal **agreements**.
개인들이 개인적인 합의를 위해 이 시스템을 사용했는지는 분명하지 않다.

004 ★★★★★

flexible

adj 신축성[융통성] 있는 / 잘 구부러지는, 유연한

ex It allows **flexible** body movement.
그것은 유연한 신체 움직임을 가능하게 한다.

This allowed more **flexible** building combinations.
이를 통해 보다 유연한 건물 조합이 가능해졌다.

005 ★★★★★

backyard

n 뒷마당, 뒤뜰

ex There'll be no fresh tomatoes left in his **backyard**.
그의 뒷마당에는 신선한 토마토가 남아있지 않을 것이다.

I think the **backyard** is ready for a birthday party.
뒷마당에서 생일 파티를 할 준비가 된 것 같다.

006 ★★★★★

contour

n 등고선, 윤곽

ex Another technically more accurate way is to draw **contour** lines.
기술적으로 더욱 정확한 또 다른 방법은 등고선을 그리는 것이다.

Next, trace the **contour** line of the object.
다음으로, 물건의 윤곽을 따라 그려라.

007 ★★★★★

domain

n **영역[분야], 범위** ㊒ **field** 분야

ex What's more, expertise is **domain**-specific.
게다가 전문성은 영역 특수적이다.

The duke's **domain** includes all the land in this area.
그 공작의 영역은 이 지역의 모든 땅을 포함한다.

008 ★★★★

smash

v **박살내다, 박살나다 / 부딪치다** ㊒ **crash** 사고, 충돌하다

ex The baseball **smashed** the window.
야구공이 창문을 박살냈다.

Losing her balance on the bike, she **smashed** into a tree.
자전거에서 균형을 잃은 그녀는 나무에 부딪쳤다.

009 ★★★★

raw

adj **익히지 않은, 날것의** ㊇ **processed** 가공(처리)한

ex **Raw** chocolate is produced directly from the cocoa bean.
생초콜릿은 코코아 콩에서 직접 생산된다.

Some people prefer **raw** fish to cooked ones.
몇몇 사람들은 요리된 생선보다 날것의 생선을 선호한다.

010 ★★★★

profit

n **이익, 수익, 이윤** ㊒ **revenue** 수익

ex He immediately made a **profit** out of his new business.
그는 새 사업에서 즉시 이윤을 냈다.

It was to become a huge source of consumer demand and **profit**.
그것은 소비자 수요와 이윤의 거대한 원천이 되었다.

011 ★★★

beyond

prep **~저편에[너머] / (시간을)지나[이후]**

ex Though that topic is **beyond** what we cover in our survey course, people raised some questions.
그 주제는 우리가 설문 조사 과정에서 다루지 않은 범위이지만, 사람들은 의문을 제기했다.

012 ★★★

intend

v **의도하다** 참고 **intent** 몰두하는, 강한 관심을 보이는

ex For whom is this list mainly **intended**?
이 목록은 주로 누구를 위한 것인가?

Violence is a behavior that is **intended** to hurt other people physically.
폭력은 다른 사람들에게 신체적으로 상처를 주기 위한 행동을 의미한다.

DAY 4

★ 표시는 출제 빈도를 나타냅니다.

013 ★★★

graffiti

n (공공장소에 하는) 낙서, 그래피티

ex Although **graffiti** can be art, that is not the case we have here.
비록 그래피티가 예술이 될 수 있지만, 여기 같은 경우는 그렇지 않다.

They have debated the pros and cons of **graffiti**.
그들은 그래피티의 찬반에 관해 토론해왔다.

014 ★★★

enough

adv 충분히 — ㊒ **sufficient** 충분한

ex I didn't have **enough** courage to go against my boss.
나는 상사에게 맞설 용기가 없었다.

We need to drink **enough** water every day.
우리는 매일 충분한 물을 마실 필요가 있다.

015 ★★★

happen

v (특히 계획하지 않은 일이) 있다[발생하다] — ㊒ **occur** 일어나다, 발생하다

ex Don't let such a silly situation **happen** again.
다시는 그런 멍청한 상황이 일어나지 않도록 해라.

The detective investigated where the argument **happened**.
탐정은 어디에서 언쟁이 있었는지 조사했다.

016 ★★★

form

v 형성시키다, 형성되다 n 종류, 유형, 방식 — ㊒ **shape** (어떤) 형태로 만들다

ex The therapist did a lecture on how to **form** a healthy mindset.
치료사는 건강한 마음가짐을 형성시키는 법에 대해 강의를 했다.

This **form** of communication is very useful for the Hmong people.
이러한 방식의 의사소통은 몽족 사람들에게 매우 유용하다.

017 ★★

shambles

n 난장판, 큰 혼란

ex The party was a **shambles** after Amy yelled at a stranger.
Amy가 낯선 사람에게 소리를 지른 후 파티는 난장판이 되었다.

Her presentation became a **shambles** with negative comments.
그녀의 발표는 부정적인 논평들로 난장판이 되었다.

018 ★★

revision

n 수정, 검토 — 참고 **revise** v. 변경[수정]하다

ex I think it still needs some **revisions**.
아직 수정이 좀 필요한 것 같다.

Please check thoroughly, paying extra attention to the **revisions** made.
수정된 부분에 특히 주의해서 철저히 확인해주세요.

019 ★★

quote

v **인용하다**

참고 **quotation** n. 인용구, 견적

ex **Quote** this reference if you need to.
필요한 경우 이 참조를 인용하라.

You can **quote** whatever you want, but write down the source of references.
당신이 원하는 무엇이든 인용할 수 있지만, 참조의 출처를 적어라.

020 ★★

prosper

v **번영[번창]하다**

㊒ **thrive** 번창하다, 잘 자라다

ex Noted for art and architecture, the Mayan civilization **prospered** from the years 420 AD to 900 AD.
예술과 건축으로 잘 알려진 마야 문명은 420년부터 900년까지 번창했다.

021 ★★

owe

v **빚지고 있다 / 신세를 지고 있다**

ex This is on me since I **owe** you one last time.
지난번에 너에게 빚을 졌으니까 이건 내가 살게.

Feeling **owed** for the favor she had done for me, I offered her a small gift.
그녀가 해준 호의에 빚을 진 기분이 들어, 그녀에게 작은 선물을 주었다.

022 ★

precaution

n **예방책, 예방 조치**

ex Please read the **precautions** carefully before you enter the pool.
수영장으로 들어가기 전에 주의사항을 잘 읽어라.

Extreme mountain bikers are advised to take safety **precautions**.
극한 산악 자전거를 타는 사람들에게 안전 예방 조치를 취할 것을 권고한다.

023 ★

audit

n **검사, 회계 감사**

ex We aced a recent safety **audit**.
최근 안전 검사에서 좋은 점수를 얻었다.

Accountants go on a lot of business trips during the **audit** season.
회계사들은 회계 감사 기간에 많은 출장을 간다.

024 ★

tumbler

n **텀블러**

㊖ **suited** 어울리는, 적합한

ex People are advised to use **tumblers** instead of disposable plastic cups.
사람들에게 일회용 플라스틱 컵 대신 텀블러를 사용할 것을 권고한다.

DAY 4

★ 표시는 출제 빈도를 나타냅니다.

025 ★

detention

n 구금[구류], (학생에 대한 벌로서) 방과 후 남게 하기 참고 **detain** 구금하다, 붙들다

ex The students will receive **detention** after school as a punishment.
그 학생들은 벌로 방과 후에 남게 될 것이다.

The criminal tried to escape from **detention.**
범죄자는 구금 기간에 탈출하려고 했다.

026 ★

elastic

adj 탄력 있는 / 신축적인 참고 **elasticity** n. 탄성

ex He pioneered research in **elastic** calculations and in buckling, an area of mechanics related to compressive stress.
그는 압축력과 관련된 역학의 영역인 좌굴과 탄성 계산에 대한 연구를 개척했다.

027 ★

generator

n 발전기

ex You should secure the **generators** in Fiernot Hospital.
Fiernot 병원에 있는 발전기를 보호해야 한다.

Be careful of electric shock where there are a lot of **generators.**
발전기가 많은 곳에서는 감전을 조심해.

028

groom

v 손질[솔질]하다 / 다듬다 참고 **bridegroom** 신랑

ex Cats **groom** their own bodies regularly.
고양이들은 그들의 몸을 규칙적으로 손질한다.

You should **groom** your facial hair before the ceremony.
행사 전에 얼굴에 난 털을 다듬도록 해라.

029

clause

n 절, 조항

ex There are too many words in a **clause.**
절 하나에 단어가 너무 많다.

You should divide your sentences into **clauses** followed by commas.
너는 너의 문장을 쉼표와 함께 절로 나눠야 한다.

030

exotic

adj 외국의, 이국적인

ex The restaurant over there specializes in **exotic** food.
저기에 있는 식당은 이국적인 음식을 전문적으로 한다.

I like to buy **exotic** souvenirs when I travel to other countries.
나는 다른 나라를 여행할 때 이국적인 기념품을 사는 것을 좋아한다.

Practice

1. 다음 단어들을 올바르게 연결하세요.

(1) credit	•	• (a) 신축성 있는
(2) exotic	•	• (b) 등고선, 윤곽
(3) groom	•	• (c) 싹, 꽃봉오리
(4) bud	•	• (d) 협정, 합의, 동의
(5) agreement	•	• (e) 외국의, 이국적인
(6) clause	•	• (f) 절, 조항
(7) flexible	•	• (g) 손질하다
(8) contour	•	• (h) 신용(거래)

2. 우리말 뜻에 맞게 괄호에 알맞은 단어를 찾아 O표 하세요.

(1) (Raw / Processed) chocolate is produced directly from the cocoa bean.
생초콜릿은 코코아 열매에서 직접 생산된다.

(2) Violence is a behavior that is (attended / intended) to hurt other people physically.
폭력은 다른 사람들에게 신체적으로 상처를 주기 위한 행동을 의미한다.

(3) Noted for art and architecture, Mayan civilization (prospered / prospected) from the years 420 AD to 900 AD.
예술과 건축으로 잘 알려진 마야문명은 420년부터 900년까지 번창했다.

(4) The students will receive (detention / intention) after school as a punishment.
그 학생들은 벌로 방과 후에 남게 될 것이다.

SELF TEST

01		손질하다	16	enough	
02	exotic		17		낙서, 그래피티
03		싹, 꽃봉오리	18	happen	
04	clause		19		난장판, 큰 혼란
05		협정, 합의	20	form	
06	flexible		21		수정, 검토
07		뒷마당, 뒤뜰	22	quote	
08	domain		23		번영[번창]하다
09		등고선, 윤곽	24	owe	
10	smash		25		예방책
11		텀블러	26	audit	
12	raw		27		구금[구류]
13		이익, 수익	28	elastic	
14	beyond		29		발전기
15		의도하다	30	credit	

DAY 05

색상으로 8품사 구분하기

n	명사	noun	pron	대명사	pronoun
v	동사	verb	adj	형용사	adjective
adv	부사	adverb	conj	접속사	conjunction
prep	전치사	preposition	int	감탄사	interjection

adv	currently	prep	despite	n	emperor
n	pope	adj	latest	n	cell
adj	fundamental	v	matter	n	resident
n	schema	adj	instant	n	hoodie
v	kneel	adj	foul	v	recruit
adj	premier	n	meal	prep	until
adv	already	adv	notably	v	mystify
v	stab	n	textile	v	vomit
n	banquet	v	automate	adj	dizzy
n	idiot	n	newborn	n	mythology

DAY 5

★ 표시는 출제 빈도를 나타냅니다.

001 

currently

adv **현재, 지금** ㊌ recently 최근에

ex A newly announced law is **currently** being enforced.
새로 공표된 법이 현재 시행되고 있다.

The expected waiting time is 20 minutes since all agents are **currently** busy.
모든 대리인이 현재 바쁘기 때문에 예상되는 대기시간은 20분이다.

002 

despite

prep **~에도 불구하고** ㊌ in spite of ~에도 불구하고

ex **Despite** his efforts, he failed the exam.
노력에도 불구하고, 그는 시험에 떨어졌다.

Beauty fell in love with him **despite** his scary face.
미녀는 그의 무서운 얼굴에도 불구하고 그와 사랑에 빠졌다.

003 

emperor

n **황제**

ex What did Laptitza promise to the **emperor**?
Laptitza는 황제에게 무엇을 약속했는가?

The **emperor** decides to punish them for their evil actions.
황제는 그들의 사악한 행동에 대해 벌을 내리기로 결심한다.

004 

pope

n **교황**

ex He was eventually elected the 266th **pope**.
그는 결국 266대 교황으로 선출되었다.

He is the first non-European **pope** ever.
그는 최초의 비유럽인 교황이다.

005 

latest

adj **최근의[최신의]**

ex He starred in the **latest** action movie.
그는 최신 액션 영화에 출연했다.

This software is compatible with the **latest** games.
이 소프트웨어는 최신 게임들과 호환된다.

006 ★★★★★

cell

n **세포, 감방**

ex A **cell** is the smallest unit shared in all living creatures.
세포는 모든 생명체가 공유하는 가장 작은 단위이다.

After several attempts, he was able to escape from his **cell**.
몇 번의 시도 후, 그는 감방에서 탈출할 수 있었다.

007 ★★★★★

fundamental

adj **근본적인, 핵심적인**

㊌ **essential** 필수적인, 본질적인

ex This is a **fundamental** requirement for energy efficiency investment from an economic perspective.
이는 경제적 관점에서 에너지 효율 투자의 기본 요건입니다.

---

008 ★★★★★

matter

v **중요하다, 문제되다** n **문제, 상황**

참고 **no matter how** 아무리 ~한들

ex It does not **matter** whether you choose to skip your meal or not--just make sure to drink enough water.
식사를 거르고 말고는 중요하지 않다--그저 충분한 물을 마시도록 해라.

---

009 ★★★★★

resident

n **거주자[주민]**

참고 **reside** v. 살다, 거주하다

ex Attention, **residents** of Erlinger Residence, the fire alarm will be set off for testing.
Erlinger 레지던스 거주자분들, 주목해주세요, 검사를 위한 화재경보기가 울릴 것입니다.

---

010 ★★★★★

schema

n **도식, 개요, 윤곽**

ex Moreover, the types of errors produced by **schema** are quite predictable.
또한, 도식에 의해 생성된 오류 유형은 상당히 예측 가능하다.

Understanding the **schema** will be the first step.
개요를 이해하는 것이 첫 번째 단계이다.

---

011 

instant

adj **즉각적인**

㊌ **immediate** 즉각적인

ex Cat lovers have an **instant** connection they can bond with.
고양이 애호가들은 그들이 결속할 수 있는 즉각적인 관계를 가지고 있다.

It offers **instant** printing as long as you bring your file.
당신의 파일을 가져온다면 즉시 인쇄가 가능하다.

---

012 

hoodie

n **모자 달린 옷**

ex I like this oversized **hoodie** a lot.
나는 이 오버핏 후드티가 너무 마음에 든다.

Where did you get that nice blue **hoodie**?
그 멋진 청색 후드티는 어디서 났는가?

DAY 5

★ 표시는 출제 빈도를 나타냅니다.

013 ★★★★

kneel

v 무릎을 꿇다 | 참고 **kneel-knelt-knelt**

ex When praying, some Catholics **kneel** down on the floor.
기도를 할 때, 몇몇 천주교 신자들은 바닥에 무릎을 꿇는다.

Roland also **knelt** down and said, "I am defeated."
Roland는 무릎을 꿇고 "패했다"고 말했다.

014 ★★★

foul

adj 더러운, 안 좋은 | 참고 **have a foul mouth** 말버릇이 나쁘다

ex Do you know about camels' **foul** tempers?
당신은 낙타의 더러운 성질에 대해 알고 있는가?

His coach has warned him about his **foul** mouth.
그의 코치는 그의 나쁜 말버릇에 대해 경고했다.

015 ★★★

recruit

v 모집하다[뽑다]

ex The Human Resources team's task includes **recruiting** and training sales teams.
인사팀의 업무는 영업팀 모집 및 교육을 포함한다.

They have a plan to **recruit** volunteer firefighters.
그들은 자원봉사 소방관을 모집할 계획을 가지고 있다.

016 ★★★

premier

adj 최고의, 제1의 | 참고 **premiere** 개봉, 초연

ex One of the **premier** musical performances will be held next week.
최고의 뮤지컬 공연들 중 하나가 다음주에 열릴 것이다.

She is undoubtedly the world's **premier** ballerina.
그녀는 틀림없이 세계 최고의 발레리나이다.

017 ★★★

meal

n 식사

ex You will be provided a **meal** at the orientation.
오리엔테이션에서 당신은 식사를 제공받을 것이다.

He eats just 200 calories each **meal**.
그는 매 끼니마다 200칼로리만 섭취한다.

018 ★★★

until

prep ~까지

ex Keep playing **until** the first person gets to 150 points.
첫 번째 사람이 150점을 얻을 때까지 계속 진행하라.

Don't wait **until** tomorrow!
내일까지 기다리지 마세요!

019 ★★★

already

adv **이미, 벌써**

ex They're **already** all booked up for December.
그것들은 이미 12월에 예약이 다 찼다.

Mr. Zhang's membership **already** expired last week.
Zhang씨의 회원권은 지난주에 벌써 만료됐다.

---

020 ★★

notably

adv **특히, 뚜렷이**

ex I think her bright clothes stand out most **notably**.
나는 그녀의 밝은 옷이 가장 두드러진다고 생각한다.

The two plants differ **notably** in the shape of their leaves.
두 식물은 특히 잎의 모양에서 다르다.

---

021 ★★

mystify

v **신비롭게 하다 / 혼란스럽게 하다** 참고 **mystic** n. 신비주의자

ex This incredible machine of the ancient world continues to **mystify** and enthrall the world.
고대 세계의 이 놀라운 기계는 계속해서 세계를 신비롭게 하고 매혹시킨다.

---

022 ★★

stab

v **찌르다** n **찌르기**

ex There have never been shootings and **stabbings** near here.
이곳 주변에서 총격과 칼부림이 있었던 적이 없다.

He **stabbed** the animal's body and finally won the fight.
그는 동물의 몸을 찔렀고 마침내 싸움에서 이겼다.

---

023 ★★

textile

n **직물, 옷감** 유 **fabric** 직물[천]

ex I found the article in an industry pamphlet for **textile** merchants.
나는 직물 상인들을 위한 산업 전단지에서 그 기사를 찾았다.

This area is where the **textile** industry once thrived.
이 지역은 직물 산업이 한 때 번창했던 곳이다.

---

024 ★★

vomit

v **토하다, 게우다** 참고 **nausea** 메스꺼움

ex They began to have stomachaches and started to **vomit**.
그들은 배가 아프기 시작했고, 토하기 시작했다.

Vomiting too often can cause reflux esophagitis.
너무 자주 토하는 것은 역류성 식도염을 유발한다.

★ 표시는 출제 빈도를 나타냅니다.

025 ★★

banquet

n **연회[만찬]** ㊒ **feast** 연회, 잔치

ex We do catering for large events, schools, and **banquets**.
우리는 큰 행사, 학교, 연회를 위해 음식을 제공한다.

The **banquet** was held in a rather small restaurant.
연회는 다소 작은 식당에서 열렸다.

---

026 ★

automate

v **자동화하다** 참고 **automobile** 자동차

ex In the meeting, we talked about issues of allocating unfit tasks to humans in **automated** systems.
회의에서, 우리는 자동화 시스템에서 인간에게 부적합한 작업을 할당하는 문제에 대해 이야기했다.

---

027 ★

dizzy

adj **어지러운**

ex I just get a little **dizzy** sometimes, especially when I stand up.
특히 내가 일어날 때, 가끔 어지러울 때가 있다.

After hearing that, I felt **dizzy** all of a sudden.
그것을 듣고, 나는 갑자기 어지러워졌다.

---

028 ★

idiot

n **바보, 멍청이** ㊒ **stupid** 어리석은, 바보

ex That **idiot** on the phone is crossing right in the middle of the road!
휴대폰에 빠져 있는 저 바보가 도로 한가운데를 건너고 있어!

Don't do something that even **idiots** would not do.
바보들도 안 할 행동은 하지 마.

---

029 ★

newborn

n **신생아** adj **갓 태어난, 신생의**

ex A queen can breed 300 million **newborn** ants at once.
여왕개미는 한 번에 3억 마리의 신생 개미를 번식시킬 수 있다.

As a nurse, I take care of the **newborns** at the hospital.
간호사로서, 나는 병원에서 신생아들을 돌본다.

---

030 ★

mythology

n **신화**

ex The kinnara is a half-human and half-bird creature in Buddhist **mythology**.
킨나라는 불교 신화에 나오는 반인반조이다.

Studying Greek **mythology** is helpful to understand the origin of words.
그리스 신화를 공부하는 것은 단어의 어원을 이해하는 것에 도움이 된다.

Practice

1. 다음 단어들을 올바르게 연결하세요.

(1) currently	(a) 세포, 감방
(2) despite	(b) 중요하다
(3) emperor	(c) 거주자[주민]
(4) pope	(d) 현재, 지금
(5) latest	(e) 최근의[최신의]
(6) cell	(f) 황제
(7) matter	(g) ~에도 불구하고
(8) resident	(h) 교황

2. 우리말 뜻에 맞게 빈칸에 알맞은 단어를 보기에서 찾아 쓰세요.

mythology instant foul already

(1) **They're ________ all booked up for December.**
그것들은 이미 12월에 예약이 다 찼다.

(2) **Do you know about camels' ________ tempers?**
당신은 낙타의 더러운 성질에 대해 알고 있는가?

(3) **The kinnara is a half-human and half-bird creature in Buddhist ________.**
킨나라는 불교 신화에 나오는 반인반조이다.

(4) **Cat lovers have an ________ connection they can bond with.**
고양이 애호가들은 그들이 결속할 수 있는 즉각적인 관계를 가지고 있다.

SELF TEST

01	currently		16		모집하다[뽑다]
02		~에도 불구하고	17	premier	
03	emperor		18		식사
04		교황	19	until	
05	latest		20		이미, 벌써
06		세포, 감방	21	notably	
07	fundamental		22		찌르다
08		거주자[주민]	23	mystify	
09	matter		24		직물
10		도식, 개요	25	vomit	
11	mythology		26		연회[만찬]
12		즉각적인	27	automate	
13	foul		28		어지러운
14		모자 달린 옷	29	idiot	
15	kneel		30		신생아

DAY 06

색상으로 8품사 구분하기

n	명사	noun	pron	대명사	pronoun
v	동사	verb	adj	형용사	adjective
adv	부사	adverb	conj	접속사	conjunction
prep	전치사	preposition	int	감탄사	interjection

n	document	n	value	v	remain
v	weave	n	task	n	beginner
n	diversity	n	efficiency	adj	mild
v	reset	v	peek	n	wildlife
adj	orbital	n	treasure	n	furniture
v	mop	n	summit	v	posit
v	imply	adj	edible	v	devastate
n	burden	n	trace	n	Christ
n	coral	adj	external	adj	terrestrial
adj	sensitive	v	illuminate	v	trespass

DAY 6

★ 표시는 출제 빈도를 나타냅니다.

001 ★★★★★

document

n 서류 v 기록하다

ex All of the users' **documents** are stored on this computer.
모든 사용자의 문서는 이 컴퓨터에 저장되어 있다.

Request the necessary **documents** from the Human Resources department.
필요한 서류들은 인사과에 요청해라.

002 ★★★★★

value

n 가치 v 소중히 하다

㈜ worth ~의 가치가 있는

ex Modern design focuses too much on artistic **value**.
현대 디자인은 예술적 가치에 너무 많이 초점을 둔다.

Some believe that it could easily lose its **value**.
어떤 사람들은 그것이 쉽게 가치를 잃을 수 있다고 믿는다.

003 ★★★★★

remain

v 남아 있다 / 계속 ~이다

ex They still **remain** as natives in California with a strong culture.
그들은 여전히 강한 문화를 가진 캘리포니아의 원주민으로 남아있다.

The secrets of the manuscript **remain** a mystery.
그 원고의 비밀은 여전히 풀리지 않고 남아 있다.

004 ★★★★★

weave

v (직물을) 짜다[엮다]

ex We will continue to **weave** baskets and carve wood for our houses.
우리는 계속해서 바구니를 짜고 집을 위해 조각 할 것이다.

She could **weave** the blanket better than anyone else.
그녀는 이불을 누구보다 잘 짜낼 수 있었다.

005 ★★★★★

task

n 일, 과업

ex This is a much more challenging **task** than studying snails or sound waves.
이것은 달팽이나 음파를 연구하는 것보다 훨씬 어려운 작업이다.

This way, you can concentrate on your **task** under any situation.
이렇게 하면, 어떤 상황에서도 당신의 일에 집중할 수 있다.

006 ★★★★

beginner

n 초보자, 초심자

㉥ advanced 선진의, 고급의

ex The **beginners** class only runs during the summer vacation.
초급반은 여름방학 시즌에만 열린다.

We have **beginners** and advanced skate classes.
스케이트 초급반과 고급반이 있다.

007 

diversity

n **다양성** ㊒ **variety** 다양성

ex Several mechanisms have been proposed to explain the frequently observed negative relationship between **diversity** and invasibility.
다양성과 침입성 사이에 종종 관찰되는 부정적인 관계를 설명하기 위한 몇 가지 방법이 제안되었다.

008 

efficiency

n **효율, 능률**

ex The market for energy **efficiency** could contribute to the economy through job and firm creation.
에너지 효율 시장은 일자리와 기업 창출을 통해 경제에 기여할 수 있을 것이다.

009 

mild

adj **가벼운[순한/약한] / 온화한, 포근한** ㊒ **moderate** 중간의, 온건한

ex It became a popular place to make movies because of the **mild** weather.
그곳은 온화한 날씨 때문에 영화를 만드는 인기 있는 장소가 되었다.

Fortunately, her cold is **mild**.
다행히도, 그녀의 감기는 심하지 않다.

010 

reset

v **다시 맞추다**

ex I would rather just plug it in and **reset** it.
나는 차라리 그냥 연결해서 초기화 시키겠다.

Call the service team to **reset** your password.
암호를 재설정 하기 위해 서비스 팀에 연락하라.

011 

peek

v **훔쳐보다, 살짝 보이다**

ex A large gorilla wearing a pink mask is **peeking** at them.
분홍색 마스크를 쓴 커다란 고릴라가 그들을 훔쳐보고 있다.

Stop **peeking** at my letter!
내 편지 훔쳐보지마!

012 ★★★

wildlife

n **야생 동물**

ex You should call the police or **wildlife** management services if you see an injured animal.
당신은 부상 입은 동물을 본다면 경찰이나 야생동물 관리 서비스에 연락해야 한다.

★ 표시는 출제 빈도를 나타냅니다.

013 ★★★

orbital

adj **궤도의**

참고 **satellite** 위성

ex We can see an **orbital** telescope in the museum.
우리는 박물관에서 궤도 망원경을 볼 수 있다.

I like to study the **orbital** movement of the planets.
나는 행성의 궤도 움직임을 공부하는 것을 좋아한다.

---

014 ★★★

treasure

n **보물**

ex Why don't we go **treasure** hunting instead?
대신 우리 보물찾기를 하러 가는 것이 어떤가?

Although it is a little blurry, it looks like a **treasure** map.
약간 흐릿해 보이기는 하지만, 그것은 보물 지도처럼 보인다.

---

015 ★★★

furniture

n **가구**

ex The living room and bedroom **furniture** can be rented.
거실과 침실 가구를 대여할 수 있다.

My cat's white fur got all over my **furniture**!
내 고양이의 하얀 털이 내 모든 가구에 묻었어!

---

016 ★★★

mop

v **(대걸레로) 닦다** n **대걸레**

㊒ **sweep** 쓸다, 청소하다

ex For safety, make sure no water is left after **mopping** the floor.
안전을 위해 바닥을 닦은 후 물기가 남아있지 않도록 해라.

I prefer using a shorter **mop** for cleaning.
나는 청소할 때 더 짧은 대걸레를 쓰는 것을 선호한다.

---

017 ★★

summit

n **정상 회담 / 정상, 꼭대기**

ex They usually participate in **summits** between leaders or negotiations between ambassadors.
그들은 종종 지도자간의 정상회담이나 대사간의 협상에 참여한다.

---

018 ★★

posit

v **두다, 제시하다 / 상정하다, 받아들이다**

참고 **position** n. 자리, 위치

ex In recent decades, scientists have **posited** two other theories to explain the green clouds.
최근 수십 년 동안, 과학자들은 녹색 구름을 설명하기 위해 두 개의 다른 이론을 제시했다.

019 ★★

imply

v **암시하다, 의미하다** 참고 **implication** n. 함축, 암시

ex This **implies** that the functional architecture of the human brain results from a complex mixture of biological and cultural constraints.
이것은 인간 두뇌의 기능적 구조가 생물학적 제약과 문화적 제약의 복잡한 혼합에서 비롯된다는 것을 암시한다.

---

020 

edible

adj **먹을 수 있는**

ex The waxy and **edible** peel of the fruit varies occasionally in the number of ridges.
과일의 부드럽고 먹을 수 있는 껍질은 때때로 능선의 수에서 차이가 있다.

Most mushrooms in the wild aren't **edible** because they contain poison.
대부분의 야생 버섯은 독이 들어 있기 때문에 먹을 수 없다.

---

021 

devastate

v **충격을 주다 / 파괴하다**

ex He was **devastated** by the news about his childhood home being torn down.
그는 어린 시절 집이 없어진다는 소식에 망연자실했다.

The site has been **devastated** after a natural disaster.
그 위치는 자연 재해 이후 파괴되었다.

---

022 

burden

n **부담, 짐** v **부담[짐]을 지우다** 참고 **burdensome** adj. 부담스러운, 힘든

ex It can seem like more of a **burden** than a help to modern humans.
현대인에게는 도움이라기보다는 오히려 부담으로 보일 수 있다.

I feel **burdened** from taking on all the responsibilities by myself.
나는 모든 책임을 혼자 져야한다는 것에 부담을 느낀다.

---

023 

trace

n **흔적, 자취** v **추적하다** 유 **evidence** 증거, 흔적

ex In this area, a lot of ships and airplanes disappeared without a **trace**.
이 지역에서는 많은 배와 비행기가 흔적도 없이 사라졌다.

His whereabout is hard to **trace** now.
그의 행방은 이제 추적하기 힘들다.

---

024 

Christ

n **그리스도** 참고 **Christian** adj. 기독교의

ex Catholic and Christians abstain from eating meat or poultry to prepare for **Christ**'s death and resurrection.
가톨릭과 기독교인들은 그리스도의 죽음과 부활에 대비하기 위해 고기나 가금류를 먹지 않는다.

DAY 6

★ 표시는 출제 빈도를 나타냅니다.

025 ★★

coral

n 산호 | 참고 coral reef 산호초

ex You can see **coral** reefs during the submarine tour.
당신은 잠수함 투어 동안 산호초를 볼 수 있다.

There are various types of **corals** with different shapes.
다른 모양들을 가진 다양한 종류의 산호들이 있다.

---

026 ★

external

adj 외부의 | 반 internal 내부의

ex Another issue is that nations have **external** water footprints.
또 다른 문제는 국가들이 외부 물발자국을 가지고 있다는 것이다.

The **external** part of the building is made with hard stones.
건물의 외부 부분은 단단한 돌로 만들어졌다.

---

027 ★

terrestrial

adj 지구의 | 참고 extraterrestrial 외계의

ex **Terrestrial** plants share a lot of similar traits in terms of their nutrients and appearances.
지구의 식물들은 영양소와 외관 면에서 많은 비슷한 특성들을 공유한다.

---

028 ★

sensitive

adj 예민한, 세심한

ex My friend is so **sensitive** that it is hard to be honest.
내 친구는 너무 예민해서 그에게 정직하기가 힘들다.

The store needs to be more **sensitive** to the needs of shoppers.
가게는 쇼핑객들의 요구에 더 민감해야할 필요가 있다.

---

029 ★

illuminate

v 비추다, 밝히다

ex A thin light was **illuminating** only a part of the room.
희미한 빛은 방의 일부만 밝히고 있었다.

Illuminated with the computer screen, your face looks pale.
컴퓨터 스크린으로 비춰지니, 너의 얼굴은 창백해 보인다.

---

030 ★

trespass

v 무단침입하다

ex You are **trespassing** on private property.
당신은 개인 사유지를 무단침입하고 있다.

Avoid **trespassing** in a restricted area.
제한 구역에 무단 침입하는 것을 피해라.

Practice

1. 다음 단어들을 올바르게 연결하세요.

(1) illuminate •	• (a) 일, 과업
(2) document •	• (b) 다양성
(3) value •	• (c) 초보자, 초심자
(4) trespass •	• (d) 남아 있다
(5) remain •	• (e) 비추다, 밝히다
(6) task •	• (f) 무단침입하다
(7) beginner •	• (g) 서류, 기록하다
(8) diversity •	• (h) 가치, 소중히 하다

2. 다음 영어 뜻에 맞게 알맞은 단어를 보기에서 찾아 쓰세요.

coral reset mild external

(1) moderate in type or degree or effect or force

(2) coming from the outside

(3) marine colonial polyp characterized by a calcareous skeleton

(4) set to zero, set anew

SELF TEST

No.	Word	Meaning
01	terrestrial	
02		서류, 기록하다
03	value	
04		예민한
05	remain	
06		비추다, 밝히다
07	weave	
08		일, 과업
09	beginner	
10		다양성
11	efficiency	
12		온화한, 포근한
13	reset	
14		무단침입하다
15	peek	

No.	Word	Meaning
16		야생 동물
17	orbital	
18		보물
19	furniture	
20		정상 회담
21	mop	
22		두다, 제시하다
23	imply	
24		먹을 수 있는
25	devastate	
26		부담, 짐
27	trace	
28		그리스도
29	coral	
30		외부의

DAY 07

색상으로 8품사 구분하기

n	명사	noun	pron	대명사	pronoun
v	동사	verb	adj	형용사	adjective
adv	부사	adverb	conj	접속사	conjunction
prep	전치사	preposition	int	감탄사	interjection

n	bungee	n	extension	adj	false
n	railway	n	taboo	n	vehicle
n	army	n	nurture	n	wind
n	Irish	n	hazard	v	abide
n	agriculture	adj	biological	n	adoption
n	alcohol	n	wisdom	n	course
v	create	n	entry	n	distraction
n	elbow	n	fallacy	adj	genetic
n	hue	adj	astral	adj	adorable
n	dawn	adj	evident	v	fetch

DAY 7

★ 표시는 출제 빈도를 나타냅니다.

001 ★★★★★

bungee

n (번지점프용) 밧줄

ex People who **bungee** jump pay close attention to safety.
번지점프를 하는 사람들은 안전에 세심한 주의를 기울인다.

The first **bungee** jump was from a hot-air balloon.
최초의 번지점프는 열기구에서 했다.

002 ★★★★★

extension

n 확대 참고 **extend** v. 확장하다, 더 넓게 하다

ex My vacuum needs an **extension** cord.
내 진공 청소기는 확장 코드가 필요하다.

This new form is an **extension** to the original form.
이 새 형식은 기존 형식의 확대이다.

003 ★★★★★

false

adj 틀린, 사실이 아닌 ㉷ **true** 사실인, 참인

ex Your **false** statement might cause negative consequences.
당신의 거짓 진술이 부정적인 결과를 야기할 수 있다.

Sometimes it is hard to tell what you see is true or **false**.
가끔 당신이 보는 것이 진실인지 거짓인지 구분하기 어려울 때가 있다.

004 ★★★★★

railway

n 철로, 철길, 선로

ex Tourists can experience walking on the **railway** that is over a hundred years old.
관광객들은 100년도 더 된 철도를 걷는 경험을 할 수 있다.

005 ★★★★★

taboo

n 금기(사항) ㉾ **prohibition** 금지

ex Something that is **taboo** in one culture may not be taboo in another.
한 문화에서 금기시되는 것이 다른 문화에서는 금기시되지 않을 수 있다.

The number 13 is often **taboo** because it is considered unlucky.
숫자 13은 매우 불운한 것으로 여겨지기 때문에 금기시된다.

006 ★★★★★

vehicle

n 차량, 탈것, 운송 수단 ㉾ **transportation** 수송, 교통

ex The traveler decided to walk because he couldn't afford a **vehicle**.
그 여행자는 차를 살 여유가 없어서 걷기로 했다.

They drive a small **vehicle**.
그들은 작은 크기의 차량을 운전한다.

007 ★★★★★

army

n **군대**

㊌ **military** 군사의, 무력의, 군대

ex The **army** lost when a new leader took power.
그 군대는 새로운 지도자가 권력을 잡았을 때 패배했다.

The **army** began to use hot air balloons for reconnaissance.
군대는 정찰에 열기구를 사용하기 시작했다.

008 ★★★★

nurture

n **양육, 육성** v **양육하다**

㊌ **foster** 조성하다, (위탁)양육하다

ex The interaction between **nature** and nurture is highly complex.
자연과 양육의 상호작용은 매우 복잡하다.

Schools can **nurture** high-achieving students through a number of initiatives.
학교들은 몇몇 계획들을 통해 성취도가 높은 학생들을 육성할 수 있다.

009 ★★★★

wind

n **바람**

ex The ice wall blocks the cold **wind**.
얼음벽이 찬바람을 막는다.

The **wind** can reach speeds of 300 kilometers per hour.
바람은 시속 300킬로미터의 속도에 도달할 수 있다.

010 ★★★★

Irish

n **아일랜드 사람들** adj **아일랜드의**

ex Every March 17th, **Irish** people around the world celebrate the life of St. Patrick.
매년 3월 17일, 전 세계의 아일랜드 사람들은 성 Patrick의 삶을 기념한다.

011 ★★★★

hazard

n **위험**

참고 **hazardous** adj. 위험한

ex Violating the rules can cause a safety **hazard**.
규칙을 어기는 것은 안전상의 위험을 초래할 수 있다.

Keep away from children to avoid suffocation **hazards**.
질식 위험을 방지하기 위해 아이들로부터 멀리 두세요.

012 ★★★★

abide

v **참다, 견디다**

참고 **abide by** 준수하다, 지키다

ex The only thing my father can't **abide** is lying.
나의 아버지가 참지 못하는 오직 하나는 거짓말을 하는 것이다.

The lifeguard has asked everyone to **abide** by the listed pool rules.
인명구조원은 모든 사람들에게 목록에 있는 수영장 규정을 준수할 것을 요청했다.

★ 표시는 출제 빈도를 나타냅니다.

013 ★★★

agriculture

n 농업

ex Even a small amount of money would encourage the essential switch to conservation **agriculture**.
적은 돈의 액수라도 농업 보존으로의 근본적인 전환을 장려할 것이다.

014 ★★★

biological

adj 생물학의

ex He uncovered the history of a species' **biological** evolution.
그는 한 종의 생물학적 진화의 역사를 밝혀냈다.

Even though he is not Webster's **biological** father, he treats him like a son.
비록 그는 Webster의 생물학적 아버지는 아니지만 그를 아들처럼 대한다.

015 ★★★

adoption

n 채택, 선정, 입양

ex His ideas were influential in the worldwide **adoption** of time zones.
그의 아이디어는 전세계의 표준시간대 채택에 영향을 미쳤다.

The **adoption** of a new policy takes some time and effort.
새 정책의 채택에는 시간과 노력이 든다.

016 ★★★

alcohol

n 술, 알코올

ex When you climb, you must not smoke or drink **alcohol**.
등산할 때는 담배를 피우거나 술을 마셔서는 안 된다.

You should be aware of all the negative effects of **alcohol** overdose.
당신은 알코올 과다 복용의 모든 부정적인 영향을 잘 알아두어야 한다.

017 ★★★

wisdom

n 지혜, 현명함

ex Older people are often believed to have more **wisdom** than younger ones.
노인들은 젊은 사람들보다 지혜가 더 많다고 여겨진다.

They were just influenced by conventional **wisdom**.
그들은 단지 통념에 의해 영향을 받았다.

018 ★★★

course

n 강의, 과목, 과정

ex You can sign up for a **course** at a local studio.
지역 스튜디오에서 수강 신청을 할 수 있다.

They are receiving two university **course** credits.
그들은 두 개의 대학 과정 학점을 받고 있다.

019

create

v **창조하다**

ex The construction will **create** a lot of dust.
그 공사는 많은 먼지를 만들 것이다.

The story is mainly about how to **create** an insect society.
이 이야기는 주로 곤충 사회를 만드는 방법에 관한 것이다.

---

020 

entry

n **들어감, 입장, 출입**

참고 **entrance** 입구, 문

ex The building refuses **entry** to visitors with no identification.
그 건물은 신분증이 없는 방문객들의 입장을 거부한다.

Check the contest website for the latest **entry** requirements.
가장 최신의 참가 자격 요건들을 대회 웹사이트에서 확인해라.

---

021 

distraction

n **집중을 방해하는 것**

참고 **distract** v. 산만하게 하다

ex More than three fourths of parents report teen **distraction** from device use.
$\frac{3}{4}$ 이상의 부모들이 기기 사용으로 인해 청소년들의 주의가 산만하게 된다고 보고한다.

Some birds create a **distraction** to get away from predators.
몇몇 새들은 포식자들로부터 달아나기 위해 주위를 흩뜨린다.

---

022 

elbow

n **팔꿈치**

ex They already have **elbow** and knee pads.
그들은 이미 팔꿈치와 무릎 보호대를 가지고 있다.

I didn't even realize I had a big bruise on my **elbow**.
내 팔꿈치에 큰 멍이 든 줄도 몰랐다.

---

023 

fallacy

n **오류**

ex The **fallacy** of false choice presents the idea that choices which have been made explicitly exhaust all the sensible options.
잘못된 선택에 대한 오류는 명백하게 만들어진 선택들이 합리적인 대안을 고갈시키는 것으로 오도한다.

---

024 

genetic

adj **유전의, 유전학의**

ex Mendel studied the **genetic** relationship between two plants.
Mendel은 두 식물 간의 유전적 관계를 연구했다.

The condition seems to be **genetic**.
그 병세는 유전적인 것으로 보인다.

★ 표시는 출제 빈도를 나타냅니다.

025 ★★

hue

n 빛깔, 색조

ex Tanzanite is another color-changing gemstone, with the shifts in **hue** attributable to its composition of vanadium ions.
탄자나이트는 비나듐 이온의 성분으로 인해 색이 변하는 또 다른 원석이다.

026 ★

astral

adj 천체의, 별의

ex I went on a field trip to the **astral** observatory.
나는 천체 관측소로 현장학습을 갔다.

Galilei contributed to **astral** discovery by asserting that the earth was round.
갈릴레이는 지구가 둥글다는 주장으로 천체 발견에 공헌을 했다.

027 ★

adorable

adj 사랑스러운

참고 **adore** v. 흠모[사모]하다

ex Look at that **adorable** little pig with the folded ears!
귀가 접혀있는 저 사랑스러운 아기 돼지를 봐!

Her **adorable** smile makes me smile too.
그녀의 사랑스러운 미소는 나도 미소 짓게 한다.

028 

dawn

n 새벽, 여명

ex For Muslims observing Ramadan, the fasting time is from **dawn** to dusk.
라마단을 지키는 이슬람교도들에게 금식 시간은 새벽부터 황혼까지이다.

At **dawn**, everything seems quiet and calm.
새벽에는 모든 것이 조용하고 평온해 보인다.

029 

evident

adj 분명한, 눈에 띄는

ex It is **evident** that we all have our differences.
우리 모두가 차이를 가지고 있다는 것은 명백하다.

It is **evident** that many cats hate baths.
많은 고양이들이 목욕을 싫어하는 것은 명백하다.

030 

fetch

v 가지고 오다

ex I think my dog ran to **fetch** the ball almost unconsciously.
내 생각엔 나의 개가 거의 무의식적으로 공을 가지러 뛰어간 것 같다.

At the training center, dogs practice **fetching** the boomerang.
훈련소에서 개들은 부메랑을 가지고 오는 연습을 한다.

Practice

1. 다음 단어들을 올바르게 연결하세요.

(1) extension •	• (a) 농업
(2) false •	• (b) 채택, 선정, 입양
(3) taboo •	• (c) 위험
(4) vehicle •	• (d) 양육, 육성
(5) nurture •	• (e) 금기(사항)
(6) agriculture •	• (f) 차량, 탈것
(7) hazard •	• (g) 확대
(8) adoption •	• (h) 틀린, 사실이 아닌

2. 우리말 뜻에 맞게 괄호에 알맞은 단어를 찾아 O표 하세요.

(1) The lifeguard has asked everyone to (abolish / abide) by the listed pool rules.
인명구조원은 모든 사람들에게 목록에 있는 수영장 규정을 준수할 것을 요청했다.

(2) He uncovered the history of a species' (biological / genetical) evolution.
그는 한 종의 생물학적 진화의 역사를 밝혀냈다.

(3) They just were influenced by conventional (wealth / wisdom).
그들은 단지 통념에 의해 영향을 받았다.

(4) The building refuses (entry / century) to visitors with no identification.
그 건물은 신분증이 없는 방문객들의 입장을 거부한다.

SELF TEST

01	bungee	
02		확대
03	false	
04		철로, 철길
05	taboo	
06		차량, 탈것
07	army	
08		바람
09	nurture	
10		위험
11	Irish	
12		참다, 견디다
13	agriculture	
14		생물학의
15	adoption	
16		술, 알코올
17	wisdom	
18		강의, 과목
19	create	
20		들어감, 입장
21	distraction	
22		팔꿈치
23	fallacy	
24		유전의, 유전학의
25	hue	
26		천체의, 별의
27	adorable	
28		새벽, 여명
29	fetch	
30		분명한

DAY 08

색상으로 8품사 구분하기

n	명사	noun	pron	대명사	pronoun
v	동사	verb	adj	형용사	adjective
adv	부사	adverb	conj	접속사	conjunction
prep	전치사	preposition	int	감탄사	interjection

n	fabric	adj	passive	n	approach
adv	certainly	adj	enormous	v	suffer
n	coercion	n	merit	n	notion
adj	postal	n	cable	adj	bizarre
v	ascertain	n	palace	v	announce
n	report	n	capitalism	adj	consistent
n	tutorial	v	deny	n	remark
v	predate	n	obelisk	n	survivability
v	boggle	adj	contrary	adj	dense
v	dub	adj	fuzzy	v	modify

DAY 8

★ 표시는 출제 빈도를 나타냅니다.

001 ★★★★★

fabric

n **직물, 천** ㊓ **textile** 직물, 옷감

ex It's a strong **fabric** at an affordable price.
이것은 저렴한 가격에 튼튼한 원단이다.

I found a stain on the **fabric** I just bought.
오늘 막 산 천에 얼룩을 발견했다.

002 ★★★★★

passive

adj **수동적인** ㊥ **active** 활동적인

ex Dogs are active, while cats tend to be **passive**.
개는 활동적인 반면 고양이는 수동적인 경향이 있다.

I try to avoid being **passive** at work.
나는 직장에서 수동적인 행동을 취하는 것을 피하려고 한다.

003 ★★★★★

approach

n **접근법** v **다가가다, 접촉하다**

ex This **approach** is still popular in design education today.
이 접근 방식은 오늘날에도 여전히 디자인 교육에서 인기가 있다.

When they **approached**, a shadowy figure roared away on a motorbike.
그들이 다가오자, 어슴푸레한 형체가 오토바이를 타고 굉음을 내며 갔다.

004 ★★★★★

certainly

adv **확실히, 틀림없이**

ex He **certainly** didn't mean to interrupt the meeting.
그는 확실히 미팅을 방해하려고 한 것은 아니었다.

That's **certainly** easy enough for middle school students.
그건 확실히 중학교 학생들에겐 충분히 쉽다.

005 ★★★★★

enormous

adj **막대한, 거대한**

ex The new building was **enormous** - twice the size of the last one.
그 새 건물은 지난번 것의 크기의 두 배로 아주 거대했다.

The temple was at the top of an **enormous** mountain.
신전은 거대한 산의 꼭대기에 있었다.

006 ★★★★★

suffer

v **고통받다, 시달리다 / 겪다, 당하다**

ex People these days tend to **suffer** a lot of job-related stresses.
요즘 사람들은 직업과 관련된 스트레스를 많이 받는 경향이 있다.

You will **suffer** from skin damage if exposed to ultraviolet light for too long.
자외선에 너무 오래 노출된다면 피부 손상을 입을 것이다.

007 ★★★★★

coercion

n **강제, 강압**

참고 **coerce** v. 강압하다, 강제하다

ex Does punishment indicate **coercion**?
처벌은 강압을 나타내는가?

It was alleged that the prisoner's statement was gained through **coercion**.
그 죄수의 진술은 강요에 의해 얻어졌다는 주장이 제기되었다.

008 ★★★★

merit

n **가치, 장점**

반 **demerit** 단점, 약점

ex Although having a good amount of common sense knowledge may be a **merit**, it also has weaknesses.
상식적인 지식이 많다는 것은 장점이 될 수 있지만 단점도 있다.

009 ★★★★

notion

n **개념, 관념**

ex The **notion** of a water footprint is a way of measuring how much water humans are using or polluting.
물발자국의 개념은 인간이 얼마나 많은 물을 사용하고 있는지 또는 얼마나 오염시키고 있는지를 측정하는 방법이다.

010 ★★★★

postal

adj **우편의**

ex During the holiday, there might be some delays in **postal** services.
연휴 기간에는, 우편 서비스에 약간의 지연이 있을 수 있다.

She has worked in a **postal** delivery agency for 3 years.
그녀는 3년 동안 우편 배달 기관에서 일을 해 왔다.

011 ★★★

cable

n **케이블, 전선**

ex This guy invented a revolutionary **cable** for portable electronics.
이 남자는 휴대용 전자기기를 위한 혁명적인 케이블을 발명했다.

I realized I had lost my **cable**.
나는 내 케이블을 잃어버렸다는 것을 알았다.

012 ★★★

bizarre

adj **기이한, 특이한**

유 **weird** 기이한, 기묘한

ex The method is really **bizarre**, but it works!
그 방법은 정말 이상하지만 효과가 있다!

It seems like only **bizarre** things happen in this place.
이 곳에서는 이상한 일들만 일어나는 것 같다.

DAY 8

★ 표시는 출제 빈도를 나타냅니다.

013

ascertain

v 알아내다, 확인하다

ex It could also be used to **ascertain** intelligence.
그것은 또한 지능을 확인하는 데 사용될 수 있다.

He was paid by a company to **ascertain** the best day to sell a package.
그는 소포를 팔기 가장 좋은 날을 알아내기 위해 회사로부터 돈을 받았다.

014

palace

n 궁전

ex They got married in an ice **palace**.
그들은 얼음 궁전에서 결혼했다.

What did the **palace** guards do when the intruder tried to escape?
궁전 경비병들은 침입자가 탈출하려고 했을 때 무엇을 했는가?

015

announce

v 발표하다, 알리다 ㊒ **notify** 알리다, 통지하다

ex I'm glad to **announce** that we're hosting the National Baking Competition on December 20th.
12월 20일에 열리는 전국 제빵 대회를 개최하는 소식을 전하게 되어 기쁘다.

016

report

n 보도, 보고서 v 알리다, 발표하다

ex I heard a **report** about how the Arctic ice is disappearing.
나는 북극의 얼음이 어떻게 사라지고 있는지에 대한 보도를 들었다.

Remember the **report** about wildflowers I've been working on?
내가 연구했던 야생화에 대한 보고서를 기억하는가?

017 

capitalism

n 자본주의 ㊕ **communism** 공산주의

ex The growth of **capitalism** changed the world greatly.
자본주의의 성장은 세계를 크게 변화시켰다.

There are lots of arguments about the negative face of **capitalism**.
자본주의의 부정적인 면들에 대한 많은 논쟁들이 있다.

018

consistent

adj 한결같은, 일관된

ex Its supporters were **consistent** in their views.
지지자들은 한결같이 그들의 견해를 고수했다.

You have to be **consistent** with not only your words but also your tone.
당신은 당신의 말뿐만이 아니라 말투에서도 일관적이어야 한다.

019 ★★

tutorial

n **개별 지도 시간 / 사용 지침서** 참고 **tutor** 가정교사, 개인 지도 교사

ex The lecture is about a **tutorial** on voice control.
그 강의는 음성 제어 사용 지침에 관한 수업이다.

I heard you're into making online video **tutorials.**
당신이 온라인 동영상 사용 지침서를 만드는 것을 좋아한다고 들었다.

020 ★★

deny

v **부인[부정]하다** ㉯ **admit** 인정[시인]하다

ex We'll **deny** all charges at the court.
우리는 법정에서 모든 혐의를 부인할 것이다.

A piece of bad news is often **denied** initially.
나쁜 소식은 종종 처음에는 부정된다.

021 ★★

remark

n **발언[말/논평/언급]** v **언급[말/논평/발언]하다** ㉤ **comment** 논평, 언급

ex Your **remarks** on the speech have impressed me greatly.
연설에서 당신의 발언은 나를 크게 감동시켰다.

The teachers **remarked** on the way Marilyn behaved in class.
선생님들은 Marilyn이 수업시간에 어떻게 행동하는지 언급했다.

022 ★★

predate

v **~보다 먼저 오다**

ex It even included a perfect row of columns that **predated** ancient Greece's famed Parthenon by almost a millennium.
이것은 심지어 고대 그리스의 유명한 파르테논 신전보다 거의 천년 앞선 완벽한 기둥들을 포함하고 있었다.

023 ★★

obelisk

n **방첨탑, 오벨리스크**

ex The hundreds of building projects commissioned by the pharaoh included temples, immense statues, and **obelisks.**
파라오가 의뢰한 수백 개의 건축 프로젝트에는 사원, 거대한 조각상, 방첨탑이 포함되어 있었다.

024 ★

survivability

n **생존 가능성** 참고 **survive** 살아남다 | **ability** 능력

ex Assessing the **survivability** of an environment can be risky.
환경의 생존 가능성을 평가하는 것은 위험할 수 있다.

The **survivability** of a species might be predicted long before its extinction.
한 종의 생존 가능성은 멸종되기 훨씬 전에 예측될 수 있다.

★ 표시는 출제 빈도를 나타냅니다.

025 ★

boggle

v 주춤하다

ex The profundity of philosophy **boggles** the mind.
철학의 심오함은 정신을 혼란스럽게 한다.

We tend to **boggle** when spending a big amount of money.
우리는 큰 돈을 쓸 때 주춤하게 된다.

026 ★

contrary

adj ~와는 다른[반대되는] 참고 **contrast** 차이, 대조, 대비

ex **Contrary** to some reviewers, I'd say this book is certainly not a beginners book to investment.
몇몇 평론가들과는 달리, 나는 이 책이 확실히 초보자용 투자 책이 아니라고 말하고 싶다.

027 ★

dense

adj 빽빽한, 밀집한 참고 **density** n. 밀도, 농도

ex The area was dense with large trees and plants.
그 지역에는 큰 나무와 식물들이 무성했다.

The room was so **dense** that I wanted to get out of it as soon as possible.
그 방은 너무 밀집되어 있어서 가능한 빨리 나오고 싶었다.

028 ★

dub

v 별명을 붙이다

ex The website, **dubbed** "CatsAmore," allows users to create a free profile.
"CatsAmore"라고 불리는 웹사이트는 사용자들이 무료 프로필을 만들 수 있도록 한다.

Many people started to **dub** him "Cam," the shortened word for a camera.
많은 사람들이 그를 사진기의 줄임말인 "Cam"이라는 별명으로 부르기 시작했다.

029 ★

fuzzy

adj 흐릿한 / 솜털이 보송보송한 참고 **fussy** 까다로운, 신경질적인

ex Hold on. The words look fuzzy without my glasses.
기다려봐. 안경없이는 글자들이 흐릿하게 보여.

The caterpillar was fuzzy.
그 애벌레는 솜털이 보송보송했다.

030 ★

modify

v 수정하다 / 수식하다

ex We must **modify** the minor mistakes on the report before submitting it.
우리는 보고서를 제출하기 전에 사소한 오류들을 수정해야만 한다.

What's a good word to **modify** the word "blueberry?"
블루베리라는 단어를 수식하기에 좋은 단어는 무엇인가?

Practice

1. 다음 단어들을 올바르게 연결하세요.

(1) fabric •	• (a) 고통받다, 겪다
(2) certainly •	• (b) 한결같은, 일관된
(3) approach •	• (c) 강제, 강압
(4) enormous •	• (d) 자본주의
(5) suffer •	• (e) 직물, 천
(6) coercion •	• (f) 막대한, 거대한
(7) capitalism •	• (g) 확실히, 틀림없이
(8) consistent •	• (h) 다가가다

2. 우리말 뜻에 맞게 빈칸에 알맞은 단어를 보기에서 찾아 쓰세요.

ascertain report postal bizarre

(1) **During holiday seasons, there might be some delays on ______ service.**

휴일 기간에는, 우편 서비스에 약간의 지연이 있을 수 있다.

(2) **The way is really ______, but it works!**

그 방법은 정말 이상하지만 효과가 있다!

(3) **It could also be used to ______ intelligence.**

그것은 또한 지능을 확인하는 데 사용될 수 있다.

(4) **I heard a ______ about how the Arctic ice is disappearing.**

나는 북극의 얼음이 어떻게 사라지고 있는지에 대한 보고를 들었다.

SELF TEST

01	fabric	
02		수동적인
03	approach	
04		확실히, 틀림없이
05	enormous	
06		고통받다, 겪다
07	coercion	
08		수정하다
09	merit	
10		개념,관념
11	postal	
12		자본주의
13	consistent	
14		케이블, 전선
15	bizarre	
16		궁전
17	ascertain	
18		발표하다, 알리다
19	report	
20		부인[부정]하다
21	tutorial	
22		발언, 말, 논평
23	predate	
24		방첨탑
25	survivability	
26		주춤하다
27	contrary	
28		빽빽한, 밀집한
29	dub	
30		흐릿한

DAY 09

색상으로 8품사 구분하기

n	명사	noun	pron	대명사	pronoun
v	동사	verb	adj	형용사	adjective
adv	부사	adverb	conj	접속사	conjunction
prep	전치사	preposition	int	감탄사	interjection

n	Jupiter	n	logo	n	patch
adj	prime	n	thrill	n	client
v	delay	adj	tribal	n	villain
n	voucher	n	clue	adj	pure
adj	ecological	v	entail	v	evolve
v	dial	n	crisis	n	case
v	decide	adj	correct	n	dose
adj	surly	v	reckon	n	maximum
n	kindness	v	confess	n	butcher
v	anticipate	n	dent	adj	fatal

DAY 9

★ 표시는 출제 빈도를 나타냅니다.

001 ★★★★★

Jupiter

n **목성**

ex Scientists found forms of radiation reaching Earth from **Jupiter**.
과학자들은 목성에서 지구에 도달하는 방사선의 형태를 발견했다.

He is worried about the new NASA research on **Jupiter**.
그는 목성에 대한 NASA의 새로운 연구에 대해 걱정하고 있다.

002 ★★★★★

logo

n **상징[로고]**

ex What is special about the apple in the company's **logo**?
그 기업 로고에 있는 사과는 무엇이 특별한가?

What companies do you know that have a famous **logo**?
당신이 아는 회사 중에 로고가 유명한 회사는 어디인가?

003 ★★★★★

patch

n **부분, 조각, 작은 땅** v **덧대다**

ex This garbage **patch** is at least 700,000 square kilometers in area!
이 쓰레기 섬은 면적이 적어도 70만 제곱 킬로미터나 된다!

We'll grow a pumpkin **patch**.
우리는 호박밭을 가꿀 것이다.

004 ★★★★★

prime

adj **주된, 주요한 / 최고의**

참고 **prime minister** 수상, 총리

ex One **prime** example of bio-piracy is the case of the neem tree.
생물 자원 수탈의 주요한 예는 멀구슬나무의 경우이다.

The Queen shook hands with the UK's **prime** minister in front of the camera.
여왕은 카메라 앞에서 영국 총리와 악수했다.

005 ★★★★★

thrill

n **전율, 황홀감, 흥분**

ex Feel the **thrill** of flying like an eagle!
독수리처럼 날아다니는 전율을 경험하라!

They were members of a dangerous sports club who wanted a **thrill**.
그들은 전율을 원하는 위험한 스포츠 클럽의 회원들이었다.

006 ★★★★★

client

n **의뢰인[고객]**

㊌ **customer** 손님, 고객

ex He is meeting a **client** so he will work outside for the rest of the day.
그는 고객을 만나기 때문에 오늘 남은 시간을 밖에서 일할 것이다.

It is my **client**'s last day in town, so we will treat him at a fancy restaurant.
오늘이 내 의뢰인의 도시에서 마지막 날이기 때문에 그를 화려한 식당에서 대접할 것이다.

007 ★★★★★

delay

v 미루다, 연기하다 n 지연, 지체

㊓ **postpone** 연기하다, 미루다

ex Can I **delay** our appointment until Sunday?
우리 약속을 일요일로 미룰 수 있을까?

He tends to **delay** everything until the last minute.
그는 모든 것을 마지막 순간까지 미루는 경향이 있다.

008 ★★★★★

tribal

adj 부족의

참고 **tribe** n. 부족, 집단

ex You can experience our **tribal** ceremony.
당신은 우리 부족의 의식을 경험할 수 있다.

She was a **tribal** ancestor of the Naga people.
그녀는 Naga족의 조상이었다.

009 ★★★★

villain

n 악당

ex He's almost a **villain** more than a hero.
그는 영웅이라기보다는 거의 악당이다.

In the movie, they showed the **villain** changing his appearance several times.
영화에서, 그들은 악당이 그의 모습을 바꾸는 것을 여러 번 보여줬다.

010 ★★★★

voucher

n 상품권, 할인권

ex They can exchange their ticket for a **voucher**.
그들은 티켓을 상품권으로 교환할 수 있다.

This offer cannot be combined with other offers or gift **vouchers**.
이 할인은 다른 할인행사 또는 상품권과 결합할 수 없다.

011 ★★★

clue

n 단서, 실마리[증거]

ex A good mystery story provides all the **clues** the reader needs to figure out the solution.
훌륭한 미스터리 이야기는 독자가 해결책을 찾는 데 필요한 모든 단서를 제공한다.

012 ★★★

pure

adj 순수한, 깨끗한

㊓ **innocent** 무죄인, 결백한, 무고한

ex Distilled water is truly **pure** water.
증류수는 완전히 순수한 물이다.

They are harder and stronger than **pure** metal alone.
그것들은 순수한 금속보다 더 단단하고 강하다.

DAY 9

★ 표시는 출제 빈도를 나타냅니다.

013 ★★★

ecological

adj **생태계의**

참고 **ecology** n. 생태계, 생태학

ex There is a decreased chance of empty **ecological** niches but the increased probability of competitors that prevent invasion success.
비어 있는 생태학적 적소의 감소와 생태계 침략을 막는 경쟁자들의 증가된 가능성이 있다.

014 ★★★

entail

v **수반하다**

ex When facing a choice that **entails** risk, which guideline should we use?
위험을 수반하는 선택에 직면할 때, 우리는 어떤 지침을 따라야 하는가?

015 ★★★

evolve

v **진화하다, 발달하다**

ex Our brains did not have enough time to **evolve**.
우리의 뇌는 진화할 충분한 시간이 없었다.

They slowly **evolved** into this new species.
그들은 서서히 이 새로운 종으로 진화했다.

016 ★★★

dial

v **전화를 걸다**

ex Don't wait - **dial** now and don't miss a great opportunity!
미루지 말고 - 지금 바로 전화해서 좋은 기회를 놓치지 마세요!

I **dialed** the number written on the paper but couldn't reach you.
종이에 쓰여있는 번호로 전화를 걸었지만 당신에게 연결되지 않았다.

017 ★★★

crisis

n **위기**

ex In times of **crisis** humans had to rely on a limited diet of just one food.
위기의 시기에 인간은 단 한 가지 음식으로 제한된 식단에 의존해야 했다.

018 ★★★

case

n **사례, 경우**

ex There is evidence that this is not actually the **case**.
이것이 실제로 그렇지 않다는 증거가 있다.

In this **case**, you can consult your direct supervisor.
이 경우, 당신은 직속상관에게 자문을 구할 수 있다.

019 ★★★

decide

v **결정하다** ㊌ **determine** 결정하다

ex Why did they **decide** to fire Victor?
왜 그들이 Victor을 해고하기로 결정했는가?

I haven't **decided** where to go for my next trip.
나는 다음 여행을 어디로 갈지 결정하지 않았다.

020 ★★★

correct

adj **맞는, 정확한** v **바로잡다, 정정하다**

ex Click on the **correct** account to move on to the next step.
다음 단계로 넘어가기 위해 올바른 계정을 클릭하라.

All information must be **correct** and complete.
모든 정보는 정확하고 완전해야 한다.

021 ★★

dose

n **복용량, 투여량**

ex Take the first **dose** at least 45 minutes before desired activity.
원하는 활동 최소 45분 전에 첫 번째 복용량을 복용하라.

Be sure not to take more than the daily **dose**.
하루 복용량보다 더 섭취하지 않도록 해라.

022 ★★

surly

adj **성질 못된, 무례한**

ex The staffs were **surly** to me, probably because they felt embarrassed about being uninformed about protocols.
직원들은 나에게 무례하게 굴었다, 아마도 그들은 프로토콜에 대해 알지 못하는 것에 대해 당황스러웠기 때문일 것이다.

023 ★★

reckon

v **생각하다, 여겨지다** 참고 **reckon with something** ~을 무시할 수 없는 존재로 여기다

ex Crime-fighting duo Watanabe and Suzuki are a force to be **reckoned** with.
범죄와 싸우는 Watanabe와 Suzuki 2인조는 무시할 수 없는 세력이다.

024 ★★

maximum

n **최대, 최고** ㉯ **minimum** 최소, 최저

ex It's already at **maximum** speed.
이미 최대 속도입니다.

The **maximum** number of people allowed to enter the lecture room is 15.
강의실에 들어갈 수 있는 사람들의 최대수는 15명이다.

DAY 9

★ 표시는 출제 빈도를 나타냅니다.

025 ★★

kindness

n **친절, 다정함**

ex Even small acts of **kindness** mean a lot to those who are down on their luck.
작은 친절 행위도 운이 나쁜 사람들에게는 큰 의미가 있다.

026 ★

confess

v **자백하다, 고백하다** ㊋ **admit** 인정하다, 시인하다

ex My cousin finally **confessed** what he had done.
내 사촌이 마침내 그가 한 일을 고백했다.

The criminal **confessed** where he hid the major evidence.
범죄자는 그가 어디에 주요 증거를 숨겼는지 자백했다.

027 ★

butcher

n **정육점 / 정육점 주인**

ex We visited the local **butcher** to get the sirloin.
우리는 등심을 사기 위해 동네 정육점에 갔다.

My uncle is a **butcher** so he knows the best part for a steak.
나의 삼촌은 정육점 주인이기 때문에 스테이크에 가장 좋은 부위를 알고 있다.

028 ★

anticipate

v **예상하다, 기대하다** ㊋ **expect** 예상하다

ex Those math problems turned out to be harder than I had **anticipated**.
그 수학 문제들은 내가 예상했던 것보다 더 어려웠다.

The number **anticipated** for next year is too high.
내년에 예상되는 숫자가 너무 높다.

029 ★

dent

n **움푹 들어간[찌그러진] 곳** v **훼손하다**

ex Tire inflation is adequate; **dent**-free; well-aligned.
타이어 팽창이 적절하고 찌그러진 곳이 없으며 정렬 상태가 양호하다.

If you spot any **dent** on the product, feel free to contact us at any time.
제품에서 찌그러진 곳이 발견되면 언제든 편하게 연락주세요.

030 ★

fatal

adj **치명적인, 죽음을 초래하는**

ex The treatment of **fatal** diseases is a huge challenge in the medical world.
의학세계에서 치명적인 질병의 치료는 큰 도전과제이다.

Poisonous mushrooms can be more **fatal** than we think.
우리가 생각하는 것보다 독버섯은 더 치명적일 수 있다.

Practice

1. 다음 단어들을 올바르게 연결하세요.

(1) Jupiter •	• (a) 부족의
(2) prime •	• (b) 의뢰인[고객]
(3) thrill •	• (c) 상품권, 할인권
(4) client •	• (d) 악당
(5) delay •	• (e) 지연, 지체, 미루다
(6) tribal •	• (f) 목성
(7) villain •	• (g) 전율, 황홀감, 흥분
(8) voucher •	• (h) 주된, 주요한, 최고의

2. 다음 영어 뜻에 맞게 알맞은 단어를 보기에서 찾아 쓰세요.

pure evolve crisis dose

(1) undergo development or evolution

(2) a measured portion of medicine taken at any one time

(3) free of extraneous elements of any kind

(4) an unstable situation of extreme danger or difficulty

SELF TEST

01	patch		16		위기
02		목성	17	dial	
03	prime		18		사례, 경우
04		상징[로고]	19	decide	
05	thrill		20		맞는, 정확한
06		의뢰인[고객]	21	dose	
07	delay		22		성질 못된
08		부족의	23	reckon	
09	villain		24		최대, 최고
10		상품권, 할인권	25	kindness	
11	clue		26		정육점
12		순수한, 깨끗한	27	confess	
13	ecological		28		치명적인
14		수반하다	29	dent	
15	evovle		30		예상하다

DAY 10

색상으로 8품사 구분하기

n	명사	noun	pron	대명사	pronoun
v	동사	verb	adj	형용사	adjective
adv	부사	adverb	conj	접속사	conjunction
prep	전치사	preposition	int	감탄사	interjection

n	designer	n	laptop	adj	massive
n	reality	n	route	n	stem
adj	appropriate	n	curb	adj	dwarf
n	beta	n	entity	n	factor
n	instinct	v	integrate	n	ecology
v	depict	n	format	adv	least
n	beverage	v	lift	n	slot
v	refrain	adj	ornate	adj	nasty
v	lug	n	descent	adj	elusive
adj	faulty	n	hood	v	incline

★ 표시는 출제 빈도를 나타냅니다.

001 ★★★★★

designer

n 디자이너

ex Chris dreams of becoming a renowned **designer**.
Chris는 유명한 디자이너가 되는 것을 꿈꾼다.

The famous fashion **designer** will teach you in the workshop.
유명한 패션 디자이너가 워크숍에서 당신을 가르칠 것이다.

---

002 ★★★★★

laptop

n 휴대용[노트북]컴퓨터

ex Have you seen my old **laptop** around here?
내 낡은 노트북을 이 근처에서 본 적 있는가?

His **laptop** performs well but is heavy.
그의 노트북은 성능은 좋지만 무겁다.

---

003 ★★★★★

massive

adj 거대한, 엄청나게 큰

참고 **mass** n. 덩어리

ex They have created a **massive** system of tunnels under the city to get rid of water quickly.
그들은 물을 빨리 제거하기 위해 도시 아래에 거대한 터널 시스템을 만들었다.

---

004 ★★★★★

reality

n 현실

ex Will it be possible to narrow the gap between **reality** and ideality?
현실과 이상의 차이를 좁히는 것이 가능할 것인가?

Some people say that **reality** is cruel.
몇몇 사람들은 현실은 잔인하다고 한다.

---

005 ★★★★★

route

n 길, 노선

ex A demonstration blocked her **route** to downtown.
시위 때문에 그녀가 시내로 가는 길이 막혔다.

He has explained the best **route** to the taxi driver.
그는 택시 운전사에게 가장 좋은 길을 설명해 주었다.

---

006 ★★★★★

stem

n 줄기

참고 **root** 뿌리

ex These fruit **stems** all have different shapes.
이 과일 줄기들은 모두 다른 모양을 가지고 있다.

Yawns are an involuntary reaction that originates in the brain **stem**.
하품은 뇌간에서 발생하는 무의식적인 반응이다.

007 ★★★★★

appropriate

adj **적절한** ⓑ **inappropriate** 부적절한

ex Learn more **appropriate** words to use for presentations.
발표에 사용할 수 있는 적절한 단어를 더 많이 배워라.

Your outfit was not **appropriate** for the church service.
너의 복장은 교회 예배에 적절하지 않았다.

008 ★★★★

curb

n **연석, 제한하는 것** v **억제[제한]하다**

ex A maximum of 2 bulky items may be placed on the **curb** in front of your house.
집 앞 연석에 부피가 큰 물건을 최대 2개까지 놓아둘 수 있다.

009 ★★★★

dwarf

adj **소형의, 왜소한** n **난쟁이[소인]**

ex The biggest **dwarf** shark ever found was only 15 centimeters long.
지금까지 발견된 가장 큰 소형 상어는 길이가 15cm에 불과했다.

There was a smart **dwarf** who worked as a farmer.
농부로 일했던 똑똑한 난쟁이가 있었다.

010 ★★★★

beta

n **베타 (아직 정식으로 출시되지 않은 품목)**

ex This program will be unstable since it is in the **beta** stage.
아직 베타 단계이기 때문에 이 프로그램은 불안정할 것이다.

Beta users evaluating the product will be of great help before launching.
베타 사용자의 제품 평가는 출시 전 큰 도움이 될 수 있다.

011 ★★★

entity

n **독립체**

ex A representative of a political **entity**, whatever its constitutional form, has to have an intention and a will.
정치적 실체의 대표자는, 그것의 헌법적 형태가 무엇이든 간에, 의도와 의지를 가져야 한다.

012 ★★★

factor

n **요인, 인자**

ex All of these **factors** together determine an individual's fingerprints.
이 모든 요소들이 함께 개인의 지문을 결정한다.

Numerous **factors** can determine how the patterns change.
여러 요인이 패턴이 어떻게 변하는지 결정할 수 있다.

★ 표시는 출제 빈도를 나타냅니다.

013 ★★★

instinct

n 본능

ex Any learning environment that deals with only the database **instincts** or only the improvisatory instincts ignores one half of our ability.
데이터베이스 혹은 즉흥적인 본능만을 다루는 학습 환경은 우리 능력의 절반을 제대로 활용하지 못하게 한다.

014 ★★★

integrate

v 통합시키다

ex Such primitive societies tend to view man and beast, animal and plant, organic and inorganic matters, as participants in an **integrated**.
그러한 원시 사회는 인간과 짐승, 동물과 식물, 유기체와 무기체를 통합된 참여자로 보는 경향이 있다.

015 ★★★

ecology

n 생태, 환경 / 생태학 참고 eco=ecology

ex Environmental activists put a lot of effort into keeping the **ecology** safe and clean.
환경 운동가들은 생태를 안전하고 깨끗하게 보존하려고 많은 노력을 한다.

016 ★★★

depict

v 그리다, 묘사하다 ㊌ describe 묘사하다

ex What does the picture try to **depict** by having only one color?
그 그림은 오직 하나의 색으로 무엇을 묘사하려고 하는가?

You can learn how to **depict** realistic looking buildings.
당신은 실제처럼 보이는 건물을 그리는 법을 배울 수 있다.

017 ★★★

format

n 형식, 구성 방식 ㊌ form 종류, 유형

ex Slide **format** should not affect the readability.
슬라이드 형식은 가독성에 영향을 주어서는 안된다.

It enables you to see your data in a variety of **formats**.
그것은 데이터를 다양한 형식으로 볼 수 있게 한다.

018 ★★★

least

adv 최소 pron 가장 적은, 최소의 참고 at least 적어도[최소한]

ex The boat floated for at **least** a month.
그 배는 적어도 한 달 동안 떠 있었다.

The **least** popular is tuna, but I like it.
가장 인기가 없는 것은 참치인데, 나는 참치를 좋아한다.

019 ★★★

beverage

n **음료**

ex We're providing a free **beverage** at our coffee shop.
우리 커피숍에서 음료수를 무료로 제공하고 있다.

They are talking about how to make cold **beverages**.
그들은 차가운 음료를 만드는 방법에 대해 이야기하고 있다.

020 

lift

v **들어 올리다**

ex You should **lift** more weights to build muscle.
근육을 키우기 위해서는 더 많은 무게를 들어올려야 한다.

Then, gently **lift** your head first and your shoulders next.
그러고 나서, 머리를 먼저 부드럽게 들어 올리고 어깨를 다음으로 들어라.

021 

slot

n **구멍, 자리**

ex You should drop coins in the **slot** in order to see the prompt on the screen.
화면에 나오는 프롬프트를 보려면 구멍에 동전을 넣어야 한다.

I found a small **slot** for us to park the bicycle.
자전거를 주차할 작은 자리를 찾았다.

022 

refrain

v **삼가다**

ex Please **refrain** from smoking in the non-smoking area.
금연구역에서는 흡연을 삼가 해주시기 바랍니다.

We should accept others and **refrain** from violence.
우리는 다른 사람들을 받아들이고 폭력을 자제해야 한다.

023 

ornate

adj **화려하게 장식된** 참고 **ornament** n. 장식품, 장신구

ex With bracelets, if you're new to accessories, go for simple rather than **ornate**.
팔찌는, 악세사리를 처음 접한다면, 화려하지 않고 간단한 것을 착용하라.

024 

nasty

adj **끔찍한, 형편없는**

ex The rotten pie looked so **nasty** that no one wanted to throw it away.
썩은 파이는 너무 끔찍해서 아무도 버리고 싶어하지 않았다.

They were in quite a **nasty** color.
그것들은 꽤 끔찍한 색깔로 되어있었다.

★ 표시는 출제 빈도를 나타냅니다.

025 ★★

lug

v 나르다 n 돌출부(손잡이)

ex I had to **lug** all my belongings to the rooftop house.
나는 모든 짐을 옥탑방으로 옮겨야 했다.

026 ★

descent

n 혈통, 가문 / 내려오기, 하강

참고 **descend** v. 내려오다, 내려가다

ex Dar es Salaam boasts a diverse population of people of African, Asian, Middle Eastern, and European **descent**.
Dar es Salaam은 아프리카계, 아시아계, 중동계, 유럽계 등 다양한 인종의 혈통을 자랑한다.

027 ★

elusive

adj 찾기 힘든

참고 **elude** v. 피하다[빠져나가다]

ex These **elusive** animals are approximately twice the size of domestic house cats.
이 찾기 힘든 동물들은 집에서 기르는 고양이의 약 두 배 크기이다.

028 ★

faulty

adj 흠[결함]이 있는 / 잘못된

참고 **fault** n. 잘못, 결점

ex The woman requested that the **faulty** products be exchanged.
여자는 불량 제품을 교환해 달라고 요청했다.

You should at least try to apologize for your **faulty** behavior.
잘못된 행동에 대해 사과라도 하려고 해라.

029 ★

hood

n 덮개, 모자

ex Get snow off the car's **hood** and sides, too.
차의 덮개와 측면에도 눈을 치워라.

You have something in your **hood**.
너의 모자 안에 무언가 있다.

030 ★

incline

v 기울다

참고 **inclined** adj. ~하는 경향이 있는

ex I kind of let my more musically-**inclined** friends do the selection.
좀 더 음악적인 성향을 가진 친구들이 선곡을 하게끔 했다.

She's a good person, and I'm **inclined** to believe her.
그녀는 좋은 사람이고, 나는 그녀를 믿는 경향이 있다.

Practice

1. 다음 단어들을 올바르게 연결하세요.

(1) laptop	(a) 적절한
(2) massive	(b) 소형의, 왜소한
(3) reality	(c) 독립체
(4) route	(d) 휴대용 컴퓨터
(5) stem	(e) 길, 노선
(6) appropriate	(f) 거대한
(7) dwarf	(g) 줄기
(8) entity	(h) 현실

2. 우리말 뜻에 맞게 괄호에 알맞은 단어를 찾아 O표 하세요.

(1) **All of these (factors / sectors) together determine an individual's fingerprints.**
이 모든 요소들이 함께 개인의 지문을 결정한다.

(2) **These fruit (roots / stems) all have different shapes.**
이 과일 줄기들은 모두 다른 모양을 가지고 있다.

(3) **The boat floated for at (least / last) a month.**
그 배는 적어도 한 달 동안 떠 있었다.

(4) **They were in quite a (hasty / nasty) color.**
그것들은 꽤 끔찍한 색깔로 되어있었다.

SELF TEST

01		디자이너
02	laptop	
03		현실
04	massive	
05		길, 노선
06	stem	
07		연석, 억제하다
08	appropriate	
09		소형의, 왜소한
10	entity	
11		베타
12	factor	
13		본능
14	integrate	
15		생태, 환경
16	depict	
17		형식, 구성 방식
18	least	
19		음료
20	lift	
21		구멍, 자리
22	refrain	
23		끔찍한, 형편없는
24	ornate	
25		혈통, 가문
26	lug	
27		찾기 힘든
28	faulty	
29		덮개, 모자
30	incline	

TOSEL 실전문제 1

PART 8. General Reading Comprehension

DIRECTIONS: In this portion of the test, you will be provided with one longer reading passages. For the passage, complete the blanks in the passage summary using the words provided. Fill in your choices in the corresponding spaces on your answer sheet.

• TOSEL 63회 기출

1. Read the passage and answer the questions.

Those who enjoy vinyl records may have noticed that there are three numbers associated with records: 33, 45, and 78. But what do these numbers mean? In fact, they refer to the rotations per minute (RPM) of the record. The first record players, called phonographs, were powered by humans turning a crank. The average speed at which most people turned the crank was 78 RPM. Later, record companies found a way to put more audio in a smaller space. They made physically smaller records. These needed to be turned more slowly, at 45 RPM, to make the same sound as 78-RPM records. And what about 33 RPM-records? These mini-records usually contain just one song on each side.

Summary:

Vinyl records have three numbers connected to how many __[A]__ each record makes per minute. The original sized records were bigger and played at 78 RPM. Later, a way was developed to put more sound on a __[B]__ record, so 45 and 33-RPM records came into being.

1. Choose the most suitable word for blank [A], connecting the summary to the passage.

(A) resident

(B) extension

(C) rotations

(D) adoption

2. Choose the most suitable word for blank [B], connecting the summary to the passage.

(A) latest

(B) smaller

(C) sensitive

(D) massive

CHAPTER 02

DAY 11

색상으로 8품사 구분하기

n	명사	noun	pron	대명사	pronoun
v	동사	verb	adj	형용사	adjective
adv	부사	adverb	conj	접속사	conjunction
prep	전치사	preposition	int	감탄사	interjection

n	colleague	n	conditioner	adj	cultural
n	deadline	n	drill	n	hundred
v	demonstrate	v	facilitate	v	gargle
adj	logical	n	invasibility	n	coast
n	monumentality	n	neighbor	n	clan
n	bulk	v	align	n	press
n	robe	adv	quite	adj	extensive
n	joy	v	adore	v	laud
v	ruin	adj	pricey	n	racism
n	scarcity	adv	undoubtedly	v	offset

DAY 11

★ 표시는 출제 빈도를 나타냅니다.

001 ★★★★★

colleague

n **동료**

㊀ coworker 동료

ex I do know a **colleague** who might need an assistant.
조수가 필요할지도 모르는 동료를 알고 있다.

You should not listen to **colleagues**' advice against eviction.
퇴거를 반대하는 동료들의 충고를 들어서는 안 된다.

002 ★★★★★

conditioner

n **(두발용) 컨디셔너 / (섬유) 유연제**

ex You'll probably want the cream **conditioner**.
당신은 아마 크림 컨디셔너를 원할 것이다.

I'm looking for a hair **conditioner** for damage care.
나는 손상 보호용 헤어 컨디셔너를 찾고 있는 중이다.

003 ★★★★★

cultural

adj **문화의**

ex The **cultural** depictions are totally biased!
문화적 묘사가 완전히 편향되어 있다!

They are from different **cultural** backgrounds.
그들은 다른 문화적 배경을 가지고 있다.

004 ★★★★★

deadline

n **기한, 마감 일자**

㊀ due date 만기일

ex The **deadline** for submitting the final project has been set.
최종 프로젝트 제출 기한이 정해졌다.

The application **deadline** is soon.
지원 마감일이 곧 다가온다.

005 ★★★★★

drill

n **반복 연습, 훈련**

참고 fire drill 소방[화재 대피] 훈련

ex This is an important **drill** and all employees must evacuate the building.
이것은 중요한 훈련이므로 모든 직원들은 건물 밖으로 대피해야 한다.

006 ★★★★★

hundred

n **백, 100**

ex No, it's one **hundred** percent pure gold.
아니, 이것은 100% 순금이다.

It can produce three **hundred** name-tags.
그것은 300개의 이름표를 만들 수 있다.

007 ★★★★

demonstrate

v **보여주다, 입증하다**

ex Your supervisor will **demonstrate** correct procedures.
당신의 관리자가 올바른 절차를 시연할 것이다.
She will **demonstrate** and promote makeup products on stage.
그녀는 무대에서 메이크업 제품 시연 및 홍보를 할 것이다.

008 ★★★

facilitate

v **가능하게[용이하게] 하다**

ex To **facilitate** digestion of large amount of food, this invertebrate's stomach is outside of its body.
이 무척추동물의 위는 많은 음식물의 소화를 용이하게 하기 위해 그것의 몸 바깥쪽에 있다.

009 ★★★

gargle

v **입 안을 헹구다**

ex We can simply **gargle** before going into the meeting.
우리는 회의에 들어가기 전 간단히 입 안을 헹궈도 돼.
They are talking about **gargling** products with different scents.
그들은 다른 향의 가글 제품들에 대해 이야기하고 있다.

010 ★★★

logical

adj **논리적인, 타당한**

참고 **logic** 논리, 타당성

ex Please provide more **logical** reasons to help me understand completely.
제가 완전히 이해할 수 있도록 더 타당한 이유들을 제시해 주세요.

011 ★★★

invasibility

n **침입성**

ex The report was about the negative relationship between diversity and **invasibility.**
그 보고서는 다양성과 침입성 사이의 부정적 관계에 관한 것이었다.

012 ★★★

coast

n **해안**

ex We fish for salmon along the river and some ocean fish and shells on the Pacific **coast**.
우리는 강을 따라 연어를 낚고 태평양 연안에서 물고기와 조개를 잡는다.

★ 표시는 출제 빈도를 나타냅니다.

013 ★★★

monumentality

n 장대하고 장엄함

ex The **monumentality** of the statue mesmerized the audience.
그 동상의 장대하고 장엄함이 관람객들을 매료시켰다.

Monumentality is not a matter of external weight, but of inner weight.
장대함은 외적인 무게의 문제가 아니라 내적인 무게의 문제이다.

014 ★★★

neighbor

n 이웃

ex Did the **neighbors** cut down that old maple?
이웃들이 그 오래된 단풍 나무를 베었는가?

My **neighbors** care about each other.
우리 이웃들은 서로를 잘 챙긴다.

015 ★★★

clan

n 집단[무리]

유 tribe 부족, 종족

ex Every **clan** has its own tartan with different colors and shapes from others.
모든 종족은 다른 종족들과는 다른 색깔과 모양을 가진 자신만의 타탄무늬를 가지고 있다.

016 ★★★

bulk

n (큰) 규모[양] / 대부분

참고 in bulk 대량으로

ex Buy food in **bulk** and split the cost with your friends.
음식을 대량으로 사서 친구들과 비용을 나눠라.

It's better to buy groceries in **bulk**.
식료품을 대량으로 사는 것이 좋다.

017 ★★★

align

v 나란히 하다, 일직선으로 하다

참고 alignment n. 가지런함, (정치적) 지지

ex He's always complained that his teeth are not perfectly **aligned**.
그는 항상 그의 치아가 완벽하게 가지런하지 않다고 불평했다.

The sun and moon are **aligned**.
해와 달이 일직선상에 있다.

018 ★★★

press

n 인쇄기, 압축 기계 v 누르다

ex The printing **press** was not functioning due to an unknown technical issue.
인쇄기는 알려지지 않은 기술적인 문제로 작동하지 않았다.

The "take a picture" button is hard to **press**.
"사진 찍기" 버튼은 누르기 어렵다.

019 ★★★

robe

n **예복[가운], 의복**

㊐ **garment** 의복, 옷

ex He found a long, black **robe** inside his closet.
그는 옷장 안에서 길고 검은 예복을 발견했다.

Wearing a long **robe** with a black belt was a custom in the family.
검은 띠가 달린 긴 의복을 입는 것이 그 가족의 관습이었다.

020 ★★★

quite

adv **꽤, 상당히**

ex That's **quite** a big spill, which might have serious consequences.
그것은 심한 결과를 낳을 수도 있는 꽤 큰 유출이다.

I agree that it's **quite** easy for you.
나는 그것이 너에게 꽤 쉽다는 것에 동의한다.

021 ★★

extensive

adj **광범위한, 폭넓은**

참고 **extend** 확장하다, 연장하다

ex Despite the **extensive** research that has been conducted on taste buds, groundless information still abound regarding taste.
미뢰에 대한 광범위한 연구에도 불구하고, 맛에 관한 근거 없는 정보는 아주 많다.

022 ★★

joy

n **기쁨, 환희**

㊐ **pleasure** 기쁨, 즐거움

ex The Holi festival in India is a time of bright colors, fun, and **joy**.
인도의 Holi 축제는 밝은 색, 재미, 그리고 기쁨의 시간이다.

Filled with **joy**, she jumped into the air.
기쁨에 차서, 그녀는 공중으로 점프했다.

023 ★★

adore

v **흠모[사모]하다 / 아주 좋아하다**

ex But after Paganini played Canon he only played with this violin only, **adoring** its grand sound.
그러나 Paganini가 캐논을 연주한 후에 그는 웅장한 소리를 동경하면서, 오직 이 바이올린으로만 연주했다.

024 ★★

laud

v **칭찬하다**

ex It was a vast historical record of tangible symbols of **lauding**, which is typical among the ancient pharaohs.
그것은 고대 파라오들 사이에서 전형적이었던 실재하는 칭찬의 상징들에 대한 방대한 역사적 기록이다.

DAY 11

★ 표시는 출제 빈도를 나타냅니다.

025 ★★

ruin

v **망치다, 엉망으로 만들다**

참고 **intense** 극심한, 격렬한

ex They will **ruin** the cherry trees.
그들은 벚나무를 엉망으로 만들 것이다.

Did it **ruin** the stuff you bought?
그것이 당신이 산 물건을 망쳤는가?

026 ★

pricey

adj **값비싼**

ex He purchased something **pricey** from a stranger.
그는 낯선 사람에게서 비싼 물건을 샀다.

Everyone thought the dress was a bit **pricey**, but she bought it anyway.
모두가 그 드레스가 약간 비싸다고 생각했지만 그녀는 그래도 그것을 샀다.

027 ★

racism

n **인종 차별**

ex Do you know that girl in Grade 7 who gave a speech about **racism**?
당신은 인종 차별에 대해 연설했던 그 7학년 소녀를 아는가?

The degree of **racism** might differ from region to region.
인종차별의 정도는 지역별로 다를 수 있다.

028 ★

scarcity

n **부족, 결핍, 희소성**

참고 **scarce** 부족한, 드문

ex They get their commercial value mainly through artificial **scarcity** and marketing.
그들은 주로 인위적인 희소성과 마케팅을 통해 그들의 상업적 가치를 얻는다.

029 ★

undoubtedly

adv **의심할 여지없이, 확실히**

ex There is **undoubtedly** some risk involved, but we want to try this plan, anyway.
의심의 여지 없이 몇 가지 위험이 수반되지만 어쨌든 우리는 이 계획을 시도해 보고자 한다.

030 ★

offset

v **상쇄하다**

ex It measures how much freshwater is required to **offset** pollutants that have been put in the water.
그것은 물에 넣어진 오염물질을 상쇄하기 위해 얼마나 많은 민물이 필요한지 측정한다.

Practice

1. 다음 단어들을 올바르게 연결하세요.

(1) colleague	•	• (a) 논리적인, 타당한
(2) cultural	•	• (b) 침입성
(3) deadline	•	• (c) 보여주다, 입증하다
(4) drill	•	• (d) 가능하게 하다
(5) demonstrate	•	• (e) 동료
(6) facilitate	•	• (f) 문화의
(7) logical	•	• (g) 반복 연습, 훈련
(8) invasibility	•	• (h) 기한, 마감 일자

2. 우리말 뜻에 맞게 빈칸에 알맞은 단어를 보기에서 찾아 쓰세요.

bulk　　aligned　　pricey　　scarcity

(1) **They get their commercial value mainly through artificial ________ and marketing.**
그들은 주로 인위적인 희소성과 마케팅을 통해 그들의 상업적 가치를 얻는다.

(2) **The sun and moon are ________ .**
해와 달이 일직선상에 있다.

(3) **He purchased something ________ from a stranger.**
그는 낯선 사람에게서 비싼 물건을 샀다.

(4) **It's better to buy groceries in ________ .**
식료품을 대량으로 사는 것이 좋다.

SELF TEST

01	colleague	
02		컨디셔너, 유연제
03	deadline	
04		문화의
05	drill	
06		백, 100
07	facilitate	
08		보여주다
09	gargle	
10		논리적인, 타당한
11	invasibility	
12		엉망으로 만들다
13	monumentality	
14		이웃
15	clan	
16		나란히 하다
17	bulk	
18		인쇄기, 누르다
19	robe	
20		꽤, 상당히
21	extensive	
22		기쁨, 환희
23	adore	
24		칭찬하다
25	coast	
26		값비싼
27	racism	
28		부족, 결핍
29	undoubtedly	
30		상쇄하다

DAY 12

색상으로 8품사 구분하기

n	명사	noun	pron	대명사	pronoun
v	동사	verb	adj	형용사	adjective
adv	부사	adverb	conj	접속사	conjunction
prep	전치사	preposition	int	감탄사	interjection

n	photography	adv	possibly	n	quantity
n	resume	n	self	adj	wise
n	arena	n	recognition	n	fog
n	guidance	n	excess	n	participation
n	productivity	n	dictionary	n	invasion
n	brass	adj	civic	prep	above
n	community	adj	official	adj	median
adj	naked	n	poll	v	optimize
n	puff	adj	devoid	v	comply
n	handout	v	insulate	adj	offensive

★ 표시는 출제 빈도를 나타냅니다.

001 ★★★★★

photography

n **사진 찍기, 사진[촬영]술**

ex How many people are in your **photography** class?
당신의 사진 찍기 수업에는 몇 명이 있는가?

During World War II, pigeon **photography** was also used.
제2차 세계 대전 동안, 비둘기를 활용한 사진술 또한 사용되었다.

002 ★★★★★

possibly

adv **(최대한) 가능한 대로 / (놀라움 등을 강조)** 참고 **possible** 가능한

ex As much as you **possibly** can.
당신이 할 수 있는 만큼.

What could they **possibly** be laughing about so much?
그들이 무엇에 대해 그렇게 많이 웃을 수 있었는가?

003 ★★★★★

quantity

n **양, 수량** 참고 **quality** 질, 우수함, 고급

ex I would choose quality over **quantity**.
나는 양보다 질을 택하겠다.

The **quantity** of packages delivered was not correct.
배달된 소포의 수량이 맞지 않았다.

004 ★★★★★

resume

n **이력서** v **재개하다**

ex I'll pass your **resume** on to them.
당신의 이력서를 그들에게 전달하겠다.

You may **resume** watching your bat family video.
박쥐 가족 영상을 계속해서 봐도 된다.

005 ★★★★★

self

n **자아, 자신 / (자기, 스스로의)**

ex I'm starting to get super **self**-conscious about it.
나는 그것에 대해 너무 남의 시선을 의식하기 시작해.

AI may become **self**-aware.
AI는 자각할 수 있게 될지도 모른다.

006 ★★★★★

wise

adj **현명한, 지혜로운** 유 **clever** 영리한

ex She was a **wise** and strong warrior.
그녀는 현명하고 강한 전사였다.

He promoted the **wise** idea of balance in design.
그는 디자인의 균형에 대한 현명한 생각을 장려했다.

007 ★★★★★

arena

n **(원형) 경기장**

ex In my town there is a big public **arena**.
우리 동네에는 큰 공공 경기장이 있다.

She goes to Palmer **Arena** to see Yuran Lee every year.
그녀는 매년 Yuran Lee를 보기 위해 Palmer 경기장에 간다.

008 ★★★★

recognition

n **인정, 인식, 승인** 참고 **recognize** 알아보다, 인정하다

ex Her volunteer work received no **recognition** from the boss.
그녀의 봉사활동은 사장으로부터 인정 받지 못했다.

I nodded as a sign of **recognition**.
나는 알아봤다는 표시로 고개를 끄덕였다.

009 ★★★★

fog

n **안개** ㊌ **mist** 엷은 안개

ex We'll wait another hour for the **fog** to clear before heading up.
우리는 안개가 걷힐 때까지 한 시간 더 기다렸다가 올라가겠다.

I heard that the **fog** will be heavy tomorrow.
내일 안개가 심할 것이라고 들었다.

010 ★★★★

guidance

n **지도, 지침[안내]**

ex They provide even less **guidance** in situations where we must make decisions.
그들은 우리가 결정을 내려야 하는 상황에서 훨씬 더 적은 지침을 제공한다.

011 ★★★★

excess

n **지나침, 과도, 초과량[액]** adj **초과한** 참고 **exceed** 초과하다

ex They will be charged an **excess** fee.
그것들에는 초과 요금이 부과될 것이다.

But the problem is an **excess** of interest.
그러나 문제는 지나친 관심이다.

012 ★★★

participation

n **참가, 참여**

ex There is no **participation** fee.
참가비는 따로 없다.

Your **participation** will be a great support for this event.
이 행사에서 당신의 참여는 큰 보탬이 될 것이다.

★ 표시는 출제 빈도를 나타냅니다.

013 ★★★

productivity

n **생산성**

ex Companies can increase their competitiveness and their **productivity** with this program.
기업들은 이 프로그램으로 경쟁력과 생산성을 높일 수 있다.

014 ★★★

dictionary

n **사전**

ex He knows how to use a **dictionary** effectively.
그는 사전을 효율적으로 사용하는 법을 안다.

I'll look up the exact definition in the **dictionary**.
나는 사전에서 정확한 정의를 찾을 것이다.

015 ★★★

invasion

n **침략, 침입**

참고 **invade** 침입[침략]하다

ex **Invasions** of natural communities by non-indigenous species are rated as one of the most important environmental problems.
비토종 종에 의한 자연 군집의 침입은 가장 중요한 환경 문제 중 하나로 평가되고 있다.

016 ★★★

brass

n **놋쇠[황동](제품)**

참고 **copper** 구리, 동

ex We carry a full-range of **brass** instruments: from piccolo trumpets to contrabass tubas.
피콜로 트럼펫부터 콘트라베이스 튜바까지 다양한 금관악기를 취급하고 있다.

017 ★★★

civic

adj **(도)시의, 시민의**

참고 **civil** 시민(들)의, 민간의

ex Why do you want to apply for the Youth **Civic** Engagement Program?
왜 청소년 시민 참여 프로그램에 지원하는가?

This is one of the **civic** privileges of this town.
이것은 이 마을의 시민 특권 중 하나이다.

018 ★★★

above

prep **~보다 위에[위로]** adj **~보다 위에[위로]**

반 **below** ~보다 아래에

ex High-level clouds form **above** the 6,100-meter level way up in the sky.
높은 층의 구름은 6,100미터 상공에서 형성된다.

Do you see the bird flying **above** that tall tree?
저 큰 나무 위로 날아가고 있는 새가 보이니?

019 ★★★

community

n 주민, 지역 사회 / 공동체

ex Over half of the pets in the **community** are dogs.
지역사회의 반려동물 중 절반 이상이 개이다.

Our **community** center has so many fun things.
지역주민센터에는 재미있는 것들이 많다.

020 ★★★

official

adj 공무[직무]상의 / 공식적인

ex Did you know French was the **official** language of England for more than 600 years?
당신은 프랑스어가 600년 이상 동안 영국의 공용어였다는 것을 알고 있었는가?

021 ★★

median

adj 중앙에 있는 n 중앙값

ex A lumber truck crashed into a **median** strip.
목재 트럭이 중앙분리대를 들이받았다.

To find the **median** number, arrange the numbers in order.
중앙값을 구하려면, 숫자들을 순서대로 나열해라.

022 ★★

naked

adj 벌거벗은

ex Most papillae cannot be seen with the **naked** eye.
대부분의 돌기는 육안으로 볼 수 없다.

In paintings, most goddesses are portrayed **naked**.
그림에서, 대부분의 여신들은 나체로 그려진다.

023 ★★

poll

n 투표, 여론 조사 ㊒ survey 조사, 측량

ex The yearbook editors took a **poll** among all Grade 9 students.
졸업앨범 편집자들은 모든 9학년 학생들 사이에서 투표를 했다.

Participating in a **poll** will take less than a minute.
여론 조사에 참여하는 것은 1분도 안 걸릴 것이다.

024 ★★

optimize

v …을 최대한 좋게 만들다, 최적화하다

ex This method will **optimize** the technical process.
이 방법은 기술적 절차를 최적화할 것이다.

The utilization of mobile phones is being **optimized** every minute.
핸드폰의 활용은 매순간 최적화되고 있다.

★ 표시는 출제 빈도를 나타냅니다.

025 ★★

puff

n 부풀린 과자 v 내뿜다

참고 cream puff 슈크림 빵

ex These crab **puffs** are a bit salty.
이 게살 빵은 좀 짜다.

I found your favorite cream **puffs**.
네가 제일 좋아하는 슈크림 빵을 찾았다.

026 ★

devoid

adj ~이 전혀 없는

ex The song lyrics are seemingly **devoid** of political messages.
그 노래 가사는 겉으로 보기에 정치적 메시지가 결여되어 있다.

Your essay is **devoid** of purpose of writing.
너의 글은 쓴 목적이 나와있지 않다.

027 ★

comply

v 따르다[준수하다]

참고 comply with 순응하다, 준수하다

ex Compensation **complies** with equality laws.
보상은 평등법에 따른다.

You must **comply** with the rules as long as you live in the dormitory.
기숙사에서 사는 한 규칙을 준수해야만 한다.

028 ★

handout

n 인쇄물[유인물]

참고 hand in 제출하다

ex Please refer to the given **handout** for details.
상세사항은 나눠드린 인쇄물을 참고하세요.

How many **handouts** do you need to be printed?
얼마나 많은 유인물을 인쇄해야 하나요?

029 ★

insulate

v 절연[단열/방음] 처리를 하다

ex This package includes a removable, **insulated** beverage bottle.
이 패키지에는 탈착식 단열 음료 병이 포함되어 있다.

This room has been **insulated** for hygiene purposes.
이 방은 위생의 목적으로 격리되었다.

030 ★

offensive

adj 모욕적인, 불쾌한

ex People are afraid to make a joke that could be interpreted as **offensive**.
사람들은 불쾌하게 들릴 수 있는 농담을 하는 것을 두려워한다.

Your choice of words was a little **offensive**.
너의 단어 선택은 약간 모욕적이었다.

Practice

1. 다음 단어들을 올바르게 연결하세요.

(1) photography	•	• (a) 지도, 지침[안내]
(2) quantity	•	• (b) 지나침, 과도
(3) resume	•	• (c) (원형) 경기장
(4) wise	•	• (d) 안개
(5) arena	•	• (e) 이력서, 재개하다
(6) fog	•	• (f) 현명한, 지혜로운
(7) guidance	•	• (g) 양, 수량
(8) excess	•	• (h) 사진 찍기, 사진술

2. 다음 영어 뜻에 맞게 알맞은 단어를 보기에서 찾아 쓰세요.

participation dictionary civic naked

(1) completely unclothed

(2) of or relating or belonging to a city

(3) reference book containing an alphabetical list of words with information about them

(4) the act of sharing in the activities of a group

SELF TEST

No.	Word	Meaning	No.	Word	Meaning
01	photography		16		놋쇠(황동)[제품]
02		양, 수량	17	above	
03	possibly		18		주민, 지역 사회
04		이력서, 재개하다	19	official	
05	self		20		인정, 인식, 승인
06		현명한, 지혜로운	21	median	
07	arena		22		벌거벗은
08		안개	23	poll	
09	guidance		24		최고[최적]의
10		지나침, 과도	25	puff	
11	participation		26		~이 전혀 없는
12		생산성	27	comply	
13	dictionary		28		인쇄물[유인물]
14		침략, 침입	29	insulate	
15	civic		30		모욕적인, 불쾌한

DAY 13

색상으로 8품사 구분하기

n	**명사**	noun	pron	**대명사**	pronoun
v	**동사**	verb	adj	**형용사**	adjective
adv	**부사**	adverb	conj	**접속사**	conjunction
prep	**전치사**	preposition	int	**감탄사**	interjection

n	survey	n	workplace	adv	approximately
n	conference	v	confirm	v	deposit
n	entertainment	v	label	v	invest
n	newsletter	adv	ironically	n	reform
n	reliance	adj	renewable	n	reproduction
v	deem	v	emerge	n	estate
n	experiment	adj	female	n	customer
v	rehearse	n	script	n	therapist
n	squad	adj	bare	v	certify
n	debris	n	collaboration	n	archer

☆ 표시는 출제 빈도를 나타냅니다.

001 ★★★★★

survey

n **(설문)조사** ㊒ **research** 연구, 조사

ex I've emailed you a link to that **survey**.
그 설문조사에 대한 링크를 이메일로 보냈다.

They were collected from a **survey** of readers' ideas.
그것들은 독자들의 생각에 대한 설문조사에서 수집되었다.

002 ★★★★★

workplace

n **직장, 업무 현장**

ex Such things as a minimum wage and safe **workplace** conditions are pretty new to society.
최저임금과 안전한 직장환경과 같은 것들은 사회적으로 꽤 새로운 것이다.

003 ★★★★★

approximately

adv **거의 (정확하게), 약** ㊒ **roughly** 대략, 거의

ex Each carrot consists of **approximately** 88 percent water.
각각의 당근은 약 88퍼센트의 물로 이루어져 있다.

The total loss amounted to **approximately** 5,000 Malaysian ringgit.
총 손실은 약 5,000 말레이시아 링깃에 달한다.

004 ★★★★★

conference

n **회의, 회담, 학회** ㊒ **convention** 대회[협의회]

ex I'll be away for a **conference** from the fifth to the tenth of July.
7월 5일부터 10일까지 학회에 참석하여 부재 중일 예정이다.

Where does the **conference** take place?
회의는 어디서 열리는가?

005 ★★★★★

confirm

v **확인해주다, 확정하다** 참고 **conform** 따르다[순응하다]

ex We sent a letter to you in May to **confirm** receipt of your application fee.
우리는 5월에 당신의 원서비 수령 확인을 위해 편지를 보냈다.

Our picnic date to the zoo is now **confirmed**.
동물원으로의 소풍 날짜가 이제 확정되었다.

006 ★★★★★

deposit

v **예금하다** n **보증금, 예금** ㊖ **withdraw** 철회하다, 인출하다

ex I made it a habit of **depositing** money in the bank every week.
나는 매주 은행에 예금하는 것을 습관화했다.

The **deposit** is two hundred dollars.
보증금은 200달러이다.

007 ★★★★★

entertainment

n **오락, 여흥, 접대**

㊒ **amusement** 재미, 오락, 놀이

ex The races are more than just **entertainment** for urban spectators.
그 경주는 도시 구경꾼들에게 오락 그 이상이다.

The volleyball game today was rather **entertainment** than sports.
오늘의 배구 게임은 스포츠보다는 오락이었다.

008 ★★★★★

label

n **표[라벨/상표]** v **라벨[표]을 붙이다**

ex We had to **label** a model of a frog skeleton.
우리는 개구리 골격의 모형에 표를 붙여야 했다.

Please **label** every building, and simplify the map.
모든 건물에 라벨을 붙이고, 지도를 단순화 하라.

009 ★★★★

invest

v **투자하다**

ex **Invest** in a nice one you can pull out on the right occasion.
적절한 시기에 뽑아 쓸 수 있는 좋은 것에 투자하세요.

My wife **invested** a little money on the stock.
나의 아내는 주식에 약간 투자를 했다.

010 ★★★★

newsletter

n **소식지**

참고 **publication** 출판물, 간행물

ex You can sign up for our monthly **newsletter** and get a free soda as well.
월간 소식지에 가입하고 탄산음료도 무료로 받을 수 있다.

011 ★★★★

ironically

adv **반어적으로, 얄궂게도**

ex **Ironically**, the castle was the cause of bankruptcy at that time, but today it has become a major source of income.
얄궂게도, 그 당시에는 이 성이 부도 원인이었지만 오늘날에는 주요 수입원이 되었다.

012 ★★★

reform

n **개혁[개선]** v **개혁[개선]하다**

ex That was the most cost-effective but politically complicated policy **reform** there had ever been.
그것은 지금까지 있었던 가장 비용 효율적이지만 정치적으로 복잡한 정책 개혁이었다.

★ 표시는 출제 빈도를 나타냅니다.

001 ★★★

reliance

n **의존, 의지** 참고 **reliability** n. 신뢰도, 확실성

ex This situation comes at a defining moment when the world is struggling to reduce its **reliance** on fossil fuels.
이러한 상황은 세계가 화석 연료에 대한 의존도를 줄이기 위해 고군분투하고 있는 결정적인 순간에 온다.

002 ★★★

renewable

adj **재생 가능한**

ex Fossil fuels are more than **renewable** energy alternatives in regards to the distance between inputs and outputs.
화석연료는 투입량과 산출량 사이의 간극에 대해 재생 가능한 대체에너지보다 우월하다.

003 ★★★

reproduction

n **재생산, 번식, 복사, 생식**

ex The photograph was one cause of painting moving away from direct representation and **reproduction** to the abstract painting.
사진은 그림이 직접 표현과 재현에서 추상화로 옮겨가는 하나의 원인이었다.

004 ★★★

deem

v **~로 여기다[생각하다]** 참고 **redeem** 보완하다, 만회하다

ex In addition, a discount is **deemed** better if the price changes from 50 cents to free.
게다가, 가격이 50센트에서 공짜로 바뀌면 할인이 더 좋은 것으로 여겨진다.

005 ★★★

emerge

v **나오다, 드러나다** 참고 **emerging** adj. 최근 생겨난

ex New and **emerging** technologies often introduce both fascination and frustration to users.
신기술과 신흥 기술은 종종 사용자들에게 매혹과 좌절감을 동시에 안겨준다.

006 ★★★

estate

n **사유지[토지]** 참고 **real estate** 부동산

ex Younger freelancers worked mainly in real **estate**.
젊은 프리랜서들은 주로 부동산에서 일했다.

All real **estate** prices will go up soon.
모든 부동산 가격이 곧 오를 것이다.

007 ★★★

experiment

n 실험 v 실험을 하다

ex If you figure out how and why it didn't work, you can succeed at your **experiment**.
그것이 어떻게 그리고 왜 효과가 없었는지 알아내면, 당신은 실험을 성공할 수 있다.

008 ★★★

female

adj 여성인, 암컷의

ex A male fish can carry up to six **females** around with him.
수컷 물고기는 최대 여섯 마리의 암컷을 데리고 다닐 수 있다.

She is the very first **female** leader in the country.
그녀는 국내 최초의 여성 지도자다.

009 ★★★

customer

n 손님, 고객

ex She successfully fixed a **customer**'s device.
그녀는 고객의 기기를 성공적으로 수리했다.

What issue did the woman's latest **customer** complain about?
여자의 최근 고객은 어떤 문제에 대해 불평했는가?

010 ★★

rehearse

v 연습[준비]하다

참고 **rehearsal** n. 예행 연습

ex You'll **rehearse** with us tonight, right?
오늘 밤 우리와 연습할 거지?

He has **rehearsed** his speech with his language teacher several times.
그는 어학 선생님과 여러 번 연설 연습을 했다.

011 ★★

script

n 대본[원고]

ex She knows the **script** by heart.
그녀는 대본을 외우고 있다.

Here's the entire **script** of the movie.
여기 그 영화의 전체 대본이 있다.

012 ★★

therapist

n 치료사

참고 **therapy** 치료, 요법

ex An exotic outdoor spa and well-trained **therapists**: I can't ask for more.
이국적인 야외 온천과 잘 훈련된 치료사들: 더 이상 바랄게 없다.

My **therapist** recommended that I drink a cup of tea every morning.
나의 치료사는 매일 아침 차 한 잔을 마실 것을 추천했다.

★ 표시는 출제 빈도를 나타냅니다.

025 ★★

squad

n 선수단, 반, 분대

ex It's been an exciting yet bittersweet year for our **squad**.
우리 선수단에게는 설레면서도 씁쓸한 한 해였다.

After graduation, our **squad** split up.
졸업 후, 우리 선수단은 해체했다.

026 ★

bare

adj 벌거벗은, 헐벗은 참고 **barefoot** 맨발

ex The tanners use only their **bare** feet to pound and soften the hides, for up to three hours a day.
무두장인들은 하루에 세 시간까지 가죽을 두드리고 부드럽게 하기 위해 맨발만을 사용한다.

027 ★

certify

v 증명하다 참고 **certification** n. 증명, 증명서

ex All participants must have a **certified** level of skill in both chess and boxing.
모든 참가자는 체스와 복싱 모두에서 공인된 수준의 기술을 보유해야 한다.

028 ★

debris

n 잔해, 쓰레기

ex All food and **debris** must be removed from appliances before pickup.
모든 음식물과 쓰레기는 수거하기 전에 가전제품에서 제거되어야 한다.

029 ★

collaboration

n 공동 작업 참고 **collaborate** v. 협력하다, 공동으로 작업하다

ex The UK's show is a **collaboration** with Guatemala.
영국의 공연은 과테말라와의 합동 공연이다.

I had a great opportunity to have a **collaboration** with a famous singer.
유명한 가수와 공동작업을 하는 좋은 기회를 가졌다.

030 ★

archer

n 활 쏘는 사람, 궁수

ex This empire was one of the fastest growing of any in history, thanks to its swift moving horse **archers**.
이 제국은 말을 타며 빠르게 움직이는 궁수들 덕분에 역사상 가장 빠르게 성장하는 나라 중 하나였다.

Practice

1. 다음 단어들을 올바르게 연결하세요.

(1) survey	•	•	(a) 라벨[표]을 붙이다
(2) workplace	•	•	(b) 투자하다
(3) approximately	•	•	(c) 예금하다, 보증금
(4) conference	•	•	(d) 회의, 회담
(5) confirm	•	•	(e) 확인해주다
(6) deposit	•	•	(f) (설문)조사
(7) label	•	•	(g) 거의 (정확하게)
(8) invest	•	•	(h) 직장, 업무 현장

2. 우리말 뜻에 맞게 괄호에 알맞은 단어를 찾아 O표 하세요.

(1) **That was the most cost-effective but politically complicated policy (conform / reform) there had ever been.**
그것은 지금까지 있었던 가장 비용 효율적이지만 정치적으로 복잡한 정책 개혁이었다.

(2) **In addition, a discount is (deemed / redeemed) better if the price changes from 50 cents to free.**
게다가, 가격이 50센트에서 공짜로 바뀌면 할인이 더 좋은 것으로 여겨진다.

(3) **If you figure out how and why it didn't work, you can succeed at your (experience / experiment).**
그것이 어떻게 그리고 왜 효과가 없었는지 알아내면, 당신은 실험을 성공할 수 있다.

(4) **What issue did the woman's latest (customer / custom) complain about?**
여자의 최근 고객은 어떤 문제에 대해 불평했는가?

SELF TEST

01	survey	
02		직장, 업무 현장
03	approximately	
04		확인해주다
05	conference	
06		예금하다, 예금
07	label	
08		오락, 여흥, 접대
09	invest	
10		소식지
11	ironically	
12		개혁[개선]
13	reliance	
14		재생산, 번식
15	renewable	
16		~로 여기다
17	emerge	
18		사유지[토지]
19	experiment	
20		여성인, 암컷의
21	customer	
22		대본[원고]
23	rehearse	
24		치료사
25	squad	
26		증명하다
27	bare	
28		잔해, 쓰레기
29	archer	
30		공동 작업

DAY 14

색상으로 8품사 구분하기

n	명사	noun	pron	대명사	pronoun
v	동사	verb	adj	형용사	adjective
adv	부사	adverb	conj	접속사	conjunction
prep	전치사	preposition	int	감탄사	interjection

n	igloo	n	meditation	n	monk
n	picker	n	recommendation	n	starfish
n	court	adj	precise	n	rag
adj	random	adj	reproductive	n	reunion
adj	schematic	n	snow	adj	fabulous
n	generosity	n	idol	n	routine
n	instrument	n	frame	n	cavity
v	bust	n	cancer	adj	deluxe
adj	afloat	n	grief	v	envy
v	discard	v	customize	n	binge

★ 표시는 출제 빈도를 나타냅니다.

001 ★★★★★

igloo

n **이글루**

ex An **igloo** is a house made from blocks of hardened snow.
이글루는 굳은 눈 덩어리로 만들어진 집이다.

Igloo construction comprises five key steps.
이글루 건설은 다섯 가지 주요 단계로 구성되어 있다.

002 ★★★★★

meditation

n **명상**

참고 **medication** 약[약물]

ex I like to start off my day with **meditation** outside in the backyard.
나는 밖 뒤뜰에서 명상으로 내 하루를 시작하는 것을 좋아한다.

He wants the woman to try **meditation**.
그는 여자가 명상을 해보기를 원한다.

003 ★★★★★

monk

n **수도자, 수도승**

ex A well-trained **monk** could transcribe around four pages of text per day.
잘 훈련된 스님은 하루에 네 페이지 정도의 텍스트를 필사할 수 있다.

004 ★★★★★

picker

n **수확하는 사람[기계]**

ex The instructions provide **picker** supervisors with legal information about cherry picking.
이 지침은 체리 따기에 대한 법적 정보를 수확 감독관에게 제공한다.

005 ★★★★★

recommendation

n **권고, 추천**

ex They should submit the **recommendation** there.
그들은 저곳에 추천서를 제출해야 한다.

I'll take your **recommendation** and order this set now.
당신의 추천을 받아서 이 세트를 지금 주문할 것이다.

006 ★★★★★

starfish

n **불가사리**

ex The **starfish**, an aquatic creature that is not actually a fish but rather a marine invertebrate, has an interesting anatomy.
불가사리는 실제로 물고기가 아니라 해양 무척추동물인 수생생물로서, 흥미로운 해부학적 구조를 가지고 있다.

007 ★★★★★

court

n **법정, 법원**

ex If he won the **court** case, surely he got paid retroactively.
만약 그가 법정 소송에서 승소한다면, 그는 분명히 소급해서 보수를 받았을 것이다.

People who infringe on that copyright can be taken to **court** and prosecuted.
그 저작권을 침해하는 사람들은 법정으로 끌려가 기소될 수 있다.

---

008 ★★★★

precise

adj **정확한** ㊜ **accurate** 정확한

ex Cherries must be picked using our **precise** techniques.
체리는 우리의 정확한 기술로 수확해야 한다.

Readers should write **precise** app navigation steps.
독자는 정확한 앱 탐색 단계를 작성해야 한다.

---

009 ★★★★

rag

n **넝마, 해진 천[누더기]**

ex He tried to fight against the tiger until his clothing were torn to **rags**.
그는 그의 옷이 너덜너덜해질 때까지 호랑이와 싸우려고 했다.

---

010 ★★★★

random

adj **무작위의, 임의로** ㊜ **arbitrary** 임의적인

ex You will be assigned a **random** roommate.
당신은 무작위로 룸메이트를 배정 받을 것이다.

This program gives you the **random** numbers for the lottery.
이 프로그램은 복권을 위한 무작위의 번호들을 준다.

---

011 ★★★

reproductive

adj **생식[번식]의**

ex The stamen is the male **reproductive** organ of a flower.
수술은 꽃의 남성 생식기관이다.

It is included in not only survivorship but also **reproductive** needs as well.
그것은 생존뿐만 아니라 생식 욕구에도 포함된다.

---

012 ★★★

reunion

n **모임, 동창회**

ex How's everything going for our 10 Year Class **Reunion** Party?
우리의 10주년 동창회 파티는 어떻게 되어가는가?

I can vividly recall the joyous **reunions**.
나는 반가운 상봉이 생생하게 기억난다.

표시는 출제 빈도를 나타냅니다.

013 ★★★

schematic

adj **도식적인**

참고 **scheme** 계획, 제도

ex But **schematic** knowledge can also hurt you, promoting errors in perception and memory.
하지만 도식화된 지식은 또한 인식과 기억의 오류를 조장하면서 당신에게 해를 가할 수 있다.

014 ★★★

snow

n **눈** v **눈이 오다**

ex It is easy to watch the soft **snow** flutter to the ground.
부드러운 눈이 땅으로 흩날리는 것을 보는 것은 쉽다.

I think this **snow** is probably too deep for a hike.
내 생각에 이 눈은 등산하기에는 너무 깊다.

015 ★★★

fabulous

adj **기가 막히게 좋은[멋진]**

유 **gorgeous** 아주 멋진[아름다운]

ex But the people from this region still hold their belief that fat is **fabulous**.
하지만 이 지역 사람들은 여전히 지방이 좋다는 믿음을 가지고 있다.

We appreciate your **fabulous** artwork!
당신의 기가 막힌 작품에 감사합니다!

016 ★★★

generosity

n **너그러움**

참고 **generous** adj. 너그러운

ex Mutual **generosity** is the most important aspect of friendship.
상호 간의 너그러움은 우정의 가장 중요한 측면이다.

The host showing us **generosity** would be the reason to revisit.
주인의 너그러움이 재방문의 이유일 것이다.

017 ★★★

idol

n **우상**

참고 **idle** 게으른, 나태한

ex Many other Korean dramas and **idol** groups are also loved in China.
많은 다른 한국 드라마와 아이돌 그룹들도 중국에서 사랑받고 있다.

Ever since I was young, Lionel Messi has been my **idol**.
내가 어릴 때부터, Lionel Messi는 내 아이돌이었다.

018 ★★★

routine

n **일상** adj **일상적인**

ex Remember that the key to training is to make it a **routine**.
훈련의 비결은 일상화라는 것을 기억하라.

It is recommended to add a cold shower in your morning **routine**.
아침에 일상적으로 찬물로 샤워하는 것은 권장된다.

019 ★★★

instrument

n 기구, 악기

ex The **instrument** must be in good condition.
기구가 양호한 상태여야 한다.

All of our musical **instruments** are hand-made.
우리의 모든 악기는 수제이다.

020 ★★★

frame

n 틀[액자], 뼈대

ex Put the side pieces together into a square **frame**.
가장자리 조각들을 사각형 틀로 맞춰라.

The **frame** actually came with the art piece.
액자는 실제로 미술품과 함께 왔다.

021 ★★

cavity

n 충치, 구멍

ex The doctor found a **cavity** I didn't know I had.
의사는 내가 가지고 있는 줄 몰랐던 충치를 발견했다.

You will greatly decrease your chances of getting any **cavities**.
당신은 충치가 생길 가능성을 크게 줄일 수 있다.

022 ★★

bust

v 부수다, 고장 내다

ex I'm sure my car windows were **busted** by a vandal.
나는 내 차 유리가 공공 기물 파손자에 의해 부숴졌음을 확신한다.

Why is your chair **busted** like this?
왜 너의 의자가 이렇게 고장났니?

023 ★★

cancer

n 암

ex Even when she got **cancer**, she kept working on her research.
심지어 암에 걸렸을 때도 그녀는 연구를 계속했다.

There is a good chance of avoiding lung **cancer** if we don't smoke.
우리가 담배를 피우지 않는다면 폐암을 피할 가능성이 크다.

024 ★★

deluxe

adj 고급의 ㊌ **luxurious** 호화로운, 아주 편안한

ex One night stay in one of our **deluxe** rooms and tickets for two to the Summer Rhythm party come in a package.
우리의 고급 객실에서의 하룻밤과 Summer Rhythm 파티로 가는 2인 티켓이 패키지로 제공됩니다.

★ 표시는 출제 빈도를 나타냅니다.

025 ★★

afloat

adj **(물 위나 공중에) 뜬** 참고 **float** 떠[흘러]가다, 뜨다

ex It can stay **afloat** about 2.5cm from the floor.
그것은 바닥에서 2.5cm 정도 떠 있을 수 있다.

While **afloat**, it is uniquely vulnerable.
물에 뜨는 동안, 그것은 특이하게 취약하다.

---

026 ★

grief

n **비탄, 큰 슬픔** 참고 **good grief** 맙소사

ex Her face was full of **grief** which couldn't be hidden.
그녀의 얼굴은 숨겨질 수 없는 비탄으로 가득 차 있었다.

Good **grief**! That must have been there since breakfast.
맙소사! 아침 식사 이후로 거기 있었던 게 분명하다.

---

027 ★

envy

v **부러워하다** 유 **jealous** 질투하는

ex I **envy** your talents in music.
나는 너의 음악적 재능이 부럽다.

Your friends are really going to **envy** you when you tell them.
네가 말하면 친구들이 정말 부러워할 것이다.

---

028 ★

discard

v **버리다, 폐기하다**

ex We can also **discard** old assumptions in these things that use Earth as the base.
우리는 또한 지구를 기초로 사용하는 이러한 것들에 대한 오래된 가정들을 버릴 수 있다.

---

029 ★

customize

v **주문 제작하다**

ex Use the FotoMini app to create and share **customized** online photo albums with friends.
FotoMini 앱을 사용하여 맞춤형 온라인 사진 앨범을 만들고 친구와 공유할 수 있다.

---

030 ★

binge

n **흥청망청하기, 폭식하기** 참고 **binge watch** (빠른 시간에 여러 개의 TV프로그램을 보는 행위)

ex Going on a **binge** truly has ruined you!
폭식이 너를 정말 망쳤구나!

Do you want to **binge**-watch the last season then?
그럼 마지막 시즌을 빠르게 볼래?

Practice

1. 다음 단어들을 올바르게 연결하세요.

(1) igloo	•	• (a) 불가사리
(2) meditation	•	• (b) 넝마, 해진 천
(3) monk	•	• (c) 법정, 법원
(4) recommend	•	• (d) 정확한
(5) starfish	•	• (e) 추천하다
(6) court	•	• (f) 수도자, 수도승
(7) precise	•	• (g) 명상
(8) rag	•	• (h) 이글루

2. 우리말 뜻에 맞게 빈칸에 알맞은 단어를 보기에서 찾아 쓰세요.

random　　reproductive　　fabulous　　generosity

(1) Mutual ______ is the most important aspect of friendship.
상호 간의 너그러움은 우정의 가장 중요한 측면이다

(2) The stamen is the male ______ organ of a flower.
수술은 꽃의 남성 생식기관이다.

(3) But the people from this region still hold their belief that fat is ______!
하지만 이 지역 사람들은 여전히 지방이 좋다는 믿음을 가지고 있다!

(4) This program gives you the ______ numbers for the lottery.
이 프로그램은 복권을 위한 무작위의 번호들을 준다.

SELF TEST

01	igloo		16		너그러움
02		명상	17	idol	
03	monk		18		일상, 일상적인
04		권고, 추천	19	instrument	
05	picker		20		틀[액자], 뼈대
06		불가사리	21	cavity	
07	court		22		부수다, 고장 내다
08		정확한	23	cancer	
09	rag		24		고급의
10		무작위의, 임의로	25	afloat	
11	reproductive		26		비탄, 큰 슬픔
12		모임, 동창회	27	envy	
13	schematic		28		버리다, 폐기하다
14		눈, 눈이 오다	29	binge	
15	fabulous		30		주문 제작하다

DAY 15

색상으로 8품사 구분하기

n	명사	noun	pron	대명사	pronoun
v	동사	verb	adj	형용사	adjective
adv	부사	adverb	conj	접속사	conjunction
prep	전치사	preposition	int	감탄사	interjection

n	boarding	n	devil	adv	entirely
n	loan	n	mistake	n	claim
n	crew	v	strike	n	biologist
adj	temporal	conj	though	n	topography
v	upcycle	v	inquire	n	latter
n	micro	adj	male	n	pain
n	semester	n	vandalism	adj	subsequent
adj	aggressive	v	clarify	n	fright
n	outcast	n	phonograph	n	pilgrimage
n	refugee	n	pillar	adj	utmost

★ 표시는 출제 빈도를 나타냅니다.

001 ★★★★★

boarding

n 탑승

참고 **boarding pass** 탑승권

ex That's SwiftAir flight 890 departing to Milan **boarding** at 8:35 PM.
저녁 8시 35분에 밀라노로 가는 SwiftAir 890 항공편이다.

Boarding is expected to start in 10 minutes.
탑승은 10분 후에 시작될 예정이다.

---

002 ★★★★★

devil

n 악마

참고 **evil** 사악한, 악랄한

ex They believe that the **devil** has caused all the accidents.
그들은 악마가 모든 사고를 일으켰다고 믿는다.

They thought it was the **Devil**'s drink.
그들은 그것이 악마의 술이라고 생각했다.

---

003 ★★★★★

entirely

adv 전적으로, 완전히

참고 **entire** adj. 전체의, 온

ex Many gardens are made **entirely** of plants chosen for their enjoyable appearance.
많은 정원은 전적으로 보기 좋은 외관을 위해 선택된 식물들로 만들어진다.

---

004 ★★★★★

loan

n 대출(금) v 빌려주다

유 **debt** 빚, 부채

ex They have huge personal **loans** from the bank.
그들은 은행으로부터 큰 개인융자가 있다.

They couldn't afford school without a student **loan**.
그들은 학자금 대출 없이는 학교를 다닐 수 없다.

---

005 ★★★★★

mistake

n 실수, 잘못

ex I touched a hot pot by **mistake**.
나는 실수로 뜨거운 냄비를 만졌다.

He believes there is a **mistake** in the question.
그는 그 질문에 실수가 있다고 생각한다.

---

006 ★★★★★

claim

n 권리, 청구 v 주장하다, 요구하다

ex They can **claim** $154.00 back on their credit card.
그들은 신용카드로 $154.00를 돌려받을 수 있다.

You can get your bag at the baggage **claim** at the airport.
당신은 공항에서 수하물 찾는 곳에서 짐을 찾을 수 있다.

007 ★★★★★

crew

n 승무원, 선원, (특정한 기술을 가지고 함께 일을 하는) 팀, 반, 조

ex The following day, a **crew** specializing in bulky items will come by for pickup.
다음날 부피가 큰 물건을 전문적으로 다루는 팀이 가져갈 것이다.

A **crew** will come the day after regular pickup.
정기 수거 다음 날 팀이 올 것이다.

008 ★★★★

strike

v (세게) 치다, 부딪치다

ex Typhoon is predicted to **strike** the town on Aug 25.
태풍이 8월 25일 마을을 강타할 것으로 예상된다.

To human eyes, these greetings **strike** a familiar chord.
사람의 눈에는 이런 인사말이 공감을 불러일으킨다.

009 ★★★★

biologist

n 생물학자

ex It would put **biologists** out of work.
그것은 생물학자들을 실직하게 만들 것이다.

One of the renowned **biologist** is Charles Darwin.
Charles Darwin은 유명한 생물학자들 중 하나이다.

010 ★★★

temporal

adj 시간의, 속세의 　참고 **temporary** adj. 일시적인, 임시의

ex People don't usually think of touch as a **temporal** phenomenon.
사람들은 보통 촉각을 시간적 현상으로 생각하지 않는다.

Young children confuse **temporal** and spatial dimensions.
어린 아이들은 시간적, 공간적 차원을 혼동한다.

011 ★★★

though

conj ~이긴 하지만 　참고 **even though** 비록~일지라도 | **although** …이긴 하지만

ex **Though** they do not fly, they can glide really far between branches.
비록 그들이 날지는 않지만, 그들은 나뭇가지 사이로 정말 멀리 활공할 수 있다.

This can be expensive, **though.**
하지만 이것은 비쌀 수 있다.

012 ★★★

topography

n 지형, 지형학

ex A major challenge for map-makers is the depiction of hills and valleys, slopes and flatlands collectively called the **topography.**
지도 제작자들의 주요 어려움은 지형이라고 불리는 언덕과 계곡, 경사지, 평지를 총괄적으로 묘사하는 것이다.

★ 표시는 출제 빈도를 나타냅니다.

013 ★★★

upcycle

v 업사이클하다, 더 나은 것으로 만들다

ex **Upcycling** is a creative reuse.
업사이클링은 창조적인 재사용이다.

You can learn how to **upcycle** the scraps from her.
당신은 그녀에게서 폐품들을 업사이클하는 법을 배울 수 있다.

014 ★★★

inquire

v 묻다, 알아보다, 질문하다

ex The woman called the man to **inquire** about a driver's license.
여자는 남자에게 운전 면허증에 대해 문의하기 위해 전화를 걸었다.

He will **inquire** whether they buy a used phone.
그는 그들이 중고 전화기를 사는지 여부를 물을 것이다.

015 ★★★

latter

n 후자, 마지막 adj 후자의, 마지막의 ㉶ **former** 전자의, 예전의

ex It is the former that gives value, either cultural or financial, to the **latter**.
문화적이든 재정적이든 후자에게 가치를 부여하는 것은 전자이다.

Surprisingly, consumers preferred the **latter**.
놀랍게도, 소비자들은 후자를 선호했다.

016 ★★★

micro

n 아주 작은 것, 극소의 것 adj 아주 작은 ㉶ **macro** 대규모, 아주

ex She is so delicate that she cares about **micro** details.
그녀는 매우 섬세해서 아주 작은 세부사항들을 신경 쓴다.

Nano-technology is used for “**micro**-world” like IT and biotechnology.
나노 기술은 IT나 생명공학처럼 “극소 세계”에 사용된다.

017 ★★★

male

adj 남자의, 수컷의 n 남자, 수컷 ㉶ **female** 여성의, 암컷

ex However, at that point, **male** actors were still playing female roles.
하지만, 그 당시, 남자 배우들은 여전히 여자 역할을 연기하고 있었다.

Male dogs or cats tend to be left-handed.
수컷 개나 고양이는 왼손잡이인 경향이 있다.

018 ★★★

pain

n 아픔, 고통

ex You look like you’re in **pain**.
당신은 아파 보인다.

You will grow a tolerance for **pain**.
당신은 고통에 대한 참을성을 기를 것이다.

019 ★★★

semester

n **학기**

ex I actually did a study abroad program last **semester**.
나는 사실 지난 학기에 유학 프로그램을 했다.

I am not ready for the upcoming **semester**.
나는 다가오는 학기를 위한 준비가 안 되어 있다.

---

020 ★★

vandalism

n **공공 기물 파손 죄**

참고 **graffiti** (공공장소에 하는) 낙서

ex The victims of the **vandalism** appealed that it was not the first time of the damage.
공공 기물 파손 죄의 피해자들은 이번이 처음으로 피해를 입은 것이 아니었다고 호소한다.

---

021 ★★

subsequent

adj **그 다음의, 차후의**

ex It would trigger a wave of lavish construction projects from **subsequent** pharaohs in an area.
그것은 한 지역의 후속 파라오들로부터 호화로운 건설 프로젝트의 물결을 촉발시킬 것이다.

---

022 ★★

aggressive

adj **공격적인**

ex The problem can't be solved without immediate and **aggressive** action from governments around the world.
전 세계 정부의 즉각적이고 공격적인 조치 없이는 문제는 해결될 수 없다.

---

023 ★★

clarify

v **명확하게 하다, 분명히 말하다**

ex Can you **clarify** the concept once more?
개념을 다시 한 번 명확히 해줄 수 있나요?

We mean that you need to **clarify** at the beginning of the paper.
우리는 당신이 논문의 첫머리에 명확히 할 필요가 있다는 것을 의미한다.

---

024 ★

fright

n **놀람, 두려움**

참고 **frighten** v. 겁먹게[놀라게] 만들다

ex My younger brother jumped out of **fright**.
나의 남동생은 두려움에 놀라서 뛰쳐나왔다.

We'll be going to the Bellevue Pumpkin Patch for Halloween **Fright** Night!
우리는 할로윈 공포의 밤을 위해 Bellevue 호박밭에 갈 것이다!

 표시는 출제 빈도를 나타냅니다.

025

outcast

n 따돌림[버림]받는 사람

ex He was an **outcast** in Hollywood until he decided to blend in.
그는 그가 어울리기로 결정하기 전에 할리우드에서 따돌림 받는 사람이었다.

On the first day of school, he sat down quietly like an **outcast**.
학교 첫날, 그는 따돌림 받는 사람처럼 조용히 앉아있었다.

026

phonograph

n 축음기

ex The first record players, called **phonographs**, were powered by humans turning a crank.
축음기라고 불리는 최초의 레코드 플레이어는 크랭크를 돌리는 사람들에 의해 작동되었다.

027

pilgrimage

n 순례, 성지 참배 — 참고 **pilgrim** n. 순례자

ex The reason for visiting is **pilgrimage**.
방문하는 이유는 순례이다.

He just returned from a **pilgrimage** to Rome.
그는 로마로의 순례에서 막 돌아왔다.

028

refugee

n 난민, 망명자 — 참고 **refuge** n. 피난, 피신, 도피처

ex Will you be donating 100 dollars to the **refugees**?
난민들에게 100달러를 기부할 것인가?

The facility of the **refugee** camp was not well constructed.
난민 수용소의 시설은 잘 지어지지 않았다.

029

pillar

n 기둥 — ㊒ **column** 기둥

ex They are checking out the scaffolding and **pillars** that have been installed.
그들은 설치된 비계와 기둥을 살펴보고 있다.

030

utmost

adj 최고의, 극도의

ex When I got my acceptance letter from the college of my dream, I felt the **utmost** happiness.
가고 싶었던 대학에서 합격증을 받았을 때, 나는 극도의 행복을 느꼈다.

Practice

1. 다음 단어들을 올바르게 연결하세요.

(1) utmost	•	• (a) 주장하다
(2) boarding	•	• (b) (세게) 치다
(3) devil	•	• (c) 승무원, 선원
(4) entirely	•	• (d) 대출(금)
(5) loan	•	• (e) 전적으로, 완전히
(6) claim	•	• (f) 악마
(7) crew	•	• (g) 최고의, 극도의
(8) strike	•	• (h) 탑승

2. 다음 영어 뜻에 맞게 알맞은 단어를 보기에서 찾아 쓰세요.

inquire latter semester clarify

(1) have a wish or desire to know something

(2) one of two divisions of an academic year

(3) make clear and comprehensible

(4) referring to the second of two things or persons mentioned

CHAPTER 02 Day 15

SELF TEST

01	utmost	
02		탑승
03	entirely	
04		악마
05	loan	
06		실수, 잘못
07	claim	
08		(세게) 치다
09	biologist	
10		시간의, 속세의
11	though	
12		업사이클하다
13	topography	
14		묻다, 알아보다
15	latter	
16		아주 작은
17	male	
18		아픔, 고통
19	semester	
20		공공 기물 파손 죄
21	subsequent	
22		공격적인
23	clarify	
24		놀람, 두려움
25	outcast	
26		축음기
27	pilgrimage	
28		난민, 망명자
29	pillar	
30		승무원, 선원

DAY 16

색상으로 8품사 구분하기

n	**명사**	noun	pron	**대명사**	pronoun
v	**동사**	verb	adj	**형용사**	adjective
adv	**부사**	adverb	conj	**접속사**	conjunction
prep	**전치사**	preposition	int	**감탄사**	interjection

n	printer	adj	prior	adj	rare
v	succeed	n	union	adj	upcoming
prep	via	adv	aside	adj	versatile
adj	Soviet	conj	whereas	n	wildflower
n	ranking	n	stranger	adv	almost
adj	social	v	accelerate	n	analogy
n	bang	n	panic	n	rear
n	expiry	adj	dynamic	n	cushion
adj	corporate	n	sacrifice	n	gut
adj	hectic	adj	savage	v	refine

★ 표시는 출제 빈도를 나타냅니다.

001 ★★★★★

printer

n 프린터, 인쇄기

ex My **printer** is not working.
프린터가 작동하지 않는다.

Did they install the new **printer**?
그들이 새 프린터를 설치했는가?

---

002 ★★★★★

prior

adj 이전의, 사전의

ex Her **prior** customer stood in front of the gate.
그녀의 이전 고객이 대문 앞에 서 있었다.

She has **prior** experience in the field of technology.
그녀는 기술 분야에서 이전 경험이 있다.

---

003 ★★★★★

rare

adj 희귀한, 드문 — 반 **common** 흔한

ex Diamonds are valuable because they are **rare**.
다이아몬드는 희귀하기 때문에 가치가 있다.

But on Earth naturally-occurring plasmas are relatively **rare**.
하지만 지구에서는 자연적으로 발생하는 플라즈마는 상대적으로 드물다.

---

004 ★★★★★

succeed

v 성공하다 — 참고 **success** n. 성공

ex We need to admit our failures to truly **succeed**.
진정한 성공을 위해서는 실패를 인정해야 한다.

She didn't want Laptitza to **succeed**.
그녀는 Laptitza가 성공하기를 원하지 않았다.

---

005 ★★★★★

union

n 조합, 협회 — 참고 **unite** 연합하다

ex Keiko has an active credit **union** account.
Keiko는 현재 신용조합 계좌가 있다.

The **union** started to protest the decision.
조합은 그 결정에 항의하기 시작했다.

---

006 ★★★★★

upcoming

adj 다가오는, 곧 있을

ex What **upcoming** change has been announced?
앞으로 다가올 어떤 변화가 발표되었는가?

They are talking about an **upcoming** event.
그들은 다가오는 행사에 대해 이야기하고 있다.

007 ★★★★★

via

prep **경유하여[거쳐], 통하여** ㊌ **through** ~을 통해

ex He can receive management notes **via** a clock-in screen.
그는 출근 기록 화면을 통해 관리 노트를 받을 수 있다.

Payment is tracked **via** license number.
급여는 면허증 번호를 통해 추적된다.

008 ★★★★

aside

adv **한쪽으로, (나중에 쓰려고) 따로** 참고 **put aside** ~을 한쪽으로 치우다

ex It's actually been put **aside** for a buyer who is due to return later in the day.
사실 오늘 나중에 돌아올 예정인 구매자를 위해 따로 남겨두었다.

009 ★★★★

versatile

adj **다재다능한**

ex Carrots are an incredibly **versatile** vegetable.
당근은 믿을 수 없을 만큼 다재다능한 채소이다.

You are all **versatile**, skillful, and fast learners.
당신들은 모두 다재다능하고 숙련되고 빠른 학습자들이다.

010 ★★★

Soviet

adj **(구) 소련의** 참고 **Soviet Union** 소련, 소비에트 연방

ex the cultural artwork that was common in the **Soviet** Union and other autocratic societies
소련과 다른 독재 사회에서 흔히 볼 수 있었던 문화 예술 작품

011 ★★★

whereas

conj **그러나, 반면에**

ex My sister is an introverted person **whereas** my brother is an extroverted person.
나의 여자형제는 내향적인 사람인 반면 나의 남자형제는 외향적인 사람이다.

012 ★★★

wildflower

n **야생화** 참고 **wildlife** 야생 동물

ex I was able to get pictures of all the **wildflowers** in my report except for daisies.
데이지 꽃을 제외한 모든 야생화 사진을 나의 보고서에 담을 수 있었다.

★ 표시는 출제 빈도를 나타냅니다.

013 ★★★

ranking

n 순위

참고 **rank** n. 지위, 계급

ex This week's **rankings** show a number of changes from last year.
이번 주의 순위는 작년과 달라진 점이 많다.

They fell in the **rankings**.
그들은 순위에서 떨어졌다.

---

014 ★★★

stranger

n 낯선 사람

참고 **strange** adj. 이상한, 낯선

ex He is fighting with a **stranger** at the vegetable shop.
그는 야채가게에서 낯선 사람과 싸우고 있다.

He didn't want to sell it to a **stranger**.
그는 그것을 낯선 사람에게 팔고 싶지 않았다.

---

015 ★★★

almost

adv 거의

유 **nearly** 거의

ex It's **almost** eight o'clock and you are still in your bed!
거의 8시인데 아직도 침대에 있구나!

Almost everyone participated in the event.
거의 모두가 행사에 참여했다.

---

016 ★★★

social

adj 사회의, 사회적인

ex Many songs were about **social** and political critiques.
많은 노래들은 사회적, 정치적 비판에 관한 것이었다.

Their **social** behavior is even more dissimilar.
그들의 사회적 행동은 훨씬 더 다르다.

---

017 ★★★

accelerate

v 가속화되다, 가속화하다

ex Even a small amount of this money would **accelerate** the already rapid rate of technical progress and investment in renewable energy.
이 돈의 적은 양이라도 이미 빠른 기술 진보와 재생 에너지 투자 속도를 가속화할 수 있을 것이다.

---

018 ★★★

analogy

n 유사점, 비유, 유추

ex There's a direct **analogy** between your fingertips and the fovea.
당신의 손끝과 중심와 사이에는 직접적인 유사점이 있다.

019 

bang

n 쾅(하는 소리) v 쾅하고 치다

ex Did you hear the **bang** next door?
옆집에서 쾅하는 소리를 들었니?

Stop **banging** the table with the fork.
포크로 식탁을 그만 쾅쾅 두드려라.

020 

panic

n 극심한 공포, 공황 v 공황 상태에 빠지다 ㊌ **fear** 공포, 두려움

ex They all stayed calm even in a **panic**.
모두 극심한 공포 속에서도 그들은 침착함을 유지했다.

Everyone **panicked** when they heard someone knocking on the door.
누군가 문을 두드리는 소리를 들었을 때 모두가 공황 상태에 빠졌다.

021 

rear

n 뒤쪽 adj 뒤쪽의 ㉥ **front** 앞면, 앞부분

ex The **rear** light is not working.
후방 라이트가 작동하지 않는다.

Put the treadmill at the **rear** of the room.
러닝머신을 방 뒤쪽에 둬라.

022 

expiry

n 만료, 만기 ㊌ **expiration** 만료, 만기

ex Did you check the **expiry** date?
유통기한을 확인했는가?

This milk has already gone bad, and it's not even past its **expiry** date!
유통기한이 지나지 않았지만, 이 우유는 벌써 상했다!

023

dynamic

adj 역동적인

ex People expected to see **dynamic** action from the movie.
사람들은 그 영화에서 역동적인 액션을 보기를 기대했다.

You can see **dynamic** animals in this safari.
당신은 이 사파리에서 역동적인 동물들을 볼 수 있다.

024 

cushion

n 쿠션, 방석

ex You can use that **cushion** as a pillow.
그 쿠션을 베개로 쓰면 된다.

The cat is sleeping on the **cushion**.
고양이가 방석 위에서 자고 있다.

★ 표시는 출제 빈도를 나타냅니다.

025 ★★

corporate

adj **기업[회사]의** 참고 **incorporate** 포함하다, 설립하다

ex The man called her to remind her about **corporate** regulations.
그 남자는 그녀에게 기업 규제에 대해 상기시키기 위해 전화를 걸었다.

They can purchase a **corporate** product.
그들은 회사 제품을 구입할 수 있다.

026 ★★

sacrifice

n **희생** v **희생하다**

ex Mother Teresa is remembered for her great **sacrifice**.
Teresa 수녀는 그녀의 위대한 희생으로 기억되고 있다.

We can never imagine how much parents **sacrifice** for their children.
우리는 부모님이 그들의 아이들을 위해 얼마나 많은 것을 희생하는지 상상할 수 없다.

027 ★

gut

n **배짱, 소화기관**

ex I wish I had the **guts** not to play it so safe with my outfits.
나는 내 옷을 평범하게 입지 않을 배짱을 가졌으면 좋겠다.

We could tell whether this animal is an herbivore or not by the structure of its **guts**.
우리는 이 동물이 초식동물인지 아닌지 그것의 소화기관의 구조를 보고 알 수 있다.

028 ★

hectic

adj **정신없이 바쁜**

ex This week is pretty **hectic** for me.
이번 주는 나에게 꽤 바쁘다.

Actually, a **hectic** lifestyle might help you to dismiss all unnecessary thoughts.
사실, 정신없이 바쁜 것이 불필요한 모든 생각들을 떨쳐내는 데에 도움이 될 수도 있다.

029 ★

savage

adj **야만적인**

ex You have to realize this is a **savage** act.
너는 이것이 야만적인 행동임을 깨달아야 한다.

War makes men **savage** and cruel.
전쟁은 사람들을 야만적이고 잔인하게 만든다.

030 ★

refine

v **정제하다**

ex You must **refine** crude oil to obtain pure oil free of impurities.
불순물이 없는 순수한 기름을 얻으려면 원유를 정제해야 한다.

Practice

1. 다음 단어들을 올바르게 연결하세요.

(1) prior	•	• (a) 다재다능한
(2) rare	•	• (b) 한쪽으로, 따로
(3) succeed	•	• (c) 그러나, 반면에
(4) union	•	• (d) 경유하여[거쳐]
(5) via	•	• (e) 이전의, 사전의
(6) aside	•	• (f) 조합, 협회
(7) versatile	•	• (g) 성공하다
(8) whereas	•	• (h) 희귀한, 드문

2. 우리말 뜻에 맞게 괄호에 알맞은 단어를 찾아 O표 하세요.

(1) **He is fighting with a (ranger / stranger) at the vegetable shop.**
그는 야채가게에서 낯선 사람과 싸우고 있다.

(2) **What (upcoming / uppermost) change has been announced?**
앞으로 다가올 어떤 변화가 발표되었는가?

(3) **The (fear / rear) light is not working.**
미등이 작동하지 않는다.

(4) **They can purchase a (corporate / incorporate) product.**
그들은 회사 제품을 구입할 수 있다.

SELF TEST

01	social		16		프린터, 인쇄기
02		유사점, 비유	17	prior	
03	accelerate		18		희귀한, 드문
04		극심한 공포	19	succeed	
05	bang		20		조합, 협회
06		뒤쪽의	21	upcoming	
07	expiry		22		경유하여[거쳐]
08		역동적인	23	aside	
09	corporate		24		(구) 소련의
10		쿠션, 방석	25	versatile	
11	gut		26		그러나, 반면에
12		희생, 희생하다	27	ranking	
13	hectic		28		야생화
14		야만적인	29	stranger	
15	refine		30		거의

DAY 17

색상으로 8품사 구분하기

n	명사	noun	pron	대명사	pronoun
v	동사	verb	adj	형용사	adjective
adv	부사	adverb	conj	접속사	conjunction
prep	전치사	preposition	int	감탄사	interjection

adv	apparently	n	chapter	n	computing
adv	constantly	n	dam	n	disability
n	pharaoh	n	niece	adj	beloved
adj	athletic	adv	bravely	v	swell
n	tube	adj	underlying	n	trouble
prep	without	n	apron	n	aphorism
v	arise	n	beginning	n	marble
n	leakage	v	interact	v	symbolize
adj	obedient	n	rendition	n	sector
v	rephrase	v	vanish	v	reside

★ 표시는 출제 빈도를 나타냅니다.

001 ★★★★★

apparently

adv **명백히, 보아하니**

참고 **apparent** 분명한, 명백한

ex **Apparently**, he's an architectural engineer.
보아하니, 그는 건축 엔지니어인 것 같다.

Yeah, **apparently** he still likes the outdoors.
맞아, 보아하니 그는 여전히 야외를 좋아하는 것 같다.

002 ★★★★★

chapter

n **(책의) 장**

ex I've reviewed the first **chapter**.
나는 첫 장을 복습했다.

He has already taught **chapter** 1.
그는 이미 1장을 가르쳤다.

003 ★★★★★

computing

n **컴퓨터 사용[조작, 기술]**

ex Some people worry that cloud **computing** will give companies too much control over users' private data.
일부 사람들은 클라우드 컴퓨팅이 사용자의 개인 데이터에 대한 너무 많은 제어 권한을 회사에 줄 것이라고 우려한다.

004 ★★★★★

constantly

adv **끊임없이, 거듭**

참고 **constant** adj. 끊임없는

ex She's **constantly** checking her hair.
그녀는 그녀의 머리를 끊임없이 확인하고 있다.

She's **constantly** gazing at the stars and dreaming away.
그녀는 끊임없이 별을 바라보며 몽상 중이다.

005 ★★★★★

dam

n **댐**

ex They will decide whether building this **dam** is a good idea or not.
그들은 이 댐을 짓는 것이 좋은 생각인지 아닌지를 결정할 것이다.

The **dam** creates 98 terawatt hours of electricity in a year.
이 댐은 1년에 98테라와트시의 전기를 생산한다.

006 ★★★★★

disability

n **장애**

㊒ **handicapped** 장애가 있는

ex All staff must complete the mandatory online "**Disability** Rights in the Workplace" training course.
모든 직원은 "직장 내 장애인 권리" 온라인 교육과정을 이수해야 한다.

Your **disability** will not be a barrier to anything you do.
당신의 장애는 당신이 하는 어떤 것에도 장벽이 되지 않을 것이다.

007 ★★★★★

pharaoh

n 파라오(고대 이집트의 왕)

ex He was the greatest **pharaoh** in all Egyptian history.
그는 이집트 역사에서 가장 위대한 파라오였다.

You can see a **pharaoh** sculpture in the museum.
당신은 박물관에서 파라오 조각상을 볼 수 있다.

008 ★★★★★

niece

n 조카(여자) 참고 **nephew** 조카(남자)

ex I'll ask my **nieces** what they think.
나는 내 조카들에게 어떻게 생각하는지 물어볼 것이다.

I remember they got along really well with your **nieces** last time.
지난번에 그들은 네 조카들과 정말 잘 지냈던 것으로 기억한다.

009 ★★★★

beloved

adj 사랑받는, 총애 받는

ex Orange is one of the most **beloved** fruits in the world.
오렌지는 세계에서 가장 사랑받는 과일 중 하나이다.

The costume for our **beloved** school mascot is missing.
우리가 사랑하는 학교 마스코트 의상이 없어졌다.

010 ★★★★

athletic

adj 육상의, 운동의 참고 **athlete** n. 운동 선수

ex He has gradually developed his **athletic** career.
그는 점진적으로 그의 선수 경력을 발전시켜왔다.

NASA's technology is now used for **athletic** shoes as well.
NASA의 기술이 이제 운동화에도 사용된다.

011 ★★★

bravely

adv 용감하게

ex She chased the footprint of the wolf **bravely**.
그녀는 용감하게 늑대의 발자국을 추적했다.

They fought **bravely** against the absurd.
그들은 부조리에 맞서 용감하게 싸웠다.

012 ★★★

swell

v 붓다, 부풀다

ex The chicken and vegetables in the soup can reduce the **swelling** that comes with most colds.
수프에 들어 있는 닭고기와 야채는 대부분의 감기와 함께 오는 붓기를 줄일 수 있다.

★ 표시는 출제 빈도를 나타냅니다.

013 ★★★

tube

n 관, 튜브

ex He put the light bulb in a long **tube**.
그는 전구를 긴 튜브에 넣었다

People play it by blowing air down into the **tube**.
사람들은 튜브에 공기를 불어넣어 그것을 연주한다.

014 ★★★

underlying

adj 근본적인, 밑에 있는

ex Moreover, even attempts to burn off fingertips can still reveal the original **underlying** concealed patterns.
게다가, 손끝을 태워 없애려는 시도조차 여전히 기존에 숨겨진 패턴을 드러낼 수 있다.

015 ★★★

trouble

n 문제, 곤란 ㊌ problem 문제

ex I'm having **trouble** choosing between chocolate and strawberry.
초콜릿과 딸기 중 하나를 고르는데 어려움을 겪고 있다.

I have no **trouble** at school.
나는 학교에서 아무런 문제가 없다.

016 ★★★

without

prep ~없이 adv ~없이

ex Traveling **without** a phone can be exciting.
전화 없이 여행하는 것은 재미있을 수 있다.

Many ships and airplanes disappeared here **without** a trace.
많은 선박과 항공기가 이곳에서 흔적도 없이 사라졌다.

017 ★★★

apron

n 앞치마

ex I got her a blue **apron**.
나는 그녀에게 파란 앞치마를 주었다.

Please bring your own **apron**.
앞치마를 직접 가져와라.

018 ★★★

aphorism

n 격언, 경구

ex **Aphorisms** provide little insight into relations among people.
격언은 사람들 사이의 관계에 대한 통찰을 거의 제공하지 않는다.

That is why we heavily depend on **aphorisms**.
그것이 우리가 격언에 크게 의존하는 이유이다.

019 ★★

arise

v **생기다, 발생하다**

ex Just write down questions that **arise** during the presentation.
발표 중에 생각나는 질문만 적어라.

Difficulties **arise** when we do not think of people.
사람들을 생각하지 않을 때 어려움이 생긴다.

020 ★★

beginning

n **초(반), 시작**

ex These were the **beginning** of a masterpiece.
이것들은 걸작의 시초였다.

That was the **beginning** of human knowledge.
그것이 인간의 지식의 시작이었다.

021 ★★

marble

n **대리석, 구슬**

ex These five individuals march into the hotel, and sit by the lobby's **marble** fountain.
이들 5명은 호텔로 들어가 로비 대리석 분수 옆에 앉아 있다.

022 ★★

leakage

n **누출, 누수**

ex I held a bucket until the plumber came to fix water **leakage** from the ceiling.
나는 배관공이 천장의 누수를 고치러 올 때까지 양동이를 들고 있었다.

023 ★★

interact

v **상호 작용을 하다**

ex It is important for students to use and **interact** with materials in science class.
학생들이 과학 시간에 자료를 사용하고 상호작용하는 것은 중요하다.

024 ★★

symbolize

v **상징하다** ㊌ **represent** 대표하다, 표현하다

ex She is explaining what her shoes **symbolize**.
그녀는 자신의 신발이 무엇을 상징하는지 설명하고 있다.

This is because the color white traditionally **symbolizes** innocence.
흰색은 전통적으로 순수함을 상징하기 때문이다.

DAY 17

★ 표시는 출제 빈도를 나타냅니다.

025 ★★

obedient

adj **말을 잘 듣는, 순종적인**

ex They are **obedient** children.
그들은 말을 잘 듣는 아이들이다.

They are talking about raising an **obedient** pet.
그들은 순종하는 반려동물을 기르는 것에 대해 이야기하고 있다.

026 ★

rendition

n **연주[공연]**

㊌ **rendering** n. 연주, 연기

ex I'll never get tired of hearing Leah Fintonelli's **rendition** of this aria.
나는 Leah Fintonelli가 연주하는 이 아리아는 매번 들어도 싫증나지 않을 것이다.

Everyone gave a standing ovation after the song's **rendition.**
노래의 연주 후 모두가 기립박수를 보냈다.

027 ★

sector

n **부문, 분야**

㊌ **section** 부분, 부문, 구획

ex In the next year, consumption in the private **sector** is likely to grow five times.
내년에는 민간 부문의 소비가 5배 늘어날 가능성이 높다.

028 ★

rephrase

v **바꾸어 말하다**

㊌ **paraphrase** 바꾸어 표현하다

ex The woman requests to **rephrase** a line from the man's latest book.
여자는 남자의 최근 책에서 한 줄만 바꿔 쓰기를 요청한다.

You need to know how to **rephrase** your explanation for young kids.
너는 어린 아이들을 위해 설명을 바꿔말하는 법을 알아야한다.

029 ★

vanish

v **사라지다**

ex The spaceship seemed to **vanish** into thin air.
우주선이 연기처럼 사라지는 것 같았다.

030 ★

reside

v **살다, 거주하다**

ex Kuala Lumpur is a bustling city in Malaysia where over 1.5 million people **reside.**
Kuala Lumpur는 150만명 이상이 거주하는 말레이시아의 번화한 도시이다.

Practice

1. 다음 단어들을 올바르게 연결하세요.

(1) apparently •	• (a) 사랑받는
(2) chapter •	• (b) 육상의, 운동의
(3) constantly •	• (c) 붓다, 부풀다
(4) disability •	• (d) 장애
(5) niece •	• (e) 조카
(6) beloved •	• (f) 명백히, 보아하니
(7) athletic •	• (g) 끊임없이, 거듭
(8) swell •	• (h) (책의) 장

2. 우리말 뜻에 맞게 빈칸에 알맞은 단어를 보기에서 찾아 쓰세요.

tube without arise symbolizes

(1) This is because the color white traditionally ________ innocence.
흰색은 전통적으로 순수함을 상징하기 때문이다.

(2) People play it by blowing air down into the ________ .
사람들은 튜브에 공기를 불어넣어 그것을 연주한다.

(3) Traveling ________ a phone can be exciting.
전화 없이 여행하는 것은 재미있을 수 있다.

(4) Difficulties ________ when we do not think of people.
사람들을 생각하지 않을 때 어려움이 생긴다.

SELF TEST

01	apparently	
02		(책의) 장
03	computing	
04		끊임없이
05	disability	
06		댐
07	niece	
08		파라오
09	beloved	
10		육상의, 운동의
11	bravely	
12		붓다, 부풀다
13	underlying	
14		관, 튜브
15	trouble	
16		~없이
17	apron	
18		격언, 경구
19	arise	
20		초(반), 시작
21	marble	
22		누출, 누수
23	interact	
24		상징하다
25	obedient	
26		부문, 분야
27	rendition	
28		살다, 거주하다
29	rephrase	
30		사라지다

DAY 18

색상으로 8품사 구분하기

n	**명사**	noun	pron	**대명사**	pronoun
v	**동사**	verb	adj	**형용사**	adjective
adv	**부사**	adverb	conj	**접속사**	conjunction
prep	**전치사**	preposition	int	**감탄사**	interjection

n	procedure	n	reference	n	responsibility
n	roommate	n	software	adj	spare
n	status	n	entrepreneur	n	demonstration
n	commute	n	capability	n	venue
n	tuition	v	wag	n	competition
v	escape	adj	thick	n	behavior
n	briefcase	n	duration	n	peak
n	raid	n	scraper	n	expertise
v	slick	v	recall	v	pander
v	opt	v	neglect	v	mend

DAY 18

★ 표시는 출제 빈도를 나타냅니다.

001 ★★★★★

procedure

n 절차[방법] ㊒ **process** 과정[절차]

ex Employees in need of assistance should advise their team leader in advance of the drill to determine proper evacuation **procedures**.
도움이 필요한 직원은 적절한 대피 절차를 결정하기 위해 교육을 받기 전에 팀장에게 알려야 한다.

002 ★★★★★

reference

n 언급, 참고 v 참고[참조] 표시를 하다

ex Writers often **reference** other works to explain their ideas.
작가들은 그들의 생각을 설명하기 위해 종종 다른 작품들을 참조한다.

Please inform us if you need the **reference** number.
참조 번호가 필요한 경우 알려주세요.

003 ★★★★★

responsibility

n 책임, 책무

ex Organizing the books was one of her **responsibilities**.
책을 정리하는 것은 그녀의 책무들 중 하나였다.

My boss had to take full **responsibility** for the incident.
나의 상사가 그 사건의 모든 책임을 져야했다.

004 ★★★★★

roommate

n 룸메이트(동숙자, 동실자)

ex What quality do men mostly look for in a **roommate**?
남자들은 룸메이트의 어떤 자질을 주로 보는가?

Isn't a messy **roommate** worse than living alone?
지저분한 룸메이트가 혼자 사는 것보다 더 나쁘지 않나?

005 ★★★★★

software

n 소프트웨어 (내부 프로그램) 참고 **hardware** 하드웨어(외부 장비)

ex This **software** app has some bugs.
이 소프트웨어 앱에는 버그가 몇 개 있다.

You're using a website that's blocked by our security **software**.
당신은 우리의 보안 소프트웨어에 의해 차단된 사이트를 이용하는 중이다.

006 ★★★★★

spare

adj 여분의, 예비용의 v (시간을) 할애하다

ex Where can they get some **spare** tires?
그들은 여분의 타이어를 어디서 구할 수 있는가?

Can you **spare** me a few minutes?
몇 분만 시간을 내줄 수 있는가?

007 ★★★★★

status

n **상황, 지위, 자격**

ex You should update your employment **status** frequently.
당신의 고용 상태를 자주 업데이트해야 한다.

information on a guarantor's employment **status**
보증인의 고용 상태에 관한 정보

008 ★★★★★

entrepreneur

n **사업가[기업가]** 참고 **enterprise** 기업, 회사

ex She did a study on the role of the **entrepreneur** in economic life.
그녀는 경제 생활에서 기업가의 역할에 대한 연구를 했다.

There is a special award for **entrepreneurs** over sixty.
60세 이상의 기업인들을 위한 특별상이 있다.

009 ★★★★

demonstration

n **(시범) 설명**

ex After three weeks of market research, we will release the **demonstration** version.
3주간의 시장 조사 후에 데모 버전을 출시하겠다.

010 ★★★★

commute

n **통근(거리)** v **통근하다**

ex He was sick of **commuting** by bus during rush hours.
그는 혼잡 시간대에 버스로 출근하는 것에 질렸다.

Commuting distance is one thing you have to consider when choosing work.
통근거리는 직장을 선택할 때 고려할 것들 중 하나이다.

011 ★★★★

capability

n **능력, 역량** ㊒ **capacity** 능력, 수용

ex Sometimes we fail to take advantage of our strengths and **capabilities.**
가끔 우리는 우리의 강점과 능력을 이용하는데 실패한다.

ways that differ from human **capabilities**
인간의 역량과는 다른 방법들

012 ★★★

venue

n **장소**

ex Depending on the weather conditions, the **venue** may be changed to main auditorium in the Tonitown City Hall.
날씨 상황에 따라 장소는 Tonitown 시청 내의 대강당으로 변경될 수 있다.

DAY 18

★ 표시는 출제 빈도를 나타냅니다.

013 ★★★

tuition

n **수업, 교습** 참고 **tuition fee** 수업료

ex You can register online 48 hours after your **tuition** fees have been received.
수강료 접수 후 48시간이 지나면 온라인으로 등록할 수 있다.

Information on the cost of **tuition** can be found on the school website.
수업료 정보는 학교 웹사이트에서 찾을 수 있다.

014 ★★★

wag

v **흔들다**

ex If your managers point their index finger and **wag** it from side to side, this means "no."
당신의 매니저가 집게 손가락을 올려 좌우로 흔드는 경우, 이는 "아니오"를 의미한다.

015 ★★★

competition

n **대회, 시합, 경쟁** 참고 **competitive** 경쟁력 있는

ex Why don't we enter the **competition** as a team?
우리 팀으로 대회에 나가는게 어떠한가?

The Olympics committee decided to stop the art **competition**.
올림픽 위원회는 예술 경기를 중단하기로 결정했다.

016 ★★★

escape

v **탈출하다, 달아나다**

ex The prisoner used whatever he could find to **escape** from his cell.
죄수는 감방을 탈출하기 위해 그가 찾을 수 있는 모든 것을 사용했다.

How did the pigeons **escape** from the hat?
비둘기는 어떻게 모자에서 탈출했는가?

017 ★★★

thick

adj **두꺼운** ⓑ **thin** 얇은, 가느다란

ex Their **thick** fur keeps them warm in the cold weather.
그들의 두꺼운 털은 추운 날씨에 그들을 따뜻하게 한다.

She also had very **thick** socks and mittens.
그녀는 또한 매우 두꺼운 양말과 벙어리 장갑을 가지고 있었다.

018 ★★

behavior

n **행동**

ex He thought that those **behaviors** were unfair and inappropriate for the people of that culture to accept.
그는 그러한 행동들이 그 문화의 사람들이 받아들이기에 불공평하고 부적절하다고 생각했다.

019 ★★

briefcase

n **서류 가방**

ex I already found my old **briefcase**.
나는 이미 나의 오래된 서류 가방을 찾았다.

Do you remember the boy who found your **briefcase** and brought it here?
당신의 서류가방을 찾아서 가져온 소년을 기억하는가?

020 ★★

duration

n **(지속되는) 기간** ㊌ **period** 기간, 시기

ex The intensity reflects the **duration** of the separation as well as the level of intimacy.
그 강도는 친밀함의 수준과 이별의 기간을 반영한다.

021 ★★

peak

n **정상, 꼭대기, 절정, 최고조** ㊌ **summit** (산의) 정상, 절정

ex They were surprised to see another person at the **peak** of the mountain.
그들은 산 정상에서 다른 사람을 보고 놀랐다.

You need to resolve the conflict before it hits the **peak**.
너는 절정에 다다르기 전에 갈등을 해소해야 한다.

022 ★★

raid

n **습격, 급습** 참고 **air raid** 공습

ex When you hear the air-**raid** siren, take the stairs to the underground shelters.
공습경보 사이렌 소리가 들리면 계단을 이용해 지하 대피소로 이동하라.

023 ★★

scraper

n **긁어내는 도구, 스크레이퍼**

ex Use a **scraper** for hard parts.
단단한 부분은 긁어내는 도구를 이용하라.

You take out the ice **scraper** for harder bits.
더 단단한 얼음 조각들을 위해 성에 제거기를 사용하라.

024 ★★

expertise

n **전문지식[기술]** 참고 **expert** n. 전문가

ex But in many other domains **expertise** requires considerable training and effort.
그러나 다른 많은 영역에서 전문지식은 상당한 훈련과 노력을 필요로 한다.

DAY 18

★ 표시는 출제 빈도를 나타냅니다.

025 ★★

slick

v 매끈하게[반지르르하게] 하다 adj 매끄러운, 번드르르한

ex Body heat and warmth from inside the igloo's interior will cause the wall surfaces to **slick** over, creating an airtight surface.
이글루 내부에서의 몸의 열과 온기는 벽면을 녹여 매끄럽게 하여 밀폐된 표면을 만들 것이다.

026 ★

recall

v 회수하다, 상기하다 ㊐ remind 상기시키다

ex Let's wait to see if they do a **recall**.
그들이 회수조치를 하는지 지켜보자.

The MAs will be selected at random to **recall** the information orally.
문학 석사들은 구두로 정보를 기억해 내기 위해 무작위로 선택될 것이다.

027 ★

pander

v 영합하다, (남의 약점을) 이용하다 n 나쁜 일의 중개자

ex We're getting into the related issue of political **pandering**.
우리는 정치적인 영합과 관련된 문제에 착수하고 있다.

Why are you trying to **pander** to your own good?
너 스스로의 이익을 위해 왜 남의 약점을 이용하려 하니?

028 ★

opt

v 택하다

ex You may **opt** for an internet voucher that can be used toward future trips with us.
향후 여행 시 사용할 수 있는 인터넷 쿠폰을 선택할 수 있다.

029 ★

neglect

v 방치하다, 소홀히 하다 ㊐ ignore 무시하다

ex I just went back home after being **neglected** for an hour.
나는 한 시간 동안 방치된 후 그냥 집으로 돌아갔다.

Your pet will be taken away if you **neglect** it.
너의 반려동물을 소홀히 하면 가져갈 것이다.

030 ★

mend

v 수리하다, 고치다

ex I need to stop by the alterations to **mend** my torn shirt.
나는 찢어진 셔츠를 수선하기 위해 수선집을 들러야 한다.

It will be better to just buy a new one than to **mend** it.
수리하는 것보다 새 것을 사는게 나을 수도 있다.

Practice

1. 다음 단어들을 올바르게 연결하세요.

(1) procedure	•	• (a) 사업가[기업가]
(2) reference	•	• (b) 능력, 역량
(3) responsibility	•	• (c) 상황, 지위, 자격
(4) spare	•	• (d) 통근(거리)
(5) status	•	• (e) 책임, 책무
(6) entrepreneur	•	• (f) 여분의, 예비용의
(7) commute	•	• (g) 절차[방법]
(8) capability	•	• (h) 언급, 참고

2. 다음 영어 뜻에 맞게 알맞은 단어를 보기에서 찾아 쓰세요.

venue tuition raid duration

(1) the price of or payment for instruction

(2) the period of time during which something continues

(3) a place where events of a specific type are held

(4) a sudden short attack

SELF TEST

01	procedure		16		두꺼운
02		언급, 참고	17	behavior	
03	responsibility		18		서류 가방
04		룸메이트	19	duration	
05	spare		20		소프트웨어
06		흔들다	21	peak	
07	entrepreneur		22		습격, 급습
08		상황, 지위	23	scraper	
09	commute		24		전문지식[기술]
10		(시범) 설명	25	slick	
11	capability		26		영합하다
12		장소	27	recall	
13	tuition		28		택하다
14		대회, 시합	29	neglect	
15	escape		30		수리하다, 고치다

DAY 19

색상으로 8품사 구분하기

n	명사	noun	pron	대명사	pronoun
v	동사	verb	adj	형용사	adjective
adv	부사	adverb	conj	접속사	conjunction
prep	전치사	preposition	int	감탄사	interjection

n	literature	adj	valid	v	arrange
v	attempt	adj	aware	adv	barely
n	citizen	n	capacity	adj	gloomy
adj	indirect	adj	hardcore	adj	wireless
v	combat	adj	brilliant	n	memory
adj	narrow	v	stick	adj	fierce
n	nominee	n	capitalist	n	catastrophe
n	enterprise	adj	mere	n	fad
n	kettle	n	gene	v	hinder
adj	imperial	v	emplify	n	recipe

★ 표시는 출제 빈도를 나타냅니다.

001 ★★★★★

literature

n **문학**

참고 **literacy** 글을 읽고 쓸 줄 아는 능력

ex He received a prize for **literature**.
그는 문학상을 받았다.

Why do some people wonder if studying **literature** is a good idea?
왜 어떤 사람들은 문학을 공부하는 것이 좋은 생각인지 궁금해하는가?

002 ★★★★★

valid

adj **유효한, 타당한**

반 **invalid** 무효한, 근거 없는

ex May I see your **valid** international student card?
당신의 유효한 국제 학생증을 확인해 볼 수 있는가?

The criticism against rugby is totally **valid**.
럭비에 대한 비판은 전적으로 타당하다.

003 ★★★★★

arrange

v **배열하다, 마련하다**

ex How did the man **arrange** the shoes?
남자는 신발을 어떻게 정리했는가?

You need to **arrange** a ride home for your child.
당신은 당신의 아이를 위해 집으로 가는 차편을 마련할 필요가 있다.

004 ★★★★★

attempt

v **시도하다** n **시도**

ex Are you seriously going to **attempt** to go up the hill in those high heels?
진짜로 그 하이힐을 신고 언덕을 오를 생각이야?

Multiple **attempts** are permitted for the quizzes.
퀴즈는 여러 번 응시할 수 있다.

005 ★★★★★

aware

adj **알고 있는**

참고 **be aware of** ~을 알다

ex Be **aware** of what the teacher wants you to learn.
선생님이 당신이 무엇을 배우기를 원하는지 알아라.

Please be **aware** that there will be a fire drill.
화재 훈련이 있을 예정이니 유의하시기 바랍니다.

006 ★★★★★

barely

adv **간신히, 가까스로 / 거의~아니게[없이]**

유 **hardly** 거의~아니다

ex I could **barely** stay awake.
나는 간신히 깨어 있을 수 있었다.

It hurts so much I can **barely** raise my arm.
너무 아파서 팔을 들 수가 없다.

007 ★★★★★

citizen

n 시민

ex I just did my duty as a **citizen**.
나는 단지 시민으로서의 의무를 다했을 뿐이다.

Thanks for volunteering at our senior **citizen**'s center.
우리 노인회관에서 봉사활동을 해주셔서 감사드립니다.

008 ★★★★★

capacity

n 용량, 수용량 / 능력

참고 vital capacity 폐활량

ex Vital **capacity** measures how much air a person can breathe out of their lungs at one time.
폐활량은 사람이 한 번에 얼마나 많은 공기를 폐에서 뿜어낼 수 있는지를 측정한다.

---

009 ★★★★

gloomy

adj 우울한, 어둑어둑한

ex We are feeling **gloomy** because of the unfortunate incident.
우리는 불행한 사건 때문에 우울하다.

The weather turned cold and **gloomy**.
날씨가 춥고 어두워졌다.

---

010 ★★★★

indirect

adj 간접적인

ex The concept, which encompasses both direct and **indirect** water use, is applicable to individual processes and products.
직접 및 간접 용수를 포함하는 개념은 개별 프로세스 및 제품에 적용할 수 있다.

---

011 ★★★

hardcore

adj 강경한, 노골적인

ex I wouldn't say I was a **hardcore** fan of him.
나는 내가 그의 열렬한 팬이었다고 말할 수는 없다.

It's **hardcore**: the chemicals here are real and some are toxic.
그것은 강력하다: 여기 있는 화학물질들은 진짜이고 어떤 것들은 유독하다.

---

012 ★★★

wireless

adj 무선의 n 무선

ex It has no **wireless** internet connection.
무선 인터넷 연결이 없다.

These **wireless** earbuds are now in high demand.
이 무선 이어폰들은 현재 수요가 많다.

★ 표시는 출제 빈도를 나타냅니다.

013 ★★★

combat

v 싸우다, 방지하다 n 전투, 싸움

ex Individuals wishing to **combat** eye strain can try using the 20-20-20 rule.
눈의 피로를 방지하기를 원하는 사람들은 20-20-20 규칙을 사용해 볼 수 있다.

During the **combat** with the beast, the hero took off his helmet.
야수와의 전투에서 영웅은 그의 헬멧을 벗었다.

014 ★★★

brilliant

adj 훌륭한, 멋진

ex That was a **brilliant** end to the debate!
그것은 토론의 훌륭한 결말이었다!

This book is packed with **brilliant** short stories from amazing authors.
이 책은 놀라운 작가들의 기발한 단편 소설들로 가득 차 있다.

015 ★★★

memory

n 기억(력)

참고 **memorize** 암기하다

ex His **memory** is getting worse.
그의 기억력은 점점 나빠지고 있다.

The computer does not have enough **memory**.
컴퓨터에 기억 장치 공간이 부족하다.

016 ★★★

narrow

adj 좁은

반 **broad** 넓은

ex There is a **narrow** bridge in front of our house.
우리 집 앞에 좁은 다리가 하나 있다.

Rip currents are **narrow** yet strong water flows.
격랑은 좁지만 강한 물살을 가지고 있다.

017 ★★★

stick

v 붙이다, 꼼짝하지 않다

참고 **stick to** 고수하다

ex I was going to **stick** a note on your bedroom door.
네 침실 문에 쪽지를 붙이려고 했다.

I'm **sticking** to what I said.
나는 내가 말한 것을 고수하고 있다.

018 ★★

fierce

adj 격렬한, 사나운

ex Despite the **fierce** competition in the election, he was defeated in the end.
선거에서의 치열한 경쟁에도 불구하고, 그는 끝내 패배했다.

Can you hear the **fierce** sound of the wind?
격렬한 바람 소리가 들리니?

019 ★★

nominee

n **후보**

참고 **nominate** v. 지명[추천]하다

ex The local chamber of commerce has unveiled the **nominees** for the awards.
지역 상공회의소가 수상 후보자들을 공개했다.

020 ★★

capitalist

n **자본주의자** adj **자본주의적인**

참고 **communist** 공산주의자

ex Workers began to pay for leisure activities organized by **capitalist** enterprises.
자본주의 기업이 주관하는 여가활동에 근로자들은 비용을 지불하기 시작했다.

021 ★★

catastrophe

n **참사, 재앙**

유 **disaster** 참사, 재난

ex A defining element of **catastrophes** is the magnitude of their harmful consequences.
재앙의 결정적인 요소는 해로운 결과의 규모이다.

022 ★★

enterprise

n **기업, 회사**

참고 **entrepreneur** 사업가, 기업가

ex It was not for the commercial **enterprises** that produced those records.
그러한 기록을 남긴 것은 상업적인 기업들을 위한 것이 아니었다.

The **enterprise** should have its own morality and responsibility.
기업은 그것만의 도덕성과 책임감을 가져야 한다.

023 ★★

mere

adj **~에 불과한 / 단지~만의**

ex It took him a **mere** 30 minutes to climb the hill.
그 언덕을 올라가는데 그는 단지 30분밖에 걸리지 않았다.

A kilt is not just **mere** cloth.
킬트는 단순한 직물이 아니다.

024 ★

fad

n **(일시적인) 유행**

ex I think they're a bit of a **fad**.
그것들이 약간 유행하는 것 같다.

What do you think of the current home fitness **fad**?
너는 최근 홈트레이닝 유행에 대해 어떻게 생각해?

★ 표시는 출제 빈도를 나타냅니다.

025 ★★

kettle

n **주전자**

ex I need to buy an electric **kettle**.
나는 전기 주전자를 사야 한다.

I want a **kettle** with a narrower mouth.
나는 더 얇은 주둥이를 가진 주전자를 원한다.

026 ★

gene

n **유전자**

ex Complicated **gene**-environment interplay in moral development
도덕적 발달에 있어서의 복잡한 유전자-환경의 상호 작용

Gene mutation might produce abnormal cells.
유전자 돌연변이는 비정상적인 세포를 생산할 수 있다.

027 ★

hinder

v **방해[저해]하다**

ex However, key barriers **hinder** such a reduction on a global scale.
그러나 핵심 장벽은 글로벌 규모의 그러한 감소를 방해한다.

The current political situation **hinders** the nation's prosperity.
현재의 정치 상황은 국가의 번영을 방해한다.

028 ★

imperial

adj **제국의, 황제의**

참고 **empire** 제국

ex She moved to the **imperial** court to be an aid to the Empress.
그녀는 황후를 보좌하기 위해 궁중으로 갔다.

The **imperial** period has lasted for a long time.
제국 시대는 오랜 시간 지속되었다.

029 ★

amplify

v **증폭시키다**

ex Technology has definitely **amplified** productivity.
기술은 확실히 생산성을 증폭시켰다.

I've used a cup to **amplify** the sound of my phone.
나는 컵을 이용해서 핸드폰의 소리를 증폭시켰다.

030 ★

recipe

n **요리법**

ex This **recipe** is for two batches of chocolate chip cookies.
이 요리법은 초콜릿 칩 쿠키 두 판 분이다.

This is my grandmother's secret **recipe**.
이것은 내 할머니의 비밀 요리법이다.

Practice

1. 다음 단어들을 올바르게 연결하세요.

(1) literature	•	•	(a) 간신히, 가까스로
(2) valid	•	•	(b) 배열하다
(3) arrange	•	•	(c) 시민
(4) attempt	•	•	(d) 용량, 수용량
(5) aware	•	•	(e) 유효한, 타당한
(6) barely	•	•	(f) 시도하다, 시도
(7) citizen	•	•	(g) 알고 있는
(8) capacity	•	•	(h) 문학

2. 우리말 뜻에 맞게 빈칸에 알맞은 단어를 보기에서 찾아 쓰세요.

(1) **The weather turned cold and (gloomy / bloomy)**
날씨가 춥고 어두워졌다.

(2) **Individuals wishing to (confine / combat) eye strain can try using the 20-20-20 rule.**
눈의 피로를 방지하기를 원하는 사람들은 20-20-20 규칙을 사용해볼 수 있다.

(3) **I'm (sticking / stinging) to what I said.**
나는 내가 말한 것을 고수하고 있다.

(4) **However, key barriers (hinder / binder) such a reduction on a global scale.**
그러나 핵심 장벽은 세계적인 규모의 그러한 감소를 방해한다.

SELF TEST

01	literature		16		좁은
02		유효한, 타당한	17	stick	
03	arrange		18		기억(력)
04		시도하다, 시도	19	fierce	
05	aware		20		후보
06		간신히, 가까스로	21	capitalist	
07	citizen		22		기업, 회사
08		증폭시키다	23	catastrophe	
09	capacity		24		~에 불과한, 단지
10		간접적인	25	fad	
11	gloomy		26		주전자
12		강경한, 노골적인	27	gene	
13	wireless		28		방해[저해]하다
14		싸우다, 방지하다	29	recipe	
15	brilliant		30		제국의, 황제의

DAY 20

색상으로 8품사 구분하기

n	명사	noun	pron	대명사	pronoun
v	동사	verb	adj	형용사	adjective
adv	부사	adverb	conj	접속사	conjunction
prep	전치사	preposition	int	감탄사	interjection

n	gemstone	v	install	adv	interestingly
v	manufacture	n	messaging	adj	odd
n	organ	n	campus	n	folk
v	migrate	adj	joint	adj	partial
adj	artificial	n	cluster	v	calculate
v	survive	adv	however	n	accumulation
adj	municipal	adj	confident	n	commodity
adj	equivalent	v	fascinate	adv	genetically
n	bishop	n	geology	n	advisor
v	blur	v	devise	n	ecosystem

★ 표시는 출제 빈도를 나타냅니다.

001 ★★★★★

gemstone

n **(보석의) 원석** 참고 **gem** 보석

ex Another rare **gemstone** is alexandrite.
또 다른 희귀한 원석은 알렉산드라이트이다.

Tanzanite is one of the color-changing **gemstones.**
탄자나이트는 색이 변하는 원석들 중 하나이다.

002 ★★★★★

install

v **설치[설비]하다**

ex I can **install** a flat screen on this wall.
나는 이 벽면에 평면 스크린을 설치할 수 있다.

We can deliver and **install** it today.
우리는 오늘 배달하고 설치할 수 있다.

003 ★★★★★

interestingly

adv **흥미롭게도**

ex **Interestingly**, they tend to leave some food for their babies when they eat food.
흥미롭게도, 그들은 음식을 먹을 때 새끼들을 위해 음식을 약간 남기는 경향이 있다.

004 ★★★★★

manufacture

v **제조[생산]하다** ㊐ **produce** 생산하다

ex They can **manufacture** artificial diamonds.
그들은 인공 다이아몬드를 만들어 낼 수 있다.

It can also be **manufactured** like a newspaper because of its flexibility.
그것은 또한 유연성이 있기 때문에 신문처럼 제작될 수 있다.

005 ★★★★★

messaging

n **전달, 통신**

ex If you use text **messaging** today, you might have seen someone use certain texts.
만약 당신이 오늘 문자 메시지를 사용한다면, 누군가가 특정한 문자를 사용하는 것을 보았을 것이다.

006 ★★★★★

odd

adj **이상한, 특이한** ㊐ **weird** 기이한, 기묘한

ex He looks **odd,** but his voice is actually quite good.
그의 생김새는 이상하지만 목소리는 사실 꽤 좋다.

Humans have an **odd** relationship with animals.
사람들은 동물과 특이한 관계를 맺고 있다.

007 ★★★★★

organ

n **장기[기관]**

ex What is the largest **organ** in your body?
당신의 몸에서 가장 큰 기관은 무엇인가?

Your brain is the **organ** inside your head that controls how you think.
당신의 뇌는 당신이 어떻게 생각하는지 통제하는 머리 속의 기관이다.

008 

campus

n **(대학) 교정[구내]**

ex All first-year students are required to live on **campus**.
모든 1학년 학생들은 캠퍼스에서 살아야 한다.

I showed around the school **campus** to the freshmen.
나는 신입생들에게 학교 교정을 구경시켜주었다.

009 

folk

n **사람들** adj **민속의**

ex They are mostly older **folks** from the area.
그들은 대부분 그 지역에서 온 노인들이다.

This web page is for the **folk** village.
이 웹 페이지는 민속촌을 위한 것이다.

010 

migrate

v **이동하다, 이주하다** 참고 **immigrate** 이주해 오다

ex His father **migrated** from Italy to Argentina, and his mother was born in Argentina.
그의 아버지는 이탈리아에서 아르헨티나로 이주했고, 어머니는 아르헨티나에서 태어났다.

011 

joint

adj **공동의, 합동의**

ex The partnership includes a **joint** budget for one women's team and one men's team.
이 제휴에는 한 여성 팀과 남성 팀을 위한 공동 예산이 포함되어 있다.

012 

partial

adj **부분적인, 편애하는** 반 **impartial** 공정한

ex It can help to think of adding **partial** information.
그것은 부분적인 정보를 추가하는 것을 생각하는데 도움이 될 수 있다.

I've always been **partial** to daisies.
나는 항상 데이지 꽃을 편애 해왔다.

★ 표시는 출제 빈도를 나타냅니다.

013 ★★★

artificial

adj 인공의, 인위적인

ex I don't like the **artificial** taste of this candy!
이 사탕의 인위적인 맛이 싫어!

That's an **artificial** wind coming out of the ceiling of this room.
그것은 이 방의 천장에서 나오는 인공 바람이다.

014 ★★★

cluster

n 무리, 군집

ex These parasites and diseases often result in patterns that appear as **clusters** of round shapes on the skin.
이러한 기생충과 질병은 종종 피부에 둥근 모양의 군집처럼 보이는 패턴을 초래한다.

015 ★★★

calculate

v 계산하다, 추정하다

참고 **calculator** n. 계산기

ex Your brain has just **calculated** when, where, and how fast you should move.
당신의 뇌는 언제, 어디서, 그리고 얼마나 빨리 움직여야 하는지 계산했다.

016 ★★★

survive

v 살아남다, 생존하다

ex They helped the children to **survive** in nature.
그들은 아이들이 자연에서 살아남도록 도왔다.

They managed to **survive** primarily off of sea turtle blood.
그들은 주로 바다거북의 피로 간신히 살아남았다.

017 ★★★

however

adv 그러나, 아무리~해도

ex **However**, you'll have to wait for two weeks.
그러나 당신은 2주 동안 기다려야 한다.

Dave, **however**, just could not stay on his board.
그러나 Dave는 그의 보드 위에 머물 수 없었다.

018 ★★★

accumulation

n 축적, 누적

ex This is related to the progressive **accumulation** of breakthroughs and discoveries.
이것은 돌파구와 발견의 점진적인 축적과 관련이 있다.

019 ★★

municipal

adj **지방 자치제의, 시의**

ex We are talking to the Judge Mendoza, a **municipal** court judge.
우리는 지방 법원 판사 Mendoza와 이야기를 나누고 있다.

the building site for the future **municipal** library
미래의 시립 도서관을 위한 건축용 부지

---

020 ★★

confident

adj **자신감 있는**

ex Whyte is **confident** about her IT background.
Whyte는 자신의 IT 배경에 자신 있다.

Be **confident** in what you can do.
당신이 할 수 있는 것에 자신감을 가져라.

---

021 ★★

commodity

n **상품, 물품**

ex The concept of information as a product, a **commodity** with its own value, has emerged.
상품으로서의 정보, 그 자체의 가치를 지닌 상품으로서의 개념이 등장했다.

---

022 ★★

equivalent

adj **동등한**

ex The spread of ideas by word of mouth was **equivalent** to a game of telephone on a global scale.
구두로 전해지는 아이디어의 확산은 세계적인 규모의 전화 게임과 맞먹었다.

---

023 ★★

fascinate

v **마음을 사로잡다, 매혹하다** 참고 **fascinating** adj. 흥미로운, 매력적인

ex The art show **fascinated** me from beginning to end.
처음부터 끝까지 그 예술 공연은 나를 매료시켰다.

How **fascinating** the balance of color use is in this artwork.
이 미술작품의 색깔 사용의 균형은 매력적이다.

---

024 ★

genetically

adv **유전적으로**

ex Anyone who says that people are "**genetically** programmed" to be moral has an oversimplified view of how genes work.
사람들이 "유전학적으로 프로그램되어 있어서" 도덕적이라고 말하는 사람들은 유전자가 어떻게 작용하는지에 대해 지나치게 단순화된 견해를 가지고 있다.

★ 표시는 출제 빈도를 나타냅니다.

025 

bishop

n 주교

ex He started a new life under the mercy of **Bishop** Myriel.
그는 Myriel 주교의 자비 아래 새로운 삶을 시작했다.

There was a robbery at the **bishop**'s palace last night.
지난 밤 주교의 궁전에서 강도 사건이 있었다.

026 

geology

n 지질학 　참고 geography 지리학

ex This **geology** class is quite interesting.
이 지질학 수업은 꽤 흥미롭다.

In **geology** class, I loved learning about the history of lands.
지질학 수업에서 나는 땅의 역사에 대해 배우는 것이 좋았다.

027 

advisor

n 고문, 조언자

ex You're not supposed to mix your duties in the classroom with duties as a student council **advisor**!
너는 교실에서의 너의 의무와 학생회 고문으로서의 의무를 혼동해서는 안된다!

028 

blur

v 흐릿해지다  n 흐릿한 것 　참고 blurry adj. 흐릿한

ex The line between game and reality **blurs**.
게임과 현실 사이의 경계선이 흐려진다.

I need to get some sleep because everything is a **blur**.
모든 것이 흐릿하기 때문에 나는 잠을 좀 자야할 것 같다.

029 

devise

v 창안[고안]하다

ex Nobody is more aware of an experiment's potential hazards than the scientist who **devised** it.
실험을 고안한 과학자만큼 실험의 잠재적 위험에 대해 잘 아는 사람은 없다.

030 

ecosystem

n 생태계

ex The consequences for **ecosystem** functioning and thus understanding the relationship between both have been explained.
생태계가 기능하고 따라서 둘 사이의 관계를 이해하는 결과가 설명되었다.

Practice

1. 다음 단어들을 올바르게 연결하세요.

(1) gemstone •	• (a) 장기[기관]
(2) install •	• (b) 공동의, 합동의
(3) manufacture •	• (c) 이주하다
(4) odd •	• (d) (보석의) 원석
(5) organ •	• (e) 이상한, 특이한
(6) folk •	• (f) 설치[설비]하다
(7) migrate •	• (g) 제조[생산]하다
(8) joint •	• (h) 사람들, 민속의

2. 우리말 뜻에 맞게 빈칸에 알맞은 단어를 보기에서 찾아 쓰세요.

partial　　artificial　　calculated　　municipal

(1) **We are talking to the Judge Mendoza, a ________ court judge.**
우리는 지방 법원 판사 Mendoza와 이야기를 나누고 있다.

(2) **Your brain has just ________ when, where, and how fast you should move.**
당신의 뇌는 언제, 어디서, 그리고 얼마나 빨리 움직여야 하는지 계산했다.

(3) **I don't like the ________ taste of this candy!**
이 사탕의 인위적인 맛이 싫어!

(4) **It can help to think of adding ________ information.**
그것은 부분적인 정보를 추가하는 것을 생각하는데 도움이 될 수 있다.

SELF TEST

01	gemstone	
02		설치[설비]하다
03	interestingly	
04		제조[생산]하다
05	odd	
06		전달, 통신
07	partial	
08		장기[기관]
09	campus	
10		사람들, 민속의
11	migrate	
12		공동의, 합동의
13	artificial	
14		무리, 군집
15	survive	
16		계산하다
17	however	
18		축적, 누적
19	municipal	
20		자신감 있는
21	commodity	
22		동등한
23	fascinate	
24		유전적으로
25	devise	
26		지질학
27	bishop	
28		고문, 조언자
29	blur	
30		생태계

TOSEL 실전문제 ❷

PART 8. General Reading Comprehension

DIRECTIONS: In this portion of the test, you will be provided with one longer reading passages. For the passage, complete the blanks in the passage summary using the words provided. Fill in your choices in the corresponding spaces on your answer sheet.

• TOSEL 64회 기출

1. Read the passage and answer the questions.

The terms "UK" and "Great Britain" are often confused. The official title of the state known as the UK is "The United Kingdom of Great Britain and Northern Ireland." It comprises four distinct countries: England, Scotland, Wales, and Northern Ireland. Sometimes these four countries are separate when it comes to legal matters. There are, for example, three kinds of law: Scots law, Northern Ireland law, and English law. English law applied to both England and Wales. At other times, laws are applied to all four of the countries together as the UK. Meanwhile, "Great Britain" refers to the mass of land that includes England, Scotland, and Wales. In short, the "UK" and "Great Britain" are two different things.

Summary:

The terms UK and Great Britain are frequently ___[A]___ ; however, the terms actually refer to two distinct things. The UK is ___[B]___ four different countries: England, Scotland, Wales, and Northern Ireland, with three kinds of law. However, Great Britain refers to just the land that is England, Scotland, and Wales.

1. Choose the most suitable word for the blank [A], connecting the summary to the passage.

(A) mixed

(B) claimed

(C) installed

(D) fashionably

2. Choose the most suitable words for the blank [B], connecting the summary to the passage.

(A) made up of

(B) aligned with

(C) attempted to

(D) in combat with

CHAPTER 03

DAY 21

색상으로 8품사 구분하기

n	명사	noun	pron	대명사	pronoun
v	동사	verb	adj	형용사	adjective
adv	부사	adverb	conj	접속사	conjunction
prep	전치사	preposition	int	감탄사	interjection

n	popularity	n	salary	prep	in spite of
adj	surrounding	n	tunnel	n	warning
n	workout	n	secret	n	taste
v	celebrate	adj	ethnic	n	crib
n	convention	n	dominance	adj	competent
v	exceed	prep	amongst	n	bylaw
n	fluid	v	blame	v	giggle
adj	moist	n	hybrid	adj	cheerful
adj	eternal	n	novelty	n	embryo
adj	luxurious	adj	irrelevant	prep	besides

DAY 21

★ 표시는 출제 빈도를 나타냅니다.

001 ★★★★★

popularity

n 인기

ex The **popularity** of a country with tourists depends on a number of factors.
관광객들에게 한 나라의 인기는 여러가지 요인에 달려 있다.

It has slowly gained worldwide **popularity**.
그것은 서서히 세계적인 인기를 얻었다.

---

002 ★★★★★

salary

n 급여, 봉급 ㊌ **wage** 임금, 급료

ex The **salary** is set at $10.00 per hour.
급여는 시간당 10달러로 정해져 있다.

What is the maximum weekly **salary**?
주당 최대 급여는 얼마인가?

---

003 ★★★★★

in spite of

prep ~에도 불구하고 ㊌ **despite** ~에도 불구하고

ex **In spite of** its name, Death Valley is home to a variety of living things.
그 이름에도 불구하고, Death Valley는 다양한 생물들의 서식지이다.

He kept trying **in spite of** his physical disadvantage.
그는 그의 신체적 약점에도 불구하고 계속 노력했다.

---

004 ★★★★★

surrounding

adj 인근의, 주위의

ex Sodium carbonate and other minerals get into the lake from the **surrounding** hills.
탄산나트륨과 다른 광물들은 주변 언덕에서 호수로 흘러 들어간다.

---

005 ★★★★★

tunnel

n 터널, 굴

ex Moles are good **tunnel** diggers.
두더지들은 굴을 잘 판다.

Her cell phone has no reception in the subway **tunnel**.
그녀의 휴대폰은 지하철 터널에서 수신되지 않는다.

---

006 ★★★★★

warning

n 경고, 주의

ex What **warning** does the reporter give?
기자는 어떤 경고를 하는가?

You'll be given a **warning**.
당신은 경고를 받게 될 것이다.

007 ★★★★★

workout

n 운동

ex There are **workout** areas for everyone.
모두를 위한 운동 공간이 있다.

Let me get changed into my **workout** clothes.
운동복으로 갈아입고 올 것이다.

008 ★★★★

secret

n 비밀

ex I just kept it **secret**.
그냥 비밀로 하기로 했다.

The **secret** is in a can of pineapple slices.
그 비밀은 파인애플 조각 캔에 있다.

009 ★★★★

taste

n 맛, 미각 v 맛이 나다

참고 **flavor** 맛, 맛을 내다

ex My sister hates the smell and **taste** of cilantro.
내 여동생은 고수나물의 향과 맛을 싫어한다.

You should not eat it when it **tastes** too bitter.
그것이 너무 쓴 맛이 나면 먹지 말아야 한다.

010 ★★★★

celebrate

v 기념하다, 축하하다

ex Many countries **celebrate** the coming of spring.
많은 나라들이 봄이 오는 것을 기념한다.

Every year Masaba City has a parade to **celebrate** the city's anniversary.
매년 Masaba 시는 그 도시의 기념일을 축하하기 위해 퍼레이드를 한다.

011 ★★★

ethnic

adj 민족의

참고 **ethic** 윤리

ex Can you find the percentage of people with your blood type among your **ethnic** group?
당신의 민족 중에서 당신의 혈액형을 가진 사람들의 비율을 찾을 수 있는가?

012 ★★★

crib

n 아기 침대

ex We are getting rid of some furniture in the bedroom to make room for the baby's **crib**.
우리는 아기 침대를 놓을 공간을 마련하기 위해 침실에 있는 가구 몇 개를 없애려한다.

★ 표시는 출제 빈도를 나타냅니다.

013 ★★

convention

n 관습, 관례

ex I think you should disapprove of her, or similar, given typical linguistic **conventions**.
전형적인 언어 관습을 고려할 때, 당신은 그녀나 그와 비슷한 사람들을 못마땅하게 여겨야 한다.

014 ★★

dominance

n 지배, 우세

참고 **dominant** adj. 우세한, 지배적인

ex From a cross-cultural perspective, the relation between public leadership and **dominance** is questionable.
문화간 관점에서 볼 때, 공공의 리더십과 지배력 사이의 관계는 의심스럽다.

015 ★★

competent

adj 유능한, 능숙한

ex He is a **competent** translator.
그는 유능한 번역가이다.

She is more than **competent** for this position.
그녀는 이 직책을 맡기에 더할 나위 없이 유능하다.

016 ★★

exceed

v 넘다, 초과하다

참고 **excess** n. 지나침, 과잉

ex Many modern structures **exceed** those of Egypt in terms of purely physical size.
많은 현대 건축물이 순수하게 물리적 크기 면에서 이집트의 건축물보다 크다.

017 ★★

amongst

prep ~사이에

ex Rumors about the upcoming merger caused conflict **amongst** the workers at the meeting.
곧 있을 합병에 대한 소문이 그 회의에서 노동자들 사이에 갈등을 일으켰다.

018 ★★

bylaw

n 내규, 규약

ex He no longer fits in the size restrictions for pets according to Masonville **bylaws**.
그는 더 이상 Masonville 내규에 따른 반려동물 크기 제한에 부합하지 않는다.

019 ★★

fluid

n **액체, 유동체** ㊌ **liquid** 액체

ex It is an essential **fluid** for our bodies.
그것은 우리 몸에 필수적인 액체이다.

This **fluid** may cause harm when swallowed.
이 액체를 삼키면 해를 입을 수 있다.

020 ★★

blame

v **~을 탓하다** n **책임, 탓** 참고 **blame oneself** 자책하다

ex Don't **blame** yourself for one small mistake.
작은 실수 하나 때문에 자신을 탓하지 마라.

They shared the **blame** for the failure.
그들은 그 실패에 대한 책임을 나눴다.

021 ★★

giggle

v **(낄낄 거리며) 웃다**

ex We never **giggled** that much on a date.
우리는 데이트할 때 그렇게 많이 웃어 본 적이 없다.

Those teens **giggling** in the booth over there are so loud.
저쪽 부스에서 낄낄거리는 10대들이 너무 시끄럽다.

022 ★★

moist

adj **촉촉한**

ex If the air in the room is dry, turn on the lab's humidifier to keep your eyes **moist**.
만약 실내 공기가 건조하다면, 눈을 촉촉하게 유지하기 위한 실험실의 가습기를 켜라.

023 ★★

hybrid

n **잡종, 혼합물**

ex However, a common link among the world's people is a fascination with mythological human-animal **hybrid** creatures.
하지만, 세계인들 사이의 공통적인 연결고리는 신화적인 인간과 동물의 잡종 생물에 대한 흥미이다.

024 ★★

cheerful

adj **발랄한, 쾌활한**

ex Her **cheerful** personality gives a good energy to everyone.
그녀의 쾌활한 성격이 모두에게 좋은 에너지를 준다.

I could tell she passed the test by her **cheerful** voice.
나는 그녀의 쾌활한 목소리로 그녀가 시험에 통과했다는 것을 알 수 있었다.

★ 표시는 출제 빈도를 나타냅니다.

025 ★

eternal

adj **영원한** ㈲ **permanent** 영구적인

ex When the time came for Roland to move away, they swore **eternal** friendship.
Roland가 떠날 때가 되었을 때, 그들은 영원한 우정을 맹세했다.

026 ★

novelty

n **새로움, 참신함** 참고 **originality** 독창성

ex Osvaldo's honesty and **novelty** made a positive impression on the interviewers.
Osvaldo의 솔직함과 참신함이 면접관들에게 긍정적인 인상을 남겼다.

027 ★

embryo

n **배아** 참고 **fetus** 태아

ex Fascinatingly, human **embryos** have a kind of tail in the womb.
흥미롭게도, 인간 배아는 자궁 안에서 일종의 꼬리를 가지고 있다.

In the case of grey kangaroos, the newly-born **embryo** is blind.
회색 캥거루의 경우에는, 새로 태어난 배아는 눈이 보이지 않는다.

028 ★

luxurious

adj **호화로운**

ex They love being pampered in their **luxurious** spa.
그들은 호화로운 온천에서 관리 받는 것을 좋아한다.

Every summer, we travel to a **luxurious** resort.
매 여름, 우리는 호화로운 리조트로 여행을 간다.

029 ★

irrelevant

adj **무관한, 상관없는** ㉶ **relevant** 적절한, 관련 있는

ex He thinks how women sit on the subway is **irrelevant.**
그는 지하철에서 여자들이 어떻게 앉는지는 중요하지 않다고 생각한다.

I can't stand him babbling about **irrelevant** stories.
나는 그가 상관없는 이야기들을 지껄이는 것을 참을 수 없다.

030 ★

besides

prep **… 외에** adv **게다가**

ex There are more things to consider **besides** their educational backgrounds.
교육적 배경 외에 고려해야하는 것들이 더 있다.

Besides, he never participated in the group activities.
게다가, 그는 한번도 그룹 활동에 참여한 적이 없다.

Practice

1. 다음 단어들을 올바르게 연결하세요.

(1) popularity	(a) 운동
(2) salary	(b) 아기 침대
(3) in spite of	(c) 민족의
(4) warning	(d) 인기
(5) surrounding	(e) 경고, 주의
(6) ethnic	(f) 급여, 봉급
(7) workout	(g) 인근의, 주위의
(8) crib	(h) ~에도 불구하고

2. 다음 영어 뜻에 맞게 알맞은 단어를 보기에서 찾아 쓰세요.

dominance novelty bylaw blame

(1) originality by virtue of being new and surprising

(2) a rule adopted by an organization in order to regulate its own affairs

(3) the state that exists when one person or group has power over another

(4) to find fault with

SELF TEST

01	popularity	
02		급여, 봉급
03	surrounding	
04		~에도 불구하고
05	warning	
06		터널, 굴
07	secret	
08		맛, 미각
09	workout	
10		기념하다
11	ethnic	
12		아기 침대
13	dominance	
14		관습, 관례
15	competent	

16		넘다, 초과하다
17	amongst	
18		내규, 규약
19	giggle	
20		액체, 유동체
21	blame	
22		촉촉한
23	hybrid	
24		발랄한, 쾌활한
25	eternal	
26		새로움, 참신함
27	embryo	
28		호화로운
29	irrelevant	
30		… 외에

DAY 22

색상으로 8품사 구분하기

n	명사	noun	pron	대명사	pronoun
v	동사	verb	adj	형용사	adjective
adv	부사	adverb	conj	접속사	conjunction
prep	전치사	preposition	int	감탄사	interjection

n	allusion	n	aurora	n	basis
n	concept	adj	critical	n	earbud
n	present	adj	whole	v	avoid
adj	explicit	adj	fortunate	adj	primary
adj	agricultural	n	narrative	v	conclude
n	domination	n	experimenter	n	beer
v	forbid	v	infect	adj	merry
n	hawk	n	carriage	n	legacy
n	garment	n	surgeon	adj	punctual
v	rustle	v	overuse	n	novice

DAY 22

★ 표시는 출제 빈도를 나타냅니다.

001 ★★★★★

allusion

n **암시**

참고 **allude** v. 암시하다

ex A good **allusion** can convince readers.
좋은 암시는 독자들을 납득시킬 수 있다.

You don't have to be Shakespeare to use an **allusion**.
암시를 활용하기 위해 셰익스피어일 필요는 없다.

002 ★★★★★

aurora

n **오로라**

ex The **aurora** or lights look almost like blankets of bright color moving across the sky.
오로라나 불빛은 거의 밝은 색의 담요가 하늘을 가로질러 움직이는 것처럼 보인다.

003 ★★★★★

basis

n **근거, 이유**

ex Petrochemicals form the main **basis** for these types of rubber.
석유화학은 이러한 종류의 고무의 주성분을 형성한다.

It may have an evolutionary **basis**.
그것은 진화적인 근거를 가지고 있을 것이다.

004 ★★★★★

concept

n **개념**

ex What was the **concept** behind it?
그 배경에는 어떤 개념이 있었는가?

Did you apply this **concept** in any other building designs?
이 개념을 다른 건물 디자인에 적용했는가?

005 ★★★★★

critical

adj **비판적인, 위태로운**

ex There is a **critical** point at which large-scale change occurs when it comes to things like social movements or standards at companies.
기업의 사회적 움직임이나 표준과 같은 것에 대해 대규모 변화가 일어나는 결정적인 포인트가 있다.

006 ★★★★★

earbud

n **(소형)이어폰**

ex I see some **earbuds** on my desk.
내 책상 위에 몇 개의 이어폰이 있다.

I think I left my **earbuds** at your place.
내 이어폰을 당신 집에 두고 온 것 같다.

007 ★★★★★

present

n 선물 v 제시하다, 보여주다

ex He's not an easy person to buy a **present** for.
그는 선물을 사주기 쉬운 사람이 아니다.

I was nervous when I **presented** my hero in front of everyone.
나는 내 영웅에 대해 모두의 앞에서 발표했을 때 긴장했다.

---

008 

whole

adj 전체의, 모든 — ㊡ **entire** 전체의, 온

ex Her **whole** body is covered with snow.
그녀의 온몸은 눈으로 덮여 있다.

I'll be out for the **whole** day.
나는 하루 종일 밖에 있을 것이다.

---

009 

avoid

v 방지하다, 피하다

ex He managed to **avoid** being caught for six long years.
그는 6년이라는 긴 세월 동안 잡히는 것을 간신히 피했다.

Drivers should **avoid** confrontations.
운전자는 대치하는 것을 피해야 한다.

---

010 

explicit

adj 분명한, 명시적인 — ㊥ **implicit** 암시된, 내포된

ex Long-term memory can be further divided into implicit and **explicit** memory.
장기 기억은 암묵적 기억과 명시적 기억으로 더 나눌 수 있다.

---

011 

fortunate

adj 운 좋은

ex Rather than throwing out your old clothes, you can donate them to charities helping out those who are less **fortunate** than you.
헌 옷을 버리는 것보다, 당신보다 불우한 사람들을 돕는 자선단체에 그것들을 기부할 수 있다.

---

012 

primary

adj 주된, 주요한

ex The **primary** goal of the project is to increase sales.
이 프로젝트의 주된 목표는 매출을 늘리는 것이다.

Our **primary** target age is 6-8.
우리의 주된 대상 나이는 6살부터 8살이다.

★ 표시는 출제 빈도를 나타냅니다.

013 ★★★

agricultural

adj **농업의**

ex The subsidy encourages the essential switch to conservation **agriculture**.
보조금은 보존 농업으로의 필수적인 전환을 장려한다.

We provide high quality **agricultural** products.
우리는 높은 품질의 농업 제품들을 제공한다.

014 ★★★

narrative

n **묘사[기술/이야기]**

ex Whatever the medium, you have to have a good **narrative**.
어떤 매체가 됐든, 좋은 이야기가 있어야 한다.

People gradually constructed a social **narrative**.
사람들은 점차 사회적인 이야기를 구성했다.

015 ★★

conclude

v **결론을 내리다**

ex One ought not to **conclude** that the technology has been successfully integrated.
그 기술이 성공적으로 통합되었다고 단정해서는 안 된다.

016 ★★

domination

n **지배, 통치**

ex The leap from 'the political' to 'domination', and from there to '**domination** of women', is a shaky one.
'정치'에서 '지배'로, 그리고 '여성의 지배'로 도약하는 것은 불안해 보인다.

017 ★★

experimenter

n **실험자**

ex The **experimenters** must submit their proposed experiments for thorough examination by overseeing bodies.
실험자는 제안된 실험을 감독 기관에 의한 철저한 검사를 위해 제출해야 한다.

018 ★★

beer

n **맥주**

ex At the party, you can get free **beer** at the counter whenever you want.
그 파티에서 당신은 원할 때 언제든지 공짜 맥주를 카운터에서 받을 수 있다.

Beer brewing process includes malting, milling, boiling and fermenting.
맥주를 양조하는 공정은 맥아제조, 제분, 끓이기 그리고 발효를 포함한다.

019 ★★

forbid

v **금(지)하다** ㊌ **prohibit** 금지하다

ex They were more likely to have fallen in love so deeply with each other because they were **forbidden** to.
그들은 서로 사랑에 빠지는게 금지되었기 때문에 그렇게 깊이 사랑에 빠졌을 가능성이 더 높았다.

---

020 

infect

v **감염시키다**

ex Now, though, the appendix often becomes **infected**, and is removed.
하지만 이제 맹장은 종종 감염되어 제거된다.

Even though it will not **infect** humans, you still have to be careful.
그것이 인간을 감염시키지는 않지만, 그래도 조심해야 한다.

---

021 

merry

adj **즐거운, 명랑한**

ex The more that comes, the **merrier**.
더 많이 올수록 더 즐겁다.

For some reason, the mood of the office was **merry**.
어떤 이유에서인지 사무실의 분위기는 즐거웠다.

---

022 

hawk

n **매** ㊌ **falcon** 매

ex **Hawks** typically prey upon ground dwelling mammals such as mice and rabbits.
매는 보통 땅에 사는 쥐와 토끼 같은 표유류를 먹는다.

---

023 

carriage

n **마차, 객차**

ex It was such a huge **carriage** carried by four horses.
그것은 네 마리의 말들이 끄는 아주 큰 마차였다.

Young couples with babies even skate with their baby **carriage**!
아기를 가진 젊은 커플들은 심지어 유모차를 끌고 스케이트를 타기도 한다!

---

024 

legacy

n **유산** ㊌ **heritage** 유산

ex The museum has the **legacy** of an Egyptian Pharaoh.
박물관은 이집트 파라오의 유산을 가지고 있다.

People's great acts leave behind a **legacy**.
사람들의 훌륭한 행동들은 유산을 남긴다.

DAY 22

★ 표시는 출제 빈도를 나타냅니다.

025 ★

garment

n **의복, 옷**　　㊊ **apparel** 의류

ex How should this delicate **garment** be taken care of?
이 섬세한 옷은 어떻게 관리해야 하는가?

The customer asked to let out the **garment** to make it longer.
고객은 옷의 접힌 부분을 내어 더 길게 만들어 달라고 요청했다.

026 ★

surgeon

n **외과의사**

ex For **surgeons**, taking care of their hands is a job-related routine.
외과의사들에게, 그들의 손을 관리하는 것은 직업과 관련된 루틴이다.

Dr. Choi is the best **surgeon** in our hospital.
최 박사는 우리 병원의 최고 외과의다.

027 ★

punctual

adj **시간을 지키는**

ex Crossing guards should be responsible, **punctual**, and mature.
교통정리원은 책임감 있고, 시간을 엄수하며, 성숙해야 한다.

Being **punctual** is one of the necessary virtues.
시간을 지키는 것은 필요 덕목 중 하나이다.

028 ★

rustle

v **바스락거리다**

ex Every little thing, from footsteps to clothes **rustling**, has to be specially recorded by a foley artist.
발소리부터 옷 바스락거리는 소리까지 모든 작은 것들은 효과음 아티스트가 특별히 녹음해야 한다.

029 ★

overuse

v **남용하다**　　참고 **misuse** 오용하다

ex It was a result of the **overuse** of certain types of fertilizers on large farms.
대형 농가에서 특정 유형의 비료를 과다하게 사용한 결과였다.

030 ★

novice

n **초보자**

ex While an experienced igloo-maker can create one in the space of an hour, **novices** working in pairs can do so in half a day.
경험 많은 이글루 제작자는 하나를 한 시간 안에 만들 수 있지만, 짝을 지어 일하는 초보자는 반나절 안에 만들 수 있다.

Practice

1. 다음 단어들을 올바르게 연결하세요.

(1) allusion •	• (a) 묘사[기술/이야기]
(2) basis •	• (b) 농업의
(3) concept •	• (c) 결론을 내리다
(4) fortunate •	• (d) 운 좋은
(5) primary •	• (e) 주된, 주요한
(6) agricultural •	• (f) 암시
(7) narrative •	• (g) 개념
(8) conclude •	• (h) 근거, 이유

2. 우리말 뜻에 맞게 괄호에 알맞은 단어를 찾아 O표 하세요.

(1) **Now, though, the appendix often becomes (infected / defected), and is removed.**
하지만 이제 맹장은 종종 감염되어 제거된다.

(2) **Young couples with babies even skate with their baby (cartridge / carriage)!**
아기를 가진 젊은 커플들은 심지어 유모차를 끌고 스케이트를 타기도 한다!

(3) **Long-term memory can be further divided into implicit and (exploit / explicit) memory.**
장기 기억은 암묵적 기억과 명시적 기억으로 더 나눌 수 있다.

(4) **How should this delicate (garment / gadget) be taken care of?**
이 섬세한 옷은 어떻게 관리해야 하는가?

SELF TEST

No.	Word	Meaning
01	allusion	
02		오로라
03	concept	
04		근거, 이유
05	critical	
06		(소형)이어폰
07	present	
08		방지하다, 피하다
09	whole	
10		분명한, 명시적인
11	fortunate	
12		주된, 주요한
13	narrative	
14		지배, 통치
15	agricultural	
16		결론을 내리다
17	beer	
18		실험자
19	forbid	
20		감염시키다
21	merry	
22		매
23	legacy	
24		마차, 객차
25	garment	
26		외과의사
27	punctual	
28		남용하다
29	rustle	
30		초보자

DAY 23

색상으로 8품사 구분하기

n	**명사**	noun	pron	**대명사**	pronoun
v	**동사**	verb	adj	**형용사**	adjective
adv	**부사**	adverb	conj	**접속사**	conjunction
prep	**전치사**	preposition	int	**감탄사**	interjection

n	conjunction	v	expand	v	heal
n	introduction	n	jumper	n	lack
v	believe	n	attention	v	encourage
v	rely	adj	renowned	n	polyester
adj	implicit	n	pace	adj	cautious
v	restrict	v	obstruct	n	rainfall
adj	parallel	n	conception	n	fidelity
n	ignorance	v	exploit	n	snob
n	yacht	n	whip	n	trauma
adj	uneven	n	surge	adj	timid

DAY 23

★ 표시는 출제 빈도를 나타냅니다.

001 ★★★★★

conjunction

n **결합, 접속사** 참고 **in conjunction with** ~와 함께

ex Do not take in **conjunction** with sedatives or alcohol.
진정제나 알코올과 함께 복용하지 마십시오.

Commonly used **conjunctions** include 'and', 'or', 'but', and 'so'.
흔히 쓰이는 접속사는 'and', 'or', 'but', 그리고 'so'가 있다.

002 ★★★★★

expand

v **확대[확장]하다** 참고 **expend** 쏟다[들이다]

ex The human species is unique in its ability to **expand** its functionality by inventing new cultural tools.
인류는 새로운 문화적 도구를 발명함으로써 기능을 확장하는 능력에 있어서 독특하다.

003 ★★★★★

heal

v **치유되다, 낫다** 참고 **cure** 낫게 하다, 치유하다

ex My wound has fully **healed**.
나의 상처가 완전히 치유되었다.

This ointment will help **heal** your injury.
이 연고는 너의 부상을 치유하는 것을 도와줄 것이다.

004 ★★★★★

introduction

n **소개, 도입**

ex I will give you a short **introduction**.
간단한 소개를 하겠다.

The first line is a common **introduction** to jokes.
첫 번째 줄에는 농담에 대한 일반적인 소개가 있다.

005 ★★★★★

jumper

n **점퍼 / 점프 하는 사람**

ex Will you get rid of that old **jumper** of yours?
그 낡은 점퍼를 버릴 수 없겠니?

Kangaroos are indeed the fastest **jumpers** in the animal world.
캥거루는 사실 동물 세계에서 가장 빠른 점프력을 가진 동물이다.

006 ★★★★★

lack

n **부족, 결핍** v **…이 없다**

ex However, that individual would go blind due to a **lack** of vitamins.
하지만, 그 사람은 비타민 부족으로 실명할 것이다.

They are discussing the **lack** of qualified researchers.
그들은 자격을 갖춘 연구자의 부족에 대해 논의하고 있다.

007 ★★★★★

believe

v 믿다

ex We can't **believe** everything we read.
우리가 읽는 모든 것을 믿을 수는 없다.

It is silly of me to **believe** him.
내가 그를 믿는 것은 어리석다.

---

008 ★★★★★

attention

n 주의, 주목

ex The writer can't pay **attention** to her teacher.
글쓴이는 선생님에게 집중할 수 없다.

Careful **attention** to safety has prevented deaths.
안전에 세심한 주의를 기울여서 사망자가 발생하지 않았다.

---

009 ★★★★★

encourage

v 격려하다, 장려하다

유 **promote** 촉진하다, 홍보하다

ex We should **encourage** team sports.
우리는 팀 스포츠를 장려해야 한다.

He was greatly **encouraged** by his mentor.
그는 그의 멘토에게 크게 격려를 받았다.

---

010 ★★★★

rely

v 의지하다, 신뢰하다

참고 **rely on** ~에 의존하다

ex Most jokes **rely** on surprising the listener with something unexpected at the very end.
대부분의 농담은 마지막에 예상치 못한 것으로 듣는 사람을 놀라게 하는 것에 의존한다.

---

011 ★★★★

renowned

adj 유명한

참고 **renown** n. 명성

ex Study under a world-**renowned** expert in design.
세계적으로 유명한 디자인 전문가 밑에서 공부하라.

Someone so **renowned** needs no introduction.
그렇게 유명한 사람은 소개가 필요 없다.

---

012 ★★★★

polyester

n 폴리에스테르(섬유)

ex The **polyester** in your clothing is made from oil.
당신 옷의 폴리에스테르는 기름으로 만들어졌다.

It includes acrylic, **polyester**, and cotton.
아크릴, 폴리에스테르, 면화 등이 포함되어 있다.

★ 표시는 출제 빈도를 나타냅니다.

013 ★★★

implicit

adj **암시된, 내포된** ㉶ **explicit** 분명한, 명쾌한

ex Our **implicit** memories are habits, like riding a bike.
우리의 암묵적인 기억은 자전거 타기와 같은 습관이다.

For good or for evil, the **implicit** message was not conveyed.
다행인지 불행인지, 내포된 메시지는 전달되지 않았다.

014 ★★★

pace

n **속도**

ex The skeleton is known for its fast **pace** and up-to-date technology.
스켈레톤은 빠른 속도와 최신 기술로 알려진 종목이다.

Just keep your **pace**.
당신의 속도를 유지하라.

015 ★★★

cautious

adj **조심스러운, 신중한**

ex We need to be **cautious** about thinking of war and the image of the enemy.
우리는 전쟁과 적의 이미지에 대해 신중할 필요가 있다.

016 ★★★

restrict

v **제한하다**

ex Places are **restricted** for the Sky Talk lectures.
Sky Talk 강의는 장소가 제한되어 있다.

If we want to protect birds, **restricting** cats' movements is key.
우리가 새를 보호하고 싶다면, 고양이의 움직임을 제한하는 것이 핵심이다.

017 ★★

obstruct

v **막다, 방해하다**

ex It could blow out during the drive, **obstructing** the driver's view.
주행 중에 펑크가 나서 운전자의 시야를 방해할 수 있다.

You must not **obstruct** the police car or ambulance when the siren is on.
당신은 사이렌이 울릴 때 경찰차나 구급차를 막으면 안된다.

018 ★★

rainfall

n **강우(량)** ㉮ **precipitation** 강수, 강수량

ex It grows best in full sun, but requires tropical conditions of **rainfall** and adequate drainage.
그것은 햇빛이 가득 찬 곳에서 잘 자라지만, 열대 기후의 강우량과 적절한 배수가 필요하다.

019 ★★

parallel

adj **평행한**

ex Use a ruler when you draw a pair of **parallel** lines.
평행선을 그릴 때는 자를 사용하라.

The road seems **parallel** to the river.
그 길은 강과 평행해보인다.

020 

conception

n **개념, 구상, 이해**

ex The **conception** of political power as a coercive force is not universal.
강압적인 세력으로서의 정치 권력의 개념은 보편적이지 않다.

I recommend you to understand the **conception** before moving on.
나아가기 전에 개념을 이해하는 것을 권고한다.

021 

fidelity

n **충실함, 정확도**

ex A printing press can copy information thousands times faster, allowing knowledge to spread more quickly, with full **fidelity**, than ever before.
인쇄기는 수천 배나 빠른 속도로 정보를 복사할 수 있으므로 지식은 그 어느 때보다 정확하고 빠르게 확산될 수 있다.

022 

ignorance

n **무지, 무식**

ex Although not the explicit goal, the best science can really be seen as refining **ignorance**.
비록 명시적인 목표는 아니지만, 최고의 과학은 무지를 다듬는 것으로 볼 수 있다.

023 

exploit

v **이용하다 ,착취하다**

ex The reindeer, however, had a weakness that mankind would mercilessly **exploit**.
그러나 순록은 인류가 무자비하게 이용할 수 있는 약점을 가지고 있었다.

024 

snob

n **속물, 고상한 체하는 사람**

참고 **snobbish** adj. 속물적인

ex That **snob** just didn't want to introduce me to his other friends.
그 속물은 다른 친구들에게 나를 소개시켜주고 싶어하지 않았다.

She is such a **snob** who likes to show off everything!
그녀는 모든 것을 자랑하길 좋아하는 속물이다!

DAY 23

★ 표시는 출제 빈도를 나타냅니다.

025 ★★

yacht

n 요트

ex We're renting a **yacht**!
우리는 요트를 빌린다!

He actually owns a fancy **yacht**, all furnished.
그는 사실 모든 가구가 비치된 호화로운 요트를 가지고 있다.

026 ★

whip

n 채찍 v 채찍질하다

ex It is not a good idea to use a **whip** for animals.
동물들에게 채찍을 사용하는 것은 좋은 생각이 아니다.

The wagon driver, **whipping** a horse gently, drove off.
마차 운전수는 말을 가볍게 채찍질하며 달려갔다.

027 ★

trauma

n 정신적 외상, 트라우마

ex Given the links between concussions and brain **trauma**-related illnesses, his concussions might be approached differently.
뇌진탕과 뇌 외상 관련 질병 사이의 연관성을 고려했을 때, 그의 뇌진탕은 다르게 접근될 수 있다.

028 ★

uneven

adj 울퉁불퉁한, 고르지 않은 ㉥ even 평평한

ex However, at that time the rocks and the surface were **uneven**.
하지만, 그 당시 바위와 표면은 고르지 못했다.

I want to trim my **uneven** hair.
나는 고르지 않은 머리카락을 다듬고 싶다.

029 ★

surge

n 급증 v 급등하다

ex You have said that a **surge** in political correctness has led to quote "a self-censorship bordering on puritanism."
당신은 정치적 정당성이 급증하면서 "청교도주의에 접한 자기 검열"을 인용하게 되었다고 말했다.

030 ★

timid

adj 소심한, 용기[자신감]가 없는

ex In spite of his **timid** personality, he managed to give a great presentation after a long practice.
그의 소심한 성격에도 불구하고, 그는 긴 연습 후 훌륭한 발표를 해냈다.

Practice

1. 다음 단어들을 올바르게 연결하세요.

(1) conjunction	•	• (a) 의지하다
(2) expand	•	• (b) 격려하다
(3) introduction	•	• (c) 유명한
(4) lack	•	• (d) 암시된, 내포된
(5) encourage	•	• (e) 소개, 도입
(6) rely	•	• (f) 부족, 결핍
(7) renowned	•	• (g) 확대[확장]하다
(8) implicit	•	• (h) 결합, 접속사

2. 다음 영어 뜻에 맞게 알맞은 단어를 보기에서 찾아 쓰세요.

obstruct pace restricting cautious

(1) The skeleton is known for its fast ______ and up-to-date technology.
스켈레톤은 빠른 속도와 최신 기술로 알려진 종목이다.

(2) We need to be ______ about thinking of war and the image of the enemy.
우리는 전쟁과 적의 이미지에 대해 신중할 필요가 있다.

(3) If we want to protect birds, ______ cats' movements is key.
우리가 새를 보호하고 싶다면, 고양이의 움직임을 제한하는 것이 핵심이다.

(4) You must not ______ the police car or ambulance when the siren is on.
당신은 사이렌이 울릴 때 경찰차나 구급차를 막으면 안된다.

SELF TEST

01	conjunction	
02		확대[확장]하다
03	heal	
04		소개, 도입
05	lack	
06		점퍼
07	believe	
08		주의, 주목
09	encourage	
10		폴리에스테르
11	rely	
12		유명한
13	implicit	
14		속도
15	timid	
16		제한하다
17	cautious	
18		막다, 방해하다
19	rainfall	
20		평행한
21	fidelity	
22		구상, 이해, 개념
23	exploit	
24		무지, 무식
25	snob	
26		요트
27	whip	
28		울퉁불퉁한
29	trauma	
30		급증, 급등하다

DAY 24

색상으로 8품사 구분하기

n	**명사**	noun	pron	**대명사**	pronoun
v	**동사**	verb	adj	**형용사**	adjective
adv	**부사**	adverb	conj	**접속사**	conjunction
prep	**전치사**	preposition	int	**감탄사**	interjection

n	liquid	n	loss	n	medication
n	memo	v	mount	n	nerve
v	discover	adj	slight	n	restriction
n	retail	adj	vast	v	dip
adj	extracurricular	n	ferry	n	envelope
v	evaluate	adj	vital	n	finding
adj	firm	adj	improvisatory	n	migrant
n	sophomore	n	throne	n	undergraduate
n	welfare	v	scorch	n	teapot
adj	underage	adj	overqualified	n	janitor

DAY 24

★ 표시는 출제 빈도를 나타냅니다.

001 ★★★★★

liquid

n **액체**

참고 **solid** 고체

ex They can move fast over the surface of a **liquid**.
그들은 액체 표면 위에서 빠르게 움직일 수 있다.

The **liquid** he produced left an intense purple color.
그가 생산한 액체는 강렬한 자줏빛을 남겼다.

002 ★★★★★

loss

n **손실, 분실**

ex This makes cats the biggest danger to birds — more than climate change or a **loss** of trees.
이로 인해 기후 변화나 나무 손실보다 고양이가 새들에게 가장 큰 위험요인이 된다.

003 ★★★★★

medication

n **약**

ex His wife might have been dosing him with dangerous **medication** that damaged his nervous system.
그의 아내는 그의 신경계를 손상시키는 위험한 약을 그에게 먹였을지도 모른다.

004 ★★★★★

memo

n **메모**

ex A **memo** will be sent when these are ready for use.
이것들이 사용될 준비가 되면 메모가 전송될 것이다.

What is the main topic of this **memo**?
이 메모의 주요 주제는 무엇입니까?

005 ★★★★★

mount

v **끼우다[고정시키다] / 시작하다**

ex The bottom screw of the camera should be carefully **mounted** to the top part of the tripod.
카메라 아래의 나사는 삼각대의 윗부분에 조심스럽게 고정되어야 한다.

006 ★★★★★

nerve

n **신경**

참고 **nervous** 불안해하는

ex Calcium provides energy to **nerves** and muscles.
칼슘은 신경과 근육에 에너지를 공급한다.

Your skin is also filled with **nerves** that control your sense of touch.
당신의 피부 또한 촉각을 통제하는 신경으로 가득 차 있다.

007 ★★★★★

discover

v **발견하다**

ex He was trying to **discover** an easier way to make malaria medicine.
그는 말라리아 약을 만드는 더 쉬운 방법을 찾으려고 노력했다.

Scientists hope to **discover** even more interesting facts about human hair.
과학자들은 인간의 머리카락에 대한 훨씬 더 흥미로운 사실을 발견하기를 희망한다.

008 ★★★★

slight

adj **약간의, 조금의**

ex And on Thursday, we've still got those rays, but a **slight** decrease to highs of 29 and lows of 19.
그리고 목요일에는, 햇빛이 여전히 남아 있지만, 최고기온은 29도로 최저기온은 19도로 약간 감소할 것이다.

009 ★★★★

restriction

n **제한, 규제**

ex The first country to lift voting **restrictions** was New Zealand, in 1893.
투표 규제를 푼 최초의 국가는 1893년 뉴질랜드였다.

Due to time **restrictions**, we can only contact shortlisted candidates.
시간 제한으로 인해, 우리는 최종 후보자에게만 연락할 수 있다.

010 ★★★★

retail

n **소매** v **소매하다** 참고 **wholesale** 도매의

ex In 2019, the U.S. had the second largest online share of **retail** sales with 16.5%.
2019년 미국은 온라인 소매 판매에서 16.5%로 두 번째로 큰 비중을 차지했다.

011 ★★★★

vast

adj **방대한, 막대한**

ex The fields were **vast**, but hardly appealed to him.
들판은 광활했지만, 그의 마음에 들지는 않았다.

They suddenly remembered how **vast** it was.
그들은 문득 그것이 얼마나 광활했는지 기억했다.

012 ★★★

dip

v **(살짝) 담그다, 적시다** ㊝ **soak** 담그다

ex **Dip** the cotton swab into the liquid.
면봉을 액체에 담가라.

Dip strips of paper into this mixture and place them on the frame.
종이를 이 혼합물에 담가 틀 위에 두어라.

DAY 24

★ 표시는 출제 빈도를 나타냅니다.

013 ★★★

extracurricular

adj **과외의, 정규 교과 외의**

ex I am taking on a leadership role in the **extracurricular** activities.
나는 교과외 활동에서 리더십 역할을 수행하고 있다.

Do another **extracurricular** activity.
또 다른 교과외 활동을 하라.

014 ★★★

ferry

n **연락선, 페리** v **나르다, 수송하다**

ex How long is the **ferry** ride to Harper Island?
Harper 섬까지 페리로 얼마나 걸리는가?

The round trip fare for Staten Island **Ferry** is free.
Staten Island 페리의 왕복선 요금은 무료이다.

015 ★★★

envelope

n **봉투**

ex I put the **envelopes** in hot water for 30 minutes.
봉투들을 뜨거운 물에 30분 동안 넣었다.

In order to save the **envelopes** being sent out, consider online payment.
보내지는 봉투들을 아끼기 위해, 온라인 지불을 고려해라.

016 ★★★

evaluate

v **평가하다**

ex Information has become a recognized entity to be measured, **evaluated**, and priced.
정보는 측정, 평가 및 가격이 책정될 수 있는 인식된 실체가 되었다.

017 ★★★

vital

adj **필수적인**

ex It is **vital** to remember that ventilation holes in both the roof and walls are essential.
지붕과 벽 모두에 환기 구멍이 필수적이라는 것을 명심해야 한다.

018 ★★

finding

n **발견, 결과**

ex Moreover, the university immediately distanced itself from his **findings**, and he no longer works there.
게다가, 대학은 즉시 그의 연구 결과와 거리를 두었고, 그는 더 이상 그곳에서 일하지 않는다.

019 

firm

adj 굳은, 단단한 n 회사

ex We are looking for someone who can display seemingly creative ability not rooted in **firm** knowledge.
우리는 확고한 지식에 뿌리를 두지 않고 창의적으로 보이는 능력 발휘를 할 수 있는 사람을 찾는다.

020 

improvisatory

adj 즉흥적인 참고 **improvise** v. 즉흥적으로 하다

ex They ignore the **improvisatory** instincts drilled into us for millions of years.
그들은 수백만 년 동안 우리에게 주입된 즉흥적인 본능을 무시한다.

I can't believe his **improvisatory** opinion has been taken into consideration!
그의 즉흥적인 의견이 고려되었다니 믿을 수 없어!

021 

migrant

n 이주자 참고 **immigrant** 이민자

ex We provide legal services for **migrants**.
우리는 이주자들을 위한 법적 서비스를 제공한다.

The company has a special process of hiring **migrant** workers.
그 회사는 이주 노동자들을 고용하는데 특별한 절차를 가지고 있다.

022 

sophomore

n 2학년생

ex What classes should students take in **sophomore** year?
학생들은 2학년 때 어떤 수업들을 들어야 하는가?

Sophomores should be gathered in the gym to vote.
2학년생들은 투표를 위해 체육관으로 모여야 한다.

023 

throne

n 왕좌

ex She took the **throne** in 1952.
그녀는 1952년에 왕위에 올랐다.

A king on a **throne** with his subjects gathered around him.
신하들과 함께 왕좌에 오른 왕이 그의 주위에 모였다.

024

undergraduate

n 학부생, 대학생 참고 **graduate** n. 졸업자

ex The engineering texts aimed at students from first-year **undergraduates** to advanced practitioners.
그 공학 교과서는 1학년 학부생부터 고급 실무자들까지 대상으로 했다.

★ 표시는 출제 빈도를 나타냅니다.

025 ★★

welfare

n **복지, 후생**

ex The mayor decided to invest in citizens' **welfare**.
시장은 시민 복지에 투자하기로 결정했다.

The company provides good **welfare** benefits.
그 회사는 좋은 복지 혜택을 제공한다.

026 ★

scorch

v **(불에) 그슬다**

ex I accidentally **scorched** the pocket of the blouse while ironing it.
나는 다림질 하는 중에 실수로 블라우스의 주머니를 그슬렸다.

Please be careful not to let the leaves get **scorched** by the sun.
나뭇잎이 해에 그을리지 않게 조심해라.

027 ★

teapot

n **찻주전자**

ex The new **teapots** that came yesterday are from two different countries.
어제 도착한 새 주전자들은 다른 두 나라에서 온 것이다.

The **teapot** is a nice blue ceramic.
그 찻주전자는 멋진 파란색 도자기이다.

028 ★

underage

adj **미성년자의**

ex One of the job duties is checking that **underage** customers don't enter.
직무 중 하나는 미성년 고객이 출입하지 못하도록 확인하는 것이다.

Underage drinking should be strictly banned.
미성년 음주는 엄격하게 금지되어야 한다.

029 ★

overqualified

adj **필요 이상의 자격[경력]을 갖춘**

ex Unfortunately, we couldn't accept some of the applications submitted by **overqualified** applicants.
불행히도, 우리는 필요 이상의 자격을 갖춘 지원자들이 제출한 지원서들의 일부를 받아들이지 못했다.

030 ★

janitor

n **수위, 관리인**

ex Our school **janitor**, Mr. Hans, always stays until 7:30 pm.
우리 학교 수위인 Hans씨는 항상 오후 7시 30분까지 남아계신다.

Maybe there are extra thermometers in the **janitor**'s office.
아마 여분의 체온계가 수위실에 있을 것이다.

Practice

1. 다음 단어들을 올바르게 연결하세요.

(1) liquid •	• (a) 신경
(2) loss •	• (b) 약간의, 조금의
(3) medication •	• (c) 발견하다
(4) janitor •	• (d) 액체
(5) mount •	• (e) 끼우다
(6) nerve •	• (f) 손실, 분실
(7) discover •	• (g) 약
(8) slight •	• (h) 수위, 관리인

2. 다음 영어 뜻에 맞게 알맞은 단어를 보기에서 찾아 쓰세요.

restriction vast ferry vital

(1) urgently needed; absolutely necessary

(2) a principle that limits the extent of something

(3) unusually great in size or amount or degree or especially extent or scope

(4) a boat that transports people or vehicles across a body of water and operates on a regular schedule

CHAPTER 03 Day 24

SELF TEST

01	liquid	
02		손실, 분실
03	overqualified	
04		약
05	mount	
06		메모
07	nerve	
08		약간의, 조금의
09	retail	
10		발견하다
11	restriction	
12		방대한, 막대한
13	dip	
14		과외의, 정규 교과 외의
15	ferry	
16		평가하다
17	envelope	
18		필수적인
19	finding	
20		굳은, 단단한
21	improvisatory	
22		이주자
23	sophomore	
24		왕좌
25	welfare	
26		학부생, 대학생
27	scorch	
28		찻주전자
29	underage	
30		수위, 관리인

DAY 25

색상으로 8품사 구분하기

n	명사	noun	pron	대명사	pronoun
v	동사	verb	adj	형용사	adjective
adv	부사	adverb	conj	접속사	conjunction
prep	전치사	preposition	int	감탄사	interjection

n	patron	v	preserve	adj	grand
n	typhoon	n	violence	n	priest
n	acid	v	rain	v	figure
v	disappoint	n	opposite	adv	successfully
n	thorn	v	usher	n	frequency
n	hydro	adj	inactive	v	shred
v	wilt	n	zero	n	innovation
n	pollen	adv	inevitably	n	phobia
n	inspiration	adj	notorious	v	omit
n	particulate	n	rainshower	n	sarcasm

DAY 25

★ 표시는 출제 빈도를 나타냅니다.

001 ★★★★★

patron

n **후원자 / 고객** 참고 **patronage** n. 후원

ex **Patrons** need to go to the concession stand to reserve seats.
후원자들은 좌석을 예약하기 위해 구내 매장까지 가야만 한다.

Ensure safety and assist cinema **patrons**.
안전을 보장하고 영화관 이용객을 도와야 한다.

002 ★★★★★

preserve

v **지키다, 보존하다** 유 **conserve** 보호하다

ex To **preserve** the number of fish, the government is putting limits on fishing in the area.
정부는 물고기의 수를 보존하기 위해 이 지역의 어업에 제한을 두고 있다.

003 ★★★★★

grand

adj **웅장한, 장려한**

ex As the **grand** prize, the class won a fun afternoon out of school on the ice rink.
최우수상으로, 학급은 학교 밖 아이스링크장에서 즐거운 오후를 보냈다.

004 ★★★★★

typhoon

n **태풍**

ex A **typhoon** is expected to become less severe by Wednesday.
태풍은 수요일까지는 덜 심각해질 것으로 예상된다.

The **typhoon** hit the town earlier this Monday.
태풍은 이번 월요일 초에 그 마을을 강타했다.

005 ★★★★★

violence

n **폭력, 격렬함** 참고 **violation** 위반, 위배

ex They also understand **violence** and engage in acts of aggression.
그들은 또한 폭력을 이해하고 공격적인 행동을 한다.

Pacifists believe that using **violence** against others is always wrong.
평화주의자들은 다른 사람들에게 폭력을 사용하는 것은 항상 잘못된 것이라 믿는다.

006 ★★★★★

priest

n **사제, 성직자**

ex After Bergoglio became a **priest**, his life was totally changed.
Bergoglio가 성직자가 된 후, 그의 삶은 완전히 바뀌었다.

Saint Patrick is an Irish **priest** who died in 461 CE.
Saint Patrick은 서기 461년에 죽은 아일랜드의 성직자이다.

007 ★★★★★

acid

adj **산, 산성의**

ex **Acids** can be detected by litmus, transforming blue litmus paper into red.
산은 리트머스에 의해 감지되는데, 파란 리트머스 종이를 빨갛게 변형시킨다.

Lemons contain a lot of **acids**.
레몬은 많은 산을 가지고 있다.

008 ★★★★★

rain

v **비가 오다** n **비, 빗물**

ex It will probably **rain** for a while.
아마 당분간 비가 올 것이다.

On what day is it most likely to **rain**?
비가 올 가능성이 가장 높은 날은 언제인가?

009 ★★★★★

figure

v **생각하다, 계산하다** n **수치**

참고 **figure out** 생각해내다, 알아내다

ex Can you **figure** out who owns the fish?
누가 그 물고기를 소유하고 있는지 알아낼 수 있는가?

What does the **figure** indicate?
그 수치는 무엇을 나타내는가?

010 ★★★★★

disappoint

v **실망시키다**

ex I selected you as the lead in this play, so don't **disappoint** me.
이번 연극의 주인공으로 내가 당신을 뽑았으니 실망시키지 말아라.

She was **disappointed** by their mean behavior.
그녀는 그들의 못된 행동에 실망했다.

011 ★★★★★

opposite

n **반대** adj **맞은편의**

ex If it is not true, then the **opposite** must be true.
만약 그것이 사실이 아니라면, 그 반대는 진실이어야 한다.

They sat on **opposite** sides in this debate.
그들은 이 토론에서 서로 반대편에 앉았다.

012 ★★★★

successfully

adv **성공적으로**

ex They cannot be **successfully** bred with each other.
그들은 서로 성공적으로 교배될 수 없다.

The user **successfully** achieves familiarity with the technology.
사용자는 성공적으로 기술에 친숙함을 얻는다.

★ 표시는 출제 빈도를 나타냅니다.

013 ★★★★

thorn

n **가시** 참고 horn 뿔

ex How can you not feel that **thorn** sticking in your arm?
어떻게 팔에 가시가 박혀 있는 것을 못 느낄 수가 있는가?

The man will probably remove a **thorn**.
그 남자는 아마 가시를 제거할 것이다.

014 ★★★★

usher

v **안내하다** n **좌석 안내원** 참고 usher in ~을 안내하다

ex The studio helped **usher** in the star-led film industry still in place today.
그 스튜디오는 오늘날에도 여전히 존재하는 스타 주도 영화 산업을 이끄는 데 도움을 주었다.

The **usher** kindly showed us the way.
좌석 안내원이 친절하게 길을 알려주었다.

015 ★★★

frequency

n **빈도**

ex The app logs the **frequency** of your correct and incorrect responses.
그 앱은 올바른 응답과 잘못된 응답의 빈도를 기록한다.

016 ★★★

hydro

n **수력 발전** adj **수력 발전의**

ex Wind, solar, and **hydro** power plants cause less pollution than coal or nuclear ones.
풍력, 태양열, 수력 발전소는 석탄이나 핵발전소 보다 오염이 덜하다.

017 ★★★

inactive

adj **활발하지 않은, 소극적인** 반 active 활동적인, 적극적인

ex People who do outdoor activities have been proven to suffer from less stress than people who are **inactive**.
야외활동을 하는 사람들은 활동적이지 않은 사람들보다 스트레스를 덜 받는 것으로 증명되었다.

018 ★★★

shred

v **자르다, 파기하다**

ex Make sure to **shred** the paper with confidential information.
기밀 정보가 있는 종이는 파기하도록 해라.

But her business partner not only didn't pay, but **shredded** the notices.
하지만 그녀의 사업 파트너는 돈을 지불하지 않았을 뿐만 아니라, 공지를 파기했다.

019 ★★

wilt

v **시들다, 지치다**

㊒ **wither** 시들다, 약해지다

ex The produce in this store is looking rather **wilted**.
이 가게의 농산물은 다소 시들해 보인다.

The flowers I bought at the market last week look quite **wilted** now.
지난주에 시장에서 산 꽃들이 지금은 꽤 시들해 보인다.

---

020 ★★

zero

n **0, 제로**

ex We'll go back inside if the weather drops below **zero** degrees.
날씨가 영하로 떨어지면, 우리는 다시 안으로 들어갈 것이다.

It is surprising that the rate went up from **zero** to nine.
비율이 0에서 9로 오른 것이 놀랍다.

---

021 

innovation

n **혁신, 획기적인 것**

ex Without the influence of minorities, we would have no **innovation**, no social change.
소수자들의 영향력이 없다면, 우리는 혁신도, 사회적 변화도 없을 것이다.

---

022 

pollen

n **꽃가루, 화분**

참고 **nectar** 꿀, 과즙

ex The flowers can easily share their **pollen** and nectar.
그 꽃들은 꽃가루와 꿀을 쉽게 공유할 수 있다.

Stay away from the **pollen** to avoid allergy.
알러지를 피하기 위해 꽃가루를 멀리해라.

---

023 

inevitably

adv **필연적으로**

ex As a result, a reliance on schemata will **inevitably** make the world seem more than it really is.
결과적으로, 도식에 의존하는 것은 필연적으로 세상을 실제보다 더 많이 보이게 만들 것이다.

---

024 

phobia

n **공포증**

ex Suppose we know that Paula suffers from a severe **phobia**.
Paula가 심각한 공포증을 앓고 있다는 것을 우리가 알았다고 가정해 보자.

Your extreme fear might be one of the **phobias**.
너의 극심한 공포는 공포증 중 하나일 수 있다.

DAY 25

 표시는 출제 빈도를 나타냅니다.

025 

inspiration

n **영감, 영감을 주는 것**

ex Put yourself in places where you can have a feeling of awe and **inspiration**.
경외심과 영감을 느낄 수 있는 곳에 자신을 두어라.

I read a wise saying in the morning for **inspiration**.
나는 영감을 얻기 위해 아침에 명언을 읽는다.

026 

notorious

adj **악명 높은** ㊒ **infamous** 악명 높은

ex This was a maximum security prison that was **notorious** for its harsh treatment of inmates.
이곳은 수감자들을 가혹하게 대하기로 악명이 높았던 최고 수준의 보안을 갖춘 교도소였다.

027 

omit

n **생략하다** 참고 **emit** 내뿜다

ex Why don't you **omit** the part we already know and move on to the conclusion?
우리가 이미 아는 부분은 생략하고 결론으로 넘어가는게 어때?

028 

particulate

n **입자성 물질, 미립자** adj **미립자의**

ex Despite the rain, there is still some fine **particulate** matter in the air through to Friday.
비가 내렸음에도 불구하고 금요일까지 여전히 약간의 미세한 미립자가 공기 중에 있다.

029 

rainshower

n **소나기**

ex Due to an unexpected **rainshower**, our soccer practice has been canceled.
예상치 못한 소나기 때문에, 우리의 축구 연습은 취소되었다.

I think the **rainshower** will stop within a few minutes.
소나기가 몇 분 내에 그칠 것 같다.

030 ★

sarcasm

n **빈정댐, 비꼼**

ex I could sense the **sarcasm** from his tone.
나는 그의 어조에서 빈정댐을 감지했다.

What is the point when you don't understand the **sarcasm**?
비꼬는 것을 이해하지 못한다면 무슨 소용인가?

Practice

1. 다음 단어들을 올바르게 연결하세요.

(1) patron	(a) 생각하다
(2) preserve	(b) 반대, 맞은편의
(3) grand	(c) 실망시키다
(4) violence	(d) 사제, 성직자
(5) priest	(e) 웅장한, 장려한
(6) figure	(f) 폭력, 격렬함
(7) disappoint	(g) 후원자
(8) opposite	(h) 지키다, 보존하다

2. 우리말 뜻에 맞게 괄호에 알맞은 단어를 찾아 O표 하세요.

(1) **How can you not feel that (horn / thorn) sticking in your arm?**
어떻게 팔에 가시가 박혀 있는 것을 못 느낄 수가 있는가?

(2) **The studio helped (ensure / usher) in the star-led film industry still in place today.**
그 스튜디오는 오늘날에도 여전히 존재하는 스타 주도의 영화 산업을 이끄는 데 도움을 주었다.

(3) **The app logs the (frequency / frequent) of your correct and incorrect responses.**
그 앱은 올바른 응답과 잘못된 응답의 빈도를 기록한다.

(4) **The produce in this store is looking rather (wilted / tilted).**
이 가게의 농산물은 다소 시들해 보인다.

SELF TEST

No.	Word	Meaning
01	patron	
02		지키다, 보존하다
03	grand	
04		태풍
05	priest	
06		폭력, 격렬함
07	acid	
08		반대, 맞은편의
09	rain	
10		실망시키다
11	figure	
12		가시
13	usher	
14		성공적으로
15	hydro	
16		빈도
17	inactive	
18		자르다, 파기하다
19	wilt	
20		혁신
21	zero	
22		꽃가루, 화분
23	inevitably	
24		공포증
25	notorious	
26		생략하다
27	inspiration	
28		입자성 물질
29	rainshower	
30		빈정댐, 비꼼

DAY 26

색상으로 8품사 구분하기

n	**명사**	noun	pron	**대명사**	pronoun
v	**동사**	verb	adj	**형용사**	adjective
adv	**부사**	adverb	conj	**접속사**	conjunction
prep	**전치사**	preposition	int	**감탄사**	interjection

n	alphabet	n	blast	n	connection
n	curse	adj	delicate	v	erupt
v	mention	n	exhibit	n	tool
v	tangle	n	knob	n	latch
v	implement	adv	solely	adj	monumental
adj	intellectual	n	laughter	n	district
n	pity	adv	seldom	n	network
v	resist	n	tendency	v	sunbathe
n	marrow	adj	fragile	n	harmony
n	incentive	adj	mediocre	adj	extraordinary

DAY 26

★ 표시는 출제 빈도를 나타냅니다.

001 ★★★★★

alphabet

n 알파벳, 자모

ex People with last names that begin with a letter near the end of the **alphabet** often get recognized last.
성이 알파벳의 끝에서 가까운 문자로 시작하는 사람들은 종종 마지막 순서로 인식된다.

002 ★★★★★

blast

n 강한 바람 / 신나는 경험 / 폭발

ex My air conditioning is going to be on full **blast** the whole time then.
그때 내 에어컨은 계속 최고출력 상태로 가동될 것이다.

Jimmy and I are having a **blast**!
Jimmy와 나는 즐거운 시간을 보내고 있다!

003 ★★★★★

connection

n 연결, 접속, 관련성

ex Children should be free to experience this **connection**.
어린이들은 이 유대를 자유롭게 경험할 수 있어야 한다.

Can you figure out the **connection** between the two issues?
두 문제들의 관련성을 알아낼 수 있겠니?

004 ★★★★★

curse

n 저주, 욕, 악담 v 욕을 하다

ex The magic **curse** was finally lifted.
마법의 저주가 드디어 풀렸다.

It is not worth **cursing** at him.
그에겐 욕을 할 가치도 없다.

005 ★★★★★

delicate

adj 섬세한, 연약한 ㊀ fragile 부서지기 쉬운

ex Even something as small as a paint chip can cause heavy damage to **delicate** satellites in orbit.
페인트 조각만큼 작은 것조차도 궤도에 있는 섬세한 위성에 큰 손상을 줄 수 있다.

006 ★★★★★

erupt

v 분출하다

ex This type of volcano is extinct, so it doesn't **erupt** any more.
이런 종류의 화산은 활동을 멈췄기 때문에 더 이상 폭발하지 않는다.

Just imagine the damage it caused when it **erupted**.
폭발했을 때 생긴 피해를 상상해 보라.

007 ★★★★★

mention

v **언급하다, 말하다** ㊌ **remark** 발언, 언급하다

ex I remember my teacher **mentioned** it in class before.
나는 그것을 선생님이 수업 때 언급했던 것을 기억한다.

Her performance is really low, not to **mention** her mistakes.
그녀의 성과는 아주 낮고, 그녀의 실수들은 말할 것도 없다.

008 ★★★★★

exhibit

n **전시품** v **전시하다**

ex The **exhibits** were absolutely spectacular.
그 전시품들은 정말 볼만했다.

He went home and encouraged his parents to see the **exhibit**.
그는 집에 가서 부모님께 전시회를 보라고 권했다.

009 ★★★★★

tool

n **연장, 도구**

ex This ancient Greek technological **tool** is known by some as the world's first analog computer.
이 고대 그리스의 과학기술 도구는 몇몇 사람들에 의해 세계 최초의 아날로그 컴퓨터로 알려져 있다.

010 ★★★★

tangle

v **엉키다, 헝클어지다** 참고 **entangle** 얽어매다

ex The cord also does not **tangle** up, which is nice.
그 코드 또한 엉키지 않아서 좋다.

I hate it when my hair gets all **tangled** up in the morning.
나는 아침에 머리가 다 엉켜 있는 것이 싫다.

011 ★★★

knob

n **손잡이** 참고 **knot** 매듭

ex This **knob** on the left determines how much water you get.
왼쪽의 이 손잡이는 당신이 얼마나 많은 물을 얻는지 결정한다.

My hand was so slippery that it slipped away from the **knobs**.
내 손이 너무 미끄러워서 손잡이로부터 미끄러졌다.

012 ★★★

latch

n **걸쇠, 자물쇠**

ex Richer people had a **latch** system.
더 부유한 사람들은 자물쇠 시스템을 가지고 있었다.

They had to put the **latch** back into the right position.
그들은 걸쇠를 제자리에 돌려 놓아야 했다.

★ 표시는 출제 빈도를 나타냅니다.

013 ★★★

implement

v 시행하다 n 도구

ex The company **implemented** a new recruit policy from this year.
그 회사는 올해부터 신규 채용 정책을 시행했다.

You can use a special **implement** to pull the end.
특별한 도구를 사용해 끝부분을 당길 수 있다.

014 ★★

solely

adv 오로지, 단지 참고 sole adj. 유일한, 단 하나의

ex Try not to **solely** depend on your intuition, though.
그래도 오로지 너의 직관력에만 의지하려고 하지 마.

That is left **solely** in your hands.
그것은 오로지 너의 손에 달렸다.

015 ★★

monumental

adj 기념비적인

ex **Monumental** is a word that comes very close to expressing the basic characteristic of Egyptian art.
기념비적이란 말은 이집트 예술의 기본적인 특징을 표현하는데 매우 가까운 단어이다.

016 ★★

intellectual

adj 지능의, 지적인 참고 intelligent 총명한, 똑똑한

ex Nor does the traditional view recognize the role that non-**intellectual** factors play in scientific developments.
또한 전통적인 견해는 비지적 요소가 과학 발전에 미치는 역할을 인식하지 못한다.

017 ★★

laughter

n 웃음

ex The workplace was filled with **laughter**.
그 직장은 웃음으로 가득 찼다.

The stand up comedian made the audience burst into **laughter**.
그 스탠드업 코미디언은 관객들의 웃음을 터뜨렸다.

018 ★★

district

n 지구[구역]

ex It is only for **districts** 3 and 4.
그것은 오직 3구역과 4구역을 위한 것이다.

He has recently been promoted to **district** manager.
그는 최근에 지역 팀장으로 승진했다.

019 ★★

pity

n 연민, 동정 v 유감스러워 하다

㊐ sympathy 동정, 연민

ex However there are no records of his voice, and musicians **pity** for not having to have heard his voice.
그러나 그의 목소리에 대한 기록은 남아 있지 않으며, 음악가들은 그의 목소리를 듣지 못하는 것에 대해 유감을 표한다.

---

020 ★★

seldom

adv 거의~않는

㊐ rarely 거의~않는

ex **Seldom** does a new brand or new campaign that solely uses other media reach high levels of public awareness very quickly.
다른 매체만을 사용하는 새로운 브랜드나 캠페인은 높은 수준의 대중 인지도에 매우 빠르게 도달하는 경우가 드물다.

---

021 

network

n 네트워크, 통신망

ex Granted, cable TV has certainly found ways of evading official censors that **network** TV couldn't do.
물론, 케이블 방송은 지상파 방송이 할 수 없는 공식적인 검열을 피하는 방법을 확실히 찾아냈다.

---

022 

resist

v 저항[반대]하다, 참다[견디다]

ex But it just looks so delicious, I can't **resist**.
하지만 너무 맛있어 보여서 참을 수 없다.

You will feel a need to redecorate your home, but **resist**!
당신은 집을 다시 꾸밀 필요를 느낄 것이지만, 참아야 한다!

---

023 

tendency

n 성향, 기질, 경향

ex After realizing his **tendency** to take advantage of others, I tried to keep distance with him.
다른 사람들을 이용하는 그의 성향을 안 후, 나는 그와 거리를 두려고 했다.

---

024 

sunbathe

v 일광욕을 하다

ex Lying on the sunbed, drinking a freshly squeezed juice, **sunbathing** at the beach—what a perfect vacation!
선베드 위에 누워서, 갓 짜낸 주스를 마시고, 해변에서 일광욕을 하는 것—완벽한 휴가이다!

DAY 26

★ 표시는 출제 빈도를 나타냅니다.

025 ★

marrow

n **골수**

ex The innermost part of the bone is the bone **marrow**.
뼈의 가장 안쪽은 골수이다.

A healthy bone **marrow** reacts to the demand for more blood cells.
건강한 골수는 더 많은 혈액세포의 요구에 반응한다.

---

026 ★

fragile

adj **부서지기 쉬운** ㊌ **delicate** 섬세한

ex Please handle the **fragile** packages with care.
부서지기 쉬운 소포들을 조심히 다뤄주세요.

I'm worried about the **fragile** framework of the model.
나는 모형의 부서지기 쉬운 뼈대가 걱정된다.

---

027 ★

harmony

n **조화, 화합**

ex Our ecosystems rely on relationships to maintain balance and live in **harmony**.
우리의 생태계는 균형을 유지하고 조화롭게 살기 위해 관계에 의존한다.

---

028 

incentive

n **장려[우대]책**

ex The employees requested the **incentive** system for motivation as well as sales performance.
직원들은 판매 성과와 동기부여를 위한 인센티브제를 요구했다.

---

029 

mediocre

adj **보통 밖에 안 되는, 썩 좋지는 않은**

ex Even a **mediocre** athlete like him can contribute to a team.
그와 같이 보통 밖에 안 되는 운동선수도 팀에 기여할 수 있다.

I might have some **mediocre** umbrellas you can take.
나는 너가 가져갈 수 있는 썩 좋지는 않은 우산들을 가지고 있을 수도 있다.

---

030 

extraordinary

adj **기이한, 놀라운, 비범한** 참고 **ordinary** 보통의, 일상적인

ex The book series contains **extraordinary** events that occured all around the world.
그 책 시리즈는 전 세계에서 일어난 기이한 사건들을 담고 있다.

Practice

1. 다음 단어들을 올바르게 연결하세요.

(1) blast •	• (a) 언급하다, 말하다
(2) connection •	• (b) 헝클어지다
(3) curse •	• (c) 손잡이
(4) delicate •	• (d) 섬세한, 연약한
(5) erupt •	• (e) 강한 바람, 폭발
(6) mention •	• (f) 연결, 접속, 관련성
(7) tangle •	• (g) 분출하다
(8) knob •	• (h) 저주, 욕, 악담

2. 다음 영어 뜻에 맞게 알맞은 단어를 보기에서 찾아 쓰세요.

implemented fragile solely resist

(1) The company ________ a new recruit policy from this year.
그 회사는 올해부터 신규 채용 정책을 시행했다.

(2) But it just looks so delicious, I can't ________.
하지만 너무 맛있어 보여서 참을 수 없다.

(3) I'm worried about the ________ framework of the model.
나는 모형의 부서지기 쉬운 뼈대가 걱정된다.

(4) Try not to ________ depend on your intuition, though.
그래도 오로지 너의 직관력에만 의지하려고 하지 마.

SELF TEST

01	blast		16		웃음
02		알파벳, 자모	17	monumental	
03	curse		18		지구[구역]
04		연결, 접속	19	pity	
05	delicate		20		거의~않는
06		분출하다	21	resist	
07	tool		22		성향, 기질, 경향
08		전시품, 전시하다	23	sunbathe	
09	mention		24		네트워크
10		엉키다, 헝클어지다	25	fragile	
11	latch		26		골수
12		손잡이	27	harmony	
13	solely		28		장려[우대]책
14		시행하다, 도구	29	mediocre	
15	intellectual		30		기이한, 놀라운

DAY 27

색상으로 8품사 구분하기

n	명사	noun	pron	대명사	pronoun
v	동사	verb	adj	형용사	adjective
adv	부사	adverb	conj	접속사	conjunction
prep	전치사	preposition	int	감탄사	interjection

v	host	n	intruder	v	memorize
n	pad	n	policy	n	avenue
v	secure	v	isolate	n	notice
n	pillow	v	participate	adj	omnivorous
v	mock	n	internship	n	limb
v	derive	n	massiveness	adj	neural
n	niche	n	parable	n	surveillance
adj	atmospheric	adj	constant	n	correlation
n	ethic	adj	doctoral	v	encase
adj	eminent	v	confound	v	fulfill

DAY 27

★ 표시는 출제 빈도를 나타냅니다.

001 ★★★★★

host

v 주최하다 n 주인

ex She also **hosts** events for international leaders.
그녀는 또한 국제 지도자들을 위한 행사를 주최한다.

The woman has a plan to **host** a dinner for her husband's relatives.
그 여자는 남편의 친척들을 위해 저녁식사를 대접할 계획을 가지고 있다.

002 ★★★★★

intruder

n 불법 침입자

참고 **intrude** v. 침범하다, 방해하다

ex The **intruders** settled in our neighborhoods and took the salmon that we fished.
그 침입자들은 우리 동네에 정착해서 우리가 낚은 연어를 가져갔다.

003 ★★★★★

memorize

v 암기하다

ex I hate that subject because there's just too much to **memorize**.
외워야 할 게 너무 많아서 나는 그 과목이 싫다.

I will share some of my tips on how to **memorize** things efficiently.
나는 효율적으로 암기하는 방법에 대한 몇 가지 팁들을 공유하겠다.

004 ★★★★★

pad

n 패드, 보호대, 완충재

ex Connect the charging **pad** to a power source.
충전 패드를 전원에 연결하라.

I'm looking for a new mouse **pad**.
나는 새 마우스 패드를 찾고 있다.

005 ★★★★★

policy

n 정책, 방침

ex Under the new **policy**, all kindergartens must install CCTV cameras for children's safety.
새 정책에 따르면 모든 유치원은 어린이 안전을 위해 CCTV 카메라를 설치해야 한다.

006 ★★★★★

avenue

n 거리, -가

ex He developed a main street and called it Prospect **Avenue**.
그는 중심가를 개발하여 그것을 Prospect 거리라고 불렀다.

There is one at the corner of Jane Street and Elm **Avenue**.
Jane 가와 Elm 가의 모퉁이에 하나 있다.

007 ★★★★★

secure

v **얻어 내다, 확보하다** adj **안심하는, 안전한**

ex Click here and sign in to send a **secure** email.
보안 메일을 보내려면 여기를 누르고 로그인 하라.

Danao Blues **secured** a top place in men's track and field.
Danao Blues는 남자 육상 부문에서 1위를 차지했다.

008 ★★★★★

isolate

v **격리하다, 고립시키다**

ex War is never an **isolated** act, nor does it ever happen by a single decision.
전쟁은 결코 고립된 행위가 아니며 단 하나의 결정에 의해 일어나지 않는다.

It refers to an **isolated** development.
그것은 고립된 발전을 의미한다.

009 ★★★★★

notice

n **공지, 통지 / 알아챔** 참고 **notify** v. 알리다, 통지하다

ex How many hours' **notice** is needed?
몇 시간 전에 통지가 필요하는가?

This **notice** has been posted before the construction.
이 공지는 공사 전에 게시되었다.

010 ★★★★★

pillow

n **베개**

ex I need to buy a new **pillow**, preferably a lower one.
나는 가급적 더 낮은 새 베개를 사야 한다.

You can use that cushion as a **pillow**.
저 쿠션을 베개로 써도 된다.

011 ★★★★★

participate

v **참가하다**

ex You can **participate** in any type of volunteer work you want.
당신은 당신이 원하는 어떤 종류의 봉사활동에도 참여할 수 있다.

If you are willing to **participate** in the teamwork, please come.
협동 작업에 참가할 의향이 있다면 와라.

012 ★★★★

omnivorous

adj **잡식성의** 참고 **carnivorous** 육식성의

ex Armadillos are **omnivorous**, feeding on roots and worms.
아르마딜로들은 잡식성이며, 뿌리와 지렁이를 먹는다.

These **omnivorous** animals have one interesting habit when they eat food.
이 잡식성 동물들은 음식을 먹을 때 한 가지 흥미로운 습관을 가지고 있다.

DAY 27

표시는 출제 빈도를 나타냅니다.

013 ★★★★

mock

v 놀리다, 조롱하다 adj 거짓의, 가짜의

ex I feel bad when he **mocks** my French accent.
나는 그가 내 프랑스 억양을 조롱할 때 기분이 나쁘다.

You should probably do a **mock** interview.
당신은 아마 모의 인터뷰를 해야 할 것이다.

014 ★★★★

internship

n 인턴직

ex By any chance could I ask you if you're accepting students for research **internships** this year?
혹시 올해 연구 인턴직에 학생들을 받아주실 수 있는지 여쭤봐도 될까요?

015 ★★★

limb

n 팔다리

ex Doctors and scientists have begun using 3D printing to make special tools for research, and even artificial **limbs** for accident victims!
의사와 과학자들은 연구를 위한 특별한 도구와 심지어 사고 희생자들을 위한 인공 팔다리를 만들기 위해 3D 프린팅을 사용하기 시작했다!

016 ★★★

derive

v …에서 비롯되다, 끌어내다, 얻다

ex Cloud names in English were **derived** from Latin.
영어의 구름 이름들은 라틴어에서 파생되었다.

You can **derive** positive reactions from the audience by doing so.
그렇게 해서 관객들의 긍정적인 반응들을 끌어낼 수 있다.

017 ★★

massiveness

n 거대함, 육중함

ex The reason for this is not the external size and **massiveness** of their works.
그 이유는 그들의 작품의 외적인 규모와 거대함 때문이 아니다.

Its **massiveness** made everyone feel an awe.
그것의 거대함은 모두가 경외심을 갖게 하였다.

018 ★★

neural

adj 신경의

ex The brain seeks to create meaning through establishing or refining existing **neural** networks.
두뇌는 기존의 신경망을 구축하거나 정비하여 의미를 창출하려고 한다.

019 ★★

niche

n 아주 편한[꼭 맞는] 자리[역할/일 등] / 틈새

ex Would you consider working here if we make a **niche** for you?
우리가 너를 위한 자리를 만들면 여기에서 일할 것을 고려할 거니?

They use a broader range of **niches** than species-poor communities.
그들은 종 불량 공동체보다 보다 넓은 범위의 틈새를 이용한다.

020 ★★

parable

n 우화 ㊌ fable 우화

ex Herbert Simon's "**Parable** of the Ant" makes this point very clearly.
Herbert Simon의 "개미의 우화"는 이 점을 매우 명확하게 한다.

Parables give life lessons.
우화들은 삶의 교훈을 준다.

021 ★★

surveillance

n 감시

ex This **surveillance** camera is connected with my phone.
이 감시 카메라는 내 전화기와 연결되어 있다.

You don't have to worry since it is under 24 hour video **surveillance**.
24시간 비디오 감시 중이기 때문에 너는 걱정할 필요 없다.

022 ★★

atmospheric

adj 대기의

ex You might know how **atmospheric** conditions will change by looking at animals' behaviors.
동물들의 행동을 보면 대기 상태가 어떻게 변할지를 알 수도 있다.

023 ★★

constant

adj 끊임없는, 거듭되는

ex The **constant** update and improvement of their functions are necessary.
그 기능들의 지속적인 갱신과 개선이 필요하다.

Their **constant** argument gives me a headache.
그들의 끊임없는 논쟁이 나에게 두통을 준다.

024 ★★

correlation

n 연관성, 상관관계

ex There is a strong **correlation** between standard of living and energy consumption.
생활수준과 에너지 소비에는 강한 연관성이 있다.

★ 표시는 출제 빈도를 나타냅니다.

025 ★★

ethic

n **윤리, 도덕** 참고 **ethnic** 민족의

ex Today, we will discuss social **ethics** in public places.
오늘 우리는 공공장소에서의 사회적 윤리에 대해 토론할 것이다.

Knight developed his theories of freedom, democracy, and **ethics**.
Knight은 자유, 민주주의, 그리고 윤리에 대한 그의 이론을 발전시켰다.

026 ★

doctoral

adj **박사 학위의**

ex The speakers are discussing how time-consuming **doctoral** studies are.
연사들은 박사학위 연구가 얼마나 시간이 걸리는지에 대해 토론하고 있다.

I'm planning to start my **doctoral** studies this year.
나는 올해 박사학위 공부를 시작할 계획이다.

027 ★

encase

v **감싸다[둘러싸다]**

ex The machine perfectly **encases** your clean feet in thick, heavenly, fabric for a fantastic experience.
이 기계는 여러분의 깨끗한 발을 두껍고 천상의 천으로 완벽하게 감싸주어 환상적인 경험을 선사한다.

028 ★

eminent

adj **저명한, 탁월한** ㊒ **prominent** 중요한 ,유명한

ex One of Japan's **eminent** writers struck gold with this fast-paced yet evocative thriller.
일본의 저명한 소설가 중 한 명이 전개가 빠르지만 자극적인 스릴러로 대성공을 거두었다.

029 ★

confound

v **어리둥절하게 만들다**

ex As he continued, it only made me more **confounded.**
그가 계속할수록, 나를 더 어리둥절하게만 만들었다.

To be honest, I was a little **confounded** at that time.
솔직히 말하자면, 나는 그때 조금 어리둥절했었다.

030 ★

fulfill

v **이행하다, 수행하다**

ex People often fail to **fulfill** their New Year's resolutions.
사람들은 종종 새해 결심을 성취하는데 실패한다.

Practice

1. 다음 단어들을 올바르게 연결하세요.

(1) host •	• (a) 공지, 통지
(2) intruder •	• (b) 격리하다
(3) memorize •	• (c) 잡식성의
(4) policy •	• (d) 정책, 방침
(5) secure •	• (e) 얻어 내다
(6) isolate •	• (f) 주최하다, 주인
(7) notice •	• (g) 암기하다
(8) omnivorous •	• (h) 불법 침입자

2. 다음 영어 뜻에 맞게 알맞은 단어를 보기에서 찾아 쓰세요.

eminent ethic correlation surveillance

(1) a reciprocal relation between two or more things

(2) close observation of a person or group

(3) standing above others in quality or position

(4) the principles of right and wrong that are accepted by an individual or a social group

CHAPTER 03 Day 27

SELF TEST

01	intruder	
02		주최하다, 주인
03	policy	
04		패드, 보호대
05	memorize	
06		거리, -가
07	notice	
08		얻어 내다, 확보하다
09	participate	
10		고립시키다
11	pillow	
12		잡식성의
13	mock	
14		팔다리
15	derive	

16		인턴직
17	massiveness	
18		신경의
19	niche	
20		우화
21	atmospheric	
22		감시
23	constant	
24		연관성, 상관관계
25	ethic	
26		박사 학위의
27	eminent	
28		감싸다, 둘러싸다
29	confound	
30		이행하다, 수행하다

DAY 28

색상으로 8품사 구분하기

n	명사	noun	pron	대명사	pronoun
v	동사	verb	adj	형용사	adjective
adv	부사	adverb	conj	접속사	conjunction
prep	전치사	preposition	int	감탄사	interjection

adj	rough	n	substance	adj	tropical
n	viewer	adj	visual	n	advertiser
n	babysitter	n	accuracy	v	prepare
adj	native	v	contain	prep	anti
n	barrel	n	booklet	v	pose
v	pollinate	adv	politically	n	reindeer
v	wriggle	adj	unending	n	doorway
n	bias	v	convey	adj	evocative
adv	oddly	n	biceps	n	asset
n	compassion	v	decree	n	crevice

★ 표시는 출제 빈도를 나타냅니다.

001 ★★★★★

rough

adj **거친, 힘든 / (표면이) 고르지 않은**　　㊌ **tough** 힘든, 어려운

ex How can parents let their kids play these **rough** sports?
어떻게 부모님들이 자녀들이 이런 거친 스포츠를 하도록 내버려 둘 수 있는가?

I'm having a **rough** week with my son.
내 아들과 힘든 한 주를 보내고 있다.

002 ★★★★★

substance

n **물질, 실체**　　㊌ **material** 재료, 물질

ex Diamonds are the hardest **substance** known in the world.
다이아몬드는 세계에서 가장 단단한 물질이다.

Next, heat the **substance** with the lamp.
다음, 램프로 물질을 데워라.

003 ★★★★★

tropical

adj **열대 지방의, 열대의**

ex People who travel to **tropical** countries should visit a doctor to make sure they are immune to diseases.
열대 국가를 여행하는 사람들은 그들이 질병으로부터 면역이 있는지 확인하기 위해 의사를 방문해야 한다.

004 ★★★★★

viewer

n **시청자, ~을 보는 사람**

ex Mesmerized by a fantastic performance, the **viewers** applauded in awe.
환상적인 공연에 매료된 시청자들은 감탄의 박수를 보냈다.

About 111 million **viewers** watched the broadcast of Super Bowl in 2011.
약 1억 1천 1백만 명의 시청자들이 2011년 슈퍼볼 방송을 시청했다.

005 ★★★★★

visual

adj **시각의**　　참고 **visible** (눈에) 보이는, 알아볼 수 있는

ex It also improves your **visual** and verbal skills.
그것은 또한 당신의 시각과 언어 능력도 향상시켜준다.

When is radio generally preferred to **visual** forms of entertainment?
라디오가 일반적으로 시각적 형태의 오락보다 선호되는 때는 언제인가?

006 ★★★★★

advertiser

n **광고주**

ex It is necessary for **advertisers** to build up coverage of their target markets over time.
광고주들은 시간이 지남에 따라 그들의 목표 시장에 대한 범위를 설정할 필요가 있다.

007 

babysitter

n **아이를 봐 주는 사람, 베이비 시터**

ex Our little guy needs a loving, patient **babysitter** to watch him on Wednesdays and Thursdays.
우리 아이는 수요일과 목요일에 사랑스럽고 참을성 있게 아이를 봐줄 수 있는 베이비 시터가 필요하다.

008 

accuracy

n **정확, 정확도**

ex We require people to do repeated operations with extreme precision and **accuracy**.
우리는 사람들이 반복적인 작업을 매우 정밀하고 정확하게 일하기를 요구한다.

009 

prepare

v **준비하다, 대비하다**

ex It is an activity to **prepare** for an emergency situation.
그것은 위급한 상황에 대비하기 위한 활동이다.

I had to work late to **prepare** for my final presentation.
나는 최종 발표를 준비하기 위해 늦게까지 일해야 했다.

010 

native

adj **태어난 곳의, 토박이의** n **…출신인 사람**

ex In other words, a **native** English-speaking man from the UK sounded like a **native** Spanish speaker.
달리 말하면, 영국 출신의 원어민 남자가 스페인어를 모국어로 말하는 것처럼 들렸다.

011 

contain

v **…이 들어있다** ㊤ **include** 포함하다

ex Since humor can easily capture people's attention, commercials tend to **contain** humorous elements, such as funny faces and gestures.
유머는 사람들의 관심을 쉽게 사로잡을 수 있기 때문에, 광고는 재미있는 얼굴이나 몸짓과 같은 유머 요소를 포함하는 경향이 있다.

012 ★★★★★

anti

prep **반대하는**

ex He's been showing some **anti**-social behaviors.
그는 약간 반사회적인 행동을 보여주고 있다.

That is why I will be giving an **Anti**-Doping Awareness Workshop.
그것이 내가 도핑 방지 인식 워크숍을 여는 이유이다.

★ 표시는 출제 빈도를 나타냅니다.

013 ★★★★

barrel

n 통, 한 통의 양

ex The mayor of München opens the first beer **barrel**.
뮌헨 시장이 첫 맥주 통을 연다.

Why is there a **barrel** in the restroom?
왜 화장실에 통이 있는가?

014 ★★★★

booklet

n 소책자 — 유 brochure 책자

ex He did every single prep **booklet** and lived like a hermit for weeks, just reviewing notes.
그는 모든 준비 책자를 만들었고 몇 주 동안 은둔자처럼 지내며 노트만 복습했다.

015 ★★★

pose

v 제기하다 n 포즈[자세]

ex The development of AI **poses** several difficult issues that may not have clear answers.
AI의 개발은 명확한 해답이 없을 수 있는 몇 가지 어려운 문제들을 제기한다.

016 ★★★

pollinate

v 수분하다 — 참고 pollen 꽃가루, 화분

ex The smell attracts insects such as flies and beetles, which **pollinate** the plant.
그 냄새는 파리나 딱정벌레와 같은 곤충들을 끌어들여 식물을 수분시킨다.

017 ★★

politically

adv 정치적으로

ex Those people that possess the highest-quality information are likely to prosper economically, socially, and **politically**.
최고 수준의 정보를 가진 사람들은 경제적, 사회적, 정치적으로 번영할 가능성이 있다.

018 ★★

reindeer

n 순록

ex At ClauWau, contestants must show off their physical endurance and agility by riding on a mechanical **reindeer** without falling off.
ClauWau에서, 참가자들은 떨어지지 않고 기계식 순록을 타면서 그들의 신체적 지구력과 민첩성을 뽐내야 한다.

019 

wriggle

v **꿈틀거리다**

ex The caterpillars **wriggled** as they were picked up by curious children.
호기심 많은 아이들이 애벌레를 주워 들었을 때 그것들은 꿈틀거렸다.

020 

unending

adj **끝이 없는, 영원한**

ex In previous eras, the discovery of new elements brought forth seemingly **unending** numbers of new inventions.
이전 시대에, 새로운 원소들의 발견은 끝이 없어 보이는 많은 새로운 발명품들을 생산했다.

021 

doorway

n **문간, 출입구**

ex There's a big box for you in the **doorway**.
현관에 당신을 위한 큰 상자가 있다.

They put large, wet leaves across the **doorways**.
그들은 크고 젖은 나뭇잎을 문간에 가로놓았다.

022 

bias

n **편견, 편향, 성향** ㊌ **prejudice** 편견

ex This kind of error, where results are always on one side of the real value, is called "**bias.**"
결과값이 항상 실제 값의 한쪽에 있는 이런 종류의 오차를 "편향"이라고 부른다.

023 

convey

v **전달하다**

ex Indeed, large numbers have been found to lack meaning and to be underestimated when making decisions unless they **convey** effect.
실제로, 큰 숫자는 의미가 결여되어 있고, 효과를 나타내지 않는 한 과소평가 되는 것으로 밝혀졌다.

024 ★

evocative

adj **좋은 생각을 떠올리게 하는, ~을 환기시키는** 참고 **evoke** v. 떠올려 주다

ex There is an **evocative** smell coming from somewhere.
어디선가 좋은 생각을 떠올리게 하는 냄새가 난다.

This old blanket is definitely **evocative** of the past.
이 낡은 담요는 확실히 과거를 떠올리게 한다.

DAY 28

★ 표시는 출제 빈도를 나타냅니다.

025 ★

oddly

adv **이상하게, 특이하게**

ex After that, they looked excited and acted **oddly**.
그 후, 그들은 흥분한 것처럼 보였고 이상하게 행동했다.

What is this **oddly** looking clay lump?
이 이상하게 생긴 찰흙 덩어리는 뭐니?

026 ★

biceps

n **이두근**

참고 **triceps** 삼두근

ex Your **biceps** and triceps should be developed simultaneously for muscle balance.
근육의 균형을 위해 당신의 이두근과 삼두근은 동시에 발달되어야 한다.

027 ★

asset

n **자산, 재산**

유 **property** 재산, 소유물

ex To what extent should we count as **assets**?
어느 범위까지를 자산으로 쳐야 하는가?

We should check the values of car **asset** precisely.
우리는 자동차 자산의 가치를 정확히 확인해야 한다.

028 ★

compassion

n **연민, 동정심**

ex Filled with **compassion**, she couldn't resist giving away money.
동정심에 가득 찬 그녀는 돈을 주는 것을 참지 못했다.

Kindness and **compassion** aren't weaknesses.
친절과 동정심은 약점이 아니다.

029 ★

decree

v **명하다, 결정하다** n **법령, 칙령**

유 **edict** 포고령, 칙령

ex Charles II **decreed** that from that point on women would play female parts in English drama.
찰스 2세는 그 시점부터 영국 드라마에서 여성들이 여자 역을 연기할 것이라고 결정했다.

030 ★

crevice

n **틈**

ex After this, cracks and **crevices** can be covered with snow.
이후, 균열과 갈라진 틈이 눈으로 덮일 수 있다.

I guess the bugs keep coming inside through this **crevice**.
내 생각엔 벌레들이 이 틈을 통해서 안으로 들어오는 것 같다.

Practice

1. 다음 단어들을 올바르게 연결하세요.

(1) rough •	• (a) 반대하는
(2) substance •	• (b) 소책자
(3) tropical •	• (c) 수분하다
(4) visual •	• (d) 시각의
(5) accuracy •	• (e) 정확, 정확도
(6) anti •	• (f) 거친, 힘든
(7) booklet •	• (g) 열대 지방의
(8) pollinate •	• (h) 물질, 실체

2. 우리말 뜻에 맞게 괄호에 알맞은 단어를 찾아 O표 하세요.

(1) **It is an activity to (prefer / prepare) for an emergency situation.**
그것은 위급한 상황에 대비하기 위한 활동이다.

(2) **The development of AI (poses / imposes) several difficult issues that may not have clear answers.**
AI의 개발은 명확한 해답이 없을 수 있는 몇 가지 어려운 문제들을 제기한다.

(3) **The mayor of München opens the first beer (barrel / barrier).**
뮌헨 시장이 첫 맥주 통을 연다.

(4) **We should check the values of car (access / asset) precisely.**
우리는 자동차 자산의 가치를 정확히 확인해야 한다.

SELF TEST

01	rough		16		수분하다
02		물질, 실체	17	politically	
03	viewer		18		꿈틀거리다
04		열대 지방의	19	reindeer	
05	advertiser		20		문간, 출입구
06		시각의	21	unending	
07	accuracy		22		전달하다
08		준비하다	23	bias	
09	babysitter		24		이상하게, 특이하게
10		~이 들어있다	25	evocative	
11	native		26		이두근
12		반대하는	27	compassion	
13	barrel		28		자산, 재산
14		제기하다	29	decree	
15	booklet		30		틈

DAY 29

색상으로 8품사 구분하기

n	명사	noun	pron	대명사	pronoun
v	동사	verb	adj	형용사	adjective
adv	부사	adverb	conj	접속사	conjunction
prep	전치사	preposition	int	감탄사	interjection

adv	sometime	n	aircraft	v	buckle
v	convince	n	economy	n	fingerprint
n	campaign	v	define	v	serve
n	stuff	n	expiration	n	commonality
n	objective	n	rainforest	n	reflector
n	plagiarism	n	proportion	n	proverb
adv	sharply	n	totemism	adj	improper
n	harbor	n	governor	adj	fictional
adj	exempt	n	nostalgia	adj	divine
n	plaque	adj	racial	adj	bland

DAY 29

☆ 표시는 출제 빈도를 나타냅니다.

001 ★★★★★

sometime

adv 언젠가

참고 **sometimes** adv. 때때로, 가끔

ex Are you interested in going for a walk **sometime** today?
오늘 언제 산책 갈 생각이 있니?

I'll see you **sometime** tomorrow.
내일 언젠가 뵙겠습니다.

002 ★★★★★

aircraft

n 항공기

ex This early version of the Air Force fighter jet even had its own **aircraft** carrier, used to carry it.
이 초기 버전의 공군 전투기는 심지어 그것을 운반하는 데 사용되는 자체 항공모함까지 가지고 있었다.

003 ★★★★★

buckle

v (버클로) 잠그다 n 버클, 잠금장치

ex Please **buckle** up tightly before the ride sets off.
놀이기구가 출발하기 전 벨트를 꽉 잠그세요.

Did the **buckle** get stuck in the seat again?
버클이 좌석에 또 끼었니?

004 ★★★★★

convince

v 납득시키다, 설득하다

㊲ **persuade** 설득하다

ex He wants to **convince** his local supermarket not to wrap vegetables in plastic.
그는 동네 슈퍼마켓에 채소를 플라스틱으로 포장하지 말라고 설득하고 싶어 한다.

005 ★★★★★

economy

n 경기, 경제

ex The world **economy** is showing signs of growth and is expected to keep growing.
세계 경제가 성장 조짐을 보이고 있으며 앞으로도 계속 성장할 것으로 예상된다.

006 ★★★★★

fingerprint

n 지문

ex **Fingerprints** are different for all humans, and that includes identical twins.
지문은 일란성 쌍둥이를 포함한 모든 사람마다 다르다.

007 ★★★★★

campaign

n 캠페인, 운동[활동]

ex Here, we have some creative **campaign** ideas.
여기 창의적인 캠페인 아이디어가 있다.

No, it's for this **campaign** where you make baby hats.
아니, 그것은 아기 모자를 만드는 이 캠페인을 위한 것이다.

008 ★★★★★

define

v 정의하다, 규정하다

ex Friendship can be difficult to **define**.
우정은 정의하기 어려울 수 있다.

Yet the formulas fail even to **define** their units.
그러나 공식은 심지어 단위를 정의하지도 못한다.

009 ★★★★★

serve

v 제공하다

ex They **serve** pizza on Monday.
그들은 월요일에 피자를 제공한다.

Please don't **serve** food with peanuts or cucumber.
땅콩이나 오이가 들어간 음식을 내놓지 마세요.

010 ★★★★★

stuff

n 물건, 물질

ex You can leave your **stuff** on the table.
테이블 위에 당신의 물건을 두어도 된다.

Half of that **stuff** probably doesn't work anyway.
어쨌든 그 물건의 절반은 아마 작동하지 않을 것이다.

011 ★★★★★

expiration

n 만료, 만기

참고 expiration date 유효 기간

ex The **expiration** date is on the back side of the carton.
유통기한은 상자 뒷면에 적혀 있다.

Do not consume past the **expiration** date.
유통기한 지나서 먹지 마라.

012 ★★★★

commonality

n 공통성, 보통, 평범

ex That children should sleep at some point seems to be the only **commonality**.
아이들이 언젠가 잠을 자야 한다는 것이 유일한 공통점인 것 같다.

★ 표시는 출제 빈도를 나타냅니다.

013 ★★★★

objective

n **목적, 목표** 참고 **object** 반대하다

ex Excessive immersion in battle may temporarily blind commanders and even strategists to the larger **objective** of war.
전투에 지나치게 몰입하면 지휘관은 물론 전략가들까지도 전쟁의 더 큰 목적을 일시적으로 보지 못할 수 있다.

014 ★★★

rainforest

n **(열대) 우림**

ex High in the **rainforest** of Vancouver island are three perfect spheres hanging from the trees.
밴쿠버 섬의 높은 열대우림에는 세 개의 완벽한 구가 나무에 걸려 있다.

015 ★★★

reflector

n **반사면, 반사경**

ex We have new **reflectors** in stock and added one to your back wheel free of charge.
우리는 새 반사경 재고가 있고 당신의 뒷바퀴에 하나를 무료로 추가했다.

016 ★★★

plagiarism

n **표절**

ex What do you make of criticisms of **plagiarism** in your work, both artistic and cultural?
예술적이고 문화적인 당신의 작품에 대한 표절의 비판에 대해 어떻게 생각하는가?

017 ★★

proportion

n **비율, 부분** ㊌ **ratio** 비율, 비

ex A larger **proportion** of inputs is applied during the extraction process.
더 많은 비율의 입력이 추출 과정 동안 적용된다.

Entertainment takes up half of the **proportion**.
유흥이 비율의 반을 차지한다.

018 ★★★

proverb

n **속담**

ex There is an African **proverb** that says, "Till the lions have their historians, tales of hunting will always glorify the hunter".
아프리카 속담에 "사자들이 자신들의 역사가를 갖게 될 때까지, 사냥 이야기는 언제나 사냥하는 자를 미화할 것이다"라는 말이 있다.

019 ★★★

sharply

adv **선명하게, 뚜렷이 / 날카롭게, 신랄하게**

ex The basic aim of a nation at war is to distinguish as **sharply** as possible the act of killing from the act of murder.
전쟁 중인 국가의 기본 목표는 가능한 죽이는 것과 무고한 살인을 명확히 구별하는 것이다.

020 ★★

totemism

n **토템 숭배[신앙]**

ex In the practice of **totemism**, he has suggested, an unlettered humanity "broods upon itself and its place in nature."
토테미즘 관습에서, 그는 글을 읽지 못하는 인류도 "스스로의 존재와 자연 속에서 그들의 위치에 대해 숙고한다" 라고 제시했다.

021 ★★

improper

adj **부당한, 부적절한** ㉥ **proper** 적절한

ex It would be **improper** to leave when other students are still taking exams.
다른 학생들이 아직 시험을 치르고 있을 때 떠나는 것은 부적절할 것이다.

022 ★★

harbor

n **항구, 항만** ㈜ **port** 항구

ex The dynamic **harbor** city of Dar es Salaam is the country's financial and transport capital.
역동적인 항구도시 Dar es Salaam은 그 나라의 금융과 교통의 중심지이다.

023 ★★

governor

n **총독, 주지사**

ex Later he became involved in politics in Pennsylvania and he was soon elected as the **governor**.
후에 그는 펜실베니아에서 정치에 참여하게 되었고, 곧 주지사로 선출되었다.

024 ★★

fictional

adj **허구적인, 소설의**

ex These include **fictional** languages used for books and movies.
여기에는 책과 영화에 사용되는 가상의 언어가 포함된다.

Artistic languages include **fictional** languages used for creative reasons.
예술적 언어에는 창조적인 이유로 사용되는 가상의 언어가 포함된다.

★ 표시는 출제 빈도를 나타냅니다.

025 ★★

exempt

adj 면제되는 v 면제하다

ex Embassy workers are **exempt** from completing the form.
대사관 직원들은 그 양식을 작성하는 것이 면제된다.

It **exempts** take-out bottled drinks from deposit charges.
그것은 테이크아웃 병 음료에 대한 보증금을 면제해 준다.

026 ★

nostalgia

n 향수

ex The holiday season is often a time full of happiness, good food, and **nostalgia**.
휴가철은 종종 행복, 좋은 음식, 그리고 향수로 가득하다.

027 ★

divine

adj 신성한, 아주 훌륭한, 멋진

ex Love is the most **divine** instinct humans have.
사랑은 인간이 가진 가장 신성한 본능이다.

He lived such a **divine** life.
그는 아주 훌륭한 삶을 살았다.

028 ★

plaque

n 플라크[치태]

ex Do you have any dental care products that are effective at getting rid of **plaque**?
플라크 제거에 효과가 있는 치아 관리 제품이 있나요?

029 ★

racial

adj 인종 간의, 민족의 ㊌ **ethnic** 민족의, 종족의

ex We need to take a cautious stance on **racial** issues.
우리는 인종 문제에 대해서 신중한 입장을 취할 필요가 있다.

Public schools tend to have more **racial** diversities than private schools.
공립학교는 사립학교보다 인종적 다양성이 더 많은 경향이 있다.

030 ★

bland

adj 특징 없는, 단조로운 참고 **blend** 섞다, 혼합하다

ex Iced tea without sugar tastes **bland**.
설탕이 안 들어간 아이스티는 맛이 싱겁다.

Practice

1. 다음 단어들을 올바르게 연결하세요.

(1) expiration •	• (a) 항구, 항만
(2) harbor •	• (b) (열대) 우림
(3) aircraft •	• (c) 속담
(4) nostalgia •	• (d) 인종 간의, 민족의
(5) fictional •	• (e) 만료, 만기
(6) rainforest •	• (f) 향수
(7) racial •	• (g) 항공기
(8) proverb •	• (h) 허구적인, 소설의

2. 다음 영어 뜻에 맞게 알맞은 단어를 보기에서 찾아 쓰세요.

plagiarism   commonality   proportion   improper

(1) **It would be ________ to leave when other students are still taking exams.**
다른 학생들이 아직 시험을 치르고 있을 때 떠나는 것은 부적절할 것이다.

(2) **A larger ________ of inputs is applied during the extraction process.**
더 많은 비율의 입력이 추출 과정 동안 적용된다.

(3) **What do you make of criticisms of ________ in your work, both artistic and cultural?**
예술적이고 문화적인 당신의 작품에 대한 표절의 비판에 대해 어떻게 생각하는가?

(4) **That children should sleep at some point seems to be the only ________.**
아이들이 언젠가 잠을 자야 한다는 것이 유일한 공통점인 것 같다.

CHAPTER 03 Day 29

SELF TEST

01	aircraft	
02		언젠가
03	buckle	
04		납득시키다
05	fingerprint	
06		경기, 경제
07	define	
08		캠페인, 운동
09	stuff	
10		제공하다
11	expiration	
12		공통성, 보통
13	plagiarism	
14		목적, 목표
15	rainforest	
16		반사면, 반사경
17	proportion	
18		속담
19	sharply	
20		토템 숭배[신앙]
21	harbor	
22		총독, 주지사
23	improper	
24		허구적인, 소설의
25	exempt	
26		신성한, 멋진
27	nostalgia	
28		플라크, 치태
29	racial	
30		특징 없는

DAY 30

색상으로 8품사 구분하기

n	명사	noun	pron	대명사	pronoun
v	동사	verb	adj	형용사	adjective
adv	부사	adverb	conj	접속사	conjunction
prep	전치사	preposition	int	감탄사	interjection

n	arrangement	v	approve	n	editor
v	elect	adj	rude	n	Britain
n	font	n	stair	n	period
n	crop	n	fellow	n	diameter
n	caller	v	assemble	adj	reflexive
n	prank	n	riot	n	attendant
v	publicize	adv	subconsciously	n	survivorship
adj	energetic	n	pronunciation	n	coordinator
n	buff	adj	hasty	v	innovate
n	maestro	n	abatement	v	occupy

★ 표시는 출제 빈도를 나타냅니다.

001 ★★★★★

arrangement

n 준비, 마련, 합의

참고 **arrange** v. 정리하다, 배열하다

ex There is little international agreement on the best sleep **arrangements** for children.
아이들을 위한 최상의 수면 준비에 대한 국제적인 합의는 거의 없다.

002 ★★★★★

approve

v 찬성하다, 승인하다

ex The 38-minute conflict occurred in 1896 when a Zanzibari ruler got into power whom the British authorities did not **approve** of.
38분간의 분쟁은 1896년 영국 당국이 승인하지 않은 Zanzibari 통치자가 권력을 잡았을 때 발생했다.

003 ★★★★★

editor

n 편집자

ex The yearbook **editors** took a poll among all Grade 9 students.
졸업앨범 편집자들은 모든 9학년 학생들을 대상으로 투표를 실시했다.

You can talk to the head **editor** about the cover design.
표지 디자인에 대해 편집장과 얘기해 보세요.

004 ★★★★★

elect

v 선출하다

참고 **vote** 투표하다

ex Most power lies with **elected** officials instead of with the king or queen.
대부분의 권력은 왕이나 왕비 대신에 선출된 관료들에게 있다.

He was soon **elected** as the governor of Massachusetts.
그는 곧 메사추세츠 주지사로 선출되었다.

005 ★★★★★

rude

adj 무례한

반 **polite** 예의 바른, 공손한

ex Our boss is too insensitive and **rude**.
우리 사장님은 너무 무감각하고 무례하다.

Her **rude** remarks were severely condemned.
그녀의 무례한 발언들은 강하게 비난받았다.

006 ★★★★★

Britain

n 브리튼 섬

ex “Great **Britain**” refers to the mass of land that includes England, Scotland, and Wales.
“그레이트 브리튼”은 잉글랜드, 스코틀랜드, 웨일스를 포함하는 땅 덩어리를 가리킨다.

007 ★★★★★

font

n 글꼴, 서체, 폰트

ex You probably noticed that the **font** is too small.
아마 너는 글꼴이 너무 작다는 것을 눈치 챘을 것이다.

Why don't we change the color of the **font** so that it will be more visible?
더 잘 보이도록 글꼴의 색을 바꾸는 게 어떻니?

008 ★★★★★

stair

n 계단

ex Together we went down the apartment **stairs**.
우리는 함께 아파트 계단을 내려갔다.

My knees hurt, so let's use the elevator instead of the **stairs**.
내 무릎이 아프니까 계단 말고 엘레베이터를 쓰자.

009 ★★★★★

period

n 기간, 시기, 시대

ex Many people go shopping during this **period**.
이 기간 동안 많은 사람들이 쇼핑을 한다.

Delivery will stop during the holiday **period**.
연휴 기간 동안 배송이 중단될 것이다.

010 ★★★★★

crop

n 작물, 수확량, 작황 ㊜ **harvest** 수확, 수확하다

ex That is because **crop** failures of this food caused extreme hunger in Ireland in the 19th century.
그것은 19세기 아일랜드에서 이 음식의 작황이 극심한 기근을 야기시켰기 때문이다.

011 ★★★★★

fellow

n 동료, 친구 참고 **fellowship** n. 유대감, 동료애

ex She would also go on to marry her **fellow** actor, Harry Solter.
그녀는 또한 동료 배우인 Harry Solter와 결혼하기도 했다.

Thanks, my **fellow** directors, for joining the meeting today.
동료 이사님들, 오늘 회의에 참석해 주셔서 감사합니다.

012 ★★★★

diameter

n 지름, 배율 참고 **radius** 반지름

ex Each sphere is around 10 meters in **diameter**.
각각의 구는 지름이 약 10미터이다.

It can grow up to 3 feet in **diameter** and weigh up to 15 pounds.
그것은 지름이 3피트까지 자랄 수 있고 무게는 15파운드까지 나갈 수 있다.

★ 표시는 출제 빈도를 나타냅니다.

013 ★★★★

caller

n 전화를 건 사람, 방문객

ex When accounts receivable agents are busy, what is the **caller** advised to do?
매출채권 대리인이 바쁠 때, 전화를 건 사람은 어떻게 하는 것이 좋겠는가?

014 ★★★★

assemble

v 모으다, 조립하다

ex But the problem is that we have to **assemble** everything ourselves.
하지만 문제는 우리가 직접 모든 것을 조립해야 한다는 것이다.

The ironing board is simple to **assemble**.
그 다리미판은 조립이 간단하다.

015 ★★★

reflexive

adj 반사적인

ex Up to 35% of people experience **reflexive** sneezing when they look at a light.
35%의 사람들이 빛을 볼 때 반사적인 재채기를 경험한다.

016 ★★★

prank

n 장난

ex And students, if one of you has taken Piney as a **prank**, I advise you to return our mascot immediately.
그리고 학생들, 여러분 중 한 명이 Piney를 장난으로 가져갔다면, 우리의 마스코트를 즉시 돌려줄 것을 권고한다.

017 ★★★

riot

n 폭동 ㊒ **revolt** 반란, 봉기

ex When the Vancouver ice hockey team failed to win the NHL trophy in 2011, **riots** happened for several days.
2011년 밴쿠버 아이스하키 팀이 NHL 우승 트로피를 따는 것에 실패했을 때, 며칠 동안 폭동이 일어났다.

018 ★★★

attendant

n 종업원, 안내원 참고 **attendee** n. 참석자

ex Gloved **attendants** hand the peppers to the contestants on plates.
장갑을 낀 안내원들이 참가자들의 접시 위에 고추를 건네준다.

One of the **attendants** might have an extra brochure.
안내원들 중 한 명이 여분의 브로셔를 가지고 있을 수 있다.

019 ★★

publicize

v **알리다, 홍보하다**

ex Social media services also enabled people to **publicize** their views on new songs.
소셜 미디어 서비스는 또한 사람들이 신곡에 대한 그들의 견해를 알릴 수 있게 했다.

---

020 

subconsciously

adv **무의식적으로** 참고 **consciously** adv. 의식적으로

ex It probably happened because over time, experimenters **subconsciously** adjusted their results to match what they expected to find.
시간이 지남에 따라 실험자들이 무의식적으로 결과를 예상한 것과 일치하도록 조정했기 때문에 그런 일이 일어났을 것이다.

---

021 

survivorship

n **생존, 잔존**

ex The young must locate, identify, and settle in a habitat that satisfies not only **survivorship** but reproductive needs as well.
새끼는 생존뿐만 아니라 생식 욕구도 충족시키는 서식지를 찾아내어, 확인하고, 정착해야 한다.

---

022 

energetic

adj **활동적인** ㊜ **vigorous** 활발한, 건강한

ex Seeking a babysitter for 3 **energetic** children for all-day Saturdays is not easy.
토요일 하루 종일 활기찬 3명의 아이들을 위한 베이비시터 구하기는 쉽지 않다.

---

023 

pronunciation

n **발음**

ex This is a bad luck number in Eastern cultures because its **pronunciation** in Chinese is very similar to the word death.
그것의 중국어 발음이 죽음이라는 단어와 매우 유사하기 때문에 이것은 동양 문화에서 불운한 숫자이다.

---

024 

coordinator

n **조정자, 담당자, 코디네이터**

ex They wrote a letter to the program **coordinator**.
그들은 프로그램 담당자에게 편지를 썼다.

The account **coordinator** will be in contact with you soon.
계좌 담당자가 당신에게 곧 연락을 할 것이다.

★ 표시는 출제 빈도를 나타냅니다.

025 ★★

buff

n —광, 애호가

ex In 1660, King Charles II, who was a theater **buff**, granted licenses to two theater companies.
1660년, 연극광이었던 찰스 2세는 두 개의 극단에 라이선스를 수여했다.

026 ★

hasty

adj 서두른, 성급한

ex Think about all the consequences of your **hasty** decision.
너의 성급한 결정의 모든 결과들을 생각해라.

No wonder her departure was **hasty**.
어쩐지 그녀의 출발이 성급하더라.

027 ★

innovate

v 혁신하다, 획기적으로 하다

ex 80% of them is to keep our traditional ways and the rest 20% of them is to **innovate** our goods restlessly.
그들 중 80%는 우리의 전통적인 방식을 유지하려는 것이고 나머지 20%는 우리의 상품을 쉼 없이 혁신하려는 것이다.

028 ★

maestro

n 거장, 지휘자

ex We have a lineup of eight different live bands playing, starring hip hop **maestro** Red and the Electric Sound Burners.
힙합의 거장 Red와 Electric Sound Burners 등이 출연하는 8개의 라이브 밴드로 구성된 라인업이 있다.

029 ★

abatement

n 감소, 경감, 완화 참고 **abate** v. 약해지다, 약화시키다

ex Carbon credits for forest preservation would combine aid to poorer countries with one of the most cost-effective forms of **abatement** policy.
산림보존을 위한 탄소배출권은 가난한 나라에 대한 원조를 가장 비용 효율적인 형태의 완화 정책과 결합할 것이다.

030 ★

occupy

v 차지하다, 사용하다

ex I think Conference Room 2 might be **occupied** for the next hour.
2번 회의실이 다음 한 시간 동안 사용 중일 것이다.

Unfortunately, all of the seats are **occupied**.
불행히도, 모든 좌석이 사용 중이다.

Practice

1. 다음 단어들을 올바르게 연결하세요.

(1) arrangement •		• (a) 기간, 시기, 시대
(2) approve •		• (b) 지름, 배율
(3) elect •		• (c) 동료, 친구
(4) rude •		• (d) 준비, 마련, 합의
(5) period •		• (e) 무례한
(6) crop •		• (f) 선출하다
(7) fellow •		• (g) 찬성하다
(8) diameter •		• (h) 작물, 수확량

2. 다음 영어 뜻에 맞게 알맞은 단어를 보기에서 찾아 쓰세요.

abatement   energetic   pronunciation   buff

(1) the manner in which someone utters a word

(2) an ardent follower and admirer

(3) operating with or marked by vigor or effect

(4) the act or process of reducing

SELF TEST

01	approve		16		폭동
02		준비, 마련, 합의	17	prank	
03	editor		18		종업원, 안내원
04		선출하다	19	subconsciously	
05	rude		20		알리다, 홍보하다
06		브리튼 섬	21	energetic	
07	font		22		생존, 잔존
08		계단	23	pronunciation	
09	period		24		조정자, 담당자
10		동료, 친구	25	buff	
11	crop		26		서두른, 성급한
12		지름, 배율	27	maestro	
13	assemble		28		혁신하다
14		전화를 건 사람	29	abatement	
15	reflexive		30		차지하다

TOSEL 실전문제 ③

PART 8. General Reading Comprehension

DIRECTIONS: In this portion of the test, you will be provided with one longer reading passages. For the passage, complete the blanks in the passage summary using the words provided. Fill in your choices in the corresponding spaces on your answer sheet.

• TOSEL 65회 기출

1. Read the passage and answer the questions.

Bobcats are meat-eating wildcats that are quite common in North America. However, despite their large population numbers, they are rarely seen by humans, perhaps because they are nocturnal. These elusive animals are approximately twice the size of domestic house cats. Their furry coats are usually brown or a brownish red color. Bobcats are extremely powerful hunters, and are capable of capturing prey much larger than themselves. They sneak up on prey and jump on their victims at the last minute, with leaps of up to 3 meters. Bobcats are solitary animals. Unlike dogs or wolves, who travel in packs, bobcats travel and hunt alone.

Summary:

Bobcats are __[A]__, undomesticated cats that are populous in North America. They do not often get spotted by people. Most bobcats have brown or brownish fur. They are good at hunting and can catch prey that are bigger than their body size. They __[B]__ approach their prey. They also travel alone.

1. Choose the most suitable word for blank [A], connecting the summary to the passage.

(A) implicit

(B) cautious

(C) carnivorous

(D) monumental

2. Choose the most suitable word for blank [B], connecting the summary to the passage.

(A) sharply

(B) stealthily

(C) politically

(D) inevitably

CHAPTER 04

DAY 31

색상으로 8품사 구분하기

n	**명사**	noun	pron	**대명사**	pronoun
v	**동사**	verb	adj	**형용사**	adjective
adv	**부사**	adverb	conj	**접속사**	conjunction
prep	**전치사**	preposition	int	**감탄사**	interjection

adv	seriously	v	evacuate	adj	humble
n	knight	adj	mandatory	adj	outer
n	film	adj	general	v	prefer
adv	afterward	n	ballot	v	choke
n	willingness	adj	ubiquitous	adj	trivial
n	attire	n	chronicle	v	dedicate
v	electrify	n	decency	adv	aboard
n	behalf	n	chord	n	acne
n	bait	n	circuit	n	darkness
adj	accurate	v	lighten	adj	exhilarating

DAY 31

★ 표시는 출제 빈도를 나타냅니다.

001 ★★★★★

seriously

adv **심각하게, 진지하게**

ex As the line between game and reality blurs, gamers take what happens in their fantasy worlds more **seriously**.
게임과 현실 사이의 경계가 모호해짐에 따라 게이머들은 공상의 세계에서 일어나는 일들을 더욱 진지하게 받아들인다.

002 ★★★★★

evacuate

v **대피시키다**

참고 **vacate** 비우다, 떠나다

ex About 200,000 people in high-risk areas were **evacuated**.
고위험 지역에 있던 약 20만명의 사람들이 대피했다.

Please follow the safety measures when **evacuating**.
대피 시 안전 조치를 따르십시오.

003 ★★★★★

humble

adj **겸손한, 초라한**

㊀ **modest** 겸손한

ex The name Francis comes from a 13th century monk who was honest, **humble**, and simple.
Francis라는 이름은 정직하고 겸손하고 소박한 13세기 수도사의 이름에서 유래했다.

004 ★★★★★

knight

n **기사**

ex They fought bravely until finally one knocked the other **knight**'s helmet off.
그들은 마침내 한 기사가 다른 기사의 헬멧을 벗기기 전까지 용감하게 싸웠다.

Fighting against a fierce dragon took all of the **knight**'s bravery.
사나운 용과 싸우는 것은 기사의 모든 용기를 필요로 했다.

005 ★★★★★

mandatory

adj **의무적인**

㊀ **compulsory** 강제적인

ex There was a heated debate over the **mandatory** P.E. class.
의무적인 체육 수업에 대한 열띤 논쟁이 있었다.

School uniform should be **mandatory**.
학교 교복 착용은 의무화되어야 한다.

006 ★★★★★

outer

adj **바깥 표면의, 외부의**

ex Then the owner puts his own **outer** clothing near the camel.
그리고 나서 주인은 자신의 겉옷을 낙타 근처에 둔다.

The tree gets its colors by shedding its **outer** layers.
그 나무는 겉껍질을 벗음으로써 색깔을 얻는다.

007 ★★★★★

film

n **영화** 참고 **firm** 회사

ex I have to finish reading three books for my **film** class.
나는 영화 수업을 위해 책 세 권을 읽어야 한다.

We are hoping to win a lot of praise for our new short **film**.
우리는 우리의 새 단편 영화로 많은 찬사를 받기를 바라고 있다.

---

008 ★★★★★

general

adj **일반적인** n **장군**

ex As a **general** rule, big trees pump out more oxygen faster.
일반적으로, 큰 나무들은 더 많은 산소를 더 빨리 배출한다.

The Greek **general** Alexander, though, had an idea.
그러나 그리스의 장군 Alexander는 아이디어가 있었다.

---

009 ★★★★★

prefer

v **선호하다**

ex Plus, I **prefer** lightweight socks when I skate.
게다가, 나는 스케이트를 탈 때 가벼운 양말을 더 선호한다.

Which do you **prefer**, blue jeans or black pants?
청바지 아니면 검정 바지 중 어떤 것을 선호하니?

---

010 ★★★★

afterward

adv **나중에, 그 후에**

ex **Afterward**, they avoid eating, drinking and talking together.
그 후, 그들은 함께 먹고, 마시고, 이야기하는 것을 피한다.

You feel bad **afterward** when you do something you shouldn't.
하지 말아야 할 일을 하고 나면 기분이 안 좋아진다.

---

011 ★★★★

ballot

n **투표용지 / 무기명 투표**

ex They have a **ballot** box in front of the student union building.
학생회관 앞에 투표함이 있다.

Have you decided which party you're casting your **ballot** for?
어느 정당에 투표할 건지 결정했니?

---

012 ★★★★

choke

v **숨이 막히다** 참고 **chock** 쐐기

ex The bigger pieces of plastic can **choke** and kill seabirds, fish and other animals.
더 큰 플라스틱 조각들은 바닷새, 물고기 그리고 다른 동물들을 질식시키고 죽일 수 있다.

★ 표시는 출제 빈도를 나타냅니다.

013 ★★★

willingness

n **기꺼이 하는 마음**

ex True friends have the **willingness** to listen to whatever their friends are saying.
진정한 친구는 친구들이 무슨 말을 하든 기꺼이 들어준다.

014 ★★★

ubiquitous

adj **어디에나 있는** ㊒ **omnipresent** 어디에나 있는

ex Dangerous animals such as illness-bearing mosquitoes are far more **ubiquitous** and therefore have a higher kill rate.
질병을 가진 모기 같은 위험한 동물들은 훨씬 더 어디에나 있기 때문에 살생률이 더 높다.

015 ★★★

trivial

adj **사소한** ㊒ **trifling** 사소한

ex According to the chart, 22% of worries are about events that are very **trivial** and unimportant.
차트에 따르면, 걱정의 22%는 매우 사소하고 중요하지 않은 사건에 대한 것이다.

016 ★★★

attire

n **의복, 복장**

ex Only formal business **attire** will be fine.
격식 있는 복장만이 허용된다.

Ripped jeans might not be appropriate for church **attire**.
찢어진 청바지는 교회 복장으로 적합하지 않을 수 있다.

017 ★★

chronicle

n **연대기**

ex King James was the author of a **chronicle** of his own life, which is a very fine example of autobiographical literature.
James 왕은 그의 삶의 연대기의 작가였고, 그것은 자서전 문학의 아주 좋은 예시이다.

018 ★★

dedicate

v **바치다, 헌신하다** 참고 **delicate** 연약한

ex Rather, to many of those who have **dedicated** their lives to studying minerals, other options are far more intriguing than a diamond.
오히려, 광물 연구에 일생을 바친 많은 사람들에게, 다른 선택지들은 다이아몬드보다 훨씬 더 흥미롭다.

019 ★★

electrify

v **전기로 움직이게 하다 / 열광시키다**

ex The red button will pause the function of **electrifying** the handle.
빨간 버튼은 손잡이를 전기로 움직이게 하는 기능을 잠시 멈추게 할 것이다.

Certain substances could be **electrified** by friction.
특정한 물질들은 마찰에 의해 전기로 움직일 수 있다.

020 ★

decency

n **체면, 품위, 예절**

ex His behavior showed a total lack of common **decency**.
그의 행동에는 상식적인 체면이라고는 전혀 찾아볼 수 없었다.

021 ★

aboard

adv **탄, 탑승한**

참고 **abroad** 해외로

ex Once the killed prey had been hauled **aboard**, getting its body back to the tribal camp would have been far easier by boat than on land.
일단 죽은 먹이가 배에 실려 갔다면, 그것의 시체를 부족의 수용소로 돌려보내는 것이 육지에서보다 배를 타고 가는 것이 훨씬 쉬웠을 것이다.

022 ★

behalf

n **이익, 지지**

참고 **on behalf of** ~을 대표하여

ex Again, on **behalf** of our museum, we appreciate your donation of the precious artworks.
다시 한 번, 저희 박물관을 대표하여, 귀중한 미술작품들을 기부해 주셔서 감사합니다.

023 ★

chord

n **화음 / 심금, 감정**

참고 **strike a chord** 심금을 울리다

ex It was a **chord** of different kinds of musical instruments.
그것은 다른 종류의 악기의 화음이었다.

To human eyes, these greetings strike a familiar **chord**.
사람의 눈에는 이런 인사말이 심금을 울린다.

024 ★

acne

n **여드름**

ex This cream will soothe the **acne** on your face.
이 크림은 너의 얼굴의 여드름을 진정시킬 것이다.

I have an appointment with the dermatologist because of worsened **acne**.
나는 심해진 여드름 때문에 피부과 의사와 예약을 했다.

★ 표시는 출제 빈도를 나타냅니다.

025 ★

bait

n 미끼 v 미끼를 놓다

ex Okay, so then let me show you how to hook the **bait**.
좋아, 그럼 내가 미끼를 어떻게 거는지 보여줄게.

I bet she will never take the **bait** you set up.
그녀가 네가 놓은 미끼를 잡지 않을 것을 장담해.

026 ★

circuit

n 회로, 순환

ex When the electric **circuit** is open, the electricity will stop flowing and the connection will be lost.
전기 회로가 열리면, 전기가 흐르는 것이 멈추고 연결이 끊길 것이다.

027 ★

darkness

n 어둠, 암흑

ex Every 29.53 days (a lunar month), the moon goes through a cycle of **darkness**, light, and different shapes to the human eye.
매 29.53일(태음월)마다 달은 인간의 눈으로 보기에 암흑, 밝음, 그리고 다른 모양의 주기를 거친다.

028 ★

accurate

adj 정확한, 정밀한

ex Our point is that for a given purpose, other measurements can be more **accurate**.
우리의 요점은 주어진 목적을 위해 다른 측정법들이 더 정확할 수 있다는 것이다.

029 ★

lighten

v 밝게 하다

ex Do you want me to **lighten** up the colors on the banner?
내가 현수막의 색상을 밝게 해줄까?

Could you **lighten** the background color of the front page?
첫 장의 배경색을 밝게 해줄래?

030 ★

exhilarating

adj 아주 신나는 반 **depressing** 우울한

ex Nevertheless, a walk across a suspension bridge today is still an **exhilarating** experience.
그럼에도 불구하고, 오늘날 현수교를 건너는 것은 여전히 신나는 경험이다.

Practice

1. 다음 단어들을 올바르게 연결하세요.

(1) evacuate	•	• (a) 의무적인
(2) lighten	•	• (b) 일반적인, 장군
(3) decency	•	• (c) 투표용지
(4) dedicate	•	• (d) 대피시키다
(5) attire	•	• (e) 의복, 복장
(6) ballot	•	• (f) 바치다, 헌신하다
(7) general	•	• (g) 체면, 품위, 예절
(8) mandatory	•	• (h) 밝게 하다

2. 우리말 뜻에 맞게 괄호에 알맞은 단어를 찾아 O표 하세요.

(1) **Our point is that for a given purpose, other measurements can be more (accurate / adequate).**
우리의 요점은 주어진 목적을 위해 다른 측정법들이 더 정확할 수 있다는 것이다.

(2) **Nevertheless, a walk across a suspension bridge today is still an (depressing / exhilarating)experience.**
그럼에도 불구하고, 오늘날 현수교를 건너는 것은 여전히 신나는 경험이다.

(3) **The bigger pieces of plastic can (choke / chock) and kill seabirds, fish and other animals.**
더 큰 플라스틱 조각들은 바닷새, 물고기 그리고 다른 동물들을 질식시키고 죽일 수 있다.

(4) **We are hoping to win a lot of praise for our new short (film / firm).**
우리는 우리의 새 단편 영화로 많은 찬사를 받기를 바라고 있다.

SELF TEST

01	seriously	
02		의복, 복장
03	evacuate	
04		연대기
05	humble	
06		바치다, 헌신하다
07	knight	
08		열광시키다
09	mandatory	
10		체면, 품위
11	outer	
12		탄, 탑승한
13	film	
14		이익, 지지
15	general	
16		심금, 감정
17	prefer	
18		여드름
19	afterward	
20		미끼, 미끼를 놓다
21	ballot	
22		순환, 회로
23	choke	
24		어둠, 암흑
25	willingness	
26		정확한, 정밀한
27	ubiquitous	
28		밝게 하다
29	trivial	
30		아주 신나는

DAY 32

색상으로 8품사 구분하기

n	**명사**	noun	pron	**대명사**	pronoun
v	**동사**	verb	adj	**형용사**	adjective
adv	**부사**	adverb	conj	**접속사**	conjunction
prep	**전치사**	preposition	int	**감탄사**	interjection

n	sickness	n	reduction	v	shift
v	abandon	adj	brief	v	injure
v	decline	n	concentration	adj	eager
n	trail	adj	urgent	n	weed
v	extract	n	belief	v	doze
v	entitle	v	fade	n	gap
adv	hereby	v	dismiss	n	consent
v	enact	adj	fond	n	cubism
n	delegate	n	bribe	n	corruption
n	applause	n	retention	n	privilege

DAY 32

★ 표시는 출제 빈도를 나타냅니다.

001 ★★★★★

sickness

n 질병, 아픔 ㊌ **illness** 병

ex The goal of alternative medicine is to prevent **sickness**, not to cure it.
대체의학의 목표는 병을 치료하는 것이 아니라 병을 예방하는 것이다.

We need to bring chewable motion **sickness** pills for our kid.
우리는 우리 아이를 위해 씹을 수 있는 멀미약을 가져가야 해.

002 ★★★★★

reduction

n 축소, 감소 참고 **reduce** v. 줄이다

ex There is typically a **reduction** in exports of our products after the holiday rush.
명절 성수기 이후 우리 제품의 수출이 일반적으로 감소한다.

003 ★★★★★

shift

v 이동하다 n 교대 근무

ex As the oceans warm, though, the currents may **shift**, or simply stop flowing altogether.
그러나, 바다가 따뜻해지면, 조류가 이동하거나, 아니면 아예 흐름을 멈출 수도 있다.

004 ★★★★★

abandon

v 버리다 ㊌ **desert** 버리다

ex The **abandoned** streets of this town still have smoke coming out of them after 50 years.
이 마을의 버려진 거리에는 50년이 지난 지금도 여전히 연기가 피어오르고 있다.

005 ★★★★★

brief

adj 짧은, 간단한

ex He also wrote a **brief** introduction to economics entitled “The Economic Organization”.
그는 또한 "경제 조직"이라는 제목의 경제학에 대한 간단한 서론도 썼다.

006 ★★★★★

injure

v 부상을 입다, 해치다 참고 **injury** n. 부상

ex It looks like it’s been **injured** badly.
심하게 다친 것 같아.

During one of their films, Lawrence was seriously **injured**.
영화를 찍는 중에 Lawrence는 심각한 부상을 입었다.

007 ★★★★

decline

v 줄어들다 n 감소

ex The population has **declined** since the Western explorers first visited the islands.
서양 탐험가들이 처음 그 섬을 방문한 이후로 인구는 감소해왔다.

008 ★★★★

concentration

n 집중 ㊍ **attention** 주의, 주의력

ex Team, today I want maximum **concentration**.
팀, 오늘은 최대한 집중해 주세요.

To optimize my **concentration**, I moved my seat to an isolated spot.
나의 집중력을 최적화하기 위해, 나는 동떨어진 곳으로 자리를 옮겼다.

009 ★★★★

eager

adj 열렬한, 간절히 바라는

ex I'm so **eager** to see him sing in person.
나는 그가 직접 노래하는 것을 간절히 보고 싶다.

Be careful not to crash into **eager** crowds.
열광하는 군중들과 부딪히지 않도록 조심해라.

010 ★★★

trail

n 산길, 루트[코스]

ex We had a great time at Pasong Pond and enjoyed its beautiful **trails**.
우리는 Pasong 연못에서 즐거운 시간을 보냈고 아름다운 오솔길을 즐겼다.

Her family went on a **trail** hike.
그녀의 가족은 트레킹 하러 갔다.

011 ★★★

urgent

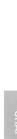

adj 긴급한 참고 **urgency** n. 긴급, 위기

ex Please gather in Room 3 for an **urgent** meeting.
긴급한 회의를 위해 3번 방으로 모여주세요.

Alicia left a message that she had something **urgent** to tell me.
Alicia는 나에게 긴급히 할 말이 있다는 메시지를 남겼다.

012 ★★★

weed

n 잡초 v 잡초를 뽑다

ex Use our specially made chemical to kill the **weeds** instantly.
잡초를 죽이기 위해 특별히 만들어진 우리 화학품을 사용해라.

We do what we can to **weed** out scammers.
우리는 사기범을 제거하기 위해 할 수 있는 것을 한다.

★ 표시는 출제 빈도를 나타냅니다.

013 ★★★

extract

v 뽑다, 추출하다

참고 **abstract** 추상적인

ex The amount of **extracted** oil is the same as that of processed oil.
추출된 기름의 양은 가공된 기름의 양과 같다.

The process of **extracting** crude oil from oil reserves is complicated.
석유 매장량에서 원유를 추출하는 과정이 복잡하다.

014 ★★

belief

n 신념, 믿음

ex The most common **belief** is that these words actually came from baby talk.
가장 일반적인 믿음은 이 단어들이 실제로 아기들의 말에서 나왔다는 것이다.

015 ★★

doze

v 깜빡 잠이 들다, 졸다 n 잠깐 잠, 낮잠

ex I apologize, but I **dozed** off for a few minutes while you were briefing.
미안하지만, 너가 브리핑할 때 몇 분 정도 깜빡 잠이 들었어.

Melanie's sweet voice woke me up from a **doze**.
Melanie의 달콤한 목소리가 나를 낮잠으로부터 깨웠다.

016 ★★

entitle

v 자격을 주다

유 **authorize** 권위를 부여하다

ex You are **entitled** to 2 free bulky yard waste collections per year.
당신은 매년 두 개의 부피가 큰 실외 쓰레기 수집을 무료로 할 수 있는 자격이 있다.

But am I not **entitled** to some money for necessities until it arrives?
하지만 물건이 도착할 때까지 필수품에 대한 돈을 받을 자격이 있지 않나요?

017 ★★

fade

v 서서히 사라지다, 점점 희미해지다

ex It's just a temporary tattoo, so it will **fade** over time.
그것은 일시적인 문신일 뿐이므로 시간이 지나면 희미해질 것이다.

Sadly, even the good memory **fades** away someday.
슬프게도, 좋은 기억조차도 언젠가 점점 희미해진다.

018 ★★

gap

n 틈, 공백[차이]

ex I feel like using a dental floss is making a **gap** between my teeth.
치실을 사용하는 것이 치아 사이에 틈을 만드는 것 같아.

It must be a generation **gap** in musical taste.
그것은 음악 취향의 세대 차이임에 틀림없다.

019 ★★

hereby

adv **이에 의하여, 이로써** 참고 **herein** 여기에

ex I **hereby** declare that all the information I have provided here is correct.
나는 이로써 이곳에 제공한 모든 정보가 정확함을 선언합니다.

The new bill is **hereby** effective in our town as of today.
이로써 오늘부로 새로운 법안이 우리 마을에서 효력이 생긴다.

020 ★

dismiss

v **묵살[일축]하다** 참고 **discharge** 해고하다

ex Minorities tend not to have much power or status and may even be **dismissed** as extremists or simply weirdos.
소수민족들은 많은 권력이나 지위를 갖지 못하는 경향이 있고 심지어 극단주의자나 단순한 괴짜로 일축될 수도 있다.

021 ★

consent

n **동의[허락], 합의** v **동의하다**

ex Subjects must give their informed, written **consent**.
피실험자는 반드시 정보에 입각한 서면 동의를 해야 한다.

Children under 10 need parent's **consent** to attend the trip.
10살 아래의 어린이들은 여행에 참석하기 위해 부모의 동의가 필요하다.

022 

enact

v **제정하다, 일어나다**

ex Instances of humor serve to **enact** bonds among organization members.
유머의 사례들은 조직 구성원들 사이에 유대감을 형성하는 역할을 한다.

Each colony was allowed to **enact** the laws it desired.
각 식민지들은 그들이 원하는 법들을 제정할 수 있도록 허가되었다.

023 

fond

adj **좋아하는[즐기는]**

ex Native peoples of Amazonia are **fond** of their personal autonomy and notably allergic to any obvious expression of coercion.
아마조니아 원주민들은 그들의 개인적인 자율성을 좋아하고 특히 강요의 표현에 대해 명백히 질색한다.

024 

cubism

n **입체파, 큐비즘**

ex Japonism became a part of quintessential European art trends from impressionism to the rise of Picasso's **Cubism**.
자포니즘은 인상주의에서 피카소의 입체주의의 발흥에 이르기까지 유럽 미술의 본질적인 경향의 일부가 되었다.

★ 표시는 출제 빈도를 나타냅니다.

025 ★

delegate

n 대표 v 위임하다

ex She was appointed as a **delegate** for the international exchange program.
그녀는 국제 교류 프로그램의 대표자로 임명되었다.

Try **delegating** some tasks to others.
일부 작업을 다른 이들에게 위임해 보아라.

026 ★

bribe

n 뇌물 v 뇌물을 주다

참고 **bribe** 신부

ex Some influential people will always try to pull some strings or **bribe** others to get what they want.
어떤 영향력 있는 사람들은 원하는 것을 얻기 위해 항상 배후에서 조종하거나 다른 사람들에게 뇌물을 주려고 할 것이다.

027 ★

corruption

n 부패[타락]

ex Many voters want a new president who can root out all the **corruption** in the bureaucracy.
많은 유권자들은 관료주의의 모든 부패를 뿌리뽑을 수 있는 새로운 대통령을 원한다.

028 ★

applause

n 박수

ex Let's give the performers a big round of **applause**!
공연자들에게 큰 박수를 보내자!

Such **applause** from the audience made me excited.
관중으로부터의 그러한 박수가 나를 흥분하게 만들었다.

029 ★

retention

n 보유[유지] / 기억력

참고 **retain** v. 유지하다

ex The app will make games and exercises for you to drill the words for better **retention**.
그 앱은 더 나은 기억을 위해 단어들을 반복 연습할 수 있도록 게임과 활동을 만들어 줄 것이다.

030 ★

privilege

n 특권

ex The lifeguard has asked everyone to abide by the listed pool rules or risk losing their pool **privileges** for an entire week.
구조대원은 모든 사람들에게 수영장 규칙을 지키거나 지키지 않으면 일주일 내내 수영장 권한을 잃을 위험을 감수하라고 말했다.

Practice

1. 다음 단어들을 올바르게 연결하세요.

(1) bribe	(a) 축소, 감소
(2) dismiss	(b) 부상을 입다
(3) concentration	(c) 집중
(4) injure	(d) 뽑다, 추출하다
(5) reduction	(e) 자격을 주다
(6) delegate	(f) 묵살[일축]하다
(7) entitle	(g) 대표, 위임하다
(8) extract	(h) 뇌물, 뇌물을 주다

2. 우리말 뜻에 맞게 빈칸에 알맞은 단어를 보기에서 찾아 쓰세요.

sickness gap urgent corruption

(1) Many voters want a new president who can root out all the ________ in the bureaucracy.
많은 유권자들은 관료주의의 모든 부패를 뿌리뽑을 수 있는 새로운 대통령을 원한다.

(2) It must be a generation ________ in musical taste.
그것은 음악 취향의 세대 차이임에 틀림없다.

(3) Alicia left a message that she had something ________ to tell me.
Alicia는 나에게 긴급히 할 말이 있다는 메시지를 남겼다.

(4) The goal of alternative medicine is to prevent ________, not to cure it.
대체의학의 목표는 병을 치료하는 것이 아니라 병을 예방하는 것이다.

SELF TEST

01	sickness	
02		자격을 주다
03	reduction	
04		서서히 사라지다
05	shift	
06		틈, 공백[차이]
07	abandon	
08		이에 의하여
09	brief	
10		묵살하다
11	injure	
12		동의, 동의하다
13	decline	
14		제정하다
15	concentration	
16		좋아하는[즐기는]
17	eager	
18		입체파, 큐비즘
19	trail	
20		대표, 위임하다
21	urgent	
22		뇌물, 뇌물을 주다
23	weed	
24		부패[타락]
25	extract	
26		박수
27	belief	
28		보유[유지], 기억력
29	doze	
30		특권

DAY 33

색상으로 8품사 구분하기

n	명사	noun	pron	대명사	pronoun
v	동사	verb	adj	형용사	adjective
adv	부사	adverb	conj	접속사	conjunction
prep	전치사	preposition	int	감탄사	interjection

n	requirement	n	sphere	n	territory
n	underworld	v	adapt	v	boast
adj	civil	v	cause	v	respond
adj	separate	v	finalize	n	glance
adv	hence	n	retreat	n	stunt
n	tenant	adj	hygienic	n	index
n	knack	n	legitimacy	adj	internal
adj	gigantic	v	haul	adj	immature
n	feminism	adj	desperate	v	cultivate
v	emigrate	n	faculty	v	gamble

★ 표시는 출제 빈도를 나타냅니다.

001 ★★★★★

requirement

n **필요, 필요조건**

ex Make sure you have all the **requirements** to graduate from high school.
고등학교를 졸업하기 위한 모든 요건을 갖추도록 해라.

002 ★★★★★

sphere

n **구**

ex People used to believe that the world was flat and not a **sphere**.
사람들은 세상이 구체가 아니라 평평하다고 믿곤 했다.

How can we calculate the surface area of the **sphere**?
어떻게 우리가 구의 표면적을 계산할 수 있는가?

003 ★★★★★

territory

n **지역, 영토** ㊞ **district** 지구, 지역

ex Russia has a total of 12 time zones including ones for its overseas **territories**.
러시아는 해외 영토를 포함해 총 12개의 시간대를 가지고 있다.

004 ★★★★★

underworld

n **지하 세계**

ex Hades, the God of the **underworld**, fell in love with Persephone and kidnapped her.
지하세계의 신 하데스는 페르세포네와 사랑에 빠져 그녀를 납치했다.

005 ★★★★★

adapt

v **맞추다, 개조하다** 참고 **adopt** 채택하다

ex This novel has been **adapted** into a film and has been loved by many people.
이 소설은 영화로 각색되어 많은 사람들의 사랑을 받고 있다.

006 ★★★★★

boast

v **뽐내다, 자랑하다** 참고 **boost** 신장시키다

ex Like Van Gogh, Degas also **boasted** a large collection of Japanese prints.
반 고흐처럼, 드가 또한 많은 일본 판화의 컬렉션을 자랑했다.

Arachne **boasted** that she could weave better than anyone else.
Arachne는 자신이 누구보다 옷감을 잘 짤 수 있다고 자랑했다.

007 ★★★★★

civil

adj **시민들의 / 민간의**

참고 **civic** 도시의, 시민의

ex The **civil** defense drill is a series of procedures designed to protect lives and property.
민방위 훈련은 인명과 재산을 보호하기 위해 고안된 일련의 절차이다.

008 ★★★★★

cause

v **초래하다** n **원인**

ex Sometimes, however, telling the truth can be hurtful to a person or **cause** a lot of trouble.
하지만, 때때로, 진실을 말하는 것은 사람에게 상처를 주거나 많은 문제를 일으킬 수 있다.

009 ★★★★

respond

v **대답하다, 응답하다**

참고 **response** n. 대답, 응답

ex Participants should **respond** by August.
참가자들은 8월까지 응답해야 한다.

On the one hand, we **respond** strongly to aid a single individual in need.
한편으로, 우리는 어려움에 처한 한 사람을 돕기 위해 강력하게 대응한다.

010 ★★★★

separate

adj **분리된, 독립된** v **분리되다**

ex It's got a **separate** compartment just for ice cream, and of course for ice cubes.
그것은 아이스크림만을 위한 분리된 칸이 따로 있고, 물론 얼음 조각을 위한 칸도 따로 있다.

011 ★★★★

finalize

v **마무리 짓다, 완결하다**

ex The woman wants to **finalize** plans for a graduation dinner as soon as possible.
그 여성은 가능한 한 빨리 졸업식 만찬 계획을 마무리하고 싶어 한다.

012 ★★★★

glance

n **흘낏[휙] 봄** v **훑어보다**

유 **glimpse** 잠깐 봄

ex At a **glance**, they reveal whether the relief in the mapped area is great or small.
한 눈에, 그들은 지도에 있는 높낮이가 큰지 작은지 드러낸다.

★ 표시는 출제 빈도를 나타냅니다.

013 ★★★★

hence

adv **이런 이유로**

ex **Hence**, the Greek provenance of the hippopotamus's name is "river horse".
이런 이유로 하마의 이름에 대한 그리스어의 기원은 "강에서 사는 말"이다.

Hence, the carambola's alternative name is starfruit.
이런 이유로, 카람볼라의 대체 이름은 스타프루트이다.

014 ★★★

retreat

n **수련회, 조용한 곳 / 후퇴**

ex In which guesthouse are they staying for the **retreat**?
그들은 수련회를 위해 어느 게스트하우스에 묵고 있는가?

After countless sacrifices, the general finally ordered the **retreat**.
무수한 희생 후, 장군은 마침내 후퇴를 명령했다.

015 ★★★

stunt

n **스턴트** v **방해하다**

ex **Stunt** doubles replace actors when it's dangerous for an actor to do an action scene.
배우가 액션 장면을 연기하는 것이 위험할 때 스턴트 대역 배우는 배우를 대신한다.

016 ★★★

tenant

n **세입자, 임차인** ㊥ **landlord** 주인, 임대주

ex Gas and electricity are paid separately by the **tenants**.
가스 및 전기비는 세입자들이 각자 지불한다.

One of the **tenants** is about to be evicted due to delayed rent payments.
세입자들 중 한 명이 밀린 월세 때문에 쫓겨나려고 한다.

017 ★★

hygienic

adj **위생적인** ㊤ **sanitary** 위생의

ex It is a machine-washable foot covering that is **hygienic** and easy to cleanse.
세탁기 세척이 가능한 발 덮개는 위생적이고 세척이 용이하다.

018 ★★

index

n **색인** 참고 **index finger** 집게손가락

ex If your Nicaraguan hosts point their **index** finger and wag it from side to side, this means 'no'.
니카라과 주인장들이 집게손가락을 가리키며 좌우로 흔든다면, 이것은 '아니오'를 의미한다.

019 ★★

knack

n **재주, 요령**

ex My dad has a **knack** for cooking spicy food.
우리 아빠는 매운 음식을 요리하는 재주가 있다.

You do have a **knack** for creating things like that.
너는 그런 걸 만드는 재주가 있구나.

020 ★★

legitimacy

n **합법성, 적법**

ex It might take a little longer than six months to test the **legitimacy** of the newly enacted laws.
새로 제정된 법의 합법성을 시험해보려면 6개월보다 조금 더 긴 시간이 걸릴 수도 있다.

021 ★★

internal

adj **내부의** ㉶ **external** 외부의

ex The complexity of the animal's behavior is not purely a product of its **internal** complexity.
동물의 행동의 복잡성은 순전히 내적 복잡성의 산물이 아니다.

022 ★★

gigantic

adj **거대한** ㉲ **enormous** 거대한

ex Through efforts by many countries, large portions of the **gigantic** monument have been largely restored.
많은 국가들의 노력으로 거대한 기념비의 많은 부분이 복원되었다.

023 ★★

haul

v **끌다** n **많은 양, 어획량**

ex It did not quite beat the 2015 record of 75 kg, but it was nonetheless a very impressive **haul**.
2015년 기록인 75kg을 크게 넘어서지는 못했지만, 그럼에도 불구하고 매우 인상적인 어획량이었다.

024 ★★

immature

adj **미숙한**

ex Look how your **immature** response ended up.
너의 미숙한 대응이 결국 어떻게 되었는지 봐라.

As I grew up, I realized I was just an **immature** kid back then.
자라면서, 나는 그 때 내가 그저 미숙한 아이였다는 것을 깨달았다.

★ 표시는 출제 빈도를 나타냅니다.

025 

feminism

n 페미니즘, 여성주의

ex There have been strong demonstrations concerning **feminism** recently.
최근 여성주의에 관한 거센 시위가 있었다.

They have shown strong inclination to **feminism**.
그들은 여성주의에 강한 성향을 보여왔다.

---

026 

desperate

adj 간절히 필요로 하는

참고 **despair** 절망

ex He told me some ways to reach out a hand to people in **desperate** need.
그는 절박한 도움이 필요한 사람들에게 도움을 줄 수 있는 몇 가지 방법을 말해주었다.

His **desperate** tone weakened my stance on the policy.
그의 간절한 어투는 그 정책에 대한 나의 입장을 흔들리게 했다.

---

027 

cultivate

v 경작하다, 재배하다

참고 **cultivated** adj. 세련된, 경작되는

ex Another expression, “green thumb,” refers to a great ability to **cultivate** plants.
또 다른 표현인 "녹색 엄지"는 식물을 기르는 훌륭한 능력을 말한다.

---

028 

emigrate

v 이민을 가다, 이주하다

ex They hope to **emigrate** from Zimbabwe soon.
그들은 짐바브웨에서 곧 이민을 가기를 희망한다.

The Russians do not **emigrate** as individuals; they migrate in villages.
러시아인들은 개인으로 이주하는 것이 아니라 마을이 함께 이주한다.

---

029 ★

faculty

n 능력 / 교수단

ex Only **faculty** can park near Elderson Center.
Elderson 센터 근처에는 교직원만 주차할 수 있습니다.

Our college had a **faculty** numbering 200.
우리 학교에는 200명 정도의 교수단이 있습니다.

---

030 ★

gamble

v 도박을 하다

ex Some of the tourists are willing to **gamble** in the famous casino.
일부 관광객들은 유명한 카지노에서 도박을 할 의향이 있다.

He lost almost all of his fortune because of **gambling**.
그는 도박으로 거의 전 재산을 잃었다.

Practice

1. 다음 단어들을 올바르게 연결하세요.

(1) underworld •	• (a) 마무리 짓다
(2) retreat •	• (b) 지하 세계
(3) respond •	• (c) 후퇴하다, 후퇴
(4) finalize •	• (d) 재주, 요령
(5) haul •	• (e) 대답하다
(6) knack •	• (f) 거대한
(7) immature •	• (g) 미숙한
(8) gigantic •	• (h) 끌다, 많은 양

2. 다음 영어 뜻에 맞게 알맞은 단어를 보기에서 찾아 쓰세요.

desperate internal cultivate boast

(1) expressing excessive pride in oneself

(2) happening or arising or located within some limits or especially surface

(3) foster the growth of

(4) arising from or marked by despair or loss of hope

SELF TEST

01	requirement	
02		세입자, 임차인
03	sphere	
04		위생적인
05	territory	
06		색인
07	underworld	
08		재주, 요령
09	adapt	
10		합법성, 적법
11	boast	
12		내부의
13	civil	
14		거대한
15	cause	

16		끌다, 많은 양
17	respond	
18		미숙한
19	separate	
20		여성주의
21	finalize	
22		간절히 필요로 하는
23	glance	
24		경작하다
25	hence	
26		이주하다
27	retreat	
28		능력, 교수단
29	stunt	
30		도박을 하다

DAY 34

색상으로 8품사 구분하기

n	**명사**	noun	pron	**대명사**	pronoun
v	**동사**	verb	adj	**형용사**	adjective
adv	**부사**	adverb	conj	**접속사**	conjunction
prep	**전치사**	preposition	int	**감탄사**	interjection

v	streamline	n	supporter	v	threaten
v	adjust	adj	bulky	v	clump
v	dump	prep	since	v	discuss
n	insomnia	n	institution	n	premise
n	rehearsal	adj	severe	n	assembly
n	gatherer	adj	lengthy	n	interval
n	massage	adj	nationwide	n	obstacle
adj	factual	v	infringe	v	lade
v	grin	n	hitch	adj	incapable
n	isolation	n	mane	v	poach

DAY 34

★ 표시는 출제 빈도를 나타냅니다.

001 ★★★★★

streamline

v **간소화[능률화]하다**

ex The committee decided the company should **streamline** processes, so they are setting up a task force.
위원회는 회사가 프로세스를 능률화해야 한다고 판단하여 대책 위원회를 수립하고 있다.

002 ★★★★★

supporter

n **지지자, 후원자** ㊊ **opponent** 반대자

ex **Supporters** of animal testing say that it has been a necessary part of advances in medical technology.
동물 실험을 지지하는 사람들은 그것이 의학 기술의 진보에 필요한 부분이었다고 말한다.

003 ★★★★★

threaten

v **협박하다, 위협하다** ㊌ **intimidate** 협박하다

ex Satellites are **threatened** by the growing amount of garbage in space around Earth.
인공위성은 지구 주위 우주 공간의 증가하는 쓰레기의 양에 의해 위협을 받고 있다.

004 ★★★★★

adjust

v **조정하다, 적응하다**

ex Almost all pop songs today use computer programs to **adjust** the voices of singers.
오늘날 거의 모든 팝송들은 가수의 목소리를 조절하기 위해 컴퓨터 프로그램을 사용한다.

005 ★★★★★

bulky

adj **부피가 큰**

ex The city of Sedgwick offers **bulky** item collection every week for large disposal items such as TVs and mattresses.
Sedgwick 시는 매주 TV와 매트리스와 같은 부피가 큰 폐기물을 대량으로 수거할 수 있도록 하고 있다.

006 ★★★★★

clump

v **떼를 짓다** n **무리[무더기]**

ex The water currents in this area cause all floating garbage to **clump** together.
이 지역의 물살은 떠다니는 모든 쓰레기를 뭉치게 한다.

007 ★★★★★

dump

v 버리다, 내려놓다

ex Clean the container, **dump** in the alcohol, and fix the cheesecloth to the top of the jar or pot.
용기를 닦고, 알코올을 넣은 다음, 병이나 냄비 꼭대기에 무명 천을 고정하여라.

008 ★★★★★

since

prep …부터[이후]

ex **Since** then, I've been studying German language and culture.
그때부터, 나는 독일어와 문화를 공부해오고 있다.

So **since** when have you lived here?
그래서 언제부터 여기 살았니?

009 ★★★★★

discuss

v 상의하다

ex Malina, I have something I want to **discuss** with you.
Malina, 너와 상의하고 싶은 게 있어.

I think we need some place where we can **discuss** this in private.
다른 사람이 없는 데서 이 문제를 논의할 수 있는 자리가 필요할 것 같다.

010 ★★★★

insomnia

n 불면증

ex Worries cause some stress, **insomnia** and obsession to people.
걱정은 약간의 스트레스, 불면증, 그리고 사람들에게 집착을 일으킨다.

These days I barely sleep for 3 hours because of **insomnia**.
요즘 나는 불면증 때문에 3시간도 못 잔다.

011 ★★★★

institution

n 기관[단체/협회]

참고 **institute** n. 기관

ex Our fine **institution** was founded in 1970.
우리의 훌륭한 기관은 1970년에 설립되었다.

Linguistics professors and psychologists founded a language **institution**.
언어학 교수들과 심리학자들이 언어 기관을 설립했다.

012 ★★★

premise

n 전제

참고 **premises** 부지, 구내

ex I think the basic **premise** of her argument is totally wrong.
나는 그녀의 주장의 기본 전제가 완전히 틀렸다고 생각한다.

The **premise** was simple and understandable.
그 전제는 간단하고 이해하기 쉬웠다.

★ 표시는 출제 빈도를 나타냅니다.

013 ★★★

rehearsal

n **리허설, 예행연습**

ex I just realized that no one sent out notes about what we decided in our last **rehearsal**.
나는 지난 리허설에서 우리가 결정한 것에 대해 아무도 메모를 보내지 않았다는 걸 방금 깨달았어.

014 ★★★

severe

adj **극심한, 심각한** 참고 **sever** 자르다

ex If one experiences a **severe** allergic reaction, he or she should be taken to the emergency room right away.
알레르기 반응이 심하다면 당장 응급실로 옮겨야 한다.

015 ★★★

assembly

n **의회, 집회, 조례** 참고 **assemble** v. 모이다, 조립하다

ex Students, I am extremely disappointed about your behavior during the **assembly**.
학생 여러분, 저는 여러분들의 조례에서의 행동에 대해 매우 실망했습니다.

016 ★★

gatherer

n **채집하는 사람**

ex Speculations about the purpose of prehistoric art rely heavily on analogies drawn with modern-day hunter-**gatherer** societies.
선사 미술의 목적에 대한 추측은 현대의 수렵-채집 사회에서 도출된 유사성에 크게 의존한다.

017 ★★

lengthy

adj **너무 긴**

ex Sentences in your writing are a bit **lengthy**.
너의 글의 문장들은 약간 길다.

Lengthy statements might make your argument weak.
너무 긴 진술은 너의 주장을 약하게 만들 수도 있다.

018 ★★

interval

n **간격**

ex I couldn't catch the next train because the **interval** between the trains was too short.
기차 간의 간격이 너무 짧아서 나는 다음 기차를 잡을 수 없었다.

019 ★★

massage

n 마사지, 안마 v 안마를 하다 참고 **message** 메시지

ex Foot **massage** treatments are offered in guest rooms if requested.
발마사지 시술은 요청 시 객실에서 제공된다.

Can you **massage** me on the shoulder? It hurts.
어깨 좀 주물러 줄래? 아파.

020 ★★

nationwide

adj 전국적인

ex To sell or trade your instruments, visit any of our thirteen locations **nationwide.**
악기를 판매하거나 거래하려면 전국 13개 지점 중 아무 곳이나 방문하여라.

021 ★★

obstacle

n 장애, 장애물 ㈜ **barrier** 장애물

ex Each husband has to carry his wife, who weighs more than 49kgs, through different **obstacles.**
각 남편은 몸무게가 49kg가 넘는 아내를 각각 다른 장애물을 통과해 들고 다녀야 한다.

022 ★

factual

adj 사실에 기반을 둔

ex List the **factual** information separated from the opinions.
사실에 기반을 둔 정보를 의견과 분리해서 나열해라.

His **factual** response chilled her.
그의 사실적인 응답이 그녀를 얼게 만들었다.

023 ★

infringe

v 위반하다

ex The expression of an idea is protected by copyright, and people who **infringe** on that copyright can be taken to court.
아이디어의 표현은 저작권에 의해 보호되며, 저작권을 침해하는 사람들은 법정에 설 수 있다.

024 ★

lade

v 싣다 참고 **lade-laded-laden**

ex When too heavily **laden**, the camel refuses to rise.
짐이 너무 무겁게 실리면, 낙타는 일어서기를 거부한다.

Priceless treasures were **laden** in the pirate ship.
해적선에는 가격을 매길 수 없는 보물들이 실려있었다.

★ 표시는 출제 빈도를 나타냅니다.

025 ★

grin

v 활짝 웃다 n 활짝[크게] 웃음

참고 **grimace** 얼굴을 찡그리다

ex You are **grinning** from ear to ear!
너 싱글벙글하고 있구나!

I like seeing her big **grin**.
나는 그녀가 활짝 웃는 것을 보는 것이 좋다.

026 ★

hitch

n 문제[장애] v 얻어 타다

참고 **without a hitch** 술술, 거침없이

ex The meeting went off without a **hitch**.
회의는 문제없이 끝났다.

The only **hitch** that had occurred during the debate was her rude remark.
토론 중에 일어난 유일한 문제는 그녀의 무례한 발언이었다.

027 ★

incapable

adj …을 할 수 없는

ex While hippos may be **incapable** of jumping, they are fast runners on land.
하마는 점프를 할 수 없을지도 모르지만, 그들은 육상에서의 빠른 달리기 선수이다.

It will only prove you are **incapable** of managing the task.
그것은 너가 그 업무를 관리할 수 없다는 것을 증명하는 것밖에 안된다.

028 ★

isolation

n 고립, 분리

ex The end of Japan's **isolation** sparked demand for Japanese artwork in Europe.
일본의 고립의 종식은 유럽에서 일본 예술작품에 대한 수요를 촉발시켰다.

029 ★

mane

n 갈기

참고 **cane** 줄기

ex Their appearance is different, from the distinctive stripes of the tiger, which lions lack, to the male lion's **mane**, which tigers do not have.
사자가 갖고 있지 않은 호랑이의 독특한 줄무늬부터 호랑이가 갖고 있지 않은 수컷 사자의 갈기까지, 사자와 호랑이의 외모가 다르다.

030 ★

poach

v 밀렵하다

ex The illegal trade in hippos' ivory teeth and their meat has also led to increased **poaching**.
하마의 상아 이빨과 그들의 고기의 불법거래는 또한 밀렵을 증가시켰다.

Practice

1. 다음 단어들을 올바르게 연결하세요.

(1) poach •	• (a) 상의하다
(2) infringe •	• (b) 불면증
(3) lengthy •	• (c) 너무 긴
(4) insomnia •	• (d) 장애, 장애물
(5) discuss •	• (e) 위반하다
(6) obstacle •	• (f) 문제[장애]
(7) hitch •	• (g) …을 할 수 없는
(8) incapable •	• (h) 밀렵하다

2. 우리말 뜻에 맞게 괄호에 알맞은 단어를 찾아 O표 하세요.

(1) **Foot (message / massage) treatments are offered in guest rooms if requested.**
발마사지 시술은 요청 시 객실에서 제공된다.

(2) **Clean the container, (dumb / dump) in the alcohol, and fix the cheesecloth to the top of the jar or pot.**
용기를 닦고, 알코올을 넣은 다음, 병이나 냄비 꼭대기에 무명 천을 고정하여라.

(3) **(Supporters / Opponents) of animal testing say that it has been a necessary part of advances in medical technology.**
동물 실험을 지지하는 사람들은 그것이 의학 기술의 진보에 필요한 부분이었다고 말한다.

(4) **If one experiences a (severe / moderate) allergic reaction, he or she should be taken to the emergency room right away.**
알레르기 반응이 심하다면 당장 응급실로 옮겨야 한다.

SELF TEST

01	streamline	
02		채집하는 사람
03	supporter	
04		너무 긴
05	threaten	
06		간격
07	adjust	
08		마사지, 안마
09	bulky	
10		전국적인
11	clump	
12		장애, 장애물
13	dump	
14		사실에 기반을 둔
15	since	
16		위반하다
17	discuss	
18		싣다
19	insomnia	
20		활짝 웃다
21	institution	
22		문제, 얻어 타다
23	premise	
24		..을 할 수 없는
25	rehearsal	
26		고립, 분리
27	severe	
28		갈기
29	assembly	
30		밀렵하다

DAY 35

색상으로 8품사 구분하기

n	**명사**	noun	pron	**대명사**	pronoun
v	**동사**	verb	adj	**형용사**	adjective
adv	**부사**	adverb	conj	**접속사**	conjunction
prep	**전치사**	preposition	int	**감탄사**	interjection

v	swear	v	swipe	n	commerce
n	disposal	n	fingertip	v	guarantee
adv	instantly	v	include	n	completion
adj	traditional	adj	mature	v	overlap
n	podium	n	loop	n	panel
n	raven	v	outwear	adj	parental
n	rail	n	smoothie	v	resign
n	lexicon	n	metro	v	overstate
adj	reddish	v	manipulate	n	nuisance
v	offend	v	overtake	v	plummet

DAY 35

★ 표시는 출제 빈도를 나타냅니다.

001 ★★★★★

swear

v 맹세하다

ex I **swear** that man has a photographic memory for biology terms.
맹세코 그 남자는 생물학 용어에 대해 사진처럼 정확한 기억력을 가지고 있다.

Didn't you **swear** not to cause any more troubles?
더 이상의 문제를 일으키지 않기로 맹세하지 않았니?

002 ★★★★★

swipe

v 대다[읽히다] 참고 sweep 쓸다

ex It says here to **swipe** your hand across the front.
여기 앞에 손을 대라고 쓰여 있다.

Please **swipe** your card one more time.
카드를 다시 읽혀주세요.

003 ★★★★★

commerce

n 무역, 상업 참고 Chamber of Commerce 상공회의소

ex He received a January 2021 newsletter of the Chamber of **Commerce**.
그는 2021년 1월 상공회의소의 뉴스레터를 받았다.

The city of Tyre was a powerful center of **commerce** and shipping.
Tyre시는 상업과 해운의 강력한 중심지였다.

004 ★★★★★

disposal

n 처리, 처분

ex See city guidelines for safe **disposal** past expiration date.
유통기한이 지난 것의 안전한 처리는 시 지침을 참조하여라.

I registered for garbage **disposal** through their office.
나는 그들의 사무실을 통해 쓰레기 처리 등록을 했다.

005 ★★★★★

fingertip

n 손가락 끝

ex If your **fingertip** is too dry, your fingerprint might not be read.
손가락 끝이 너무 건조하면, 너의 지문이 읽히지 않을 수 있다.

I think I saw a drop of blood on his **fingertip**.
나는 그의 손가락 끝에서 피 한 방울을 본 것 같다.

006 ★★★★★

guarantee

v 보장[약속]하다 유 ensure 보장하다

ex We **guarantee** the lowest price for all of our products.
우리는 우리의 모든 제품들의 가장 낮은 가격을 보장합니다.

Full refund is **guaranteed** if there's any defect.
결함이 있을 시 전액 환불이 보장된다.

007 ★★★★★

instantly

adv **즉각, 즉시**

ex It looks as though a bird is **instantly** transformed into a stone.
새가 돌멩이로 즉시 변신하는 것처럼 보인다.

Your clothes can become **instantly** wrinkle-free with our new iron!
당신의 옷들은 새 다리미로 구김이 즉시 사라질 수 있다!

008 ★★★★★

include

v **포함하다**

참고 **involve** 참여시키다

ex The program **includes** a parade with pet experts!
그 프로그램은 반려동물 전문가들과의 퍼레이드를 포함한다!

You mean tax is **included** already?
세금은 이미 포함되어 있다는 말이야?

009 ★★★★★

completion

n **완료, 완성**

참고 **compliance** 준수, 따름

ex Stickless shelters usually collapse before **completion**.
막대가 없는 대피소는 대개 완공되기 전에 무너진다.

The king died before the **completion** of the castle.
그 왕은 성이 완성되기 전에 죽었다.

010 ★★★★★

traditional

adj **전통의**

ex They will watch a **traditional** performance, eat traditional food, and much more!
그들은 전통 공연을 보고, 전통 음식을 먹고, 그리고 더 많은 것들을 할 것이다!

011 ★★★★

mature

adj **어른스러운**

ex Adolescents are not **mature** enough to take the responsibility of voting.
청소년들은 투표의 책임을 질 만큼 성숙하지 못하다.

Do you think Sam is **mature** enough to handle it?
Sam이 그것을 감당할 만큼 어른스럽다고 생각하니?

012 ★★★★

overlap

v **겹치다, 겹쳐지다**

ex There are some lions in Asia, and at one time their range did **overlap** with that of tigers.
아시아에는 몇몇 사자들이 있는데, 한때는 그 범위가 호랑이의 활동 범위와 겹치기도 했다.

★ 표시는 출제 빈도를 나타냅니다.

013 ★★★★

podium

n **단, 대**

ex Please come up to **podium** 7 for passport verification.
여권 확인을 위해 7번 연단으로 올라오세요.

Award receivers should come up to the **podium**.
상을 받는 사람들은 단으로 올라와야 한다.

014 ★★★

loop

n **고리** v **고리 모양으로 만들다**

ex The river **loops** around the valley.
그 강은 계곡을 따라 고리 모양으로 흐른다.

Look at him make that huge **loop** with the rope.
그가 밧줄로 저 큰 고리를 만드는 것 좀 봐.

015 ★★★

panel

n **판 / 패널**

ex See the back **panel** for the expiration date.
만료 날짜는 후면 판을 참조하여라.

Now, a **panel** of six judges give participants a score from 1 to 10.
이제, 6명의 심사위원들로 구성된 패널은 참가자들에게 1점부터 10점까지 점수를 준다.

016 ★★★

raven

n **갈까마귀**

참고 **crow** 까마귀

ex Ravens and crows are both black birds, but **ravens** tend to be much larger with longer tails.
갈까마귀와 까마귀는 모두 검은 새이지만 갈까마귀는 더 긴 꼬리에 훨씬 더 큰 경향이 있다.

017 ★★

outwear

v **…보다 오래가다[입다]**

ex Of course, handmade scarves will **outwear** the ones made with machines.
물론 수제 스카프는 기계로 만든 스카프보다 더 오래 갈 것이다.

You should get something that can **outwear** the coat you already have.
너는 이미 가지고 있는 코트보다 더 오래 입을 수 있는 것을 사야 한다.

018 ★★

parental

adj **부모의**

참고 **parietal** 정수리의

ex The briefest glance of the innumerable **parental** websites will reveal major differences in sleeping habits for children.
수없이 많은 부모 웹사이트들을 짧게 둘러보는 것은 아이들의 수면 습관의 주요한 차이를 보여줄 것이다.

019 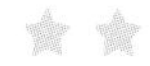

rail

n 난간 / 기차, 철도

ex Please hold on to the **rail** when you take the escalator.
에스컬레이터를 탈 때는 난간을 잘 잡으세요.

Exchanges are permitted for other **rail** ticket purchases.
다른 철도 승차권 구입 시 교환이 허용된다.

020 

smoothie

n 스무디

ex Now you can make a delicious avocado **smoothie** or salad!
이제 여러분은 맛있는 아보카도 스무디나 샐러드를 만들 수 있다!

Which do you prefer: a strawberry or banana **smoothie**?
딸기 스무디와 바나나 스무디 중 어느 것을 더 좋아하는가?

021 

resign

v 사직[사임]하다 참고 **resignation** n. 사직, 사임

ex The coach Chuck Pagano **resigned** from his post as coach for radiotherapy.
Chuck Pagano 코치는 방사선 치료를 위해 코치직에서 사임했다.

Surprisingly, Mr. Yen **resigned** the next day.
놀랍게도, Yen씨가 다음 날 사임했다.

022 

lexicon

n 어휘 목록

ex According to the history of the **lexicon** of medical science, the term has rooted from Latin.
의학 어휘 목록의 역사에 따르면, 그 용어는 라틴어에서 유래되었다.

023

metro

n 지하철 / 대도시

ex I submitted my application and recipe for the 2nd Annual DC **Metro** Cooking Contest.
나는 제 2회 DC 대도시 요리 경연 대회 참가 신청서와 레시피를 제출했다.

024 

overstate

v 과장하다 ㈜ **exaggerate** 과장하다

ex The role of science can sometimes be **overstated**, with its advocates slipping into scientism.
과학 옹호자들이 과학만능주의에 빠져들게 되면서 과학의 역할은 때때로 과장될 수 있다.

DAY 35

★ 표시는 출제 빈도를 나타냅니다.

025 ★

reddish

adj **발그레한, 불그스름한**

ex My heart beated quickly and my face became **reddish**.
내 심장이 빨리 뛰었고 얼굴이 빨개졌다.

I like the way the color of your hair looks **reddish** brown.
나는 너의 머리 색깔이 적갈색으로 보이는 것이 좋다.

026 ★

manipulate

v **조종하다, 다루다**

ex Students **manipulating** objects were able to reconceptualize the information.
물체를 다루는 학생들은 그 정보를 재개념화할 수 있었다.

027 ★

nuisance

n **성가신 사람, 골칫거리**

ex I wanted to speak up on the contradiction, but I didn't want to be thought of as a **nuisance**.
나는 모순에 대해 거리낌 없이 말하고 싶었지만 성가신 사람으로 생각되고 싶지는 않았다.

028 ★

offend

v **기분 상하게 하다** 참고 **defend** 방어하다

ex We weren't actually **offended**.
우리는 사실 기분이 상하지 않았다.

I don't mean to **offend** you, but your essay doesn't seem complete.
기분 나쁘게 할 생각은 없지만, 너의 글은 완성되지 않은 것 같다.

029 ★

overtake

v **추월하다, 앞지르다** 참고 **overthrow** 타도하다

ex And finally the moment of **overtaking** him in the race has come.
그리고 마침내 경주에서 그를 추월할 순간이 왔다.

Don't even try to **overtake** that fast car.
저 빠르게 달리는 차를 추월하려고 시도하지도 마.

030 ★

plummet

v **곤두박질 치다** ㊤ **plunge** 급락하다

ex The car moving on the road nealy **plummeted** to the other side.
도로를 달리던 자동차가 반대편 도로로 거의 곤두박질칠 뻔했다.

Practice

1. 다음 단어들을 올바르게 연결하세요.

(1) commerce •	• (a) 즉각, 즉시
(2) instantly •	• (b) 부모의
(3) overlap •	• (c) 무역, 상업
(4) parental •	• (d) 겹치다, 겹쳐지다
(5) resign •	• (e) 과장하다
(6) overstate •	• (f) 기분 상하게 하다
(7) reddish •	• (g) 사직[사임]하다
(8) offend •	• (h) 발그레한

2. 우리말 뜻에 맞게 빈칸에 알맞은 단어를 보기에서 찾아 쓰세요.

manipulating swear panel includes

(1) **The program ______ a parade with pet experts!**
그 프로그램은 반려동물 전문가들과의 퍼레이드를 포함한다!

(2) **Didn't you ______ not to cause any more troubles?**
더 이상의 문제를 일으키지 않기로 맹세하지 않았니?

(3) **Now, a ______ of six judges give participants a score from 1 to 10.**
이제, 6명의 심사위원들로 구성된 패널은 참가자들에게 1점부터 10점까지 점수를 준다.

(4) **Students ______ objects were able to reconceptualize the information.**
물체를 다루는 학생들은 그 정보를 재개념화할 수 있었다.

SELF TEST

01	swear		16		지하철, 대도시
02		갈까마귀	17	completion	
03	swipe		18		과장하다
04		…보다 오래가다	19	traditional	
05	commerce		20		발그레한
06		부모의	21	mature	
07	disposal		22		조종하다
08		난간, 기차, 철도	23	overlap	
09	fingertip		24		성가신 사람
10		스무디	25	podium	
11	guarantee		26		기분 상하게 하다
12		사직[사임]하다	27	loop	
13	instantly		28		추월하다
14		어휘 목록	29	panel	
15	include		30		곤두박질 치다

DAY 36

색상으로 8품사 구분하기

n	명사	noun	pron	대명사	pronoun
v	동사	verb	adj	형용사	adjective
adv	부사	adverb	conj	접속사	conjunction
prep	전치사	preposition	int	감탄사	interjection

v	commit	adj	dormant	n	episode
adv	fortunately	v	interrupt	n	knot
v	possess	adv	reasonably	adj	stubborn
adj	initial	n	lease	v	maximize
adj	practical	v	receive	n	violation
n	spark	adv	tentatively	v	unearth
v	varnish	n	wreck	n	scarp
v	recount	n	wetland	adj	autocratic
n	obesity	n	penalty	n	rebound
v	sculpt	n	peril	n	teammate

DAY 36

★ 표시는 출제 빈도를 나타냅니다.

001 ★★★★★

commit

v **저지르다, 전념하다**

참고 **committed** adj. 헌신적인

ex Being able to think critically is more important than being able to **commit** facts to memory.
사실을 기억하기 위해 전념하는 것보다 비판적으로 생각할 수 있는 것이 더 중요하다.

---

002 ★★★★★

dormant

adj **휴면기의, 활동을 중단한**

ex Plants go **dormant** in extreme weather like freezing temperatures.
식물들은 영하의 기온 같은 극한 날씨에 휴면기를 가진다.

During the **dormant** period, metabolism slows down.
휴면기에는, 신진대사가 느려진다.

---

003 ★★★★★

episode

n **사건, 에피소드**

ex No, the last **episode** is double-length.
아니, 마지막 에피소드는 두 배 길이야.

So you watched Season 7, **episode** 7 already?
벌써 시즌 7, 에피소드 7을 본 거야?

---

004 ★★★★★

fortunately

adv **다행스럽게도**

ex **Fortunately**, the teacher didn't give us any homework.
다행히 선생님은 우리에게 숙제를 내주지 않으셨어.

Fortunately, there is no evidence that he is guilty.
다행히도 그가 유죄라는 증거는 없다.

---

005 ★★★★★

interrupt

v **방해하다, 중단시키다**

참고 **interfere** 간섭하다

ex Yesterday my favorite TV program was **interrupted** by a breaking report on earthquakes.
어제 내가 가장 좋아하는 TV 프로그램이 지진에 대한 속보로 중단되었다.

---

006 ★★★★★

knot

n **매듭**

참고 **tie the knot** 결혼을 하다

ex This **knot** seems like it's impossible to untangle!
이 매듭은 풀기에 불가능하게 생겼다!

Congratulations for finally tying the **knot** with a beautiful bride!
드디어 아름다운 신부와 결혼하게 된 것을 축하합니다!

007 ★★★★★

possess

v **소유하다** 참고 **possession** n. 소유

ex Starfish **possesses** no brain nor blood, and its nervous system is rather limited, consisting primarily of a ring of nerves around the mouth.
불가사리는 뇌도 피도 가지고 있지 않으며, 그것의 신경계는 주로 입 주변의 신경 고리로 구성되어 다소 제한적이다.

008 ★★★★

reasonably

adv **상당히, 꽤 / 합리적으로**

ex For how much could I **reasonably** ask for a five-year-old phone?
5년 된 전화기를 합리적으로 얼마에 요구할 수 있을까?

Schools should give students as much freedom as **reasonably** possible.
학교는 학생들에게 가능한 한 많은 자유를 주어야 한다.

009 ★★★★

stubborn

adj **완고한, 고집스러운 / [다루기] 힘든** ㈜ **obstinate** 고집 센

ex She is so **stubborn** that we always keep fighting.
그녀는 고집이 너무 세서 우리는 항상 싸운다.

You do really have **stubborn** hair.
너 정말 다루기 힘든 머리를 가지고 있구나.

010 ★★★

initial

adj **처음의, 초기의**

ex The nerve connections were designed to maintain their **initial** structures.
신경 연결부는 초기 구조를 유지하도록 설계되었다.

Initial plan was to distribute the parts first.
처음 계획은 부품들을 먼저 분배하는 것이었다.

011 ★★★

lease

n **임대차 계약** v **임대하다**

ex She is looking for an apartment available for **lease**.
그녀는 임대할 수 있는 아파트를 찾고 있다.

Make sure you know the exact interest rate for **leasing**.
임대의 정확한 이자율을 알고 있어라.

012 ★★★

maximize

v **극대화하다** ㉯ **minimize** 최소화하다

ex It is important to cook these vegetables to **maximize** the amount of beta-carotene each carrot releases.
당근이 분비하는 베타 카로틴의 양을 극대화하기 위해 이 채소들을 요리하는 것이 중요하다.

★ 표시는 출제 빈도를 나타냅니다.

013 ★★★

practical

adj **실현 가능한, 현실적인**

ex Due to the time limit, my team leader suggested a more **practical** plan.
시간 제한 때문에, 팀 리더는 더 실현 가능한 계획을 제안했다.

It's never **practical** if something goes out of fashion within one season.
한 시즌 안에 유행이 지난다면 그것은 결코 실용적이지 않다.

---

014 ★★★

receive

v **받다, 받아들이다**

ex Every child will **receive** a gift after the race.
모든 아이들은 경주가 끝난 후에 선물을 받을 것이다.

I **received** the acceptance letter from the college I applied to.
내가 지원했던 대학으로부터 합격 통지서를 받았다.

---

015 ★★

violation

n **위반, 위배** ㉾ **infringement** 위반

ex But to ask for any change in human behavior is seen as a **violation** of human rights.
그러나 인간의 행동에 변화를 요구하는 것은 인권 침해로 여겨진다.

---

016 ★★★

spark

n **불꽃, 불똥** v **유발하다**

ex Others' creations often **spark** inspiration that also leads to new ideas and innovation.
다른 이들의 창작물은 종종 영감을 불러일으켜 새로운 아이디어와 혁신으로 이어지기도 한다.

---

017 ★★★

tentatively

adv **망설이며, 잠정적으로** 참고 **provisional** 일시적인, 시험적인

ex We **tentatively** decided on plan B as our new project.
우리는 잠정적으로 2안을 새로운 프로젝트로 결정했다.

---

018 ★★★

unearth

v **파내다, 발굴하다**

ex The detectives opened up all the drawers in the room to **unearth** the hidden clues.
탐정들은 숨겨져 있는 단서들을 발굴하기 위해 방 안의 모든 서랍들을 열었다.

019 ★★

varnish

v **니스[광택제]를 바르다** 참고 **vanish** 사라지다

ex I will **varnish** the table to make it look shinier and last longer.
더 빛나고 오래갈 수 있도록 식탁에 니스칠을 할 것이다.

The surface has been newly **varnished**.
표면은 새롭게 광택제가 발렸다.

020 

wreck

n **난파선** adj **망가뜨리다, 파괴하다**

ex Could the scrapers **wreck** the glass?
긁어내는 도구가 유리를 망가뜨릴 수 있을까?

In 1898, Morgan Robertson published a book called "*The **Wreck** of the Titan*".
1898년, Morgan Robertson은 "타이탄의 난파선"이라는 책을 출판했다.

021 

scarp

n **급경사, 단층 절벽**

ex Contour lines can represent **scarps**, hollows, and valleys of the local topography.
등고선은 지형의 절벽, 움푹 꺼진 곳 및 골짜기를 나타낼 수 있다.

022 

recount

v **이야기하다**

ex Repeatedly **recounting** humorous incidents reinforces unity based on key organizational values.
재미있는 사건을 반복적으로 이야기하면 주요 조직 가치에 따라 통합이 강화된다.

023 

wetland

n **습지** ㊒ **marsh** 습지

ex A variety of animals, such as beavers and otters, make their home in **wetland** habitats.
비버와 수달 같은 여러 종류의 동물들이 습지 서식지에 거주한다.

024 

autocratic

adj **독재의, 독재적인** 참고 **autocracy** n. 전제[독재] 정치

ex The cultural artwork that was common in the Soviet Union and other **autocratic** societies were used as propaganda.
소련과 다른 독재 사회에서 흔히 볼 수 있는 그 문화 예술품이 선전으로 이용되었다.

DAY 36

★ 표시는 출제 빈도를 나타냅니다.

025 

obesity

n **비만**

ex High rates of cheese eating are linked with high rates of **obesity**.
높은 치즈 섭취율은 높은 비만율과 관련이 있다.

Children's running ability is decreased due to their increased **obesity** rate.
소아비만율이 높아져 아이들의 달리기 능력이 떨어진다.

---

026 

penalty

n **처벌, 벌금**

ex The government is implementing overly strict **penalties** for noise pollution.
정부는 소음 공해에 대해 지나치게 엄격한 처벌을 시행하고 있다.

There will be a **penalty** for a late payment.
늦은 납입에 대한 벌금이 있을 것이다.

---

027 

rebound

n **다시 튀어나옴** 참고 **rebind** 다시 고쳐 묶다

ex With newly recruited members and organized teams, the company is ready for a **rebound**.
새롭게 모집된 인원들과 조직된 팀으로, 회사는 다시 일어설 준비가 되어있다.

---

028 

sculpt

v **조각하다** 참고 **sculpture** n. 조각

ex In this way, our brains are **sculpted** by our own history of experiences.
이런 식으로, 우리의 뇌는 우리 자신의 경험의 역사에 의해 조각된다.

He explained how to **sculpt** ice to his students.
그는 학생들에게 얼음을 조각하는 방법을 설명했다.

---

029 

peril

n **위험** 참고 **perilous** adj. 아주 위험한

ex She felt a grave **peril**, so she started to run without looking back.
그녀는 심각한 위험을 느껴서 돌아보지 않고 달리기 시작했다.

What ignited the **peril** of his life?
무엇이 그의 삶의 위험에 불을 붙였는가?

---

030 

teammate

n **팀 동료**

ex Most importantly, show respect to your **teammates** and to referees.
가장 중요한 것은, 팀 동료들과 심판들을 존중해라.

He stole his **teammate**'s name and used it in counterfeit money.
그는 팀 동료의 이름을 도용하여 위조지폐에 사용했다.

Practice

1. 다음 단어들을 올바르게 연결하세요.

(1) interrupt	(a) 실현가능한
(2) lease	(b) 니스를 바르다
(3) reasonably	(c) 습지
(4) wetland	(d) 상당히, 꽤
(5) practical	(e) 독재의, 독재적인
(6) varnish	(f) 조각하다
(7) autocratic	(g) 임대하다
(8) sculpt	(h) 방해하다

2. 다음 영어 뜻에 맞게 알맞은 단어를 보기에서 찾아 쓰세요.

dormant　　violation　　recount　　penalty

(1) narrate or give a detailed account of

(2) the act of punishing

(3) an act that disregards an agreement or a right

(4) in a condition of biological rest or suspended animation

SELF TEST

01	commit			16		습지
02		불꽃, 유발하다		17	stubborn	
03	dormant			18		독재적인
04		망설이며		19	initial	
05	episode			20		비만
06		파내다, 발굴하다		21	lease	
07	fortunately			22		처벌, 벌금
08		니스를 바르다		23	maximize	
09	interrupt			24		다시 튀어나옴
10		난파선		25	practical	
11	knot			26		조각하다
12		급경사, 단층 절벽		27	receive	
13	possess			28		위험
14		이야기하다		29	violation	
15	reasonably			30		팀 동료

DAY 37

색상으로 8품사 구분하기

n	명사	noun	pron	대명사	pronoun
v	동사	verb	adj	형용사	adjective
adv	부사	adverb	conj	접속사	conjunction
prep	전치사	preposition	int	감탄사	interjection

v	complement	v	concentrate	n	fund
n	latex	adj	mechanical	n	odor
n	pin	v	deal	v	reach
v	impress	v	surrender	v	revise
n	evolution	n	goodness	v	haunt
n	vessel	v	urge	n	span
n	ridge	n	profile	v	unify
adj	synaptic	v	transcend	n	consolation
n	deviation	v	thrive	n	vent
n	yarn	n	width	n	suite

DAY 37

★ 표시는 출제 빈도를 나타냅니다.

001 ★★★★★

complement

v 보완하다, 덧붙이다 참고 **compliment** 칭찬

ex A great relationship is made when two people **complement** each other.
두 명이 서로를 보완할 때 좋은 관계가 만들어진다.

To **complement** this fine dinner, we prepared a perfect dessert.
이 근사한 저녁식사에 덧붙이기 위해, 완벽한 디저트를 준비했다.

---

002 ★★★★★

concentrate

v 집중하다

ex Our factory workers have to **concentrate**, moving the wood slowly in a straight line.
우리 공장 직원들은 나무를 일직선으로 천천히 옮기면서 집중해야 한다.

---

003 ★★★★★

fund

n 기금, 자금

ex According to this, we transferred the **funds** on January 14th into the account of Mrs. Jocelyn Brent.
이것에 의하면, 우리는 1월 14일에 Jocelyn Brent 부인 계좌로 자금을 송금했다.

---

004 ★★★★★

latex

n 유액, 라텍스

ex Rubber trees are tapped for their **latex**, which comes out of the tree as a milky white substance.
고무나무에 구멍을 뚫어 나무에서 나오는 우유 같이 하얀 물질인 유액을 받는다.

---

005 ★★★★★

mechanical

adj 기계로 작동되는 참고 **mechanic** n. 정비공

ex The original alarm clock design had internal, **mechanical** gears that had to match perfectly for the clock to work properly.
원래 알람 시계 디자인은 시계가 제대로 작동하기 위해 완벽하게 일치하는 내부 기계식 기어를 가지고 있었다.

---

006 ★★★★★

odor

n 냄새 참고 **scent** 향기

ex These people are **odor** testers, and they work for companies that make deodorant.
이 사람들은 악취 검사자이고, 이들은 탈취제를 만드는 회사에서 일한다.

007 ★★★★★

pin

n **핀 / 비밀번호**

ex We need some extra **pins** to stick the poster.
포스터를 붙이기 위한 여분의 핀이 더 필요하다.

Just insert the card into the reader and put in your **PIN** number.
카드를 판독기에 삽입하고 비밀번호를 입력하여라.

---

008 ★★★★★

deal

v **다루다, 처리하다** n **양**

ex This is a great **deal**, but you'd better hurry.
이것은 좋은 거래지만 너는 서두르는 게 좋을 거야.

The institution provides a great **deal** of money for people in need.
그 기관은 도움이 필요한 사람들에게 많은 양의 돈을 지급한다.

---

009 ★★★★★

reach

v **…에 이르다**

ex With their long tongues, giraffes can **reach** their favorite leaves hanging high on trees.
긴 혀로 기린은 나무 위에 높이 매달려 있는 좋아하는 잎사귀에 닿을 수 있다.

---

010 ★★★★★

impress

v **감명을 주다**

ex His father was **impressed** by Washington's honesty, and forgave him.
그의 아버지는 Washington의 정직함에 감명을 받아 그를 용서했다.

I'm sure your speech has **impressed** everyone in the conference room.
너의 연설은 회의실의 모든 사람들에게 감명을 줬을 거라 확신한다.

---

011 ★★★★★

surrender

v **항복하다, 투항하다** n **항복, 굴복** ㊌ **relinquish** 포기하다

ex Instantly, he took off his own helmet and said, "I **surrender**."
즉시, 그는 자신의 헬멧을 벗었고, "항복합니다."라고 말했다.

Upon **surrender**, the soldiers can't help dropping tears.
항복을 할 때, 병사들은 눈물을 흘릴 수 밖에 없었다.

---

012 ★★★★

revise

v **수정하다, 개정하다** ㊌ **correct** 정정하다, 고치다

ex People can work together on projects without having to worry about sending the most **revised** file to one another.
사람들은 가장 수정된 파일을 서로 보낼 걱정 없이 프로젝트를 함께 진행할 수 있다.

DAY 37

★ 표시는 출제 빈도를 나타냅니다.

013 

evolution

n 진화

참고 **revolution** 혁명

ex A complete scientific explanation of moral **evolution** and development in the human species is a very long way off.
인간 종에서 도덕적인 진화와 발달에 대한 완전한 과학적 설명은 아직 멀었다.

---

014 

goodness

n 선량함

참고 **thank goodness** 정말 다행이다

ex Thank **goodness** my passport is up for renewal.
내 여권이 갱신할 때가 되어서 다행이다.

Thank **goodness** the weather is clear.
날씨가 맑아서 다행이다.

---

015 

haunt

v 귀신이 나타나다

ex People say these hills are **haunted** at night.
사람들은 이 언덕들에서 밤에 귀신이 나타난다고 말한다.

It's like this hotel ballroom is **haunted** or something!
호텔 무도회장에서 귀신이 나온다든지 하는 것 같아!

---

016 

vessel

n 선박 / 혈관

ex In 1863, a **vessel** sailed from Spain and landed on an unknown cape.
1863년에 스페인에서 항해한 선박이 알려지지 않은 곶에 상륙했다.

This is a thin, dense material that contains blood **vessels** and nerves.
이것은 혈관과 신경이 들어 있는 얇고 촘촘한 물질이다.

---

017 

urge

v 강력히 촉구하다 n 욕구, 충동

ex Protestors **urge** the zoo to set its caged animals free and let them go back to their natural habitat.
시위자들은 동물원에 갇힌 동물들을 풀어주고 자연 서식지로 돌려보내 줄 것을 촉구한다.

---

018 

span

n 기간, 폭 v 걸치다

ex These forests cover a wide **span** of areas.
이 숲들은 넓은 지역에 걸쳐 있다.

This building is designed to **span** from one state to another.
이 건물은 한 주에서 다른 주까지 확장되도록 설계되었다.

019 ★★

ridge

n 산등성이, 산마루

ex The peel of the fruit is edible, and typically features five **ridges** which form a star shape when cut.
과일의 껍질은 먹을 수 있으며, 일반적으로 자르면 별 모양을 이루는 5개의 능선이 특징이다.

020 ★

profile

n 프로필, 개요

ex The website, dubbed "CatsAmore," allows users to create a free **profile** and search for other cat owners at no cost.
"CatsAmore"라고 불리는 이 웹사이트는 사용자들이 무료 프로필을 만들고 무료로 다른 고양이 주인을 검색할 수 있게 해준다.

021 ★

unify

v 통합하다 — 참고 **unite** 연합하다, 결속시키다

ex The most urgent goal that our new leader should achieve is to **unify** the divided country.
우리의 새 지도자가 달성해야 할 가장 시급한 목표는 분열된 나라를 통합하는 것이다.

022 ★

synaptic

adj 시냅시스의

ex High-activity **synaptic** connections are stabilized and strengthened after a monthly update.
월간 업데이트 후 고활성 시냅스 연결이 안정되고 강화된다.

023 ★

transcend

v 초월하다

ex The war **transcends** the use of force.
전쟁은 무력 사용을 초월한다.

This jacket is worth buying since it **transcends** the seasons and styles.
이 재킷은 계절과 스타일을 초월하기 때문에 살 가치가 있다.

024 ★

consolation

n 위안 — 참고 **consolidation** 통합, 강화

ex We will deliver it to your hotel free of charge, if that's any **consolation**.
위안이 된다면 무료로 호텔로 배달해 드리겠습니다.

Her only **consolation** is the fact that there will be one more chance.
그녀의 유일한 위안은 한 번의 기회가 더 있을 것이라는 사실이다.

★ 표시는 출제 빈도를 나타냅니다.

025 ★

deviation

n **일탈, 탈선** 참고 variation 변화

ex New Zealand has areas divided into quarter-hour or half-hour **deviations** from the rest of the country.
뉴질랜드는 국토의 나머지 지역으로부터 15분 또는 30분 간격으로 나뉘어져 있다.

026 ★

thrive

v **번창하다**

ex In order to **thrive** in a competitive market, he suggested a brilliant idea.
그는 경쟁 시장에서 성공하기 위해 기발한 아이디어를 제안했다.

It was a period when the trade **thrived** the most.
무역이 가장 번창하던 기간이었다.

027 ★

vent

n **통풍구** v **(감정분통을) 터뜨리다**

ex The tunnel needs a **vent** to ensure the hamsters breathe well.
햄스터들이 숨을 잘 쉴 수 있도록 터널에 통풍구가 필요하다.

Fortunately, I hung up the phone before she could **vent** her anger.
다행히, 나는 그녀가 화를 터뜨리기 전에 전화를 끊었다.

028 ★

yarn

n **실, 방적사** 참고 yawn 하품하다

ex She bought 10 balls of **yarn** to make a sweater for her boyfriend's birthday present.
그녀는 남자친구의 생일선물로 스웨터를 만드려고 실뭉치 10개를 샀다.

029 ★

width

n **폭, 너비**

ex He asked me to calculate the height and the **width** of the object.
그는 나에게 물체의 높이와 너비를 계산해 달라고 부탁했다.

Its thick **width** needs to be adjusted to fit into the box.
상자에 맞게 들어가려면 그것의 두꺼운 폭은 조정되어야 한다.

030 ★

suite

n **스위트룸**

ex Your reservation for 6 nights in a junior **suite** on the Sandhaven Riverboat has been confirmed.
샌드헤이븐 강 보트에 있는 주니어 스위트룸에서 6박 예약이 확인되었습니다.

Practice

1. 다음 단어들을 올바르게 연결하세요.

(1) mechanical	•	• (a) 폭, 너비
(2) reach	•	• (b) 번창하다
(3) revise	•	• (c) 초월하다
(4) urge	•	• (d) 통합하다
(5) unify	•	• (e) 수정하다
(6) transcend	•	• (f) …에 이르다
(7) thrive	•	• (g) 강력히 촉구하다
(8) width	•	• (h) 기계로 작동되는

2. 우리말 뜻에 맞게 괄호에 알맞은 단어를 찾아 O표 하세요.

(1) **She bought 10 balls of (yarn / yawn) to make a sweater for her boyfriend's birthday present.**
그녀는 남자친구의 생일선물로 스웨터를 만드려고 실뭉치 10개를 샀다.

(2) **We will deliver it to your hotel free of charge, if that's any (consolation / consolidation).**
위안이 된다면 무료로 호텔로 배달해 드리겠습니다.

(3) **A complete scientific explanation of moral (revolution / evolution) and development in the human species is a very long way off.**
인간 종에서 도덕적인 진화와 발달에 대한 완전한 과학적 설명은 아직 멀었다.

(4) **It's like this hotel ballroom is (hunted / haunted) or something!**
호텔 무도회장에서 귀신이 나온다든지 하는 것 같아!

SELF TEST

01	complement	
02		선박, 혈관
03	concentrate	
04		강력히 촉구하다
05	fund	
06		기간, 폭, 걸치다
07	latex	
08		산등성이, 산마루
09	mechanical	
10		프로필, 개요
11	odor	
12		통합하다
13	pin	
14		초월하다
15	deal	
16		위안
17	reach	
18		일탈, 탈선
19	impress	
20		번창하다
21	surrender	
22		터뜨리다
23	revise	
24		실
25	evolution	
26		폭, 너비
27	goodness	
28		스위트룸
29	haunt	
30		시냅시스의

DAY 38

색상으로 8품사 구분하기

n	명사	noun	pron	대명사	pronoun
v	동사	verb	adj	형용사	adjective
adv	부사	adverb	conj	접속사	conjunction
prep	전치사	preposition	int	감탄사	interjection

n	concession	n	cramp	v	launch
n	magma	adv	otherwise	n	paradox
n	racoon	n	research	n	method
n	theology	adj	uncertain	n	viewpoint
n	emphasis	adj	dimensional	n	fragrance
v	absorb	adj	priceless	n	balcony
v	rescue	v	assert	n	clime
n	retina	v	peck	adj	optimal
n	neuron	v	revolve	n	pride
adj	courteous	n	blizzard	n	categorization

DAY 38

★ 표시는 출제 빈도를 나타냅니다.

001 ★★★★★

concession

n 양보 / 영업장소

참고 **concession stand** 매점

ex But even this **concession** did not satisfy them.
하지만 심지어 이런 양보도 그들을 만족시키지 않았다.

You can also purchase reserved seating tickets at the **concession** stand.
매점에서도 지정 좌석표를 구매할 수 있다.

002 ★★★★★

cramp

n 경련 v 막다, 방해하다

참고 **cramped** adj. 비좁은

ex Nervousness about the performance gave me a stomach **cramp**.
공연에 대한 긴장감으로 위경련이 일어났다.

Pre-designed leaflets can **cramp** your creative style.
선 디자인된 전단들은 너의 창조적인 스타일을 막을 수 있다.

003 ★★★★★

launch

v 시작하다 / 출시하다 n 개시

ex Kevin worked hard to **launch** a new application, and as a result, he finally won a contract.
Kevin은 새로운 어플리케이션을 출시하기 위해 열심히 일했고, 그 결과 그는 마침내 계약을 따냈다.

004 ★★★★★

magma

n 마그마

ex **Magma** is liquid made of melted metal.
마그마는 녹은 금속으로 만들어진 액체이다.

A volcano is made by the eruption of **magma**.
화산은 마그마의 분출에 의해 만들어진다.

005 ★★★★★

otherwise

adv 그렇지 않으면

ex Cherries must be picked using our precise techniques, **otherwise** the cherries of future harvests will be damaged.
체리는 우리의 정밀한 기술로 따야 하며 그렇지 않으면 미래에 수확할 체리는 손상될 것이다.

006 ★★★★★

paradox

n 역설

ex The **paradox** of science is that understanding nature has created problems for its understanding of human nature.
과학의 역설은 자연을 이해하는 것이 인간 본성에 대한 이해에 문제를 일으켰다는 것이다.

007 ★★★★★

racoon

n **미국너구리**

ex **Racoons** will look for the missing cotton candy with a puzzled look!
너구리는 어리둥절한 표정으로 사라진 솜사탕을 찾을 것이다!

How much do you know about **racoons**?
너는 너구리에 대해 얼마나 알고 있니?

008 ★★★★★

research

n **연구, 조사** v **연구[조사]하다** ㊐ **investigate** 조사하다, 연구하다

ex He does some **research** about how much plastic goes into the ocean.
그는 바다에 얼마나 많은 플라스틱이 들어가는지에 대해 조사를 한다.

She hasn't **researched** activities to do at the beach.
그녀는 해변에서 할 활동에 대해 조사하지 않았다.

009 ★★★★★

method

n **방법** ㊐ **manner** 방법

ex He learned traditional **methods** for sailing that were used before GPS.
그는 GPS 이전에 사용된 전통적인 항해 방법을 배웠다.

His new **method** of creating purple dye replaced older techniques.
보라색 염료를 만드는 그의 새로운 방식은 기존의 기법들을 대체했다.

010 ★★★★

theology

n **신학**

ex **Theology** is the study of the nature of God and religious belief.
신학은 신의 본질과 종교적 신념을 연구하는 학문이다.

Theology might be used to reform a religious tradition.
신학은 종교 전통을 개혁하는 데 사용될 수 있다.

011 ★★★★

uncertain

adj **확신이 없는**

ex Actually, a lot of people suffer from their worries about an **uncertain** future.
사실, 많은 사람들이 불확실한 미래에 대한 걱정들로 고통 받고 있다.

She was **uncertain** about her test result.
그녀는 시험 결과에 확신이 없었다.

012 ★★★★

viewpoint

n **관점, 방향** 참고 **perspective** 관점

ex Think about the point of view by changing these sentences to the first bungee jumpers' **viewpoint**.
이 문장들을 첫 번지 점프를 하는 사람의 관점으로 바꿔 생각해 보아라.

DAY 38

★ 표시는 출제 빈도를 나타냅니다.

013 ★★★

emphasis

n 강조

ex I used a green highlighter for an **emphasis**.
나는 강조를 위해 초록색 형광펜을 사용했다.

The school had an **emphasis** on collaborative learning.
학교는 공동 학습에 강조를 두었다.

014 ★★★

dimensional

adj …치수의, …차원의

참고 dimension n. 크기, 치수

ex Let's look how the projection will change if it becomes a 3-**dimensional** image.
투영이 3차원 이미지가 될 경우 어떻게 변할지 살펴보자.

015 ★★★

fragrance

n 향기, 향

ex "Lemon-tastic" **fragrance** leaves your home smelling great!
"레몬-타스틱" 향은 여러분의 집에 좋은 향기를 남긴다!

It contains no alcohol or **fragrance**.
알코올이나 향기가 전혀 들어 있지 않다.

016 ★★

absorb

v 흡수하다[빨아들이다]

ex This natural sugar in apples is **absorbed** more slowly for longer-lasting energy.
사과 속의 이 천연 설탕은 더 오래 지속되는 에너지를 위해 더 천천히 흡수된다.

017 ★★

priceless

adj 대단히 귀중한

㉮ invaluable 귀중한

ex He lost his **priceless** timepiece he got as a birthday present.
그는 생일 선물로 받은 대단히 귀중한 시계를 잃어버렸다.

Time spent with you is **priceless**.
당신과 보내는 시간은 대단히 귀중하다.

018 ★★

balcony

n 발코니

ex I wanted to grow blueberries in a small garden on the **balcony**.
나는 발코니에 있는 작은 정원에서 블루베리를 기르고 싶었다.

Your apartment has a small **balcony** behind the kitchen.
너의 아파트에는 주방 뒤 작은 발코니가 있다.

019 ★★

rescue

v **구하다, 구조하다**

ex The firefighter broke the door and **rescued** the baby inside.
소방관은 문을 부수고 안에 있는 아기를 구조했다.

Beauty started fighting with the Beast to **rescue** her father.
미녀는 아버지를 구하기 위해 야수와 싸우기 시작했다.

020 

assert

v **주장하다** ㊌ **state** 진술하다

ex You will have to **assert** more strongly to weaken his stubbornness.
그의 완강함을 약화시키려면 더 강하게 주장해야 할 것이다.

If she's just **asserting** herself and making changes she wants, that's fine.
만약 그녀가 단지 자기 주장을 하고 그녀가 원하는 변화를 하고 있다면, 그것은 괜찮다.

021 

clime

n **기후가 …한 국가**

ex Igloos are still utilized for temporary shelter in northern **climes**.
이글루는 여전히 북쪽 지방에서 임시 대피소로 사용되고 있다.

The only way to escape Blue Monday is to fly off to sunnier **climes**.
월요병을 퇴치하는 유일한 방법은 햇볕이 잘 드는 기후로 급히 떠나는 것이다.

022 

retina

n **망막**

ex This lock is unlocked by **retina** scan.
이 잠금 장치는 망막 스캔을 통해 잠금 해제된다.

The size of the image on the **retina** is determined by the distance.
망막에서 이미지의 크기는 거리에 따라 결정된다.

023 

peck

v **가볍게 입을 맞추다 / 쪼다**

ex Elephants may greet each other by reaching their trunks into each other's mouths, equivalent to a human **peck** on the cheek.
코끼리는 서로의 입에 코를 대고 인사할 수도 있는데, 이는 사람들이 볼에 가볍게 입을 맞추는 것과 동일하다.

024 

optimal

adj **최선의, 최적의** ㊌ **optimum** 최고의

ex Our meal plan aims to lead you to achieve your **optimal** weight through diet and portion control.
우리의 식사 계획은 당신의 식단과 양을 제어하여 최적의 몸무게를 달성하도록 목표한다.

★ 표시는 출제 빈도를 나타냅니다.

025 ★

neuron

n **뉴런**

ex A different theory is that contagious yawning is related to mirror **neurons** in the brain.
다른 이론은 전염성이 있는 하품은 뇌의 거울 뉴런과 관련이 있다는 것이다.

026 ★

revolve

v **돌다[회전하다]**

ex The Nuer are cattle-raising people whose everyday lives **revolve** around their cattle.
Nuer족은 소를 기르는 사람들로, 그들의 일상 생활은 소를 중심으로 돌아간다.

027 ★

pride

n **자부심 / (사자들의) 무리**

ex The trophy represents the team's **pride**.
그 트로피는 팀의 자부심을 나타낸다.

Tigers live and hunt alone, whereas lions hunt in groups known as **prides**.
호랑이는 혼자 살고 사냥하는 반면, 사자는 무리를 지어 사냥한다.

028 ★

courteous

adj **공손한, 정중한**

참고 courtesy n. 공손함

ex Staff is accommodating and **courteous**.
직원들이 친절하고 예의 바르다.

You need to be more **courteous** when responding to the phone call.
전화에 응답할 때 더 공손하게 할 필요가 있다.

029 ★

blizzard

n **눈보라 / 많은 양**

ex Crawford County is experiencing a severe **blizzard**.
Crawford 자치주는 심한 눈보라를 겪고 있다.

It was the worst **blizzard** in fifty years.
50년 만에 가장 최악의 눈보라였다.

030 ★

categorization

n **범주화**

ex Another useful **categorization** method is to consider the main Latin root describing cloud types.
또 다른 유용한 범주화는 구름 유형을 설명하는 주요 라틴어 어원을 고려하는 것이다.

Practice

1. 다음 단어들을 올바르게 연결하세요.

(1) research •	• (a) 역설
(2) paradox •	• (b) 연구, 조사하다
(3) viewpoint •	• (c) …차원의
(4) dimensional •	• (d) 구조하다, 구하다
(5) rescue •	• (e) 관점, 방향
(6) peck •	• (f) 뉴런
(7) optimal •	• (g) 가볍게 입을 맞추다
(8) neuron •	• (h) 최선의, 최적의

2. 우리말 뜻에 맞게 빈칸에 알맞은 단어를 보기에서 찾아 쓰세요.

prides　　uncertain　　blizzard　　cramp

(1) **It was the worst ________ in fifty years.**
50년 만에 가장 최악의 눈보라였다.

(2) **Actually, a lot of people suffer from their worries about an ________ future.**
사실, 많은 사람들이 불확실한 미래에 대한 걱정들로 고통 받고 있다.

(3) **Nervousness about the performance gave me a stomach ________.**
공연에 대한 긴장감으로 위경련이 일어났다.

(4) **Tigers live and hunt alone, whereas lions hunt in groups known as ________.**
호랑이는 혼자 살고 사냥하는 반면, 사자는 무리를 지어 사냥한다.

SELF TEST

No.	단어	뜻
01	concession	
02		흡수하다
03	cramp	
04		대단히 귀중한
05	launch	
06		발코니
07	magma	
08		구하다, 구조하다
09	otherwise	
10		주장하다
11	paradox	
12		기후가 ..한 국가
13	racoon	
14		망막
15	research	
16		가볍게 입을 맞추다
17	method	
18		최선의, 최적의
19	theology	
20		뉴런
21	uncertain	
22		돌다[회전하다]
23	viewpoint	
24		자부심, 무리
25	emphasis	
26		공손한, 정중한
27	dimensional	
28		눈보라
29	fragrance	
30		범주화

DAY 39

색상으로 8품사 구분하기

n	명사	noun	pron	대명사	pronoun
v	동사	verb	adj	형용사	adjective
adv	부사	adverb	conj	접속사	conjunction
prep	전치사	preposition	int	감탄사	interjection

adv	likewise	adj	medieval	n	phenomenon
adv	regularly	v	submit	n	tannery
n	victory	v	deliver	adj	timeless
adj	synthetic	adj	repetitive	n	witness
n	broth	v	collapse	n	daytime
n	virtue	n	citizenship	v	bind
n	attachment	n	enforcement	n	gulf
n	misuse	adj	literary	n	facilitator
n	insensitivity	n	cognition	n	draft
adj	frantic	v	inhabit	n	suppressant

★ 표시는 출제 빈도를 나타냅니다.

001 ★★★★★

likewise

adv **똑같이, 마찬가지로**

ex **Likewise**, items created or found in online games may be sold to other gamers for real money.
마찬가지로, 온라인 게임에서 만들어지거나 발견되는 아이템들은 실제 돈을 받고 다른 게이머들에게 팔 수 있다.

---

002 ★★★★★

medieval

adj **중세의**

참고 **mediate** 중재하다

ex In **medieval** Scotland and Ireland, men actually wore skirts called “Kilt”.
중세 스코틀랜드와 아일랜드에서는 남자들이 실제로 "킬트"라고 불리는 치마를 입었다.

Schloss Neuschwanstein seems like a **medieval** building.
노이슈반슈타인 성은 중세 건물처럼 보인다.

---

003 ★★★★★

phenomenon

n **현상**

참고 **phenomenal** adj. 경탄스러운

ex Reflexive sneezing is a **phenomenon** that was experienced by up to 35% of all people.
반사 재채기는 전체 사람의 35%가 경험했던 현상이다.

---

004 ★★★★★

regularly

adv **규칙적으로**

ex Those who take up running often give up after a while because they find doing it **regularly** too hard.
달리기를 시작한 사람들은 규칙적으로 하는 것이 너무 힘들다고 생각하기 때문에 얼마 후에 포기하곤 한다.

---

005 ★★★★★

submit

v **제출하다**

참고 **summit** 정상, 절정

ex Any members not present during the meeting will need to **submit** a written explanation.
회의에 참석하지 않은 모든 구성원은 서면 설명을 제출해야 한다.

---

006 ★★★★★

tannery

n **무두질 공장**

ex Animal excrement is the primary ingredient in the **tannery**’s natural dyes.
동물 배설물은 무두질 공장 천연 염료의 주요 성분이다.

Workers at the **tannery** use traditional techniques.
무두질 공장의 일꾼들은 전통적인 기술을 사용한다.

007 ★★★★★

victory

n 승리 — 참고 **triumph** 대성공, 승리

ex The goal is to bring back the lion's tail as proof of **victory**.
목표는 승리의 증거로 사자의 꼬리를 가져오는 것이다.

Our team's **victory** depends on you.
우리 팀의 승리는 너에게 달렸다.

008 ★★★★

deliver

v 배달하다 / (연설·강연 등을) 하다

ex In their early days, dogs were utilized to **deliver** mail.
초기에는 개들이 우편물을 배달하는 데 이용되었다.

Her clever jokes have been **delivered** by actors in the funniest shows on TV.
그녀의 재치 있는 농담은 TV에서 가장 재미있는 쇼의 배우들에 의해 방송되었다.

009 ★★★★

timeless

adj 세월이 흘러도 변치 않는

ex A quality timepiece is **timeless**.
질 좋은 시계는 유행을 타지 않는다.

Opening this music box gives me a magical and **timeless** feeling.
이 오르골을 열면 황홀하고 시대를 초월한 느낌이 든다.

010 ★★★

synthetic

adj 합성한, 인조의

ex While **synthetic** rubbers are used extensively to make many products these days, natural rubber production is still widespread.
요즘 합성고무는 많은 제품을 만들기 위해 널리 사용되고 있지만, 천연고무 생산은 여전히 널리 퍼져 있다.

011 ★★★

repetitive

adj 반복적인 — ㊌ **monotonous** 반복적인

ex Instead, stand-ins replace actors when there is a **repetitive** scene.
대신, 반복적인 장면이 있을 때 대역이 배우를 대신한다.

Repetitive practice will make it perfect.
반복적인 연습이 그것을 완벽하게 할 것이다.

012 ★★★

witness

n 목격자, 증인 v 목격하다

ex We are now **witnessing** a fundamental shift in our resource demands.
우리는 지금 자원 수요의 근본적인 변화를 목격하고 있다.

I actually **witnessed** the driver driving over the curb.
나는 실제로 그 운전자가 도로 경계석 위를 달리는 것을 목격했다.

★ 표시는 출제 빈도를 나타냅니다.

013 ★★★

broth

n 수프, 죽

ex The warm and delicious **broth** combined with a mother's loving attention can make a sick child feel comfortable and cared for.
엄마의 애틋한 관심이 어우러진 따뜻하고 맛있는 죽은 아픈 아이를 편안하게 하고 보살핌을 받는 느낌을 들게 한다.

014 ★★★

collapse

v 붕괴되다, 무너지다 n 붕괴

ex When one of the links break, the entire bridge could **collapse**.
고리 중 하나가 끊어지면 다리 전체가 무너질 수 있다.

The **collapse** of the royal power led to the end of the kingdom.
왕권의 붕괴는 왕국의 종말을 가져왔다.

015 ★★★

daytime

n 낮, 주간 반 nighttime 야간

ex Since they sleep during the **daytime**, some of them are suffering from insomnia at nighttime.
낮에 잠을 자기 때문에, 그들 중 일부는 밤에 불면증에 시달리고 있다.

016 ★★★

virtue

n 선, 미덕 반 vice 악

ex Patience is a **virtue**.
인내는 미덕이다.

Most people would agree that telling the truth is a **virtue** we should follow.
대부분의 사람들은 진실을 말하는 것이 우리가 따라야 할 미덕이라는 데 동의할 것이다.

017 ★★★

citizenship

n 시민권

ex People without **citizenship**, for instance, usually cannot vote, nor can those under the legal voting age.
예를 들어 시민권이 없는 사람들은 대개 투표를 할 수 없고, 법적 투표 연령 이하의 사람들 또한 투표할 수 없다.

018 ★★★

bind

v 묶다, 감다 / 의무를 지우다[구속하다] 참고 bind-bound-bound

ex He tried to **bind** strips together to make a handmade hat.
그는 수제 모자를 만들기 위해 기다란 천 조각들을 같이 묶으려고 했다.

I am **bound** to take care of my nephews during the summer.
나는 여름 동안 내 조카들을 돌보게 되어 있다.

019 

attachment

n **애착 / 첨부파일**

ex Kids' **attachment** to parents happens in the early development stage.
아이들의 부모에 대한 애착은 발달 초기 단계에서 일어난다.

In the **attachment**, show your corrections to the original version.
첨부 파일에서 원본 버전에 대한 수정사항을 표시해라.

---

020 

enforcement

n **시행, 집행, 강제**

ex True, but sporadic **enforcement** is an issue.
사실이지만 산발적인 집행이 문제이다.

The **enforcement** of the new traffic law brought a positive effect.
새 교통법의 시행은 긍정적인 효과를 가져왔다.

---

021 

gulf

n **만**

참고 **gulp** 꿀꺽꿀꺽 삼키다

ex Whales in the **Gulf** of Thailand have been using a different technique.
태국만의 고래들은 다른 기술을 사용해 왔다.

Key West can be found between the Atlantic Ocean and the **Gulf** of Mexico.
키웨스트는 대서양과 멕시코만 사이에 있다.

---

022 

misuse

n **남용, 오용** v **남용하다**

유 **abuse** 남용하다

ex The user involuntarily gets accustomed to the **misuse** of the technology.
사용자는 무의식적으로 기술의 오용에 익숙해진다.

Misuse of any chemical may cause serious environmental problems.
화학 물질의 오용은 심각한 환경 문제를 야기할 수 있다.

---

023 

literary

adj **문학적인**

ex In fact, many civilizations leave behind the kinds of great **literary** works that we often associate with the history of culture.
사실, 많은 문명들은 우리가 종종 문화의 역사와 연관 짓는 위대한 문학작품들을 남긴다.

---

024 ★

facilitator

n **조력[협력]자**

ex Successful integration of educational technology is marked by that technology being regarded by users as an unobtrusive **facilitator** of learning.
교육 기술의 성공적인 통합은 사용자들에 의해 그 기술이 비간섭적인 학습의 촉진제로 여겨지는 걸로 나타난다.

☆ 표시는 출제 빈도를 나타냅니다.

025 

insensitivity

n 무감각, 둔감

ex Even though the **insensitivity** in the feet might lead to a serious disease, people tend to be ignorant to it.
비록 발의 무감각함이 심각한 질병으로 이어질 수 있지만, 사람들은 그것에 대해 무지한 경향이 있다.

026 

cognition

n 인식, 인지 　참고 **recognition** 인정

ex A member of **Cognition** and Brain Science Unit of Cambridge, Matt Davies, said that he has never heard of this research before.
Cambridge의 인지 및 뇌과학부 소속인 Matt Davies는 이전에 이 연구에 대해 들어 본 적이 없다고 말했다.

027 

draft

n 원고, 초안

ex I found a **draft** of my father's first published book in the attic.
나는 다락방에서 아버지의 첫 출판된 책의 초안을 발견했다.

Please keep in mind this is just a **draft**.
이것은 그저 초안이라는 것을 명심해.

028 

frantic

adj 정신없이 서두는 / 제정신이 아닌 　참고 **frenetic** 부산한

ex The host mom was too **frantic** trying to take care of her three little kids plus me.
호스트 엄마는 그녀의 세 어린 아이들과 나까지 돌보려고 너무 정신없이 애를 썼다.

029 

inhabit

v 살다 　참고 **inhibit** 억제하다

ex Females, who head to the shores to eat, can become highly bellicose if they sense their water-**inhabiting** babies are in danger.
먹이를 먹기 위해 해변으로 향하던 암컷들은 물에 살고 있는 자식들이 위험에 처해 있는 것을 감지하면 매우 호전적이 될 수 있다.

030 

suppressant

n 억제제

ex The fruit is also believed to have therapeutic properties and is used in some areas as a diuretic and cough **suppressant**.
그 과일은 또한 치료적인 특성을 가지고 있다고 믿어지며, 이뇨제와 기침 억제제로 일부 지역에서 사용된다.

Practice

1. 다음 단어들을 올바르게 연결하세요.

(1) synthetic	•	•	(a) 목격자, 목격하다
(2) literary	•	•	(b) 합성한, 인조의
(3) enforcement	•	•	(c) 선, 미덕
(4) bind	•	•	(d) 묶다, 감다
(5) witness	•	•	(e) 시행, 집행
(6) misuse	•	•	(f) 남용, 남용하다
(7) virtue	•	•	(g) 살다
(8) inhabit	•	•	(h) 문학적인

2. 다음 영어 뜻에 맞게 알맞은 단어를 보기에서 찾아 쓰세요.

suppressant medieval citizenship cognition

(1) the status of a citizen with rights and duties

(2) relating to or belonging to the Middle Ages

(3) the psychological result of perception and learning and reasoning

(4) an agent that tends to reduce in intensity

SELF TEST

01	likewise		16		문학적인
02		선, 미덕	17	timeless	
03	medieval		18		조력[협력]자
04		시민권	19	synthetic	
05	phenomenon		20		무감각, 둔감
06		묶다, 감다	21	repetitive	
07	regularly		22		인식, 인지
08		애착, 첨부파일	23	witness	
09	submit		24		원고, 초안
10		시행, 집행	25	broth	
11	tannery		26		정신없이 서두는
12		만	27	collapse	
13	victory		28		살다
14		남용, 남용하다	29	daytime	
15	deliver		30		억제제

DAY 40

색상으로 8품사 구분하기

n	명사	noun	pron	대명사	pronoun
v	동사	verb	adj	형용사	adjective
adv	부사	adverb	conj	접속사	conjunction
prep	전치사	preposition	int	감탄사	interjection

adj	poisonous	n	supplement	v	rush
v	vary	n	warranty	n	adhesive
n	aspect	adj	recent	v	disappear
n	reception	adj	prompt	n	moisture
n	assassin	n	bonus	n	carving
n	gravity	v	hesitate	adj	infamous
v	justify	n	liability	adj	dual
v	enlarge	v	conceive	adj	linguistic
v	mimic	adj	outward	v	practice
n	relevance	n	warmth	n	turbulence

DAY 40

★ 표시는 출제 빈도를 나타냅니다.

001 ★★★★★

poisonous

adj 유독한 참고 poison n. 독

ex There are small but **poisonous** animals like snakes and spiders.
뱀이나 거미처럼 작지만 독이 있는 동물들이 있다.

Watch out for the **poisonous** mushrooms.
독버섯들을 조심해라.

002 ★★★★★

supplement

n 보충 v 보충[추가]하다 참고 complement 보완하다

ex Only take vitamin K **supplements** when recommended by a doctor.
의사의 권유가 있을 때만 비타민K 보충제를 복용하여라.

This note will **supplement** the paper map.
이 메모가 종이 지도를 보충할 것이다.

003 ★★★★★

rush

v 서두르다 n 혼잡, 분주함 참고 beat the rush 급히 서두르다

ex They will generally **rush** to take advantage of "limited-time offers."
그들은 "제한된 시간 할인"을 이용하기 위해 일반적으로 서두를 것이다.

We'll head out earlier to beat the **rush**.
우리는 교통 체증을 피하기 위해 더 일찍 길을 나설 것이다.

004 ★★★★★

vary

n 서로 다르다 참고 variation n. 변화

ex Few people give a second thought to the use of a ball-point pen although the mechanisms involved **vary**.
비록 관련된 메커니즘이 다양할지라도 볼펜의 사용에 대해 재고하는 사람은 거의 없다.

005 ★★★★★

warranty

n 품질 보증서 참고 warrant 영장

ex One year limited **warranty** is available only in the U.S. mainland.
1년 제한 품질보증은 미국 본토에서만 제공된다.

Is it still under **warranty**?
아직 보증 기간이 남았니?

006 ★★★★★

adhesive

n 접착제

ex Band-Aids have been the most popular **adhesive** bandage in America.
Band-Aids는 미국에서 가장 인기 있는 접착제 반창고였다.

It will work as a temporary **adhesive**.
그것은 일시적인 접착제의 역할을 할 것이다.

007 ★★★★★

aspect

n **측면, 양상**

ex It measures only some **aspects** of development.
그것은 개발의 일부 측면만을 측정한다.

Making a judgment based on only one **aspect** is not recommended.
한 측면만 보고 판단을 하는 것은 권고되지 않는다.

---

008 ★★★★★

recent

adj **최근의** ㊌ **current** 현재의

ex We need more time to talk about economics and the **recent** floods.
우리는 경제와 최근의 홍수에 대해 이야기할 시간이 더 필요하다.

We aced a **recent** safety audit, so the foreman's been in a good mood.
우리는 최근 안전감사에서 좋은 점수를 받았기 때문에 건설 현장 감독님은 기분이 좋으셨다.

---

009 ★★★★★

disappear

v **사라지다**

ex The smoke will **disappear** in a few seconds.
연기가 몇 초 안에 사라질 것이다.

Some think that physical schools will have **disappeared** by the year 2050.
일부 사람들은 2050년까지 물리적인 학교가 사라질 것이라고 생각한다.

---

010 ★★★★

reception

n **접수처, 리셉션 / 수신 상태** 참고 **receipt** 영수증

ex Get the matching locker key from **reception**.
프런트에서 사물함에 맞는 열쇠를 받아 가라.

I tried to get **reception** down here but failed.
이 아래에서 수신을 잡아보려고 했는데 실패했어.

---

011 ★★★★

prompt

adj **즉각적인** v **하다[촉발하다]**

ex Choose an option and wait until **prompted** before inserting coins or credit card.
동전 또는 신용카드를 삽입하기 전에 옵션을 선택하고 메시지가 표시될 때까지 기다리세요.

---

012 ★★★★

moisture

n **수분, 습기**

ex The **moisture** prevents snow from being chiseled.
습기가 눈이 깎이는 것을 막는다.

Try this lotion to provide extra **moisture** to dry feet.
건조한 발에 추가의 수분을 공급하기 위해 이 로션을 사용해 보아라.

★ 표시는 출제 빈도를 나타냅니다.

013 ★★★

assassin

n **암살범** 참고 **assassinate** v. 암살하다

ex The **assassin** who killed the former president is known to have been trained from a young age.
전직 대통령을 살해한 암살자는 어려서부터 훈련을 받은 것으로 알려졌다.

014 ★★★

bonus

n **보너스**

ex I was able to secure a small **bonus** for you due to your great service.
당신의 훌륭한 서비스 덕분에 당신의 보너스를 조금 보장할 수 있었다.

You can get a **bonus** prize ticket if you pre-register.
사전 등록하시면 보너스 상품권을 받을 수 있다.

015 ★★★

carving

n **조각품** 참고 **craving** 갈망, 열망

ex The **carvings** on the poles represent animals, people and mythical creatures.
기둥의 조각들은 동물, 사람, 신화 속의 생물들을 상징한다.

016 ★★★

gravity

n **중력**

ex The boulder's balancing act is really just the position of its center of **gravity**.
바위의 균형잡기 행동은 실은 그것의 무게중심의 위치일 뿐이다.

Jupiter's **gravity** pulls out gases.
목성의 중력은 가스를 끌어낸다.

017 ★★

hesitate

v **망설이다**

ex Mantis mostly prey on moths and flies, but do not **hesitate** to eat other insects, too.
사마귀는 주로 나방과 파리를 먹지만, 다른 곤충들도 먹는 것을 망설이지 않는다.

018 ★★

infamous

adj **악명 높은** ㊒ **notorious** 악명 높은

ex There we will visit the **infamous** Albray Prison.
그곳에서 우리는 악명 높은 Albray 감옥을 방문할 것이다.

This was proven true for **infamous** American bank robber John Dillinger.
이것은 악명 높은 미국 은행 강도 John Dillinger에게 사실로 증명되었다.

019 ★★

justify

v 정당화하다

ex Animal testing has saved the lives of many people and I feel that **justifies** its use.
동물 실험은 많은 사람들의 생명을 구했고 나는 그것이 그것의 사용을 정당화한다고 느낀다.

020 

liability

n 법적 책임

ex I hereby release City Art Camp from all **liability** for any damage whatsoever for contacting the above reference.
이에 따라 위의 참조에 연락한 데 따른 손상에 대한 City Art Camp의 모든 책임을 면제해 드립니다.

021 

dual

adj 이중의

ex The **dual** expressions of this tendency are anthropomorphism and totemism.
이 경향의 이중적 표현은 의인화와 토테미즘이다.

022 

enlarge

v 확대하다 　　㊌ **expand** 넓히다

ex Workers then wanted more leisure and leisure time was **enlarged** by union campaigns.
노동자들은 그 후 더 많은 여가 시간을 원했고 연합 운동에 의해 여가 시간이 확대되었다.

023 

conceive

v 상상하다 / (아이를) 가지다 　　참고 **deceive** 속이다

ex Just **conceiving** the positive outcome will give you some motivation.
긍정적인 결과를 상상하는 것만으로도 약간의 동기부여를 줄 수 있을 것이다.

She was unable to **conceive** after a car accident.
그녀는 차 사고 이후 아이를 가질 수 없게 되었다.

024 

linguistic

adj 언어학의 　　참고 **linguistics** n. 언어학

ex Careful reasoning and **linguistic** flair will come into play when you're applying for jobs or grants.
취업이나 지원금을 신청할 때 신중한 추론과 언어적 재능이 발휘될 것이다.

★ 표시는 출제 빈도를 나타냅니다.

025 ★

mimic

v 흉내를 내다, 모방하다

참고 **mimicry** n. 흉내

ex I watch and **mimic** video clips and try to talk with Spanish friends online at home.
나는 동영상을 보고 흉내를 내며 집에서 온라인으로 스페인 친구들과 대화를 시도한다.

026 ★

outward

adj 표면상의, 밖으로 향하는

ex Overlapping blocks face **outward**.
겹치는 블록은 바깥쪽을 향한다.

Please place your hand **outward**.
손을 바깥쪽으로 내밀어 주세요.

027 ★

practice

v 연습하다

ex I have all the introductions ready and I've **practiced** a lot.
나는 모든 소개도 다 준비했고 연습도 많이 했다.

Practice applying what you have learned until it becomes easy and natural.
배운 것이 쉽고 자연스러워질 때까지 적용하는 연습을 해라.

028 ★

relevance

n 적절, 타당성

참고 **relevant** adj. 관련 있는

ex It has little **relevance** to the employment opportunity you're applying for.
그것은 네가 지원하는 고용 기회와 거의 관련이 없다.

I don't understand the **relevance** of his question.
나는 그의 질문의 타당성을 이해할 수 없다.

029 ★

warmth

n 온기, 따뜻함

ex Antique furniture can provide us with **warmth**, history, and comfort which machine made furniture cannot.
고풍스러운 가구는 기계가 만든 가구가 줄 수 없는 따뜻함, 역사, 편안함을 우리에게 제공할 수 있다.

030 ★

turbulence

n 격동, 격변 / 난기류

참고 **turbulent** adj. 격동의, 격변의

ex Our plane made it through the **turbulence**, and we're all safe and on the ground now.
우리 비행기는 난기류를 뚫고 나갔고, 우리는 모두 안전하게 지금 지상에 있다.

Practice

1. 다음 단어들을 올바르게 연결하세요.

(1) supplement	(a) 최근의
(2) warmth	(b) 보충, 보충하다
(3) turbulence	(c) 사라지다
(4) hesitate	(d) 즉각적인
(5) disappear	(e) 중력
(6) gravity	(f) 망설이다
(7) prompt	(g) 온기, 따뜻함
(8) recent	(h) 격동, 격변, 난기류

2. 우리말 뜻에 맞게 괄호에 알맞은 단어를 찾아 O표 하세요.

(1) **I tried to get (receipt / reception) down here but failed.**
이 아래에서 수신을 잡아보려고 했는데 실패했어.

(2) **One year limited (warranty / warrant) is available only in the U.S. mainland.**
1년 제한 품질보증은 미국 본토에서만 제공된다.

(3) **Making a judgment based on only one (respect / aspect) is not recommended.**
한 측면만 보고 판단을 하는 것은 권고되지 않는다.

(4) **This was proven true for (famous / infamous) American bank robber John Dillinger.**
이것은 악명 높은 미국 은행 강도 John Dillinger에게 사실로 증명되었다.

SELF TEST

01	poisonous	
02		중력
03	supplement	
04		망설이다
05	rush	
06		악명 높은
07	vary	
08		정당화하다
09	warranty	
10		법적 책임
11	adhesive	
12		이중의
13	aspect	
14		확대하다
15	recent	
16		상상하다
17	disappear	
18		언어학의
19	reception	
20		흉내를 내다
21	prompt	
22		표면상의
23	moisture	
24		연습하다
25	assassin	
26		적절, 타당성
27	bonus	
28		온기, 따뜻함
29	carving	
30		격동, 격변, 난기류

TOSEL 실전문제 4

PART 8. General Reading Comprehension

DIRECTIONS: In this portion of the test, you will be provided with one longer reading passages. For the passage, complete the blanks in the passage summary using the words provided. Fill in your choices in the corresponding spaces on your answer sheet.

• TOSEL 66회 기출

1. Read the passage and answer the questions.

The world today is divided into six to seven continents: Africa, Antarctica, Australia, North America, South America, Asia, and Europe. (Some people put the last two together as "Eurasia".) One German researcher, Alfred Wegener, looked at their shapes, and thought that some of the continents maybe used to be connected. Particularly, South America and Africa looked like two puzzle pieces that fit together. In 1912, he proposed the theory of continental drift, meaning that the continents used to be joined together, had then separated, and were slowly moving around the globe. At the time, the theory was not accepted by many scientists. However, by the 1950s, scientists generally agreed that continental drift was a real phenomenon.

Summary:

Currently, the world's continents are divided. However, as Alfred Wegener noted in 1912, different continents have shapes like puzzle pieces. He hypothesized that the continents had once been connected and that they were now in a state of __[A]__. His theory of "continental drift" was __[B]__ controversial, but is now widely accepted.

1. Choose the most suitable word for blank [A], connecting the summary to the passage.

(A) motion

(B) cognition

(C) evolution

(D) consolation

2. Choose the most suitable word for blank [B], connecting the summary to the passage.

(A) initially

(B) instantly

(C) regularly

(D) tentatively

CHAPTER 05

DAY 41

색상으로 8품사 구분하기

n	**명사**	noun	pron	**대명사**	pronoun
v	**동사**	verb	adj	**형용사**	adjective
adv	**부사**	adverb	conj	**접속사**	conjunction
prep	**전치사**	preposition	int	**감탄사**	interjection

n	pharmacist	adj	swift	adj	temporary
n	ventilation	n	preference	adv	accidentally
n	budget	v	identify	adj	amateur
n	barrier	n	trampoline	n	utilization
n	silence	v	import	n	certificate
n	allegation	adj	bilingual	v	attest
adj	cardiac	n	database	n	collision
n	accusation	adj	bilateral	adj	childish
adj	coastal	v	accrue	n	barber
n	calendar	n	dashboard	adj	airtight

DAY 41

★ 표시는 출제 빈도를 나타냅니다.

001 ★★★★★

pharmacist

n **약사**

ex The **pharmacist** in Marion Pharmacy is completely unprofessional.
Marion 약국의 약사는 전혀 전문적이지 않다.

The carton seal should be broken by the **pharmacist**.
그 상자 밀봉은 약사에 의해 뜯어져야 한다.

002 ★★★★★

swift

adj **신속한, 빠른**

유 **prompt** 즉시 ..하는

ex Be **swift**, but orderly during the drill.
훈련 중에는 신속하되 질서정연해야 한다.

Thank you for your **swift** decision.
빠른 결정에 감사를 드립니다.

003 ★★★★★

temporary

adj **일시적인, 임시의**

반 **permanent** 영구적인

ex Our neighbors are still in **temporary** lodging.
우리 이웃들은 아직 임시 숙소에 있다.

He is looking for **temporary** jobs.
그는 임시직을 찾는 중이다.

004 ★★★★★

ventilation

n **통풍, 환기장치**

ex Rooms and hallways have small holes for **ventilation**.
방과 복도에는 환기를 위한 작은 구멍들이 있다.

How do they take care of **ventilation**?
그들은 어떻게 환기를 관리하는가?

005 ★★★★★

preference

n **선호**

ex Do you have a **preference** for any material?
선호하는 소재가 있는가?

If that's your **preference**, go ahead.
그게 네가 선호하는 거라면 그렇게 해.

006 ★★★★★

accidentally

adv **우연히**

ex She **accidentally** brought home one of Janice's things.
그녀는 우연히 Janice의 물건들 중 하나를 집으로 가져왔다.

The customer **accidentally** broke the glass vase as he was passing by it.
손님이 유리 꽃병을 지나가다가 우연히 깨뜨렸다.

007 ★★★★★

budget

n **예산**

ex The state **budget** is spent on the castle.
그 성에는 주 예산이 투입되었다.

Students need to live within a small **budget**.
학생들은 적은 예산 내에서 생활해야 한다.

008 ★★★★★

identify

v **확인하다, 찾다**

참고 **identity** n. 신원, 정체

ex Fingerprints can be used to **identify** specific individuals.
지문은 특정 개인을 식별하는 데 사용될 수 있다.

Ask him to **identify** an object without opening his eyes.
그에게 눈을 뜨지 말고 사물을 식별하라고 해봐.

009 ★★★★

amateur

adj **아마추어의** n **아마추어 선수**

반 **professional** 전문적인

ex Glad you liked my **amateur** magic trick.
네가 내 미숙한 마술을 좋아해줘서 기뻐.

He got it from an **amateur** violinist after he had lost his own violin.
그는 자신의 바이올린을 잃어버린 후 아마추어 바이올리니스트로부터 그것을 얻었다.

010 ★★★★

barrier

n **장벽, 장애물**

ex He wanted to break down the **barriers** humans make by putting things into categories.
그는 물건들을 범주에 넣음으로서 인간이 만드는 장벽을 부수고 싶었다.

011 ★★★

trampoline

n **트램펄린**

ex She told me she wants to be a **trampoline** gymnast.
그녀는 나에게 트램펄린 체조 선수가 되고 싶다고 말했다.

Your kid seems to really like playing on the **trampoline**.
네 아이는 트램펄린에서 노는 걸 정말 좋아하는 것 같아.

012 ★★★

utilization

n **이용, 활용**

ex The **utilization** of AI has lots of benefits but there are still many concerns that need to be considered.
AI 활용은 장점이 많지만 고려해야 할 우려가 여전히 많다.

DAY 41

★ 표시는 출제 빈도를 나타냅니다.

013 ★★★

silence

n 고요, 적막 v 침묵시키다

참고 **silent** adj. 말을 안 하는

ex Some people just can't stand a long **silence**.
몇몇 사람들은 그저 긴 고요를 견딜 수 없어한다.

Her words were so powerful, the Taliban tried to **silence** her.
그녀의 말은 영향력이 있어서 탈레반은 그녀를 침묵시키려 했다.

014 ★★★

import

v 수입하다 n 수입품

ex You will have to sign the form to get the permission to **import** any goods.
상품을 수입하는데 허가를 받으려면 그 양식에 서명해야 한다.

Imports should be handled carefully.
수입품들은 조심히 다뤄져야 한다.

015 ★★★

certificate

n 증명서, 자격증

참고 **certify** v. 증명하다

ex Use the coupon together with a $50 gift **certificate**.
50달러 상품권과 함께 쿠폰을 사용하세요.

After the final process, Rashim is given the **certificate**.
마지막 절차 후, Rashim에게 자격증이 주어진다.

016 ★★★

allegation

n 혐의[주장]

참고 **alleged** adj. 주장된

ex With the public's confidence shaken by the **allegations** against the governor, the party was in shambles.
주지사의 혐의로 국민의 신뢰가 흔들리면서 당은 난장판이 됐다.

017 ★★

bilingual

adj 이중언어를 사용하는

참고 **monolingual** 하나의 언어를 사용하는

ex A **bilingual** Japanese speaker is preferred, as I would like my son to continue hearing Japanese every day.
나는 내 아들이 매일 일본어를 계속 듣기를 원하기 때문에 일본어를 이중언어로 사용하는 사람을 선호한다.

018 ★★

attest

v 증명하다

ex Before starting work, you must sign the form **attesting** that you have understood all of the instructions.
일을 시작하기 전에 모든 지시사항을 이해했음을 증명하는 양식에 서명해야 한다.

019 

cardiac

adj **심장의**

ex This afternoon, we have to make rounds to the Pulmonary Rehab, and the **Cardiac** Center.
우리는 오늘 오후에 폐 재활원과 심장센터로 회진해야 한다.

020 

database

n **데이터베이스**

ex When an animal is found, the veterinarian scans to see if the animal is registered in a **database**.
동물이 발견되면 수의사는 그 동물이 데이터베이스에 등록되어 있는지 검사한다.

021 

collision

n **충돌** 참고 **crash** 충돌

ex Three people were injured in a **collision** involving a truck and a minivan.
트럭과 미니밴이 충돌해 3명이 다쳤다.
The **collision** created a loud noise which made everyone panic.
그 충돌은 모두를 당황하게 만드는 큰 소음을 만들어냈다.

022 

accusation

n **혐의, 비난**

ex Felix argued against Sean's **accusation** but it was in vain.
Felix는 Sean의 혐의에 반대하여 언쟁을 했지만 소용없었다.
Such nonsense **accusations** were not worthy to even respond.
그러한 말도 안 되는 비난들은 대꾸하는 것조차 가치가 없다.

023 ★

bilateral

adj **쌍방의, 양쪽의** 반 **unilateral** 일방적인, 단독의

ex When we learn a new numeric, a fast connection between **bilateral** visual areas to the parietal quantity area is made.
우리가 새로운 숫자를 배울 때, 양쪽의 시각 영역과 정수리 부분의 수량 영역의 빠른 연결이 이루어진다.

024 

childish

adj **어린애 같은, 유치한** 참고 **childlike** 아이 같은, 순진한

ex Adults think that it is irresponsible, immature, and **childish** to give themselves regularly over to play.
어른들은 정기적으로 노는 데 시간을 보내는 것은 무책임하고, 미성숙하며, 유치하다고 생각한다.

★ 표시는 출제 빈도를 나타냅니다.

025 ★

coastal

adj **해안의**

ex **Coastal** zones are seen as disposable for the accelerating demands of the human population.
연안 지역은 가속화되는 인구 수요로 인해 일회성 지역으로 간주된다.

026 ★

accrue

v **누적되다, 축적되다**

ex Repeated head injuries **accrued** over a lifetime of playing rough sports have been shown to cause brain damage.
거친 스포츠를 하며 일생 동안 누적된 머리 부상은 뇌 손상을 초래하는 것으로 나타났다.

027 ★

barber

n **이발사**

ex The **barber**, whom I always got my hair cut, will soon retire.
내가 항상 머리를 잘랐던 이발사는 곧 은퇴한다.
I requested that the **barber** do my hair like his.
나는 이발사에게 그의 머리처럼 해달라고 요청했다.

028 ★

calendar

n **달력**

ex In the Roman **calendar**, there were only ten months.
로마의 달력에는 10개월밖에 없었다.
Mark the date on your **calendar**, so you don't miss his performance.
달력에 날짜를 표시해서 그의 공연을 놓치지 않도록 해라.

029 ★

dashboard

n **계기판**

ex Angry drivers are all caught on **dashboard** cameras!
성난 운전자들은 모두 자동차 블랙박스에 잡힌다!
You have to pay attention to what the **dashboard** is showing.
계기판이 보여주는 것에 집중해야 한다.

030 ★

airtight

adj **밀폐된**

㊒ **impermeable** 불침투성의

ex Even with the holes, body heat and warmth inside the igloo's interior will create an **airtight** surface.
구멍이 뚫려있어도 이글루 내부의 체온과 온기가 밀폐된 표면을 만들 것이다.

Practice

1. 다음 단어들을 올바르게 연결하세요.

(1) preference •	• (a) 신속한, 빠른
(2) import •	• (b) 일시적인, 임시의
(3) cardiac •	• (c) 선호
(4) collision •	• (d) 수입하다
(5) accusation •	• (e) 심장의
(6) accrue •	• (f) 충돌
(7) temporary •	• (g) 누적되다
(8) swift •	• (h) 혐의, 비난

2. 우리말 뜻에 맞게 빈칸에 알맞은 단어를 보기에서 찾아 쓰세요.

collision calendar accusations allegations

(1) **With the public's confidence shaken by the ______ against the governor, the party was in shambles.**
주지사의 혐의로 국민의 신뢰가 흔들리면서 당은 난장판이 됐다.

(2) **Mark the date on your ______, so you don't miss his performance.**
달력에 날짜를 표시해서 그의 공연을 놓치지 않도록 해라.

(3) **Such nonsense ______ were not worthy to even respond.**
그러한 말도 안 되는 비난들은 대꾸하는 것조차 가치가 없다.

(4) **The ______ created a loud noise which made everyone panic.**
그 충돌은 모두를 당황하게 만드는 큰 소음을 만들어냈다.

SELF TEST

01	pharmacist	
02		협의[주장]
03	swift	
04		이중언어를 사용하는
05	temporary	
06		증명하다
07	ventilation	
08		심장의
09	preference	
10		데이터베이스
11	accidentally	
12		충돌
13	budget	
14		혐의, 비난
15	identify	
16		쌍방의, 양쪽의
17	amateur	
18		유치한
19	barrier	
20		해안의
21	trampoline	
22		누적되다
23	utilization	
24		이발사
25	silence	
26		달력
27	import	
28		계기판
29	certificate	
30		밀폐된

DAY 42

색상으로 8품사 구분하기

n	**명사**	noun	pron	**대명사**	pronoun
v	**동사**	verb	adj	**형용사**	adjective
adv	**부사**	adverb	conj	**접속사**	conjunction
prep	**전치사**	preposition	int	**감탄사**	interjection

adv	primarily	n	transport	adj	virtual
n	authority	n	chapel	v	burst
n	administrator	n	civics	adj	apparent
n	criterion	adj	definitive	n	cinema
adj	brutal	adj	ensuing	adj	shameful
n	rod	adj	prestigious	v	attract
adv	immediately	adj	drastic	v	classify
adj	debatable	adv	edgewise	n	faucet
n	exposition	v	cower	v	authorize
n	billionaire	n	carpool	v	discern

★ 표시는 출제 빈도를 나타냅니다.

001 ★★★★★

primarily

adv **주로** ㊒ **chiefly** 주로

ex What do the animals in caves **primarily** eat?
동굴 속의 동물들은 주로 무엇을 먹는가?

The Nuer **primarily** reside in the Nile River Valley.
Nuer족은 나일강 계곡에 주로 거주한다.

002 ★★★★★

transport

n **수송** v **수송하다** ㊒ **transportation** n. 수송

ex They can call the **transport** authority.
그들은 교통 당국에 전화할 수 있다.

Until what time can a passenger take direct **transport** to Pak Secretariat?
승객은 몇 시까지 Pak 사무국까지 직행하는 교통편을 탈 수 있는가?

003 ★★★★★

virtual

adj **사실상의, 가상의** 참고 **virtue** 선

ex These are real, not **virtual** companions, with whom gamers can develop strong real-life relationships.
이들은 가상의 동반자가 아닌 실제 동료이며, 게이머들과 함께 실제로 강력한 관계를 발전시킬 수 있다.

004 ★★★★★

authority

n **지휘권, 당국** 참고 **authorization** n. 허가

ex **Authorities** are in the process of assessing the situation.
당국은 상황을 평가하는 과정에 있다.

City **authorities** thought they needed a festival for economic reasons.
시 당국은 그들이 경제적인 이유로 축제가 필요하다고 생각했다.

005 ★★★★★

chapel

n **예배실**

ex Although the **chapel** was full of people, it was incredibly silent.
예배실은 사람들로 가득 찼지만, 놀랍게도 고요했다.

Let me show you the way to our new **chapel**.
우리 새 예배실로 가는 길을 보여줄게.

006 ★★★★★

burst

v **터지다** n **한바탕…을 함** 참고 **bust** 부수다, 고장내다

ex Suddenly she **burst** into tears and I couldn't say anything.
갑자기 그녀가 울음을 터뜨렸고 나는 아무 말도 할 수 없었다.

Once the orchestra finished the piece, **bursts** of applause filled the concert hall.
관현악단이 연주를 마치자, 박수 갈채가 공연장을 가득 채웠다.

007 ★★★★★

administrator

n **관리자, 행정인**

ex You can talk to an **administrator** regarding the submitted documents.
제출한 문서에 대해서 관리자와 이야기할 수 있다.

She was a school **administrator** at her last job.
그녀는 전 직장에서 학교 관리인이었다.

---

008 ★★★★★

civics

n **윤리, 공민학** 참고 **civic** adj. 시민의

ex It looks like they are not focusing on liberal arts and **civics**.
그들은 교양과목과 윤리 과목에 집중하지 않는 것으로 보인다.

I took a course in **civics** in middle school.
나는 중학교 때 윤리 과목을 들었다.

---

009 ★★★★★

apparent

adj **분명한**

ex It became **apparent** that people simply were not interested in this kind of technology.
사람들은 단지 이런 기술에 관심이 없다는 것이 명백해졌다.

---

010 ★★★★★

criterion

n **기준** 참고 pl. **criteria**

ex He fulfilled all the **criteria** for this position!
그는 이 직책에 대한 모든 기준을 충족시켰다!

Several **criteria** are taken into consideration when assessing a student.
학생을 평가할 때 몇 가지 기준을 고려한다.

---

011 ★★★★★

definitive

adj **최종적인, 최고의** 참고 **definite** adj. 확실한

ex Some discoveries seem to entail numerous phases and discoverers, none of which can be identified as **definitive**.
일부 발견은 수많은 단계와 발견자를 수반하는 것으로 보이며, 그중 어느 것도 결정적인 것으로 식별될 수 없다.

---

012 ★★★★

cinema

n **영화관, 극장**

ex Santa's Revenge is playing at the Super 9 **cinema**.
Santa's Revenge가 Super 9 극장에서 상영되고 있다.

Movie theater ushers ensure safety and assist **cinema** patrons.
영화관 좌석 안내원들은 안전을 보장하고 영화관 이용객들을 돕는다.

★ 표시는 출제 빈도를 나타냅니다.

013 ★★★★

brutal

adj **잔혹한, 악랄한** 유 **vicious** 잔인한

ex Because of the **brutal** weather, all 200 residents there live in one building!
험악한 날씨 때문에, 그곳의 200명의 주민들 모두 한 건물에 살고 있다!

That certainly was a **brutal** workout.
그것은 확실히 잔혹한 운동이었다.

014 ★★★★

ensuing

adj **뒤이어 일어나는** 참고 **ensue** v. 뒤따르다

ex The **ensuing** gossip cemented Lawrence's star power.
뒤이은 소문으로 Lawrence의 스타 파워가 굳어졌다.

The **ensuing** investigation leads to a chase spanning from Medellin to Tel Aviv.
뒤이은 조사는 메델린에서 텔아비브까지 이어지는 추격전으로 이어진다.

015 ★★★

shameful

adj **수치스러운** 유 **disgraceful** 부끄러운

ex In every society, there are certain practices so **shameful** that one should not even talk about them.
모든 사회에서, 너무 수치스러워서 그것에 대해 이야기조차 해서는 안 되는 어떤 관행이 있다.

016 ★★★

rod

n **막대**

ex He invented the lightning **rod**, the metal which protects buildings and other materials from lightning strikes.
그는 번개로부터 건물과 다른 물질들을 보호하는 금속인 피뢰침을 발명했다.

017 ★★★

prestigious

adj **명망 있는, 일류의**

ex The violinist was awarded a first prize at the **prestigious** competition for musicians.
그 바이올리니스트는 명망 있는 음악가 대회에서 1등상을 수상했다.

018 ★★★

attract

v **마음을 끌다, 끌어당기다**

ex Certain types of bees are more **attracted** to them than to others.
어떤 종류의 벌들은 다른 벌들보다 그들에게 더 끌린다.

A lightning rod does not **attract** electricity.
피뢰침은 전기를 끌어당기지 않는다.

019 ★★★

immediately

adv **즉시, 즉각**

ex Stop what you are doing **immediately** and listen carefully.
즉시 하던 일을 멈추고 잘 들어라.

Check the area around you **immediately** for hazards and injuries.
주변에 위험과 부상이 있는지 즉시 확인하여라.

---

020 ★★★

drastic

adj **과감한, 극단적인** ㊌ **radical** 급진적인

ex The world has gone through a **drastic** change with the development of smartphones.
세계는 스마트폰의 발달로 급격한 변화를 겪었다.

---

021 ★★

classify

v **분류하다**

ex In agricultural areas people are used to seeing and **classifying** the kinds of clouds in the sky.
농업 지역에서는 사람들이 하늘에 있는 구름의 종류를 보고 분류하는 데 익숙하다.

---

022 ★★

debatable

adj **논란의 여지가 있는** ㊌ **controversial** 논란이 많은

ex While such a viewpoint is **debatable**, writers do often reference other works to explain their own ideas.
그러한 관점은 논쟁의 여지가 있지만, 작가들은 종종 자신의 생각을 설명하기 위해 다른 작품들을 언급한다.

---

023 ★★

edgewise

adv **날을 밖으로 하고** 참고 **get a word in edgewise** 말참견하다

ex Don't pass me the knife **edgewise**. It is dangerous.
날을 밖으로 하고 칼을 건네주지 마. 위험해.

You never let me get a word in **edgewise**.
당신은 내가 한마디도 못 끼어들게 하는군.

---

024 ★★

faucet

n **(수도)꼭지**

ex So no one sensed the leak on the **faucet**?
그래서 아무도 수도꼭지에서 물이 새는 것을 알아채지 못한 거야?

But the pressure from the tank to the **faucets** seems weak.
하지만 탱크에서 수도꼭지로 가는 압력은 약해 보인다.

★ 표시는 출제 빈도를 나타냅니다.

025 ★★

exposition

n **박람회**

참고 **exposition** =expo

ex Visit Campania Bridal **Exposition** and meet many exhibitors and experts who can help you plan the wedding!
캄파니아 신부 박람회를 방문해서 당신이 결혼식을 계획하는 것을 도와줄 많은 전시자들과 전문가들을 만나보아라!

026 ★

cower

v **(겁을 먹고) 몸을 숙이다**

㊒ **cringe** 움츠리다

ex She's been **cowering**, head covered, in front of her own students.
그녀는 학생들 앞에서 몸을 숙이고, 머리를 가린 채 있었다.

People were afraid of the fighting, **cowered** behind the walls.
사람들은 싸움을 두려워해서, 벽 뒤에 몸을 숙이고 있었다.

027 ★

authorize

v **인가하다, 권한을 부여하다**

ex I further **authorize** City Art Camp to maintain the information from this application in their records.
나는 또한 시 예술 캠프가 이 지원서의 정보를 그들의 기록에 남겨둘 수 있도록 허가한다.

028 ★

billionaire

n **억만장자, 갑부**

ex It's not going to make you a **billionaire** overnight or anything.
그것이 네가 하룻밤 사이에 억만장자나 그런 것이 되게 만들진 않을 거야.

Only a **billionaire** would live in such houses!
갑부들이나 저런 집에 살겠지!

029 ★

carpool

n **카풀(승용차 함께 타기)**

ex He reported a plan on building a **carpool** driving lane for commuters.
그는 통근자들을 위한 카풀 전용 차선을 건설하는 계획을 보고했다.

Maybe I could ask one of my coworkers for a **carpool**.
아마 동료들 중 한 명한테 카풀을 요청할 수 있을 거야.

030 ★

discern

v **알아차리다, 알아보다**

참고 **discerning** adj. 안목이 있는

ex We must **discern** between the truth and lies.
우리는 진실과 거짓을 알아보아야 한다.

Do you need the perfect gift for your **discerning** friends?
안목이 있는 친구들에게 줄 완벽한 선물이 필요한가?

Practice

1. 다음 단어들을 올바르게 연결하세요.

(1) primarily	•	• (a) 알아차리다
(2) definitive	•	• (b) 주로
(3) classify	•	• (c) 최종적인, 최고의
(4) edgewise	•	• (d) 억만장자, 갑부
(5) discern	•	• (e) 즉시, 즉각
(6) authorize	•	• (f) 분류하다
(7) immediately	•	• (g) 날을 밖으로 하고
(8) billionaire	•	• (h) 권한을 부여하다

2. 우리말 뜻에 맞게 빈칸에 알맞은 단어를 보기에서 찾아 쓰세요.

prestigious　　drastic　　criterion　　apparent

(1) a standard on which a judgment or decision may be based ________

(2) clear or manifest to the understanding ________

(3) having an illustrious reputation; respected ________

(4) forceful and extreme and rigorous ________

SELF TEST

01	primarily	
02		막대
03	transport	
04		명망 있는, 일류의
05	virtual	
06		마음을 끌다
07	authority	
08		즉시, 즉각
09	chapel	
10		과감한, 극단적인
11	burst	
12		논란의 여지가 있는
13	administrator	
14		날을 밖으로 하고
15	civics	
16		(수도)꼭지
17	apparent	
18		박람회
19	criterion	
20		몸을 숙이다
21	definitive	
22		인가하다
23	cinema	
24		억만장자, 갑부
25	brutal	
26		카풀
27	ensuing	
28		알아차리다
29	shameful	
30		분류하다

DAY 43

색상으로 8품사 구분하기

n	**명사**	noun	pron	**대명사**	pronoun
v	**동사**	verb	adj	**형용사**	adjective
adv	**부사**	adverb	conj	**접속사**	conjunction
prep	**전치사**	preposition	int	**감탄사**	interjection

n	tribe	n	baggage	n	candidate
adj	eligible	adj	ideal	adj	Jewish
n	lava	n	facility	n	guardian
n	laser	n	predator	n	miracle
n	lump	n	inquiry	v	detect
n	admission	v	suspend	adj	unsuitable
n	handful	adj	imminent	n	illusion
adj	doubtful	adj	envious	v	glorify
n	fixation	adj	fateful	n	economics
n	gust	adj	endless	v	disqualify

DAY 43

☆ 표시는 출제 빈도를 나타냅니다.

001 ★★★★★

tribe

n **부족, 종족**

ex Chocolate was first used by Mayan **tribes** in South America.
초콜릿은 남아메리카의 마야 부족들에 의해 처음 사용되었다.

These **tribes** are in danger because their forest home is being destroyed.
이 부족들은 그들의 본거지인 숲이 파괴되고 있기 때문에 위험에 처해 있다.

002 ★★★★★

baggage

n **짐[수하물]** ㊮ luggage 짐

ex The **baggage** drop cut-off time for your flight is 45 minutes before the scheduled departure time.
항공편의 수하물를 부칠 수 있는 마감 시간은 예정된 출발 시간 45분 전이다.

003 ★★★★★

candidate

n **후보자**

ex A crowd of cheering supporters are voting for their **candidate**.
환호하는 지지자들이 그들의 후보를 위해 투표하고 있다.

Candidates hoping to become math teachers should read these instructions.
수학 선생님이 되길 바라는 후보자들은 이 지시사항을 읽어야 한다.

004 ★★★★★

eligible

adj **…을 가질[할] 수 있는** ㊮ qualified 자격 있는

ex The tickets are **eligible** for full refunds 24 hours prior to the day of travel.
티켓은 여행일 24시간 전에 전액 환불이 가능하다.

She realized too late that she was **eligible** for a discount.
그녀는 자신이 할인을 받을 수 있다는 것을 너무 늦게 깨달았다.

005 ★★★★★

ideal

adj **이상적인**

ex **Ideal** applicants have a proven passion for research and are intent on developing their laboratory skills.
이상적인 지원자는 연구에 대한 검증된 열정을 가지고 있으며, 자신의 실험실 기술을 개발하는 데 전념하고 있다.

006 ★★★★★

Jewish

adj **유대인의**

ex During World War II, **Jewish** people in Europe were in terrible danger.
제2차 세계 대전 동안, 유럽의 유대인들은 끔찍한 위험에 처해 있었다.

He wasn't aware of what was happening to **Jewish** people.
그는 유대인들에게 무슨 일이 일어나고 있는지 알지 못했다.

007 ★★★★★

lava

n **용암**

ex The rocks, **lava**, and gas can cover large areas of farmland.
바위, 용암, 그리고 가스는 넓은 농경지 지역을 덮을 수 있다.

The **lava** can cause huge damage to humans.
용암은 인간에게 엄청난 피해를 줄 수 있다.

---

008 ★★★★

facility

n **시설** 참고 **faculty** 학부, 능력

ex At this stage, **facilities** such as a sleeping platform can be created.
이 단계에서는 수면 플랫폼 등의 시설을 만들 수 있다.

Let me show you the state-of-the art **facilities** in our gym.
우리 체육관에 있는 최첨단 시설을 보여 줄게.

---

009 ★★★★

guardian

n **후견인, 수호자** 유 **custodian** 관리인

ex Participants under 19 require a **guardian**'s signature.
19세 미만의 참가자는 후견인의 서명이 필요하다.

Biodiversity is a **guardian** of ecology.
생물다양성은 생태계의 수호자이다.

---

010 ★★★★

laser

n **레이저** 참고 **razor** 면도기

ex A concentrated look from some people can create radiation similar to that of an x-ray or **laser**.
몇몇 사람들의 집중된 눈초리는 엑스레이나 레이저와 비슷한 방사선을 만들어 낼 수 있다.

---

011 ★★★

predator

n **포식자** 반 **prey** 사냥감

ex **Predators** that rely on darkness to hide from their prey might find catching food difficult.
먹잇감으로부터 몸을 숨기기 위해 어둠에 의존하는 포식자들은 먹이를 잡는 것을 어려워할 수도 있다.

---

012 ★★★

miracle

n **기적**

ex Everyone wishes for a **miracle** to happen.
모두가 기적이 일어나기를 소원한다.

It will be a **miracle** to see him walking again.
그가 걷는 것을 다시 보는 것은 기적일 것이다.

DAY 43

★ 표시는 출제 빈도를 나타냅니다.

013 ★★★

lump

n **덩어리**

ex What happens is that a combination of heat and pressure transforms the structure of a **lump** of carbon.
열과 압력의 조합이 탄소 덩어리의 구조를 변화시키는 현상이 일어난다.

014 ★★★

inquiry

n **연구, 탐구, 조사**

참고 **enquiry** 조사[수사]

ex A dream is an interesting field of **inquiry**.
꿈은 흥미로운 탐구영역이다.

Your first task will be a thorough **inquiry** into all the input data.
너의 첫 업무는 입력된 데이터들을 정밀히 조사하는 것이다.

015 ★★★

detect

v **발견하다**

ex Robocop cannot physically catch criminals but it can **detect** and report criminals in the area.
로보캅은 물리적으로 범죄자를 잡을 수는 없지만 그 지역의 범죄자를 발견하고 보고할 수 있다.

016 ★★★

admission

n **가입 / 입장료**

참고 **permission** 허락,허가

ex You get 10 percent off all of those **admission** tickets with your membership.
멤버십으로 모든 입장권을 모두 10% 할인 받을 수 있다.

017 ★★

suspend

v **정직시키다, 매달다**

참고 **suspension** n. 정직, 연기

ex What he did is a punishable offense, so I guess he'll get **suspended**.
그가 한 짓은 처벌받을 만한 죄니까 아마 정직당할 거야.

Suspend heavy loads ergonomically.
무거운 짐을 인체공학적으로 매달아라.

018 ★★

unsuitable

adj **적합하지 않은**

ex The wrap is **unsuitable** for use in a microwave.
랩은 전자레인지에 사용하기에 부적합하다.

Cotton items are **unsuitable** as they keep moisture close to the skin.
면 상품은 피부에 수분을 가까이 유지시켜 부적합하다.

019 

handful

n 줌, 움큼

ex I saw him taking a **handful** of cookies out of the jar.
나는 그가 병에서 쿠키를 한 움큼 가져가는 것을 보았다.

Could you get me a **handful** of grape tomatoes?
방울토마토 한 움큼만 가져다 줄래?

020 

imminent

adj 임박한 참고 **eminent** 저명한

ex Cumulus clouds mean that a storm is **imminent**.
뭉게구름은 폭풍이 임박했다는 것을 의미한다.

We hurried to the hospital since the birth of our nephew was **imminent**.
우리는 조카의 탄생이 임박했기 때문에 병원으로 서둘렀다.

021 

illusion

n 환상, 오해, 환각

ex It looks like your unstable emotion has created a sad **illusion**.
너의 안정적이지 않은 감정이 슬픈 환상을 만들어 낸 것처럼 보인다.

Putting a mirror can create the optical **illusion** of a larger room.
거울을 놓는 것은 더 큰 방이라는 착시현상을 만들어낸다.

022 

doubtful

adj 의심을 품은 유 **suspicious** 의심스러운

ex I am **doubtful** about what he said to me.
나는 그가 나에게 한 말이 의심스럽다.

Her **doubtful** eyes were shaking, so I reassured her.
그녀의 의심 가득한 눈이 흔들리고 있었어서, 나는 그녀를 안심시켰다.

023 

envious

adj 부러워하는

ex I used to be **envious** of slim people until I realized that inner beauty is what makes people truly beautiful.
나는 내적인 아름다움이 사람을 진정으로 아름답게 한다는 것을 깨닫기 전까지 날씬한 사람들을 부러워했었다.

024

glorify

v 미화하다, 찬미하다

ex Till the lions have their historians, tales of hunting will always **glorify** the hunter.
사자들이 자신들의 역사가를 갖게 될 때까지, 사냥에 관한 이야기는 항상 사냥꾼을 미화시킬 것이다.

★ 표시는 출제 빈도를 나타냅니다.

025 ★★

fixation

n **집착, 고정** ㊒ **preoccupation** 사로 잡힘

ex The conception of political power as a coercive force, while it may be a Western **fixation**, is not universal.
강압적인 세력으로서의 정치 권력의 개념은 서구의 고정관념일지는 몰라도 보편적인 것은 아니다.

026 ★

fateful

adj **운명적인**

ex Attention, team. This is definitely a **fateful** day for us to step forward.
팀 전원은 주목하라. 오늘은 우리가 앞으로 나아갈 정말 운명적인 날이다.

I believe it was a **fateful** encounter of the two.
나는 그것이 둘의 운명적 만남이었다고 믿는다.

027 

economics

n **경제학** 참고 **economic** adj. 경제의

ex One reviewer taught **economics** to high school students.
한 평론가는 고등학생들에게 경제학을 가르쳤다.

The book covers all the concepts in **economics**.
그 책은 경제학에 관한 모든 개념을 다루고 있다.

028 ★

gust

n **세찬 바람, 돌풍** ㊒ **gale** 강풍

ex Some wind comes from the north, with **gusts** of 20 kilometers an hour.
북쪽에서 불어오는 바람은 시속 20km의 돌풍을 동반한다.

A **gust** of cold air swept past me.
찬 공기의 돌풍이 나를 스치고 지나갔다.

029 ★

endless

adj **무한한, 끝없는**

ex Jonas saw nothing but **endless** agricultural fields.
Jonas는 끝없는 농경지만을 보았다.

Olivia stood open-mouthed at the sight of the **endless** cabbage field.
Olivia는 끝이 없는 양배추 밭을 보고 입을 벌리고 서 있었다.

030 ★

disqualify

v **자격을 박탈하다**

ex He was **disqualified** from applying because he had no retail experience.
그는 소매 경험이 없어서 지원 자격을 박탈당했다.

Those who haven't replied for more than 48 hours will be **disqualified**.
48시간 동안 응답이 없었던 사람들은 자격을 박탈 당할 것이다.

Practice

1. 다음 단어들을 올바르게 연결하세요.

(1) envious •	• (a) …을 가질 수 있는
(2) fateful •	• (b) 의심을 품은
(3) suspend •	• (c) 수호자, 후견인
(4) predator •	• (d) 포식자
(5) doubtful •	• (e) 연구, 탐구, 조사
(6) inquiry •	• (f) 정직시키다
(7) guardian •	• (g) 부러워하는
(8) eligible •	• (h) 운명적인

2. 우리말 뜻에 맞게 괄호에 알맞은 단어를 찾아 O표 하세요.

(1) **He was (disqualified / qualified) from applying because he had no retail experience.**
그는 소매 경험이 없어서 지원 자격을 박탈당했다.

(2) **Cumulus clouds mean that a storm is (eminent / imminent).**
뭉게구름은 폭풍이 임박했다는 것을 의미한다.

(3) **You get 10 percent off all of those (permission / admission) tickets with your membership.**
멤버십으로 모든 입장권을 모두 10% 할인 받을 수 있다.

(4) **At this stage, (faculties / facilities) such as a sleeping platform can be created.**
이 단계에서는 수면 플랫폼 등의 시설을 만들 수 있다.

SELF TEST

01	tribe	
02		가입, 입장료
03	baggage	
04		정직시키다
05	candidate	
06		적합하지 않은
07	eligible	
08		줌, 움큼
09	ideal	
10		임박한
11	Jewish	
12		오해, 환상
13	lava	
14		의심을 품은
15	facility	
16		부러워하는
17	guardian	
18		미화하다
19	laser	
20		집착
21	predator	
22		운명적인
23	miracle	
24		경제학
25	lump	
26		세찬 바람, 돌풍
27	inquiry	
28		무한한, 끝없는
29	detect	
30		자격을 박탈하다

DAY 44

색상으로 8품사 구분하기

n	**명사**	noun	pron	**대명사**	pronoun
v	**동사**	verb	adj	**형용사**	adjective
adv	**부사**	adverb	conj	**접속사**	conjunction
prep	**전치사**	preposition	int	**감탄사**	interjection

v	punish	adj	typical	n	battle
n	drone	n	matinee	v	restore
n	hospitality	n	fortress	n	skirmish
n	initiative	n	housekeeper	v	generate
v	spoil	v	expect	adj	distinct
adj	lapidary	n	madam	v	nominate
adj	optimistic	n	grove	n	emission
n	hatred	adj	immeasurable	n	hacker
v	imitate	n	jigsaw	v	intrude
n	manure	v	downsize	adj	disastrous

★ 표시는 출제 빈도를 나타냅니다.

001 ★★★★★

punish

v 처벌하다

참고 **punishment** n. 벌, 처벌

ex When he returned to Japan, he was **punished** for disobeying orders.
그가 일본으로 돌아왔을 때, 그는 명령에 불복종했다는 이유로 처벌을 받았다.

I **punished** my dog for peeing on the carpet.
나는 카펫에서 소변을 본 강아지를 벌했다.

002 ★★★★★

typical

adj 전형적인, 대표적인

반 **atypical** 이례적인

ex That sounds fairly **typical** for a pre-teen.
그것은 십대 초반 청소년치고는 꽤 전형적으로 들린다.

I think I'm a **typical** night owl.
나는 전형적인 올빼미인 것 같아.

003 ★★★★★

battle

n 전투

ex Is there a **battle** on a pirate ship?
해적선에서 전투가 벌어졌는가?

In one important **battle**, Pedro captured the capital city.
한 중요한 전투에서 Pedro는 수도를 점령했다.

004 ★★★★★

drone

n 무인 항공기, 드론 / (꿀벌의) 수벌

ex My new **drone** flies much faster and longer than the old one.
내 새 드론은 예전 드론보다 훨씬 더 빠르고 오래 비행한다.

I recently got a new **drone** as a graduation present.
나는 최근에 졸업 선물로 새 드론을 받았어.

005 ★★★★★

matinee

n 마티네 (연극·영화 등의 주간 공연·상영)

ex "Early **matinee**" refers to an 8 AM start time.
이른 마티네는 오전 8시 시작 시간을 나타낸다.

Do you mind going to a cheaper **matinee** instead?
대신 조금 더 싼 마티네로 가는 거 괜찮아?

006 ★★★★★

restore

v 복원하다

참고 **recover** 회복하다

ex Critics of the decision to **restore** the paintings worried that some of those guesses were wrong.
그림을 복원하기로 한 결정에 대해 비평가들은 그러한 추측 중 일부가 틀렸다고 우려했다.

007 ★★★★★

hospitality

n **환대, 접대**

㉥ **hostility** 적대감

ex Thanks again for the **hospitality**.
환대에 다시 한번 감사드립니다.

The staffs from the three hotels are praised for their **hospitality**.
세 호텔의 직원들은 그들의 환대에 대해 칭찬을 받고 있다.

008 ★★★★

fortress

n **요새**

참고 **fortification** 방어 시설

ex The city that was once an island **fortress** is now connected to the mainland.
한때 섬 요새였던 도시는 이제 본토와 연결되어 있다.

009 ★★★★

skirmish

n **소규모 접전**

ex Apparently, there have been **skirmishes** in the southwest region, but they're not allowing access to the foreign press to cover it.
분명히, 남서부 지역에서 소규모 교전이 있었지만, 그들은 그것을 취재하기 위해 외국 언론이 접근하는 것을 허락하지 않고 있다.

010 ★★★

initiative

n **계획, 진취성**

참고 **initial** 처음의, 초기의

ex I think this campaign is a good **initiative** to protect the environment.
나는 이 캠페인이 환경을 보호하기 위한 좋은 계획이라고 생각한다.

Like it or not, it's time for us to take the **initiative** and start on it.
좋든 싫든, 우리가 앞장을 서서 시작을 해야할 때이다.

011 ★★★

housekeeper

n **가정부**

ex The **housekeeper** found a strange man approaching our mansion.
가정부는 이상한 남자가 우리 저택으로 다가오는 것을 발견했다.

I offered the **housekeeper** a raise when signing a new contract.
나는 새 계약서를 서명할 때 가정부에게 월급 인상을 제안했다.

012 ★★★

generate

v **발생시키다, 만들어 내다**

ex To **generate** publicity for having attained such a star as Lawrence, the studio director organized a stunt.
Lawrence와 같은 스타를 얻은 것에 대해 세간의 이목을 끌기 위해 스튜디오 감독은 스턴트를 구성했다.

★ 표시는 출제 빈도를 나타냅니다.

013 ★★★

spoil

v **망치다**

ex Too many cooks **spoil** the broth.
요리사가 너무 많으면 수프를 망친다. (어떤 일에 관여하는 사람이 너무 많으면 일을 망친다.)

I feel like I **spoiled** the whole plan!
내가 모든 계획을 망쳐버린 것 같아!

014 ★★★

expect

v **예상하다**

ex Sadly for star-gazers, we're **expecting** cloud cover all across Norway after sunset.
별을 보는 사람들에게는 안타깝게도, 해가 진 후 노르웨이 전역에 구름이 덮일 것으로 예상됩니다.

015 ★★★

distinct

adj **뚜렷한, 분명한**

참고 **distinctive** 독특한

ex The San Andreas Fault is separated into three **distinct** areas.
산 안드레아스 단층은 세 개의 별개의 영역으로 구분된다.

The terms actually refer to two **distinct** things.
그 용어들은 실제로 두 가지 뚜렷하게 구별되는 것을 가리킨다.

016 ★★

lapidary

adj **정교한**

ex He writes a novel in a **lapidary** style.
그는 정교한 문체로 소설을 쓴다.

When polishing a diamond, **lapidary** skill is required.
다이아몬드를 연마할 때, 정교한 기술이 요구된다.

017 ★★

madam

n **부인**

참고 **sir** <이름을 모르는 남자에 대한 경칭으로 씀>

ex Well, then, please accept my humble apologies, **madam**.
그럼, 제 변변찮은 사과를 받아주십시오, 부인.

What can I help you with today, **Madam**?
오늘은 무엇을 도와드릴까요, 부인?

018 ★★

nominate

v **지명하다, 임명하다**

참고 **nominee** 지명된 사람, 후보

ex Rashid Singh was **nominated** for two awards in 2018.
Rashid Singh은 2018년에 두 개의 상 후보에 올랐다.

One of Jen's best friends was **nominated** for a prize.
Jen의 가장 친한 친구 중 한 명이 상 후보에 올랐다.

019 ★★

optimistic

adj **낙관적인**　　반 **pessimistic** 비관적인

ex Rating agencies are also **optimistic** about domestic economic growth within the country itself.
신용평가기관들도 국내 경제성장을 낙관하고 있다.

---

020 ★

grove

n **과수원, 밭**　　참고 **groove** 홈, 리듬

ex In 1928, she purchased an orange **grove** in Cross Creek, Florida.
1928년, 그녀는 플로리다의 Cross Creek에 있는 오렌지 과수원을 구입했다.

It was common for them to own a **grove** of olives.
올리브 밭을 가지는 것은 그들에게 흔한 일이었다.

---

021 ★

emission

n **배출**

ex 20 percent of carbon **emissions** comes from mostly tropical deforestation.
탄소 배출의 20%는 대부분 열대 삼림 벌채에서 발생한다.

The principle is the alternate **emission** and absorption of the heat.
원리는 번갈아 나오는 열의 배출과 흡수이다.

---

022 ★

hatred

n **증오**

ex War follows from feelings of **hatred**, wrote Carl Schmitt.
전쟁은 증오의 감정에서 비롯된다고 Carl Schmitt는 썼다.

Her facial expression is full of **hatred** and rage.
그녀의 표정은 증오와 분노로 가득했다.

---

023 ★

immeasurable

adj **헤아릴 수 없는**

ex The musical culture is highly diverse and complicated, and thus is **immeasurable.**
음악문화는 매우 다양하고 복잡해서 헤아릴 수 없다.

---

024 

hacker

n **해커**　　참고 **cracker** 비윤리적이거나 불법 활동을 하는 컴퓨터 해커

ex New mobile banking exposes you to **hackers.**
새로운 모바일 뱅킹은 너를 해커들에게 노출시켜.

Do you think it is possible to track the **hackers**?
너는 해커를 추적하는 것이 가능하다고 생각하니?

★ 표시는 출제 빈도를 나타냅니다.

025 ★

imitate

v 모방하다, 흉내내다

ex The photograph, it seemed, did the work of **imitating** nature better than the painter ever could.
그 사진은, 화가가 할 수 있는 것보다 자연을 모방하는 작업을 더 잘 한 것 같았다.

---

026 ★

jigsaw

n 조각그림

ex This **jigsaw** puzzle is trickier than I imagined it would be.
이 조각그림 퍼즐은 내가 생각했던 것보다 더 까다롭다.

I spent my quarantine doing **jigsaw** puzzles.
나는 격리 동안 조각그림 퍼즐을 하며 시간을 보냈다.

---

027 ★

intrude

v 방해하다 ㊒ **encroach** 침해하다

ex He likes to **intrude** on others' conversations.
그는 남의 대화에 끼어들기를 좋아한다.

I hate when the rain **intrudes** my summer vacation!
난 비가 내 여름방학을 방해할 때가 싫어!

---

028 ★

manure

n 거름 v 거름을 주다 ㊒ **compost** 퇴비

ex The farmer used the **manure** to enrich the soil.
농부는 흙을 비옥하게 하기 위해 거름을 사용했다.

Check the amount of **manure** before plowing the soil.
토양을 경작하기 전에 거름의 양을 확인해라.

---

029 ★

downsize

v 줄이다 참고 **downside** 불리한 면

ex This isn't easy to say, but I'm afraid we need to **downsize.**
말하기 쉽지 않지만, 유감스럽게도 회사의 인원을 줄여야 할 것 같다.

Unfortunately, we need to **downsize** the supply amount.
불행히도 우리는 공급량을 줄여야 한다.

---

030 ★

disastrous

adj 처참한

ex A **disastrous** performance was stopped midway because an actor playing a female character needed to shave his beard.
여성 캐릭터를 연기하는 배우가 턱수염을 깎아야 했기 때문에 처참한 공연은 중간에 중단되었다.

Practice

1. 다음 단어들을 올바르게 연결하세요.

(1) typical	•	• (a) 예상하다
(2) expect	•	• (b) 배출
(3) grove	•	• (c) 낙관적인
(4) hatred	•	• (d) 전형적인
(5) optimistic	•	• (e) 숲, 밭, 과수원
(6) downsize	•	• (f) 거름, 거름을 주다
(7) manure	•	• (g) 증오
(8) emission	•	• (h) 줄이다

2. 우리말 뜻에 맞게 빈칸에 알맞은 단어를 보기에서 찾아 쓰세요.

battle   initiative   nominated   restore

(1) **One of Jen's best friends was ________ for a prize.**
Jen의 가장 친한 친구 중 한 명이 상 후보에 올랐다.

(2) **I think this campaign is a good ________ to protect the environment.**
나는 이 캠페인이 환경을 보호하기 위한 좋은 계획이라고 생각한다.

(3) **Critics of the decision to ________ the paintings worried that some of those guesses were wrong.**
그림을 복원하기로 한 결정에 대해 비평가들은 그러한 추측 중 일부가 틀렸다고 우려했다.

(4) **In one important ________, Pedro captured the capital city.**
한 중요한 전투에서 Pedro는 수도를 점령했다.

SELF TEST

01	punish	
02		정교한
03	typical	
04		부인
05	battle	
06		지명하다
07	drone	
08		낙관적인
09	matinee	
10		배출
11	restore	
12		과수원, 밭
13	hospitality	
14		증오
15	fortress	
16		헤아릴 수 없는
17	skirmish	
18		해커
19	initiative	
20		모방하다
21	housekeeper	
22		조각그림
23	generate	
24		방해하다
25	spoil	
26		거름, 거름을 주다
27	expect	
28		줄이다
29	distinct	
30		처참한

DAY 45

색상으로 8품사 구분하기

n	명사	noun	pron	대명사	pronoun
v	동사	verb	adj	형용사	adjective
adv	부사	adverb	conj	접속사	conjunction
prep	전치사	preposition	int	감탄사	interjection

n	transportation	n	builder	n	closure
n	income	adj	efficient	n	satellite
adj	royal	v	improvise	n	governance
n	intimacy	n	kindergarten	n	timer
adv	virtually	v	specialize	n	extent
v	dominate	adj	cruel	v	require
adj	optional	adv	occasionally	n	pavement
v	recreate	n	seniority	n	projection
adv	merely	v	navigate	adj	ominous
n	payday	n	swirl	v	horrify

DAY 45

☆ 표시는 출제 빈도를 나타냅니다.

001 ★★★★★

transportation

n 수송, 차량, 이동

ex He still lives in a small apartment, and uses public **transportation**.
그는 여전히 작은 아파트에 살고 있고, 대중교통을 이용한다.

The resort offers free **transportation** upon guests' requests.
그 리조트는 투숙객의 요청에 따라 무료 교통편을 제공한다.

002 ★★★★★

builder

n 건축업자

ex A skilled **builder** can make an igloo in only about an hour.
숙련된 건축업자는 약 한 시간 만에 이글루를 만들 수 있다.

She will ask a **builder** to lower his prices.
그녀는 건축업자에게 가격을 낮춰달라고 요청할 것이다.

003 ★★★★★

closure

n 폐쇄, 종료 — 참고 **disclosure** n. 폭로

ex One day before the ceremony there are **closures** in the area including Cherry Avenue.
식을 하루 앞두고 Cherry 가를 포함한 지역에 폐쇄령이 내려졌다.

004 ★★★★★

income

n 소득, 수입 — 반 **expenditure** 지출

ex I'm saving 30% of my monthly **income** to buy a house in a few years.
나는 몇 년 안에 집을 사기 위해 월 소득의 30%를 저축하고 있다.

Today the castle has become the major source of **income**.
오늘날 그 성은 주요 수입원이 되었다.

005 ★★★★★

efficient

adj 효율적인 — 참고 **effective** 효과적인

ex You can upgrade your light bulbs to more energy **efficient** ones.
당신은 전구를 더 에너지 효율적인 전구로 업그레이드할 수 있다.

Let's buy more **efficient** models to lower energy costs for appliances.
가전 제품의 에너지 비용을 낮추기 위해 보다 효율적인 모델을 구입하자.

006 ★★★★★

satellite

n 위성

ex Today's modern life depends on the use of many **satellites** and other machines in orbit around Earth.
오늘날의 현대 생활은 지구 궤도에 있는 많은 위성들과 다른 기계들의 사용에 달려 있다.

007 ★★★★★

royal

adj **국왕의** 참고 **loyal** 충실한

ex The princess of Garlandia is giving up her **royal** status to marry a commoner.
Garlandia의 공주는 평민과 결혼하기 위해 왕실의 지위를 포기하고 있다.

008 ★★★★★

improvise

v **뭐든 있는 것으로 만들다, 즉흥적으로 하다**

ex You have to give yourself permission to **improvise**, to mimic, to take on a long-hidden identity.
당신은 오랫동안 숨겨져 있던 정체성을 차지하기 위해 즉흥적으로 표현하고 흉내낼 수 있도록 스스로에게 허락해야 한다.

009 ★★★★★

governance

n **통치, 관리, 통치 방식**

ex Henry II set up a strong **governance**.
헨리 2세는 강한 통치방식을 설립했다.

For them, it was an unacceptable **governance** framework.
그들에게, 그것은 용납할 수 없는 통치 체제였다.

010 ★★★★★

intimacy

n **친밀함** 참고 **intimidation** 협박, 위협

ex The fact that the intensity reflects the level of **intimacy** suggests that elephants have a sense of time as well.
그 강도가 친밀함의 수준을 반영한다는 사실은 코끼리도 시간에 대한 감각을 가지고 있다는 것을 암시한다.

011 ★★★★★

kindergarten

n **유치원**

ex Sean played policeman with his friends at the **kindergarden.**
Sean은 유치원에서 그의 친구들과 경찰 놀이를 했다.

012 ★★★★

timer

n **타이머**

ex His phone has a **timer** function?
그의 전화기에 타이머 기능이 있다고?

Can you set up the **timer** for 10 minutes?
10분으로 타이머 좀 맞춰 줄래?

★ 표시는 출제 빈도를 나타냅니다.

013 ★★★★

virtually

adv **사실상, 거의**

ex Indeed, swimming is good for **virtually** every part of your body.
수영은 사실상 신체 모든 부위에 좋다.

You are asking for what's **virtually** impossible.
당신은 사실상 불가능한 것을 요청하고 있다.

014 ★★★★

specialize

v **전공하다, 전문적으로 다루다**

ex Students should begin **specialized** education as soon as possible.
학생들은 가능한 한 빨리 전문화된 교육을 시작해야 한다.

They **specialize** in clothes for the elderly.
그들은 노인들을 위한 옷을 전문으로 한다.

015 ★★★

extent

n **정도, 크기**

ex To what **extent** do you foresee enforcement being enhanced anytime soon?
조만간 시행이 어느 정도까지 강화될 것으로 예상하는가?

Your request will be reflected to some **extent.**
당신의 요청은 어느 정도 반영될 것이다.

016 ★★★

dominate

v **지배하다** ㊒ **predominate** v. 지배적이다, 두드러지다

ex Early human writing is **dominated** by wheeling and dealing: a collection of bets, bills, and contracts.
초기 인류의 글은 내기, 청구서, 계약서가 모아진 이익 추구에 의해 지배받는다.

017 ★★★

cruel

adj **잔혹한, 잔인한** ㊒ **brutal** 잔혹한

ex We are very **cruel** and very kind to animals at the same time.
우리는 동물들에게 동시에 매우 잔인하고 매우 친절하다.

Henry the 8th, the king of England, was an infamously **cruel** monarch.
영국의 왕 헨리 8세는 악명높게 잔인한 군주였다.

018 ★★★

require

v **필요로 하다**

ex Ten card stamps are **required** for benefits.
혜택을 받으려면 10개의 카드 스탬프가 필요하다.

It **requires** at least 40 credits to register the next course.
다음 과정을 등록하려면 최소 40학점이 필요하다.

019 ★★

optional

adj **선택적인** — 반 **mandatory** 의무적인

ex The course is **optional** for most of the staff.
그 과정은 대부분의 직원들에게 선택 사항이다.

The course "Disability Laws in the Workplace" is mandatory, not **optional**.
"작업장의 장애 관련 법률" 과정은 의무 사항이지, 선택 사항은 아니다.

---

020 

occasionally

adv **가끔**

ex Although the edible peel of the fruit varies **occasionally** in the number of ridges, the typical carambola fruit features five edges.
비록 식용 가능한 열매 껍질은 때때로 길쭉하게 솟은 부분의 수가 다르지만, 전형적인 카람볼라 열매는 5개의 모서리를 특징으로 한다.

---

021 

pavement

n **인도, 보도**

ex Yeah, but his paws can get burnt on the **pavement**.
그래, 하지만 그의 발은 보도에서 화상을 입을 수 있어.

See how unique the cathedral **pavement** is!
대성당의 보도가 얼마나 독특한지 봐!

---

022 

recreate

v **되살리다, 재현하다** — 참고 **recreation** 오락

ex Scientists today are able to **recreate** the conditions that form diamonds in laboratories.
오늘날 과학자들은 다이아몬드를 형성하는 조건을 실험실에서 재현할 수 있다.

---

023 

seniority

n **상급자임, 연공서열**

ex Your **seniority** will not give any extra benefits, though.
그렇지만 당신의 상급자는 어떠한 추가적인 혜택도 주지 않을 것이다.

Biochemistry majors have **seniority** for promotion.
생화학 전공자들은 승진할 수 있는 연공서열이 있다.

---

024 

projection

n **투사, 영상**

ex Religion can be seen as a **projection** of humans' need to depend on something.
종교는 무언가에 의지하고 싶은 인간의 욕구를 투사한 것으로 보여질 수 있다.

★ 표시는 출제 빈도를 나타냅니다.

025 ★

merely

adv **한낱, 단지**

ex You might **merely** shake hands with a long-standing acquaintance but hug a close friend you have not seen in a while.
오랜 지인과 단지 악수만 하지만 오랜만에 만난 친한 친구와는 포옹을 할 수도 있다.

026 ★

navigate

v **길을 찾다, 다루다**

ex The designer should make the website menu easy to **navigate**.
디자이너는 웹사이트 메뉴를 찾기 쉽게 만들어야 한다.

Write out in a document exactly how users will **navigate** the app.
사용자가 앱을 다루는 방법을 문서에 정확히 기록하여라.

027 ★

ominous

adj **불길한** ㉫ **auspicious** 상서로운

ex His **ominous** farewell made everyone silent.
그의 불길한 작별인사는 모두를 고요하게 만들었다.

The darkness of the room was **ominous**.
방의 어두움은 불길했다.

028 ★

payday

n **급여 지급일**

ex I have to save every single penny until the next **payday**.
나는 다음 월급날까지 한 푼도 아껴야 한다.

Please note that the **payday** has changed from 15th to 20th.
급여 지급일이 15일에서 20일로 바뀌었다는 것을 알아두세요.

029 ★

swirl

n **소용돌이** 참고 **whirl** 돌다

ex Researchers have detected huge amounts of energy forming massive **swirls** over the polar regions of the gas giant planet.
연구원들은 거대한 가스 행성의 극지방에서 거대한 소용돌이를 형성하고 있는 엄청난 양의 에너지를 발견했다.

030 ★

horrify

v **소름 끼치게 만들다** ㊒ **appal** 간담을 서늘케 하다

ex Her sudden shout **horrified** me.
그녀의 갑작스러운 고함이 나를 소름 끼치게 만들었다.

The idea of zombies can **horrify** people.
좀비에 대한 생각은 사람들을 소름 끼치게 할 수 있다.

Practice

1. 다음 단어들을 올바르게 연결하세요.

(1) transportation •	• (a) 통치, 관리
(2) occasionally •	• (b) 수송, 차량, 이동
(3) governance •	• (c) 전공하다
(4) specialize •	• (d) 선택적인
(5) projection •	• (e) 소름 끼치게 만들다
(6) merely •	• (f) 투사, 영상
(7) optional •	• (g) 한낱, 단지
(8) horrify •	• (h) 가끔

2. 우리말 뜻에 맞게 빈칸에 알맞은 단어를 보기에서 찾아 쓰세요.

efficient ominous swirl improvise

(1) suggesting that something unpleasant is likely to happen. ______

(2) a whirling mass or motion ______

(3) perform without preparation ______

(4) productive of desired effects ______

SELF TEST

01	transportation	
02		지배하다
03	builder	
04		잔혹한, 잔인한
05	closure	
06		필요로 하다
07	income	
08		선택적인
09	efficient	
10		가끔
11	satellite	
12		인도, 보도
13	royal	
14		되살리다
15	improvise	
16		상급자임
17	governance	
18		투사, 영상
19	intimacy	
20		한낱, 단지
21	kindergarten	
22		길을 찾다, 다루다
23	timer	
24		불길한
25	virtually	
26		급여 지급일
27	specialize	
28		소용돌이
29	extent	
30		소름 끼치게 만들다

DAY 46

색상으로 8품사 구분하기

n	명사	noun	pron	대명사	pronoun
v	동사	verb	adj	형용사	adjective
adv	부사	adverb	conj	접속사	conjunction
prep	전치사	preposition	int	감탄사	interjection

adv	comparatively	n	employer	n	insurance
n	landlord	adj	mental	v	notify
v	pause	n	washroom	v	scribble
n	operation	n	convention	adj	beneficial
n	consequence	adj	harmful	n	progress
adj	obvious	adj	skinny	n	tattoo
v	strew	n	biome	adj	apathetic
n	misconception	adj	literate	n	payoff
v	reinforce	n	rapture	n	saddle
adj	tasteful	v	unveil	adj	superior

DAY 46

★ 표시는 출제 빈도를 나타냅니다.

001 ★★★★★

comparatively

adv **비교적** ⓤ **relatively** 비교적

ex Even though we can't imagine life without it, toilet paper has been around for a **comparatively** short time.
비록 우리가 그것이 없는 삶을 상상할 수는 없지만, 화장지는 비교적 짧은 시간 동안 존재해왔다.

002 ★★★★★

employer

n **고용주** ⓑ **employee** 종업원

ex Be prepared to share the URL of your personal website to potential **employers.**
개인 웹 사이트의 URL을 잠재적 고용주에게 공유할 수 있도록 준비해라.

003 ★★★★★

insurance

n **보험**

ex I know it hasn't been easy studying to be an **insurance** agent.
보험 담당자가 되기 위한 공부가 쉽지 않았다는 걸 안다.

Travel **insurance** is included in each ticket.
여행 보험은 각 티켓에 포함되어 있다.

004 ★★★★★

landlord

n **주인, 임대주** ⓑ **tenant** 세입자

ex The **landlord** came in and put in a new router while you were away.
당신이 자리를 비운 사이에 집주인이 와서 새 라우터를 들여놓았다.

005 ★★★★★

mental

adj **정신의**

ex Daydreaming serves a very useful **mental** purpose.
공상은 매우 유용한 정신적 기능을 한다.

Mental health should be taken care of as much as physical health.
정신적 건강은 신체적 건강만큼 보살펴져야 한다.

006 ★★★★★

notify

v **알리다**

ex This email has been sent to **notify** you that your new statement for your deposit account is now available to view online.
이 이메일은 예금 계좌에 대한 새 전표를 이제 온라인으로 볼 수 있음을 알리기 위해 발송되었다.

007 ★★★★★

pause

v 잠시 멈추다 n 멈춤

참고 **delay** 늦추다

ex **Pause**, who'd you say you saw?
잠깐, 누굴 봤다고 했지?

Those explanations are unsatisfactory, so we should **pause** to reflect.
그 설명들은 불만족스러우니, 우리는 잠시 멈추고 생각해야 한다.

008 ★★★★

washroom

n 세면장, 화장실

ex I got some flood damage to the **washroom** because it's the lowest spot in the house.
화장실이 집에서 가장 낮은 곳이라 수해를 입었다.

009 ★★★★

scribble

v 휘갈기다 / 낙서하다

ex His last words were **scribbled** on a piece of paper.
그의 마지막 말이 종이에 휘갈겨졌다.

I put a piece of paper on one side of the wall for kids to **scribble** on.
나는 아이들이 낙서를 할 수 있도록 벽의 한 쪽에 종이를 붙여놓았다.

010 ★★★★

operation

n 수술 / 영업

참고 **operational** 가동상의

ex Two of the surgeons are doing the **operations** now.
외과의들 중 두 명이 수술 중입니다.

All prices and hours of **operation** are subject to change without notice.
모든 가격과 영업 시간은 예고 없이 변경될 수 있다.

011 ★★★

convention

n 관습, 관례 / 대회[협의회]

ex Assuming typical **conventions**, you should think that I am disapproving of her.
가령 일반적인 관례라면, 당신은 내가 그녀를 못마땅하게 여긴다고 생각해야 한다.

012 ★★★

beneficial

adj 유익한

ex Running often is known to be **beneficial** to both the heart and the lungs.
자주 달리는 것은 심장과 폐에 모두 유익한 것으로 알려져 있다.

It is hard to decide whether building the dam is **beneficial** or not.
댐을 건설하는 것이 이득인지 아닌지는 판단하기 어렵다.

★ 표시는 출제 빈도를 나타냅니다.

013 ★★★

consequence

n **결과, 중요함** 참고 **sequence** 순서

ex You knew there would be negative **consequences.**
당신은 부정적인 결과가 있을 거란 걸 알고 있었다.

The **consequence** is non-scientific approaches to reality.
그 결과는 현실에 대한 비과학적인 접근이다.

014 ★★★

harmful

adj **해로운**

ex I grow rice without using any chemicals to kill **harmful** insects.
나는 해로운 곤충들을 죽이기 위해 어떤 화학 물질도 사용하지 않고 쌀을 재배한다.

Protect your eyes from **harmful** rays.
해로운 광선으로부터 여러분의 눈을 보호하세요.

015 ★★★

progress

n **진전, 진보** 참고 **process** 과정

ex The **progress** of the students will be compared to that of other classmates'.
학생들의 발전은 다른 반 아이들의 것과 비교될 것이다.

People can live longer than before due to scientific **progress** in medicine.
의학의 과학적인 진보로 인해 사람들은 이전보다 더 오래 살 수 있다.

016 ★★★

obvious

adj **분명한, 뻔한** ㊒ **apparent** 명백한

ex An **obvious** drawback is the limited range of data that the experiment can generate.
분명한 단점은 실험이 생성할 수 있는 데이터의 제한된 범위이다.

017 ★★★

skinny

adj **깡마른** 참고 **chubby** 통통한

ex They eat less, go to the gym, or even get surgery to look **skinny.**
그들은 적게 먹거나, 체육관에 가거나, 심지어 말라 보이기 위해 수술을 받는다.

The cat was small and **skinny,** but it won the fight.
그 고양이는 작고 말랐지만, 싸움에서 이겼다.

018 ★★★

tattoo

n **문신**

ex Is it a permanent **tattoo?**
영구적인 문신이니?

You have to think through before getting a **tattoo.**
문신을 받기 전 충분히 생각해야 한다.

019 ★★

strew

v **흩뿌리다** 참고 **strew-strewed-strewn**

ex The child's mother scolded the boy to tidy up the **strewn** clothes on the floor.
아이의 어머니는 바닥에 흩어져 있는 옷들을 치우라고 소년을 꾸짖었다.

020 ★

biome

n **생물군계**

ex The tropical **biome** is even more amazing, holding banana and rubber trees.
열대 생물군계는 바나나와 고무나무가 포함되어 있어서 훨씬 더 놀랍다.

021 ★

apathetic

adj **무관심한** 참고 **apathy** n. 무관심

ex She is totally **apathetic** about meeting new people.
그녀는 새로운 사람들을 만나는 것에 대해 전혀 무관심하다.

I stopped talking after reading his **apathetic** facial expression.
나는 그의 무관심한 표정을 읽은 후 말을 멈추었다.

022 ★

misconception

n **오해**

ex **Misconceptions** about organic foods are widespread among people.
유기농 식품에 대한 오해가 사람들 사이에 널리 퍼져 있다.

Tall students showing better performance at sports is a **misconception.**
키가 큰 학생들이 스포츠에 더 좋은 성과를 보이는 것은 오해이다.

023 ★

literate

adj **글을 읽고 쓸 줄 아는** 참고 **literal** adj. 문자 그대로의

ex **Literate** and nonliterate groups both understood newly designed lexicons.
글을 읽고 쓸줄 아는 집단과 문맹 집단 모두 새로 고안된 어휘를 이해했다.

Almost everyone is computer **literate** in a modern society.
현대 사회에서는 거의 모든 사람들이 컴퓨터를 다룰 수 있다.

024 ★

payoff

n **결말 / 급료 지불**

ex Mila is excited for the big **payoff.**
Mila는 큰 수익에 들떠있다.

The **payoff** for the investment will be great.
그 투자에 대한 수익은 좋을 것이다.

★ 표시는 출제 빈도를 나타냅니다.

025 ★

reinforce

v **강화하다**

ex There has been an agreement upon **reinforcing** the mutual cooperation between the two countries.
양국간의 상호 협력을 강화하기로 합의가 이루어졌다.

026 ★

rapture

n **황홀(감)** ㊥ **delight** 큰 기쁨

ex Looking at a beautiful sunrise gives her a feeling of **rapture**.
아름다운 일출을 바라보면 그녀는 황홀한 기분이 든다.

She says that every moment is a time of **rapture**.
그녀는 모든 순간이 황홀의 시간이라고 말한다.

027 ★

saddle

n **안장**

ex Make sure the **saddle** is put safely.
안장이 안전하게 장착되었는지 확인해라.

I couldn't find a **saddle** from the barn.
나는 헛간에서 안장을 찾지 못했다.

028 ★

tasteful

adj **고상한, 우아한** 참고 **tasty** adj. 맛있는

ex The furnishings she picked are **tasteful**.
그녀가 고른 가구들은 우아하다.

He paused to choose a **tasteful** word.
그는 고상한 단어를 고르려고 잠시 멈췄다.

029 ★

unveil

v **공개되다, 발표하다**

ex The next episode will be **unveiled** tomorrow.
다음 에피소드가 내일 공개될 것이다.

We are truly honored to **unveil** our next representative!
다음 대표를 발표하게 되어 영광이다!

030 ★

superior

adj **우수한, 상급의** ㊥ **inferior** …보다 못한

ex With your **superior** membership, you can access the VIP lounge.
당신의 상급 회원권으로, VIP 라운지에 들어갈 수 있다.

It was surprising to see him lose, even with the **superior** conditions.
우수한 조건을 가졌음에도 그가 진 것을 보니 놀랍다.

Practice

1. 다음 단어들을 올바르게 연결하세요.

(1) comparatively •	• (a) 정신의
(2) biome •	• (b) 알리다
(3) mental •	• (c) 비교적
(4) notify •	• (d) 분명한
(5) obvious •	• (e) 생물군계
(6) apathetic •	• (f) 안장
(7) saddle •	• (g) 발표하다
(8) unveil •	• (h) 무관심한

2. 우리말 뜻에 맞게 괄호에 알맞은 단어를 찾아 O표 하세요.

(1) **Be prepared to share the URL of your personal website to potential (employees / employers).**
개인 웹 사이트의 URL을 잠재적 고용주에게 공유할 수 있도록 준비해라.

(2) **With your (inferior / superior) membership, you can access the VIP lounge.**
당신의 상급 회원권으로, VIP 라운지에 들어갈 수 있다.

(3) **You knew there would be negative (consequences / sequences).**
당신은 부정적인 결과가 있을 거란걸 알고 있었다.

(4) **Almost everyone is computer (literate / literal) in a modern society.**
현대 사회에서는 거의 모든 사람들이 컴퓨터를 다룰 수 있다.

SELF TEST

01	comparatively		16		글을 읽고 쓸 줄 아는
02		분명한	17	scribble	
03	employer		18		급료 지불, 결말
04		깡마른	19	operation	
05	insurance		20		강화하다
06		문신	21	convention	
07	landlord		22		황홀[감]
08		흩뿌리다	23	beneficial	
09	mental		24		안장
10		생물군계	25	consequence	
11	notify		26		고상한, 우아한
12		무관심한	27	harmful	
13	pause		28		발표하다
14		오해	29	progress	
15	washroom		30		우수한, 상급의

DAY 47

색상으로 8품사 구분하기

n	**명사**	noun	pron	**대명사**	pronoun
v	**동사**	verb	adj	**형용사**	adjective
adv	**부사**	adverb	conj	**접속사**	conjunction
prep	**전치사**	preposition	int	**감탄사**	interjection

v	consult	adv	frequently	n	gladiator
n	croissant	adv	heavily	adj	mutual
adj	inner	n	harness	n	alignment
n	calculation	adj	appositive	n	decade
n	volunteer	adj	alert	adj	anonymous
adj	behavioral	adv	clockwise	n	depression
n	attorney	adj	resistant	adj	selective
adj	unborn	adj	relevant	n	tension
n	sunblock	n	accomplishment	n	backlash
n	attendee	adj	trustworthy	n	diversity

★ 표시는 출제 빈도를 나타냅니다.

001 ★★★★★

consult

v 상담하다, 상의하다

ex **Consult** a doctor before use if you are pregnant or breastfeeding.
임신 중이거나 모유 수유 중인 경우 사용 전에 의사와 상담하여라.

I am waiting in line to **consult** the financial manager.
나는 금융 매니저에게 상담하기 위해 줄을 서서 기다리고 있다.

002 ★★★★★

frequently

adv 자주, 흔히 참고 **occasionally** 가끔

ex The two parties have **frequently** clashed over the topic of nuclear disarmament.
그 두 정당은 핵 무장 해제를 놓고 자주 충돌해 왔다.

003 ★★★★★

gladiator

n 검투사

ex Roman **gladiators** had to fight wild animals, criminals and other gladiators.
로마의 검투사들은 야생동물, 범죄자, 그리고 다른 검투사와 싸워야 했다.

004 ★★★★★

croissant

n 크루아상

ex Now it's finally time to make our **croissants.**
이제 드디어 우리 크로와상을 만들 시간이야.

Put the **croissants** in the refrigerator overnight.
크로와상을 밤새 냉장고에 넣어두어라.

005 ★★★★★

heavily

adv 심하게 유 **excessively** 심히

ex Taste testers must be **heavily** trained to taste all the different flavors.
미각 검사자들은 여러 가지 맛을 맛보기 위해 심히 훈련되어야 한다.

Make sure you take the umbrella since it will rain **heavily** today.
오늘 비가 심하게 올 예정이니 우산을 가져가도록 해.

006 ★★★★

mutual

adj 상호 간의, 서로의 유 **reciprocal** 상호간의

ex Nectar guides evolved for the **mutual** benefit of flowers and bees.
꿀 안내자는 꽃과 벌의 상호 이익을 위해 진화했다.

Nick and I have some **mutual** friends since we went to the same high school.
Nick과 나는 같은 고등학교를 다녔기 때문에 몇몇 공통 친구들이 있다.

007 ★★★★

inner

adj **내부의, 내면의**

ex Bone conduction is the movement of sound to the **inner** ear through the bones of one's skull.
뼈 전도는 소리가 두개골의 뼈를 통해 내이로 이동하는 것을 말한다.

008 ★★★★

harness

n **벨트, 마구** v **이용하다**

ex What's that guy in the **harness** doing up there?
마구를 착용하고 있는 저 남자는 저 위에서 무엇을 하고 있는가?

To reduce carbon emission, we need to **harness** the hydrogen energy.
탄소 배출을 줄이기 위해서, 우리는 수소에너지를 이용할 필요가 있다.

009 ★★★

alignment

n **가지런함, 동조**

㊒ **agreement** 동조

ex You'd better check your wheel **alignment**.
차륜정렬을 점검하는 것이 좋겠다.

Swimmers should first swim in **alignment** with the shore.
수영하는 사람들은 먼저 해안과 일직선으로 수영해야 한다.

010 ★★★

calculation

n **계산, 추정**

㊒ **estimate** 견적, 추정

ex Amazonian people who have not invented counting are unable to make exact **calculations**.
셈법을 발명하지 않은 아마존 사람들은 정확한 계산을 할 수 없다.

011 ★★★

appositive

adj **동격의**

ex If you don't mark the **appositive** phrase with commas on both sides, the sentence can become very confusing.
양쪽에 쉼표로 동격구 표시를 하지 않으면 그 문장은 매우 혼란스러워질 수 있다.

012 ★★★

decade

n **10년**

ex Few confirmed female pharaohs ruled Ancient Egypt for approximately two **decades**.
확인된 소수의 여성 파라오들은 대략 20년 동안 고대 이집트를 통치했다.

★ 표시는 출제 빈도를 나타냅니다.

013 ★★★

volunteer

n 자원 봉사자 v 자원 봉사하다

ex They wish to **volunteer** for three hours a week.
그들은 일주일에 세 시간씩 자원봉사를 하기를 원한다.

Last year, I spent the summer **volunteering** at a tourist center.
작년에, 나는 관광센터에서 자원봉사를 하며 여름을 보냈다.

014 ★★★

alert

adj 경계하는 / 기민한 ㊒ vigilant 바짝 경계하는

ex This makes you to be more **alert** and boosts your energy.
이것은 여러분을 더 기민하게 만들고 에너지를 북돋아 준다.

I don't know if I'm **alert** enough to drive.
내가 운전을 할 만큼 정신이 있는지 모르겠다.

015 ★★

anonymous

adj 익명인

ex I returned home this afternoon to see an **anonymous** note posted on my door.
나는 오늘 오후에 집에 돌아와서 내 문에 붙어 있는 익명의 쪽지를 보았다.

016 ★★

behavioral

adj 행동의

ex **Behavioral** economists have found that consumers respond somewhat irrationally to different kinds of discounts.
행동 경제학자들은 소비자들이 여러 가지의 할인 혜택에 다소 비이성적으로 반응한다는 것을 발견했다.

017 ★★

clockwise

adv 시계 방향으로 ㊇ counterclockwise 반시계 방향으로

ex The players take turns rolling the dice and passing the parcel **clockwise** until someone rolls doubles.
선수들은 돌아가면서 주사위를 굴리고 누군가가 같은 숫자가 나올 때까지 소포를 시계 방향으로 넘긴다.

018 ★★

depression

n 우울증, 우울함

ex Many people these days are suffering from **depression**.
요즘 많은 사람들이 우울증을 앓고 있다.

My **depression** started to get better after I started yoga.
요가를 시작하고 나의 우울감이 나아지기 시작했다.

019 ★★

attorney

n **변호사** 참고 **prosecutor** 검사

ex Lee's **attorney**, Parma Denzig, said "We are fairly satisfied with the outcome of the case."
Lee의 변호사인 Parma Denzig는 "우리는 이 사건의 결과에 상당히 만족한다"고 말했다.

020 ★

resistant

adj **저항력 있는, ..에 잘 견디는** ⓑ **susceptible** 민감한

ex The charging pad is not water-**resistant**.
충전 패드는 방수 기능이 없다.

Our jacket is well known for being **resistant** to wind.
우리 자켓은 바람을 잘 막는 것으로 잘 알려져 있다.

021 

selective

adj **선택적인**

ex Human memory is **selective** and prone to modification.
인간의 기억력은 선택적이고 변형되기 쉽다.

022 

unborn

adj **아직 태어나지 않은**

ex We argue that the ethical principles of justice provide an essential foundation for policies to protect **unborn** generations.
우리는 정의의 윤리적 원칙이 아직 태어나지 않은 세대를 보호하기 위한 정책의 필수적인 토대를 제공한다고 주장한다.

023 

relevant

adj **관련 있는, 적절한**

ex Only that which survived in some form in the present was considered **relevant**.
현재 어떤 형태로든 살아남은 것만이 적절하다고 여겨졌다.

024 

tension

n **긴장 상태** ⓤ **strain** 긴장, 피로

ex Although there is a tendency for members of different ethnic groups not to mix, racial **tensions** are not common.
비록 다른 인종 집단의 구성원들이 섞이지 않는 경향이 있지만 인종 간 긴장은 흔치 않다.

DAY 47

★ 표시는 출제 빈도를 나타냅니다.

025 ★

sunblock

n 자외선 방지 크림

ex Don't forget to apply **sunblock** to prevent exposure to harmful ultraviolet light.
유해한 자외선에 노출되지 않도록 자외선 차단제를 바르는 것을 잊지 마세요.

---

026 ★

accomplishment

n 업적, 공적 ㊌ **achievement** 업적

ex Start making a list of your **accomplishments.**
당신의 업적 목록을 만들기 시작해라.

Your **accomplishments** deserve to be recognized!
당신의 업적은 인정받을 가치가 있다!

---

027 ★

backlash

n 반발

ex Due to the prevalence of the internet, one must thoroughly consider what to post online to avoid any negative **backlash.**
인터넷의 만연으로 인해, 부정적인 반발을 피하기 위해 온라인에 무엇을 게시해야 할지 철저히 고려해야 한다.

---

028 ★

attendee

n 참석자 참고 **attendant** 종업원

ex When can **attendees** leave their pets with a sitter?
참석자들은 언제 반려동물을 시터에게 맡길 수 있는가?

Attendees need to find their assigned seats.
참석자들은 지정된 좌석을 찾아야 한다.

---

029 ★

trustworthy

adj 신뢰할 수 있는 ㊌ **reliable** 믿을 수 있는

ex It's hard to find a **trustworthy** person who is likely to devote oneself to our company.
우리 회사에 헌신할 것 같은 신뢰할 만한 사람을 찾기가 어렵다.

---

030 ★

diversity

n 다양성

ex High **diversity** increases the competitive environment of communities.
높은 다양성은 지역 사회의 경쟁 환경을 증가시킨다.

Our brains put a limit on cultural **diversity.**
우리의 두뇌는 문화적 다양성을 제한한다.

Practice

1. 다음 단어들을 올바르게 연결하세요.

(1) clockwise	(a) 자원 봉사자
(2) trustworthy	(b) 자주, 흔히
(3) frequently	(c) 시계 방향으로
(4) alignment	(d) 가지런함, 동조
(5) volunteer	(e) 저항력 있는
(6) behavioral	(f) 긴장 상태
(7) resistant	(g) 신뢰할 수 있는
(8) tension	(h) 행동의

2. 우리말 뜻에 맞게 빈칸에 알맞은 단어를 보기에서 찾아 쓰세요.

diversity depression anonymous resistant

(1) I returned home this afternoon to see an ________ note posted on my door.
나는 오늘 오후에 집에 돌아와서 내 문에 붙어 있는 익명의 쪽지를 보았다.

(2) Many people these days are suffering from ________ .
요즘 많은 사람들이 우울증을 앓고 있다.

(3) Our jacket is well known for being ________ to wind.
우리 자켓은 바람을 잘 막는 것으로 잘 알려져 있다.

(4) High ________ increases the competitive environment of communities.
높은 다양성은 지역 사회의 경쟁 환경을 증가시킨다.

SELF TEST

01	consult		16		관련 있는
02		행동의	17	alignment	
03	frequently		18		긴장 상태
04		시계 방향으로	19	calculation	
05	gladiator		20		자외선 방지 크림
06		우울증, 우울함	21	appositive	
07	croissant		22		업적, 공적
08		변호사	23	decade	
09	heavily		24		반발
10		저항력 있는	25	volunteer	
11	mutual		26		참석자
12		선택적인	27	alert	
13	inner		28		신뢰할 수 있는
14		아직 태어나지 않은	29	anonymous	
15	harness		30		다양성

DAY 48

색상으로 8품사 구분하기

n	명사	noun	pron	대명사	pronoun
v	동사	verb	adj	형용사	adjective
adv	부사	adverb	conj	접속사	conjunction
prep	전치사	preposition	int	감탄사	interjection

n	corps	n	orientation	n	patent
adj	risky	v	rub	n	spa
n	gymnasium	adv	halfway	n	core
n	complaint	n	depiction	adj	contemporary
adj	political	n	evidence	n	perspective
n	despair	n	console	v	brag
n	automobile	adv	continuously	n	unity
n	subsidy	adj	intelligible	adj	communal
n	anthropology	n	celebrant	adj	bleak
v	circulate	n	default	v	motivate

★ 표시는 출제 빈도를 나타냅니다.

001 ★★★★★

corps

n **군단, 부대** 참고 corpse 시체

ex Please let the Emergency Services **Corps** know how we can assign you most usefully.
긴급구조부대에 귀하를 가장 유용하게 배정할 수 있는 방법을 알려주시기 바랍니다.

002 ★★★★★

orientation

n **방향, 지향 / 오리엔테이션**

ex This indicates the inverse **orientation**.
이것은 반대 방향을 나타낸다.

Register online for **orientation** which is available after paying tuition fees.
수강료를 낸 후 이용할 수 있는 오리엔테이션을 온라인으로 등록하여라.

003 ★★★★★

patent

n **특허권** v **특허를 받다**

ex This guy invented a revolutionary cable, but got in a **patent** war.
이 남자는 혁명적인 케이블을 발명했지만 특허권 전쟁에 휘말렸다.

He began to create these plastic bricks, but he didn't **patent** them.
그는 플라스틱 벽돌을 만들기 시작했지만, 특허를 내지 않았다.

004 ★★★★★

risky

adj **위험한** 유 hazardous 위험한

ex A smart car is still **risky**.
스마트 자동차는 여전히 위험성이 있다.

Being sick with the flu can be **risky** when it comes to superbug infections.
독감에 걸리는 것은 슈퍼버그 감염에 관한 한 위험할 수 있다.

005 ★★★★★

rub

v **문지르다[비비다]**

ex It's where my backpack straps **rub** against the fabric.
그 곳이 내 배낭 끈이 천을 마찰하는 곳이다.

Rub wax on the wood in small circular clockwise movements.
왁스를 나무 위에 작은 원을 그리며 시계 방향으로 작게 문질러라.

006 ★★★★★

spa

n **온천, 스파**

ex **Spa** treatments are available in all three hotels.
온천 치료요법은 세 개의 호텔에서 모두 이용할 수 있다.

Excellent **spa** and foot massages, but I wish there were in-room service, though.
스파와 발 마사지는 훌륭하지만, 객실 내 서비스가 있으면 좋겠다.

007 ★★★★

gymnasium

n **체육관**

ex The trespassers sprayed the outer walls of our **gymnasium** with blue paint.
침입자들은 우리 체육관의 외벽에 파란색 페인트를 뿌렸다.

008 ★★★★

halfway

adv **중간[가운데쯤]에**

ex Oh, I ended up plugging my ears with a little tissue **halfway** through.
오, 나는 중간에 작은 휴지로 귀를 막았다.

He was injured **halfway** through.
그는 중도에 부상을 입었다.

009 ★★★★

core

n **속 / 중심부** adj **핵심적인** ㊲ center 중심

ex Assuming you've already got a great business idea, here are the **core** steps for app-building.
이미 훌륭한 비즈니스 아이디어를 가지고 있다고 가정할 때, 다음은 애플리케이션 구축을 위한 핵심적인 단계이다.

010 ★★★

complaint

n **불평, 고소**

ex He's such a sweetheart, and there have been no **complaints** from any neighbors.
그는 정말 다정한 사람이고, 어떤 이웃으로부터도 불평이 없었다.

011 ★★★

depiction

n **묘사, 서술**

ex His detailed **depiction** of the object helped me to figure out what this mysterious thing is.
그가 물체를 자세히 묘사한 덕분에 나는 이 불가사의한 것이 무엇인지 알 수 있었다.

012 ★★★

contemporary

adj **동시대의, 현대의** 참고 temporary 일시적인, 임시의

ex Their goal is to deepen an understanding of **contemporary** scientific methods by displaying their evolution.
그들의 목표는 그들의 진화를 보여줌으로써 현대 과학적인 방법에 대한 이해를 깊게 하는 것이다.

DAY 48

★ 표시는 출제 빈도를 나타냅니다.

013 ★★★

political

adj **정치적인**

ex A place I always thought of as very secure is dealing with this **political** crisis.
내가 항상 매우 안전하다고 생각했던 곳은 이 정치적 위기를 겪고 있다.

---

014 ★★★

evidence

n **증거, 흔적**

참고 **evident** adj. 분명한

ex Do not use it if there is **evidence** of tampering with the carton seal.
상자의 밀봉 부분에 손댄 흔적이 있는 경우 사용하지 말아라.

This card is **evidence** of your legal stay and is required upon departure.
이 카드는 당신의 합법적 체류에 대한 증거이며, 출국 시 필요하다.

---

015 ★★★

perspective

n **관점, 시각**

참고 **prospective** 장래의, 유망한

ex Sometimes looking at the issue in a different **perspective** helps.
가끔 문제를 다른 관점으로 보는 것이 도움이 된다.

They have a kind of layered effect that is similar to a 3D **perspective**.
그들은 3D 시각과 유사한 일종의 레이어드 효과를 가지고 있다.

---

016 ★★

despair

n **절망** v **절망하다**

ex There's always a possibility to turn **despair** into hope.
절망을 희망으로 바꿀 가능성은 언제나 있다.

I felt bad about her after sensing a **despair** in her eyes.
나는 그녀의 눈에서 절망을 감지하고 죄책감이 들었다.

---

017 ★★

console

n **콘솔** v **위로하다**

ex Entertainment **consoles** are placed in the back of the seat.
오락용 콘솔은 좌석 뒤쪽에 있다.

Airline companies are installing more game **consoles** on their planes.
항공사들은 그들의 비행기에 더 많은 게임 콘솔을 설치하고 있다.

---

018 ★★

brag

v **자랑하다[떠벌리다]**

㊒ **boast** 뽐내다

ex Not to **brag**, but our team is the first in safety.
자랑은 아니지만 안전은 우리 팀이 1등이다.

I don't like to talk to her because she **brags** about her job too much.
나는 그녀가 그녀의 직업에 대해 지나치게 자랑을 해서 그녀와 말하기가 싫다.

019 ★★

automobile

n 자동차

ex **Automobile** painters used this product to help them paint cars.
자동차 도장공들은 이 제품을 자동차 페인트를 칠하는 데 사용했다.

This is our newly released **automobile**.
이것은 우리의 새로 출시된 자동차이다.

020 ★★

continuously

adv 연달아

ex Ankor Wat is a temple built in the early 12th century and has been used **continuously** since that time.
앙코르 와트는 12세기 초에 지어진 사원으로, 그때부터 계속 사용되어 왔다.

021 ★

unity

n 통합, 통일

참고 **union** n. 조합, 연합

ex Your writing lacks **unity**.
당신의 글은 통일성이 부족하다.

Unity between two countries is our hope.
두 나라 사이의 통일이 우리의 소망이다.

022 ★

subsidy

n 보조금

참고 **subsidiary** adj. 부수적인

ex Perhaps the most cost-effective policy reform would be the removal of several annual **subsidies**.
아마도 가장 비용 효율적인 정책 개혁은 몇 가지 연간 보조금을 없애는 것일 것이다.

023 ★

intelligible

adj 이해할 수 있는

ex His lecture was well known for not being **intelligible** to all students.
그의 강의는 모든 학생들이 이해할 수 없는 것으로 잘 알려져 있었다.

Their indifferent reaction was **intelligible**.
그들의 무관심한 반응은 이해할 수 있었다.

024 ★

communal

adj 공동의

반 **private** 사적인

ex I heard that there are **communal** kitchens on the campsite.
야영지에 공동 취사장이 있다고 들었어.

You should be more quiet in the **communal** cafeteria.
공동 식당에서는 더 조용히 해야 한다.

★ 표시는 출제 빈도를 나타냅니다.

025 ★

anthropology

n 인류학

ex Claude Levi-Strauss is considered the father of modern **anthropology.**
Claude Levi-Strauss는 현대 인류학의 아버지로 여겨진다.

He is well recognized for his contribution in **anthropology** and archaeology.
그는 인류학과 고고학에 대한 기여로 매우 인정받는다.

026 ★

celebrant

n 미사 참석자 / 축하를 하는 사람 　참고 **celebrity** 유명 인사

ex All the **celebrants** in the chapel were wearing a specially made robe and a hat.
예배실의 모든 미사 참석자들이 특별히 만들어진 망토와 모자를 착용하고 있었다.

027 ★

bleak

adj 암울한, 황량한 　유 **desolate** 적막한

ex Far be it from the truth to say there is no such thing as having the blues on a **bleak** day in January.
1월의 암울한 날에 우울증을 앓는 것과 같은 것은 없다고 말하는 것은 전혀 사실이 아니다.

028 ★

circulate

v 순환하다, 유포하다

ex Let's open both windows for the air to be **circulated.**
공기가 순환되게 하기 위해 창문 두 개를 다 열자.

The counterfeit bill was **circulating** in the town.
위조지폐가 마을에서 유포되고 있었다.

029 ★

default

n 디폴트 / 채무 불이행 　참고 **by default** 자동적으로

ex I hate the fact that this program backs up all your photos by **default.**
이 프로그램이 자동적으로 모든 사진을 백업하는 것이 싫다.

Maybe he is in **default** of due payment.
어쩌면 그는 지불에 대한 채무를 이행하지 않고 있을 수도 있다.

030 ★

motivate

v 동기를 부여하다

ex This is a popular psychology model to explain what **motivates** human beings.
이것은 무엇이 인간에게 동기를 부여하는지 설명하기 위한 인기 있는 심리학 모델입니다.

Practice

1. 다음 단어들을 올바르게 연결하세요.

(1) automobile •	• (a) 방향
(2) orientation •	• (b) 특허권
(3) patent •	• (c) 위험한
(4) risky •	• (d) 자동차
(5) evidence •	• (e) 증거, 흔적
(6) intelligible •	• (f) 순환하다
(7) circulate •	• (g) 동기를 부여하다
(8) motivate •	• (h) 이해할 수 있는

2. 우리말 뜻에 맞게 빈칸에 알맞은 단어를 보기에서 찾아 쓰세요.

depiction subsidy despair contemporary

(1) utter loss of hope

(2) characteristic of the present

(3) a grant by a government to a private person or company

(4) a graphic or vivid verbal description

CHAPTER 05 Day 48

SELF TEST

01	corps		16		이해할 수 있는
02		절망, 절망하다	17	core	
03	orientation		18		공동의
04		콘솔, 위로하다	19	complaint	
05	patent		20		인류학
06		자랑하다	21	depiction	
07	risky		22		축하를 하는 사람
08		자동차	23	contemporary	
09	rub		24		암울한, 황량한
10		연달아	25	political	
11	spa		26		순환하다
12		통합, 통일	27	evidence	
13	gymnasium		28		채무 불이행
14		보조금	29	perspective	
15	halfway		30		동기를 부여하다

DAY 49

색상으로 8품사 구분하기

n	명사	noun	pron	대명사	pronoun
v	동사	verb	adj	형용사	adjective
adv	부사	adverb	conj	접속사	conjunction
prep	전치사	preposition	int	감탄사	interjection

n	pilates	n	resolution	adv	separately
v	terrify	adj	uncontacted	n	spear
n	production	adj	broad	n	apology
n	bankruptcy	n	exposure	v	emphasize
v	grasp	n	fare	n	phrase
n	range	adj	decisive	n	council
adj	exemplary	n	fetus	n	exterior
v	confront	n	burrow	n	citation
v	animate	v	deform	adj	effortless
v	glitter	v	exert	adv	markedly

DAY 49

★ 표시는 출제 빈도를 나타냅니다.

001 ★★★★★

pilates

n 필라테스

ex What is the difference between yoga and **pilates**?
요가와 필라테스의 차이점은 무엇이니?

I feel like my muscles have contracted from that tough **pilates** move.
그 힘든 필라테스 자세 때문에 내 근육이 수축된 것 같아.

002 ★★★★★

resolution

n 해결, 결심 / 해상도

참고 **resolute** adj. 단호한, 확고한

ex What is your new year's **resolution** this year?
올해의 새해 결심은 뭐니?

The **resolution** on e-books is so low that they are unreadable and useless.
전자책 해상도가 너무 낮아서 읽을 수도 없고 쓸모도 없다.

003 ★★★★★

separately

adv 따로따로

ex Three different artists painted the parts **separately**, and they put them all together.
세 명의 다른 화가들이 부분들을 따로따로 칠했고, 그들은 그것들을 모두 합쳤다.

004 ★★★★★

terrify

v 무섭게 하다

참고 **frighten** 겁먹게 만들다

ex He was **terrified** that his beloved cat might leap out of his arms and run away.
그는 사랑하는 고양이가 그의 품에서 뛰쳐나와 달아날까봐 무서웠다.

005 ★★★★★

uncontacted

adj 미접촉의

ex These tribes are called **uncontacted** because they have no contact with the modern world.
이 부족들은 현대 세계와 접촉이 없기 때문에 문명과 접촉한 적이 없는 부족이라고 불린다.

006 ★★★★★

spear

n 창

참고 **shield** 방패

ex Hunting these fast animals with a **spear** or bow and arrow is an uncertain task.
창이나 활과 화살로 이 빠른 동물들을 사냥하는 것은 불확실한 작업이다.

007 ★★★★

production

n **생산, 생성**

ex Leisure was a result of the disciplined work time created by capitalist **production**.
여가활동은 자본주의 생산으로 인해 만들어진 절제된 노동 시간의 결과였다.

---

008 ★★★★

broad

adj **넓은** 참고 **board** 판자, 승선하다

ex Although these empires ruled **broad** areas, they were not the biggest.
비록 이 제국들이 넓은 지역을 지배했지만, 그들은 가장 크지는 않았다.

Schemata summarize the **broad** pattern of your experience.
스키마타는 당신 경험의 광범위한 패턴을 요약한다.

---

009 ★★★★

apology

n **사과**

ex They received an **apology** from Hillcrest.
그들은 Hillcrest로부터 사과를 받았다.

I started to calm down after receiving his sincere **apology**.
나는 그의 진실된 사과를 받고 진정하기 시작했다.

---

010 ★★★

bankruptcy

n **파산**

ex Ironically, the castle was the cause of **bankruptcy** at that time.
아이러니하게도 그 성은 그 당시 파산의 원인이었다.

I heard that the company couldn't escape **bankruptcy**.
나는 그 회사가 파산에서 벗어나지 못했다고 들었다.

---

011 ★★★

exposure

n **노출, 폭로**

ex The **exposure** from the prize continues to bring in new customers from unexpected places.
경품 노출로 인해 예상치 못한 곳에서 새로운 고객들을 계속 불러오고 있다.

---

012 ★★★

emphasize

v **강조하다** ㊒ **stress** 강조하다

ex Others **emphasize** the creative usage of a database in schools.
다른 이들은 학교에서 데이터베이스의 창의적인 사용을 강조한다.

Email me some information on what I should **emphasize** in my letter.
제가 편지에 강조해야 할 사항에 대한 정보를 이메일로 보내 주세요.

DAY 49

★ 표시는 출제 빈도를 나타냅니다.

013 ★★★

grasp

v **꽉 잡다** 참고 **gasp** 숨이 턱 막히다

ex Fingernails are used as a tool for **grasping** small things.
손톱은 작은 것들을 꽉 잡는 도구로 사용된다.

Biologists are only just beginning to **grasp** how complex the brain is.
생물학자들은 뇌가 얼마나 복잡한지 이제 막 이해하기 시작했다.

014 ★★★

fare

n **요금**

ex Passengers may receive a refund on their **fare** at the main gate.
승객들은 정문에서 요금을 환불받을 수 있다.

A **fare** of 20 rupees is applied to one-way trips.
편도 여행에는 20루피씩의 요금이 적용된다.

015 ★★★

phrase

n **구, 구절** 참고 **phase** 단계

ex This **phrase** is referring to the difficulty of trying to catch a wild goose.
이 구절은 기러기를 잡는 것의 어려움을 언급하고 있다.

We can use it to connect a **phrase** of just a few words.
우리는 그것을 단지 몇 개의 단어의 구를 연결하는 데 사용할 수 있다.

016 ★★★

range

n **범위, -대** v **A에서 B 사이이다**

ex A small mountain **range** grew up halfway down the river.
강 중턱에 작은 산맥이 생겼다.

Reported injuries **range** from light to critical.
보고된 부상은 경미한 정도에서 위급에 이르기까지 다양하다.

017 ★★

decisive

adj **결정적인, 결단력 있는**

ex Her **decisive** action motivates me to become a better leader.
그녀의 결단력 있는 행동이 나를 더 나은 지도자가 되도록 동기를 준다.

This is the moment to become **decisive**.
지금이 결단력 있게 행동해야 할 순간이다.

018 ★★

council

n **의회** 참고 **counsel** 조언

ex You turned the student **council** room into a hot chocolate booth.
네가 학생회실을 핫초코 부스로 바꿔 놓았구나.

You must not forget your duties as a student **council** advisor.
학생회 고문으로서의 의무를 잊어서는 안 된다.

019

exemplary

adj **모범적인**

참고 **exemplar** n. 모범, 전형

ex Your work has been **exemplary** but we're going to have to let you go.
당신의 일은 모범적이었지만 우리는 당신을 해고해야 할 것이다.

Khaled has been promoted due to **exemplary** service.
Khaled는 모범적인 서비스로 인해 승진했다.

---

020 

fetus

n **태아**

ex As a **fetus** develops, genetics are crucial in determining fingerprint patterns.
태아가 성장함에 따라, 유전학은 지문 패턴을 결정하는데 매우 중요하다.

---

021 

exterior

n **외부** adj **외부의**

ex The **exterior** of the building has to be renovated.
건물 외부를 개조해야 한다.

It was fascinating that the **exterior** of the building was a mirror.
건물의 외부가 거울이었다는 것이 대단히 흥미로웠다.

---

022 

confront

v **맞서다, 마주치다**

유 **encounter** 맞닥뜨리다

ex Many resident species are **confronted** with the benefits of control over a productive breeding site.
많은 거주 종들은 생산적인 번식지에 대한 통제의 혜택에 마주해 있다.

---

023 

burrow

n **굴** v **굴을 파다**

ex The turtle tends to hibernate in a shallow **burrow** in winter.
거북이는 겨울에 얕은 굴에서 겨울잠을 자는 경향이 있다.

I found a **burrow** which the rabbits might have once lived in.
나는 이전에 토끼가 살았던 것 같은 굴을 발견했다.

---

024 

citation

n **인용구, 표창장**

ex Even the Nobel committee realizes that their award **citations** commonly honor the discovery for having opened a field up.
심지어 노벨상 위원회도 그들의 수상 표창이 일반적으로 분야를 개척한 것에 대해 기리고 있다는 것을 인식하고 있다.

★ 표시는 출제 빈도를 나타냅니다.

025 ★

animate

v 생기를 불어넣다 adj 살아 있는, 생물인 참고 **animated** adj. 활발한

ex Isn't it amazing to see the characters you made are being **animated**?
너가 만든 캐릭터들이 만화 영화로 만들어지는 것을 보니 놀랍지 않니?

Do you think robots are **animate**?
당신은 로봇이 살아 있다고 생각하는가?

026 ★

deform

v 변형시키다

ex I'm really worried because my doctor said my spinal cord is **deformed.**
의사가 내 척수가 기형이라고 해서 정말 걱정이다.

If you wear tight shoes for a long time, your feet might become **deformed.**
꽉 끼는 신발을 긴 시간 신으면, 발이 변형될 수 있다.

027 ★

effortless

adj 힘이 들지 않는

ex Even though the task was **effortless**, it was still bothersome.
업무가 힘이 들지는 않았지만, 여전히 귀찮았다.

Its functions are **effortless** for children to use.
그것의 기능은 아이들이 사용하기에 수월하다.

028 ★

glitter

v 반짝반짝 빛나다 n 반짝반짝 하는 빛 ㊌ **glare** 눈부시게 빛나다

ex I asked the make-up artist to make my eyes **glitter** a little more.
나는 메이크업 아티스트에게 내 눈을 더 반짝거리게 해달라고 요청했다.

Look at all this **glitter**, it's a bit of mess.
이 반짝이들 좀 봐, 좀 엉망이야.

029 ★

exert

v 가하다[행사하다]

ex The same amount of force will be **exerted.**
같은 양의 힘이 가해질 것이다.

He **exerted** a strong influence on his friend.
그는 친구에게 강한 영향력을 행사했다.

030 ★

markedly

adv 현저하게, 뚜렷하게 ㊌ **noticeably** 현저히

ex The narwhal distinguishes itself **markedly** from the beluga and other whales due to one unique feature.
일각고래는 한 가지 독특한 특징 때문에 벨루가나 다른 고래와 현저하게 구별된다.

Practice

1. 다음 단어들을 올바르게 연결하세요.

(1) separately •	• (a) 미접촉의
(2) uncontacted •	• (b) 따로따로
(3) grasp •	• (c) 결단력 있는
(4) decisive •	• (d) 외부, 외부의
(5) exterior •	• (e) 꽉 잡다
(6) burrow •	• (f) 살아있는, 생물인
(7) animate •	• (g) 반짝반짝 빛나다
(8) glitter •	• (h) 굴을 파다, 굴

2. 우리말 뜻에 맞게 괄호에 알맞은 단어를 찾아 O표 하세요.

(1) **Although these empires ruled (board / broad) areas, they were not the biggest.**
비록 이 제국들이 넓은 지역을 지배했지만, 그들은 가장 크지는 않았다.

(2) **You must not forget your duties as a student (council / counsel) advisor.**
학생회 고문으로서의 의무를 잊어서는 안 된다.

(3) **Fingernails are used as a tool for (gasping / grasping) small things.**
손톱은 작은 것들을 꽉 잡는 도구로 사용된다.

(4) **We can use it to connect a (phase / phrase) of just a few words.**
우리는 그것을 단지 몇 개의 단어의 구를 연결하는데 사용할 수 있다.

SELF TEST

01	pilates	
02		범위
03	resolution	
04		결단력 있는
05	separately	
06		의회
07	terrify	
08		모범적인
09	uncontacted	
10		태아
11	spear	
12		외부, 외부의
13	production	
14		맞서다, 마주치다
15	broad	
16		굴을 파다, 굴
17	apology	
18		인용구, 표창장
19	bankruptcy	
20		살아 있는
21	exposure	
22		변형시키다
23	emphasize	
24		힘이 들지 않는
25	grasp	
26		반짝반짝 빛나다
27	fare	
28		가하다[행사하다]
29	phrase	
30		현저하게

DAY 50

색상으로 8품사 구분하기

n	명사	noun	pron	대명사	pronoun
v	동사	verb	adj	형용사	adjective
adv	부사	adverb	conj	접속사	conjunction
prep	전치사	preposition	int	감탄사	interjection

n	proposal	n	restoration	n	snail
adj	tough	v	snooze	n	transit
v	vaccinate	n	catalog	n	approval
n	digestion	v	hover	v	disturb
n	confrontation	n	ingredient	v	appear
v	interpret	adj	floral	n	grip
adv	illegally	adj	informative	n	mentor
v	await	adj	cognitive	n	breakthrough
adj	contradictory	n	headline	v	impair
v	legalize	n	manpower	adj	informal

★ 표시는 출제 빈도를 나타냅니다.

001 ★★★★★

proposal

n 제안, 제의

ex This **proposal** is not good in that it's completely at odds with the goals of our company.
이 제안은 우리 회사의 목표와 완전히 상충되어 있다는 점에서 좋지 않다.

002 ★★★★★

restoration

n 복원

ex Supporters of the **restoration** noted that there was water damage to the ceiling.
복원 지지자들은 천장에 물로 인한 손상이 있다는 점에 주목했다.

003 ★★★★★

snail

n 달팽이

ex There's a **snail** on that leaf!
저 잎사귀에 달팽이가 있어!

Medical adhesives were inspired by **snail** slime.
의학 접착제는 달팽이의 점액에서 영감을 얻었다.

004 ★★★★★

tough

adj 힘든, 어려운 / 질긴

ex But working on that project was **tough** on my married life.
하지만 그 프로젝트를 하는 것은 내 결혼 생활에 힘든 일이었다.

This blend of materials softens the **tough** leather.
이 재료의 혼합물은 질긴 가죽을 부드럽게 한다.

005 ★★★★★

snooze

v 잠깐 자다

참고 **sneeze** 재채기하다

ex Tapping on a **snooze** button will actually set up a new alarm after nine minutes.
스누즈 버튼을 누르는 것은 사실 9분 후의 새 알람을 설정하는 것이다.

006 ★★★★★

transit

n 수송, 환승 / 교통 체계

참고 **transition** n. 이행

ex You should also take the goods in **transit** into account.
현재 수송 중인 물건들도 고려해야 한다.

This pass is valid only in the **transit** municipality in which the pass is issued.
이 패스는 패스가 발급된 교통 자치제에서만 유효하다.

007 ★★★★★

vaccinate

v **예방주사를 맞히다**

㊒ **inoculate** 접종하다

ex It is important to get **vaccinated** to protect yourself.
자신을 보호하기 위해 예방접종을 받는 것은 중요하다.

This is important because not everyone can get **vaccinated.**
모든 사람이 예방접종을 받을 수 있는 것은 아니기 때문에 이것은 중요하다.

008 ★★★★

catalog

n **목록, 카탈로그**

ex He checks the library **catalog** to see where he can find the books on Edison.
그는 에디슨에 관한 책을 어디서 찾을 수 있는지 도서관 도서 목록을 확인한다.

009 ★★★★

approval

n **인정, 찬성 / 승인**

ex **Approval** is required from the department head prior to registration.
등록하기 전에 부서장의 승인이 필요하다.

Two courses require an administrator's pre-**approval.**
두 과정에는 관리자의 사전 승인이 필요하다.

010 ★★★★

digestion

n **소화**

ex Does improving **digestion** make you that much healthier?
소화를 개선하면 훨씬 더 건강해지는가?

I didn't know how we sleep had anything to do with **digestion.**
나는 우리가 어떻게 잠을 자는지가 소화와 관련이 있는지 몰랐다.

011 ★★★

hover

v **(허공을) 맴돌다**

ex Don't forget that throughout the online tour you can learn more about the destination by **hovering** over the picture.
온라인 투어 동안 사진 위를 맴돌면 목적지에 대해 더 많은 것을 알 수 있다는 것을 잊지 마세요.

012 ★★★

disturb

v **방해하다**

㊒ **interrupt** 도중에서 방해하다

ex If you're that **disturbed** by it, I'll get you another one.
그것 때문에 방해받으면 내가 다른 걸 하나 더 갖다 줄게.

I promise I won't **disturb** you if you work at home.
네가 집에서 일한다면 방해하지 않겠다고 약속할게.

DAY 50

★ 표시는 출제 빈도를 나타냅니다.

013 ★★★

confrontation

n **대치, 대립** ㊒ **conflict** 투쟁

ex A violent act is attributed to one side at some point during the **confrontation**.
격렬한 행동은 대치 중에 어느 순간 한쪽에 기인한다.

014 ★★★

ingredient

n **재료, 구성요소**

ex Egg is a commonly used **ingredient** in making food.
달걀은 음식을 만드는데 일반적으로 사용되는 재료이다.

She is rather picky when choosing **ingredients**.
그녀는 재료를 고를 때 약간 까다롭다.

015 ★★★

appear

v **…인 것 같다 / 보이기 시작하다**

ex The moon **appeared** blue and green.
달은 파랗고 초록색으로 보였다.

The Bonns **appear** in a comic book called 'The Awesomes.'
Bonns는 'The Awesomes'라는 만화책에서 나온다.

016 ★★★

interpret

v **해석하다** 참고 **interpretation** n. 해석, 이해, 설명

ex The musicians **interpreted** the music so vividly.
그 음악가들은 음악을 매우 생생하게 해석했다.

Duties include calibration, testing and **interpreting** test results.
직무에는 교정, 시험 및 시험 결과 해석이 포함된다.

017 ★★

floral

adj **꽃으로 만든, 꽃무늬의**

ex This perfume gives off a subtle **floral** scent.
이 향수는 은은한 꽃향기를 낸다.

You could wear the one with the **floral** pattern, or maybe a plain one.
꽃무늬가 있는 걸 입어도 되고, 아니면 평범한 걸 입어도 된다.

018 ★★

grip

n **꽉 붙잡음, 움켜쥠** v **꽉 잡다, 움켜잡다** ㊒ **grasp** 움켜잡다

ex When allowed to grow out slightly, they also give us the ability to **grip** things between our nails.
약간 자랄 수 있을 때, 그것들은 또한 우리에게 손톱 사이의 물건을 잡는 능력을 준다.

019 ★★

illegally

adv **불법적으로**

ex A fine will be imposed on **illegally** parked vehicles.
불법 주차된 차량에는 과태료가 부과될 것이다.

The terrorists **illegally** occupied the building.
테러범들이 건물을 불법 점거했다.

020 ★★

informative

adj **유익한** 참고 **informed** adj. 많이 아는

ex The articles are actually very **informative**.
그 기사들은 사실 매우 유익하다.

His presentation was very **informative** and entertaining.
그의 발표는 매우 유익하고 재미있었다.

021 ★★

mentor

n **멘토** v **지도하다** 반 **mentee** 멘티

ex My **mentor** has advised me to be more confident in my achievements.
나의 멘토는 나의 성취에 대해 더 자신감을 가지라고 나에게 조언했다.

The webpage draws in business leaders to **mentor** students.
그 웹 페이지는 학생들을 지도할 비즈니스 리더들을 끌어들인다.

022 ★

await

v **기다리다**

ex He had **awaited** to see some old castles, but he saw nothing but empty land.
그는 옛 성을 볼 것을 기대했으나, 빈 땅 외엔 보지 못했다.

023 ★

cognitive

adj **인식의, 인지의**

ex His **cognitive** functions were impaired due to the accident.
그 사고로 인해 그의 인지 기능이 손상되었다.

The purpose of the experiment was to test the **cognitive** skills.
실험의 목적은 인지 능력을 시험하기 위해서였다.

024 ★

breakthrough

n **돌파구**

ex The invention of the steam engine was an important **breakthrough** during the Industrial Revolution.
증기기관의 발명은 산업혁명 때, 중요한 돌파구가 되었다.

DAY 50

★ 표시는 출제 빈도를 나타냅니다.

025 ★

contradictory

adj **모순되는** ㊥ **conflicting** 모순되는

ex Each of these **contradictory** statements may hold true under particular conditions.
이 모순된 진술들은 각각 특정한 조건 하에서 진실일 수 있다.

026 ★

headline

n **표제** v **표제를 달다**

ex I think today's **headline** is rather too provocative.
나는 오늘의 헤드라인이 오히려 너무 자극적이라고 생각한다.

The **headline** should be concise but eye-catching.
헤드라인은 간결하되 눈에 띄어야 한다.

027 ★

impair

v **손상시키다** ㊥ **injure** 다치게 하다

ex An extremely high volume might **impair** your hearing.
지나치게 높은 음량은 청력을 손상시킬 수 있다.

High quality video magnifiers are available for people with **impaired** vision.
시력이 손상된 사람들을 위해서 고품질의 영상 돋보기가 구비되어 있다.

028 

legalize

v **합법화하다**

ex There have been protests about **legalizing** homosexuality.
동성애 합법화에 대한 시위가 있어왔다.

Do you think it is right to **legalize** marijuana for medical purposes?
의학 목적으로 마리화나를 합법화하는 것이 맞다고 생각하는가?

029 

manpower

n **인력** 참고 **workforce** 노동력

ex The plan was rejected due to the size of the project and the **manpower** it required.
그 계획은 사업 규모와 필요한 인력 때문에 거부되었다.

030 ★

informal

adj **격식 없는, 평상복의**

ex You can talk in an **informal** way outside the company.
회사 밖에서는 격식 없이 편하게 말해도 된다.

She suggests that students have both formal and **informal** clothes.
그녀는 학생들이 격식을 차린 복장과 평상복을 둘 다 가질 것을 제안한다.

Practice

1. 다음 단어들을 올바르게 연결하세요.

(1) proposal •	• (a) 목록, 카탈로그
(2) informative •	• (b) 제안, 제의
(3) breakthrough •	• (c) 소화
(4) headline •	• (d) 유익한
(5) legalize •	• (e) 돌파구
(6) informal •	• (f) 표제, 표제를 달다
(7) digestion •	• (g) 합법화하다
(8) catalog •	• (h) 격식 없는, 평상복의

2. 우리말 뜻에 맞게 빈칸에 알맞은 단어를 보기에서 찾아 쓰세요.

interpreted　approval　disturb　contradictory

(1) **Each of these ________ statements may hold true under particular conditions.**
이 모순된 진술들은 각각 특정한 조건 하에서 진실일 수 있다.

(2) **The musicians ________ the music so vividly.**
그 음악가들은 음악을 매우 생생하게 해석했다.

(3) **I promise I won't ________ you if you work at home.**
네가 집에서 일한다면 방해하지 않겠다고 약속할게.

(4) **________ is required from the department head prior to registration.**
등록하기 전에 부서장의 승인이 필요하다.

SELF TEST

01	proposal		16		인식의, 인지의
02		해석하다	17	approval	
03	restoration		18		돌파구
04		꽃무늬의	19	digestion	
05	snail		20		모순되는
06		꽉 잡다, 움켜잡다	21	hover	
07	tough		22		표제, 표제를 달다
08		불법적으로	23	disturb	
09	snooze		24		손상시키다
10		유익한	25	confrontation	
11	transit		26		합법화하다
12		멘토, 지도하다	27	ingredient	
13	vaccinate		28		인력
14		기다리다	29	appear	
15	catalog		30		격식 없는

TOSEL 실전문제 5

PART 8. General Reading Comprehension

DIRECTIONS: In this portion of the test, you will be provided with one longer reading passages. For the passage, complete the blanks in the passage summary using the words provided. Fill in your choices in the corresponding spaces on your answer sheet.

• TOSEL 67회 기출

1. Read the passage and answer the questions.

Rip currents are narrow yet strong water flows from the shore to the open sea. They form in shallow spots near shorelines and around human-made structures in water, such as docks. They can range from 15 meters to 90 meters long. Rip currents are surprisingly fast. Most rip currents flow at around 60 centimeters per second. However, they can flow as fast as 2 meters per second. Because of the potentially deadly strength of rip currents, swimmers should not try to swim against them. Instead, swimmers who feel they are being pulled out to sea should first swim in alignment with the shore. When they get out of the rip current, they can then swim diagonally towards the shore.

Summary:

Rip currents are powerful water flows that occur in shallow parts of the ocean near the shore or near ___[A]___ structures. Ranging in length from 15 to 90 meters, they flow at speeds of up to 2 meters per second. To escape a rip current, swimmers should swim ___[B]___ to the shore at first, and then at a diagonal towards the shore.

1. Choose the most suitable word for blank [A], connecting the summary to the passage.

(A) broad

(B) drastic

(C) lapidary

(D) artificial

2. Choose the most suitable word for blank [B], connecting the summary to the passage.

(A) parallel

(B) separately

(C) occasionally

(D) immediately

Appendix

Appendix

Appendix

Appendix

Appendix

Appendix

Appendix

Appendix

Appendix

Appendix

P

Appendix

Appendix

S

Appendix

Appendix

Answers

CHAPTER 1 p.16

DAY 1	Practice	1.(1) h (2) f (3) g (4) d (5) e (6) a (7) c (8) b
		2.(1) tightly (2) offense (3) ethical (4) attained
	Self Test p.24	(1) 요약 (2) vocabulary (3) 구성 단위 (4) inference (5) 요청하다 (6) verb (7) 복잡성 (8) intention (9) 여가 (10) spread
		(11) 애벌레 (12) accompany (13) 활활 타다 (14) edit (15) 범죄 (16) learner (17) 비율 (18)information (19) 단단한 (20) miss
		(21) 꽉 (22) undue (23) 입증하다 (24) ethical (25) 확대 (26) atom (27) 보도 (28) debit (29) 울다 (30) attain
DAY 2	Practice	1.(1) e (2) g (3) a (4) b (5) f (6) d (7) h (8) c
		2.(1) nourish (2) material (3) diplomat (4) elicit
	Self Test p.32	(1) 이내에 (2) suitable (3) 지름길 (4) brain (5) 동의어 (6) access (7) 명사 (8) cabbage (9) 경쟁력 있는 (10) complicated
		(11) 저작권 (12) embed (13) 대조 (14) diplomat (15) 얼굴의 (16) indigo (17)빼내다 (18) think (19) ~뒤에 (20) event
		(21) 끌어내다 (22) material (23) 큐 (24) overturn (25) (영양분)공급하다 (26) alcohol (27) (음식)공급하다 (28) mull (29) 충성스러운 (30) nerdy
DAY 3	Practice	1.(1) d (2) h (3) g (4) f (5) e (6) c (7) a (8) b
		2.(1) minor (2) probe (3) detour (4) reap
	Self Test p.40	(1) 망원경 (2) employee (3) 믿을 수 없는 (4) user (5) 대표하다 (6) security (7) 자르다 (8) percentage (9) 생산량 (10) agree
		(11) 야단스럽지 않은 (12) unsuited (13) 작은 (14) pistol (15) 호화로움 (16) probe (17) 반응하다 (18) mine (19) 주소 (20) band
		(21) 채우다 (22) detour (23) 뿌리째 뽑다 (24) server (25) 저칼로리의 (26) paralyze (27) 거두다 (28) scenario (29) 주먹 (30) chill
DAY 4	Practice	1.(1) h (2) e (3) g (4) c (5) d (6) f (7) a (8) b
		2.(1) Raw (2) intended (3) prospered (4) detention
	Self Test p.48	(1) groom (2) 외국의 (3) bud (4) 조항 (5) agreement (6) 신축성 있는 (7) backyard (8) 영역 (9) contour (10) 박살내다
		(11) tumbler (12) 익히지 않은 (13) profit (14) ~저편에 (15) intend (16) 충분히 (17) graffiti (18) 있다 (19) shambles (20) 형성되다
		(21) revision (22) 인용하다 (23) prosper (24) 빚지고 있다 (25) precaution (26) 검사 (27) detention (28) 탄력 있는 (29) generator (30) 신용
DAY 5	Practice	1.(1) d (2) g (3) f (4) h (5) e (6) a (7) b (8) c
		2.(1) already (2) foul (3) mythology (4) instant
	Self Test p.56	(1) 현재 (2) despite (3) 황제 (4) pope (5) 최근의 (6) cell (7) 근본적인 (8) resident (9) 중요하다 (10) schema
		(11) 신화 (12) instant (13) 더러운 (14) hoodie (15) 무릎을 꿇다 (16) recruit (17) 최고의 (18) meal (19) ~까지 (20) already
		(21) 특히 (22) stab (23) 신비롭게 하다 (24) textile (25) 토하다 (26) banquet (27) 자동화하다 (28) dizzy (29) 바보 (30) newborn
DAY 6	Practice	1.(1) e (2) g (3) h (4) f (5) d (6) a (7) c (8) b
		2.(1) mild (2) external (3) coral (4) reset
	Self Test p.64	(1) 지구의 (2) document (3) 가치 (4) sensitive (5) 남아 있다 (6) illuminate (7) 짜다 (8) task (9) 초보자 (10) diversity
		(11) 효율 (12) mild (13) 다시 맞추다 (14) trespass (15) 훔쳐보다 (16) wildlife (17) 궤도의 (18) treasure (19) 가구 (20) summit
		(21) 닦다 (22) posit (23) 암시하다 (24) edible (25) 파괴하다 (26) burden (27) 흔적 (28) Christ (29) 산호 (30) external
DAY 7	Practice	1.(1) g (2) h (3) e (4) f (5) d (6) a (7) c (8) b
		2.(1) abide (2) biological (3) wisdom (4) entry
	Self Test p.72	(1) 밧줄 (2) extension (3) 틀린 (4) railway (5) 금기 (6) vehicle (7) 군대 (8) wind (9) 양육 (10) hazard
		(11) 아일랜드의 (12) abide (13) 농업 (14) biological (15) 채택 (16) alcohol (17) 지혜 (18) course (19) 창조하다 (20) entry
		(21) 집중을 방해하는 것 (22) elbow (23) 오류 (24) genetic (25) 빛깔 (26) astral (27) 사랑스러운 (28) dawn (29) 가지고 오다 (30) evident
DAY 8	Practice	1.(1) e (2) g (3) h (4) f (5) a (6) c (7) d (8) b
		2.(1) postal (2) bizarre (3) ascertain (4) report
	Self Test p.72	(1) 직물 (2) passive (3) 접근법 (4) certainly (5) 막대한 (6) suffer (7) 강제 (8) modify (9) 가치 (10) notion
		(11) 우편의 (12) capitalism (13) 한결같은 (14) cable (15) 기이한 (16) palace (17) 알아내다 (18) announce (19) 보도 (20) deny
		(21) 사용지침서(22) remark(23) ~보다 먼저오다(24) obelisk(25) 생존 가능성(26) boggle(27) 반대되는(28) dense (29) 별명을 붙이다(30) fuzzy
DAY 9	Practice	1.(1) f (2) h (3) g (4) b (5) e (6) a (7) d (8) c
		2.(1) evolve (2) dose (3) pure (4) crisis
	Self Test p.80	(1) 부분 (2) Jupiter (3) 주된 (4) logo (5) 전율 (6) client (7) 미루다 (8) tribal (9) 악당 (10) voucher
		(11) 단서 (12) pure (13) 생태계의 (14) entail (15) 진화하다 (16) crisis (17) 전화를 걸다 (18) case (19) 결정하다 (20) correct
		(21) 복용량 (22) surly (23) 생각하다 (24) maximum (25) 친절 (26) butcher (27) 자백하다 (28) fatal (29) 훼손하다 (30) anticipate
DAY 10	Practice	1.(1) d (2) f (3) h (4) e (5) g (6) a (7) b (8) c
		2.(1) factors (2) stems (3) least (4) nasty
	Self Test p.88	(1) designer (2) 노트북 (3) reality (4) 거대한 (5) route (6) 줄기 (7) curb (8) 적절한 (9) dwarf (10) 독립체
		(11) beta (12) 요인 (13) instinct (14) 통합시키다 (15) ecology (16) 그리다 (17) format (18) 최소 (19) beverage (20) 들어 올리다
		(21) slot (22) 삼가다 (23) nasty (24) 화려하게 장식된 (25) descent (26) 나르다 (27) elusive (28) 잘못된 (29) hood (30) 기울다
TOSEL 실전문제 1		1. (C) 2. (B)

CHAPTER 2

p.100

DAY 11 Practice	1.(1) e (2) f (3) h (4) g (5) c (6) d (7) a (8) b
	2.(1) scarcity (2) aligned (3) pricey (4) bulk
Self Test p.108	(1) 동료 (2) conditioner (3) 기한 (4) cultural (5) 훈련 (6) hundred (7) 가능하게 하다 (8) demonstrate (9) 입 안을 헹구다 (10) logical
	(11) 침입성 (12) ruin (13) 장엄함 (14) neighbor (15) 집단 (16) align (17) 규모 (18)press (19) 의복 (20) quite
	(21) 광범위한 (22) joy (23) 흠모하다 (24) laud (25) 해안 (26) pricey (27) 인종 차별 (28) scarcity (29) 의심할 여지 없이 (30) offset
DAY 12 Practice	1.(1) h (2) g (3) e (4) f (5) c (6) d (7) a (8) b
	2.(1) naked (2) civic (3) dictionary (4) participation
Self Test p.116	(1) 사진 찍기 (2) quantity (3) 가능한대로 (4) resume (5) 자아 (6) wise (7) 경기장 (8) fog (9) 지도 (10) excess
	(11) 참가 (12) productivity (13) 사전 (14) invasion (15) 시민의 (16) brass (17)~보다 위에 (18) community (19) 공무상의 (20) recognition
	(21) 중앙값 (22) naked (23) 투표 (24) optimize (25) 부풀린 과자 (26) devoid (27) 따르다 (28) handout (29) 절연 처리를 하다 (30) offensive
DAY 13 Practice	1.(1) f (2) h (3) g (4) d (5) e (6) c (7) a (8) b
	2.(1) reform (2) deemed (3) experiment (4) customer
Self Test p.124	(1) 조사 (2) workplace (3) 거의 (4) confirm (5) 회의 (6) deposit (7) 표[라벨/상표] (8) entertainment (9) 투자하다 (10) newsletter
	(11) 반어적으로 (12) reform (13) 의존 (14) reproduction (15) 재생 가능한 (16) deem (17) 드러나다 (18) estate (19) 실험 (20) female
	(21) 손님 (22) script (23) 연습하다 (24) therapist (25) 선수단 (26) certify (27) 벌거벗은 (28) debris (29) 궁수 (30) collaboration
DAY 14 Practice	1.(1) h (2) g (3) f (4) e (5) a (6) c (7) d (8) b
	2.(1) generosity (2) reproductive (3) fabulous (4) random
Self Test p.132	(1) 이글루 (2) meditation (3) 수도승 (4) recommend (5) 수확하는 사람 (6) starfish (7) 법정 (8) precise (9) 넝마 (10) random
	(11) 생식의 (12) reunion (13) 도식적인 (14) snow (15) 멋진 (16) generosity (17) 우상 (18) routine (19) 기구 (20) frame
	(21) 충치 (22) bust (23) 암 (24) deluxe (25) 뜬 (26) grief (27) 부러워하다 (28) discard (29) 폭식하기 (30) customize
DAY 15 Practice	1.(1) g (2) h (3) f (4) e (5) d (6) a (7) c (8) b
	2.(1) inquire (2) semester (3) clarify (4) latter
Self Test p.140	(1) 최고의 (2) boarding (3) 완전히 (4) devil (5) 대출 (6) mistake (7) 주장하다 (8) strike (9) 생물학자 (10) temporal
	(11) ~이긴 하지만 (12) upcycle (13) 지형 (14) inquire (15) 후자 (16) micro (17) 남자의 (18) pain (19) 학기 (20) vandalism
	(21) 그 다음의(22) aggressive(23) 명확하게 하다(24) fright(25) 따돌림 받는 사람(26) phonograph(27) 순례(28) refugee(29) 기둥(30) crew
DAY 16 Practice	1.(1) e (2) h (3) g (4) f (5) d (6) b (7) a (8) c
	2.(1) stranger (2) upcoming (3) rear (4) corporate
Self Test p.148	(1) 사회의 (2) analogy (3) 가속화되다 (4) panic (5) 쾅 (6) rear (7) 만료 (8) dynamic (9) 기업의 (10) cushion
	(11) 배짱 (12) sacrifice (13) 정신없이 바쁜 (14) savage (15) 정제하다 (16) printer (17) 이전의 (18) rare (19) 성공하다 (20) union
	(21) 다가오는 (22) via (23) 따로 (24) Soviet (25) 다재다능한 (26) whereas (27) 순위 (28) wildflower (29) 낯선 사람 (30) almost
DAY 17 Practice	1.(1) f (2) h (3) g (4) d (5) e (6) a (7) b (8) c
	2.(1) symbolizes (2) tube (3) without (4) arise
Self Test p.156	(1) 명백히 (2) chapter (3) 컴퓨터 사용 (4) constantly (5) 장애 (6) dam (7) 조카 (8) pharaoh (9) 사랑받는 (10) athletic
	(11) 용감하게 (12) swell (13) 근본적인 (14) tube (15) 문제 (16) without (17) 앞치마 (18) aphorism (19) 생기다 (20) beginning
	(21) 대리석 (22) leakage (23) 상호작용을 하다 (24) symbolize (25) 순종적인 (26) sector (27) 연주 (28) reside (29) 바꿔 말하다 (30) vanish
DAY 18 Practice	1.(1) g (2) h (3) e (4) f (5) c (6) a (7) d (8) b
	2.(1) tuition (2) duration (3) venue (4) raid
Self Test p.164	(1) 절차 (2) reference (3) 책임 (4) roommate (5) 여분의 (6) wag (7) 사업가 (8) status (9) 통근 (10) demonstration
	(11) 능력 (12) venue (13) 수업 (14) competition (15) 탈출하다 (16) thick (17) 행동 (18) briefcase (19) 기간 (20) software
	(21) 정상 (22) raid (23) 긁어내는 도구 (24) expertise (25) 매끈하게 하다 (26) pander (27) 회수하다 (28) opt (29) 방치하다 (30) mend
DAY 19 Practice	1.(1) h (2) e (3) b (4) f (5) g (6) a (7) c (8) d
	2.(1) gloomy (2) combat (3) sticking (4) hinder
Self Test p.172	(1) 문학 (2) valid (3) 마련하다 (4) attempt (5) 알고 있는 (6) barely (7) 시민 (8) amplify (9) 용량 (10) indirect
	(11) 우울한 (12) hardcore (13) 무선의 (14) combat (15) 훌륭한 (16) narrow (17) 붙이다 (18) memory (19) 격렬한 (20) nominee
	(21) 자본주의적인 (22) enterprise (23) 재앙 (24) mere (25) 유행 (26) kettle (27) 유전자 (28) hinder (29) 요리법 (30) imperial
DAY 20 Practice	1.(1) d (2) f (3) g (4) e (5) a (6) h (7) c (8) b
	2.(1) municipal (2) calculated (3) artificial (4) partial
Self Test p.180	(1) 원석 (2) install (3) 흥미롭게도 (4) manufacture (5) 이상한 (6) messaging (7) 부분적인 (8) organ (9) 교정 (10) folk
	(11) 이동하다 (12) joint (13) 인공의 (14) cluster (15) 살아남다 (16) calculate (17) 그러나 (18) accumulation (19) 시의 (20) confident
	(21) 상품 (22) equivalent (23) 매혹하다 (24) genetically (25) 고안하다 (26) geology (27) 주교(28) advisor (29) 흐릿해지다 (30)ecosystem
TOSEL 실전문제 2	1. (A) 2. (A)

CHAPTER 3 p.184

DAY 21	Practice	1.(1) d (2) f (3) h (4) e (5) g (6) c (7) a (8) b
		2.(1) novelty (2) bylaw (3) dominance (4) blame
	Self Test p.192	(1) 인기 (2) salary (3) 인근의 (4) in spite of (5) 경고 (6) tunnel (7) 비밀 (8) taste (9) 운동 (10) celebrate
		(11) 민족의 (12) crib (13) 지배 (14) convention (15) 유능한 (16) exceed (17) ~사이에 (18) bylaw (19) 웃다 (20) fluid
		(21) ~을 탓하다 (22) moist (23) 잡종 (24) cheerful (25) 영원한 (26) novelty (27) 배아 (28) luxurious (29) 무관한 (30) besides
DAY 22	Practice	1.(1) f (2) h (3) g (4) d (5) e (6) b (7) a (8) c
		2.(1) infected (2) carriage (3) explicit (4) garment
	Self Test p.200	(1) 암시 (2) aurora (3) 개념 (4) basis (5) 비판적인 (6) earbud (7) 선물 (8) avoid (9) 전체의 (10) explicit
		(11) 운 좋은 (12) primary (13) 묘사 (14) domination (15) 농업의 (16) conclude (17) 맥주 (18) experimenter (19) 금하다 (20) infect
		(21) 즐거운 (22) hawk (23) 유산 (24) carriage (25) 옷 (26) surgeon (27) 시간을 지키는 (28) overuse (29) 바스락거리다 (30) novice
DAY 23	Practice	1.(1) h (2) g (3) e (4) f (5) b (6) a (7) c (8) d
		2.(1) pace (2) cautious (3) restricting (4) obstruct
	Self Test p.208	(1) 결합 (2) expand (3) 낫다 (4) introduction (5) 부족 (6) jumper (7) 믿다 (8) attention (9) 격려하다 (10) polyester
		(11) 의지하다 (12) renowned (13) 암시된 (14) pace (15) 소심한 (16) restrict (17) 신중한 (18) obstruct (19) 강우(량) (20) parallel
		(21) 충실함 (22) conception (23) 이용하다 (24) ignorance (25) 속물 (26) yacht (27) 채찍 (28) uneven (29) 트라우마 (30) surge
DAY 24	Practice	1.(1) d (2) f (3) g (4) h (5) e (6) a (7) c (8) b
		2.(1) vital (2) restriction (3) vast (4) ferry
	Self Test p.216	(1) 액체 (2) loss (3) 필요 이상의 자격을 갖춘 (4) medication (5) 끼우다 (6) memo (7) 신경 (8) slight (9) 소매 (10) discover
		(11) 규제 (12) vast (13) 담그다 (14) extracurricular (15) 연락선 (16) evaluate (17) 봉투 (18) vital (19) 발견 (20) firm
		(21) 즉흥적인 (22) migrant (23) 2학년생 (24) throne (25) 복지 (26) undergraduate (27) 그슬다 (28) teapot (29) 미성년자의 (30) janitor
DAY 25	Practice	1.(1) g (2) h (3) e (4) f (5) d (6) a (7) c (8) b
		2.(1) thorn (2) usher (3) frequency (4) wilted
	Self Test p.224	(1) 후원자 (2) preserve (3) 웅장한 (4) typhoon (5) 사제 (6) violence (7) 산성의 (8) opposite (9) 빗물 (10) disappoint
		(11) 생각하다 (12) thorn (13) 안내하다 (14) successfully (15) 수력 발전 (16) frequency (17) 소극적인 (18) shred (19) 시들다 (20) innovation
		(21) 제로 (22) pollen (23) 필연적으로 (24) phobia (25) 악명 높은 (26) omit (27) 영감 (28) particulate (29) 소나기 (30) sarcasm
DAY 26	Practice	1.(1) e (2) f (3) h (4) d (5) g (6) a (7) b (8) c
		2.(1) implemented (2) resist (3) fragile (4) solely
	Self Test p.232	(1) 폭발 (2) alphabet (3) 저주 (4) connection (5) 섬세한 (6) erupt (7) 연장 (8) exhibit (9) 말하다 (10) tangle
		(11) 걸쇠 (12) knob (13) 오로지 (14) implement (15) 지적인 (16) laughter (17) 기념비적인 (18) district (19) 연민 (20) seldom
		(21)반대하다(22)tendency(23)일광욕하다(24)network(25)부서지기 쉬운(26)marrow(27)화합(28)incentive(29)보통 밖에 안되는(30)extraordinary
DAY 27	Practice	1.(1) f (2) h (3) g (4) d (5) e (6) b (7) a (8) c
		2.(1) correlation (2) surveillance (3) eminent (4) ethic
	Self Test p.240	(1) 불법 침입자 (2) host (3) 정책 (4) pad (5) 암기하다 (6) avenue (7) 공지 (8) secure (9) 참가하다 (10) isolate
		(11) 베개 (12) omnivorous (13) 놀리다 (14) limb (15) ~에서 비롯되다 (16) internship (17) 거대함 (18) neural (19) 틈새 (20) parable
		(21)대기의 (22)surveillance (23)거듭되는 (24)correlation (25)윤리 (26)doctoral (27)저명한 (28)encase (29)어리둥절하게 만들다 (30)fulfill
DAY 28	Practice	1.(1) f (2) h (3) g (4) d (5) e (6) a (7) b (8) c
		2.(1) prepare (2) poses (3) barrel (4) asset
	Self Test p.248	(1) 거친 (2) substance (3) 시청자 (4) tropical (5) 광고주 (6) visual (7) 정확 (8) prepare (9) 아이를 봐 주는 사람 (10) contain
		(11) 토박이의 (12) anti (13) 통 (14) pose (15) 소책자 (16) pollinate (17) 정치적으로 (18) wriggle (19) 순록 (20) doorway
		(21) 영원한 (22) convey (23) 편견 (24) oddly (25) 좋은 생각을 떠올리게 하는 (26) biceps (27) 연민 (28) asset (29) 명하다 (30) crevice
DAY 29	Practice	1.(1) e (2) a (3) g (4) f (5) h (6) b (7) d (8) c
		2.(1) Improper (2) proportion (3) plagiarism (4) commonality
	Self Test p.256	(1) 항공기 (2) sometime (3) 잠그다 (4) convince (5) 지문 (6) economy (7) 정의하다 (8) campaign (9) 물건 (10) serve
		(11) 만료 (12) commonality (13) 표절 (14) objective (15) 우림 (16) reflector (17) 부분 (18) proverb (19) 뚜렷이 (20) totemism
		(21) 항구 (22) governor (23) 부당한 (24) fictional (25) 면제되는 (26) divine (27) 향수 (28) plaque (29) 민족의 (30) bland
DAY 30	Practice	1.(1) d (2) g (3) f (4) e (5) a (6) h (7) c (8) b
		2.(1) pronunciation (2) buff (3) energetic (4) abatement
	Self Test p.264	(1) 찬성하다 (2) arrangement (3) 편집자 (4) elect (5) 무례한 (6) Britain (7) 글꼴 (8) stair (9) 기간 (10) fellow
		(11) 작물 (12) diameter (13) 모으다 (14) caller (15) 반사적인 (16) riot (17) 장난 (18) attendant (19) 무의식적으로 (20) publicize
		(21) 활동적인 (22) survivorship (23) 발음 (24) coordinator (25) -광 (26) hasty (27) 거장 (28) innovate (29) 감소 (30) occupy
TOSEL 실전문제 3		1. (C) 2. (B)

DAY 31 Practice	1.(1) d (2) h (3) g (4) f (5) e (6) c (7) b (8) a
	2.(1) accurate (2) exhilarating (3) choke (4) film
Self Test p.276	(1) 심각하게 (2) attire (3) 대피시키다 (4) chronicle (5) 겸손한 (6) dedicate (7) 기사 (8) electrify (9) 의무적인 (10) decency
	(11) 외부의 (12) aboard (13) 영화 (14) behalf (15) 장군 (16) chord (17) 선호하다 (18) acne (19) 나중에 (20) bait
	(21) 투표용지 (22) circuit (23) 숨이 막히다 (24) darkness (25) 기꺼이 하는 마음 (26) accurate (27) 어디에나 있는 (28) lighten (29) 사소한 (30) exhilarating
DAY 32 Practice	1.(1) h (2) f (3) c (4) b (5) a (6) g (7) e (8) d
	2.(1) corruption (2) gap (3) urgent (4) sickness
Self Test p.284	(1) 질병 (2) entitle (3) 축소 (4) fade (5) 이동하다 (6) gap (7) 버리다 (8) hereby (9) 짧은 (10) dismiss
	(11) 해치다 (12) consent (13) 감소 (14) enact (15) 집중 (16) fond (17) 열렬한 (18) cubism (19) 산길 (20) delegate
	(21) 긴급한 (22) bribe (23) 잡초 (24) corruption (25) 뽑다 (26) applause (27) 신념 (28) retention (29) 졸다 (30) privilege
DAY 33 Practice	1.(1) b (2) c (3) e (4) a (5) h (6) d (7) g (8) f
	2.(1) boast (2) internal (3) cultivate (4) desperate
Self Test p.292	(1) 필요 (2) tenant (3) 구 (4) hygienic (5) 지역 (6) index (7) 지하 세계 (8) knack (9) 맞추다 (10) legitimacy
	(11) 뽐내다 (12) internal (13) 민간의 (14) gigantic (15) 원인 (16) haul (17) 대답하다 (18) immature (19) 분리된 (20) feminism
	(21) 완결하다 (22) desperate 23) 훑어보다 (24) cultivate (25) 이런 이유로 (26) emigrate (27) 후퇴 (28) faculty (29) 스턴트 (30) gamble
DAY 34 Practice	1.(1) h (2) e (3) c (4) b (5) a (6) d (7) f (8) g
	2.(1) massage (2) dump (3) Supporters (4) severe
Self Test p.300	(1) 간소화하다 (2) gatherer (3) 지지자 (4) lengthy (5) 협박하다 (6) interval (7) 적응하다 (8) massage (9) 부피가 큰 (10) nationwide
	(11) 떼를 짓다 (12) obstacle (13) 버리다 (14) factual (15) ..부터[이후] (16) infringe (17) 상의하다 (18) lade (19) 불면증 (20) grin
	(21) 기관 (22) hitch (23) 전제 (24) incapable (25) 리허설 (26) isolation (27) 극심한 (28) mane (29) 의회 (30) poach
DAY 35 Practice	1.(1) c (2) a (3) d (4) b (5) g (6) e (7) h (8) f
	2.(1) includes (2) swear (3) panel (4) manipulating
Self Test p.308	(1) 맹세하다 (2) raven (3) 대다 (4) outwear (5) 무역 (6) parental (7) 처리 (8) rail (9) 손가락 끝 (10) smoothie
	(11) 보장하다 (12) resign (13) 즉각 (14) lexicon (15) 포함하다 (16) metro (17) 완료 (18) overstate (19) 전통의 (20) reddish
	(21) 어른스러운 (22) manipulate (23) 겹치다 (24) nuisance (25) 단 (26) offend (27) 고리 (28) overtake (29) 판 (30) plummet
DAY 36 Practice	1.(1) h (2) g (3) d (4) c (5) a (6) b (7) e (8) f
	2.(1) recount (2) penalty (3) violation (4) dormant
Self Test p.316	(1) 저지르다 (2) spark (3) 휴면기의 (4) tentatively (5) 사건 (6) unearth (7) 다행스럽게도 (8) varnish (9) 방해하다 (10) wreck
	(11) 매듭 (12) scarp (13) 소유하다 (14) recount (15) 꽤 (16) wetland (17) 완고한 (18) autocratic (19) 처음의 (20) obesity
	(21) 임대하다 (22) penalty (23) 극대화하다 (24) rebound (25) 현실적인 (26) sculpt (27) 받다 (28) peril (29) 위반 (30) teammate
DAY 37 Practice	1.(1) h (2) f (3) e (4) g (5) d (6) c (7) b (8) a
	2.(1) yarn (2) consolation (3) evolution (4) haunted
Self Test p.324	(1) 보완하다 (2) vessel (3) 집중하다 (4) urge (5) 자금 (6) span (7) 유액 (8) ridge (9) 기계로 작동되는 (10) profile
	(11) 냄새 (12) unify (13) 비밀번호 (14) transcend (15) 다루다 (16) consolation (17) ~에 이르다 (18) deviation (19) 감명을 주다 (20) thrive
	(21) 항복하다 (22) vent (23) 개정하다 (24) yarn (25) 진화 (26) width (27) 선량함 (28) suite (29) 귀신이 나타나다 (30) synaptic
DAY 38 Practice	1.(1) b (2) a (3) e (4) c (5) d (6) g (7) h (8) f
	2.(1) blizzard (2) uncertain (3) cramp (4) prides
Self Test p.332	(1) 양보 (2) absorb (3) 막다 (4) priceless (5) 개시 (6) balcony (7) 마그마 (8) rescue (9) 그렇지 않으면 (10) assert
	(11) 역설 (12) clime (13) 미국너구리 (14) retina (15) 연구 (16) peck (17) 방법 (18) optimal (19) 신학 (20) neuron
	(21) 확신이 없는 (22) revolve (23) 관점 (24) pride (25) 강조 (26) courteous (27) ...차원의 (28) blizzard (29) 향기 (30) categorization
DAY 39 Practice	1.(1) b (2) h (3) e (4) d (5) a (6) f (7) c (8) g
	2.(1) citizenship (2) medieval (3) cognition (4) suppressant
Self Test p.340	(1) 똑같이 (2) virtue (3) 중세의 (4) citizenship (5) 현상 (6) bind (7) 규칙적으로 (8) attachment (9) 제출하다 (10) enforcement
	(11)무두질 공장(12)gulf (13)승리(14)misuse(15)배달하다(16)literary(17)세월이 흘러도 변하지 않는(18)facilitator(19)합성한(20)insensitivity
	(21) 반복적인 (22) cognition (23) 증인 (24) draft (25) 수프 (26) frantic (27) 붕괴되다 (28) inhabit (29) 주간 (30) suppressant
DAY 40 Practice	1.(1) b (2) g (3) h (4) f (5) c (6) e (7) d (8) a
	2.(1) reception (2) warranty (3) aspect (4) infamous
Self Test p.348	(1) 유독한 (2) gravity (3) 보충 (4) hesitate (5) 혼잡 (6) infamous (7) 서로 다르다 (8) justify (9) 품질 보증서 (10) liability
	(11) 접착제 (12) dual (13) 측면 (14) enlarge (15) 최근의 (16) conceive (17) 사라지다 (18) linguistic (19) 접수처 (20) mimic
	(21) 즉각적인 (22) outward (23) 수분 (24) practice (25) 암살범 (26) relevance (27) 보너스 (28) warmth (29) 조각품 (30) turbulence
TOSEL 실전문제 4	1. (A) 2. (A)

CHAPTER 5

p.352

DAY 41	Practice	1.(1) c (2) d (3) e (4) f (5) h (6) g (7) b (8) a
		2.(1) allegations (2) calendar (3) accusations (4) collision
	Self Test p.360	(1) 약사 (2) allegation (3) 빠른 (4) bilingual (5) 임시의 (6) attest (7) 통풍 (8) cardiac (9) 선호 (10) database
		(11) 우연히 (12) collision (13) 예산 (14) accusation (15)찾다 (16) bilateral (17) 아마추어의 (18) childish (19) 장벽 (20) coastal
		(21) 트램펄린 (22) accrue (23) 활용 (24) barber (25) 고요 (26) calendar (27) 수입품 (28) dashboard (29) 자격증 (30) airtight
DAY 42	Practice	1.(1) b (2) c (3) f (4) g (5) a (6) h (7) e (8) d
		2.(1) criterion (2) apparent (3) prestigious (4) drastic
	Self Test p.368	(1) 주로 (2) rod (3) 수송 (4) prestigious (5) 사실상의 (6) attract (7) 당국 (8) immediately (9) 예배실 (10) drastic
		(11) 터지다 (12) debatable (13) 관리자 (14) edgewise (15) 윤리 (16) faucet (17) 분명한 (18) exposition (19) 기준 (20) cower
		(21) 최고의 (22) authorize (23) 극장 (24) billionaire (25) 잔혹한 (26) carpool (27) 뒤이어 일어나는 (28) discern (29) 수치스러운 (30) classify
DAY 43	Practice	1.(1) g (2) h (3) f (4) d (5) b (6) e (7) c (8) a
		2.(1) disqualified (2) imminent (3) admission (4) facilities
	Self Test p.376	(1) 부족 (2) admission (3) 짐 (4) suspend (5) 후보자 (6) unsuitable (7) ...을 가질[할] 수 있는 (8) handful (9) 이상적인 (10) imminent
		(11) 유대인의 (12) illusion (13) 용암 (14) doubtful (15) 시설 (16) envious (17) 수호자 (18) glorify (19) 레이저 (20) fixation
		(21) 포식자 (22) fateful (23) 기적 (24) economics (25) 덩어리 (26) gust (27) 연구 (28) endless (29) 발견하다 (30) disqualify
DAY 44	Practice	1.(1) d (2) a (3) e (4) g (5) c (6) h (7) f (8) b
		2.(1) nominated (2) initiative (3) restore (4) battle
	Self Test p.384	(1) 처벌하다 (2) lapidary (3) 대표적인 (4) madam (5) 전투 (6) nominate (7) 드론 (8) optimistic (9) 마티네 (10) emission
		(11) 복원하다 (12) grove (13) 환대 (14) hatred (15) 요새 (16) immeasurable (17) 소규모 접전 (18) hacker (19) 계획 (20) imitate
		(21) 가정부 (22) jigsaw (23) 발생시키다 (24) intrude (25) 망치다 (26) manure (27) 예상하다 (28) downsize (29) 뚜렷한 (30) disastrous
DAY 45	Practice	1.(1) b (2) h (3) a (4) c (5) f (6) g (7) d (8) e
		2.(1) ominous (2) swirl (3) improvise (4) efficient
	Self Test p.392	(1) 수송 (2) dominate (3) 건축업자 (4) cruel (5) 폐쇄 (6) require (7) 소득 (8) optional (9) 효율적인 (10) occasionally
		(11)위성 (12)pavement (13)국왕의 (14)recreate (15)뭐든 있는 것으로 만들다 (16)seniority (17)통치 (18)projection (19)친밀함 (20)merely
		(21) 유치원 (22) navigate (23) 타이머 (24) ominous (25) 사실상 (26) payday (27) 전공하다 (28) swirl (29) 정도 (30) horrify
DAY 46	Practice	1.(1) c (2) e (3) a (4) b (5) d (6) h (7) f (8) g
		2.(1) employers (2) superior (3) consequences (4) literate
	Self Test p.400	(1) 비교적 (2) obvious (3) 고용주 (4) skinny (5) 보험 (6) tattoo (7) 주인 (8) strew (9) 정신의 (10) biome
		(11) 알리다 (12) apathetic (13) 멈춤 (14) misconception (15) 세면장 (16) literate (17) 낙서하다 (18) payoff (19) 수술 (20) reinforce
		(21) 관습 (22) rapture (23) 유익한 (24) saddle (25) 결과 (26) tasteful (27) 해로운 (28) unveil (29) 진전 (30) superior
DAY 47	Practice	1.(1) c (2) g (3) b (4) d (5) a (6) h (7) e (8) f
		2.(1) anonymous (2) depression (3) resistant (4) diversity
	Self Test p.408	(1) 상담하다 (2) behavioral (3) 자주 (4) clockwise (5) 검투사 (6) depression (7) 크루아상 (8) attorney (9) 심하게 (10) resistant
		(11) 서로의 (12) selective (13) 내부의 (14) unborn (15) 마구 (16) relevant (17) 동조 (18) tension (19) 계산 (20) sunblock
		(21)동격의 (22)accomplishment (23)10년 (24)backlash (25)자원 봉사자 (26)attendee (27)기민한 (28)trustworthy (29)익명인 (30) diversity
DAY 48	Practice	1.(1) d (2) a (3) b (4) c (5) e (6) h (7) f (8) g
		2.(1) despair (2) contemporary (3) subsidy (4) depiction
	Self Test p.416	(1) 군단 (2) despair (3) 방향 (4) console (5) 특허권 (6) brag (7) 위험한 (8) automobile (9) 비비다 (10) continuously
		(11) 온천 (12) unity (13) 체육관 (14) subsidy (15) 중간에 (16) intelligible (17) 중심부 (18) communal (19) 고소 (20) anthropology
		(21) 묘사 (22) celebrant (23) 현대의 (24) bleak (25) 정치적인 (26) circulate (27) 흔적 (28) default (29) 시각 (30) motivate
DAY 49	Practice	1.(1) b (2) a (3) e (4) c (5) d (6) h (7) f (8) g
		2.(1) broad (2) council (3) grasping (4) phrase
	Self Test p.424	(1) 필라테스 (2) range (3) 해결 (4) decisive (5) 따로따로 (6) council (7) 무섭게 하다 (8) exemplary (9) 미접촉의 (10) fetus
		(11) 창 (12) exterior (13) 생산 (14) confront (15) 넓은 (16) burrow (17) 사과 (18) citation (19) 파산 (20) animate
		(21) 노출 (22) deform (23) 강조하다 (24) effortless (25) 꽉 잡다 (26) glitter (27) 요금 (28) exert (29) 구절 (30) markedly
DAY 50	Practice	1.(1) b (2) d (3) e (4) f (5) g (6) h (7) c (8) a
		2.(1) contradictory (2) interpreted (3) disturb (4) Approval
	Self Test p.432	(1) 제안 (2) interpret (3) 복원 (4) floral (5) 달팽이 (6) grip (7) 힘든 (8) illegally (9) 잠깐 자다 (10) informative
		(11) 수송 (12) mentor (13) 예방주사를 맞히다 (14) await (15) 목록 (16) cognitive (17) 인정 (18) breakthrough (19) 소화 (20)contradictory
		(21) 맴돌다 (22) headline (23) 방해하다 (24) impair (25) 대립 (26) legalize (27) 재료 (28) manpower (29) ..인 것 같다 (30) informal
TOSEL 실전문제 5		1. (D) 2. (A)

Chapter 01

Day 1 p.17

[Practice]

Exercise 1. p.23

(1) (h) (2) (f) (3) (g) (4) (d)
(5) (e) (6) (a) (7) (c) (8) (b)

Exercise 2. p.23

(1) tightly (2) offense (3) ethical (4) attained

Day 1. Self Test p.24

1. 요약, 개요	16. learner
2. vocabulary	17. 비율
3. 구성단위	18. information
4. interference	19. 단단한
5. 요청하다	20. miss
6. verb	21. 단단히, 꽉
7. 복잡성	22. undue
8. intention	23. 입증하다
9. 여가	24. ethical
10. spread	25. 확대
11. 애벌레	26. atom
12. accompany	27. 보도[방송]
13. 활활 타다	28. debit
14. edit	29. 울다
15. 위법행위, 범죄	30. attain

Day 2 p.25

[Practice]

Exercise 1. p.31

(1) (e) (2) (g) (3) (a) (4) (b)
(5) (f) (6) (d) (7) (h) (8) (c)

Exercise 2. p.31

(1) nourish (2) material (3) diplomat (4) elicit

Day 2. Self Test p.32

1. 이내에	16. indigo
2. suitable	17. 빼내다, 하수구
3. 지름길	18. think
4. brain	19. ~뒤에
5. 동의어	20. event
6. access	21. 끌어내다
7. 명사	22. material
8. cabbage	23. 큐, 막대, 신호
9. 경쟁력 있는	24. overturn
10. complicated	25. 영양분을 공급하다
11. 저작권	26. alcohol
12. embed	27. 음식을 공급하다
13. 대조	28. mull
14. diplomat	29. 충성스러운
15. 얼굴의	30. nerdy

Day 3 p.33

[Practice]

Exercise 1. p.39

(1) (d) (2) (h) (3) (g) (4) (f)
(5) (e) (6) (c) (7) (a) (8) (b)

Exercise 2. p.39

(1) minor (2) probe (3) detour (4) reap

Day 4 p.41

[Practice]

Exercise 1. p.47

(1) (h) (2) (e) (3) (g) (4) (c)
(5) (d) (6) (f) (7) (a) (8) (b)

Exercise 2. p.47

(1) Raw (2) intended (3) prospered (4) detention

Day 3. Self Test p.40

1. 망원경	16. probe
2. employee	17. 반응하다
3. 믿을 수 없는	18. mine
4. user	19. 주소
5. 대표하다	20. band
6. security	21. 어수선함, 채우다
7. 자르다	22. detour
8. percentage	23. 뿌리째 뽑다
9. 생산량	24. server
10. agree	25. 저칼로리의
11. 야단스럽지 않은	26. paralyze
12. unsuited	27. 거두다
13. 작은, 가벼운	28. scenario
14. pistol	29. 주먹
15. 호화로움, 사치	30. chill

Day 4. Self Test p.48

1. groom	16. 충분히
2. 외국의	17. graffiti
3. bud	18. 있다
4. 절, 조항	19. shambles
5. agreement	20. 형성되다
6. 신축성 있는	21. revision
7. backyard	22. 인용하다
8. 영역	23. prosper
9. contour	24. 빚지고 있다
10. 박살내다	25. precaution
11. tumbler	26. 검사, 회계감사
12. 익히지 않은	27. detention
13. profit	28. 탄력 있는
14. ~저편에	29. generator
15. intend	30. 신용(거래)

Day 5 p.49

[Practice]

Exercise 1. p.55

(1) (d) (2) (g) (3) (f) (4) (h)
(5) (e) (6) (a) (7) (b) (8) (c)

Exercise 2. p.55

(1) already (2) foul (3) mythology (4) instant

Day 5. Self Test p.56

1. 현재, 지금	16. recruit
2. despite	17. 최고의
3. 황제	18. meal
4. Pope	19. ~까지
5. 최근의	20. already
6. cell	21. 특히
7. 근본적인	22. stab
8. resident	23. 신비롭게 하다
9. 중요하다, 문제	24. textile
10. schema	25. 토하다
11. 신화	26. banquet
12. instant	27. 자동화하다
13. 더러운, 안좋은	28. dizzy
14. hoodie	29. 바보
15. 무릎을 꿇다	30. newborn

Day 6 p.57

[Practice]

Exercise 1. p.63

(1) (e) (2) (g) (3) (h) (4) (f)
(5) (d) (6) (a) (7) (c) (8) (b)

Exercise 2. p.63

(1) mild (2) external (3) coral (4) reset

Day 6. Self Test p.64

1. 지구의	16. wildlife
2. document	17. 궤도의
3. 가치, 소중히 하다	18. treasure
4. sensitive	19. 가구
5. 남아 있다	20. summit
6. illuminate	21. 닦다, 대걸레
7. 짜다[엮다]	22. posit
8. task	23. 암시하다
9. 초보자, 초심자	24. edible
10. diversity	25. 파괴하다
11. 효율, 능률	26. burden
12. mild	27. 흔적, 추적하다
13. 다시 맞추다	28. Christ
14. trespass	29. 산호
15. 훔쳐보다	30. external

Day 7 p.65

[Practice]

Exercise 1. p.71

(1) (g) (2) (h) (3) (e) (4) (f)
(5) (d) (6) (a) (7) (c) (8) (b)

Exercise 2. p.71

(1) abide (2) biological (3) wisdom (4) entry

Day 7. Self Test p.72

1. (번지점프용)밧줄	16. alcohol
2. extension	17. 지혜, 현명함
3. 틀린, 사실이 아닌	18. course
4. railway	19. 창조하다
5. 금기	20. entry
6. vehicle	21. 집중을 방해하는 것
7. 군대	22. elbow
8. wind	23. 오류
9. 양육, 육성, 양육하다	24. genetic
10. hazard	25. 빛깔, 색조
11. 아일랜드 사람들, 아일랜드의	26. astral
12. abide	27. 사랑스러운
13. 농업	28. dawn
14. biological	29. 가지고 오다
15. 채택, 선정,입양	30. evident

Day 8 p.73

[Practice]

Exercise 1. p.79

(1) (e) (2) (g) (3) (h) (4) (f)
(5) (a) (6) (c) (7) (d) (8) (b)

Exercise 2. p.79

(1) postal (2) bizarre (3) ascertain (4) report

Day 8. Self Test p.80

1. 직물, 천	16. palace
2. passive	17. 알아내다, 확인하다
3. 접근법	18. announce
4. certainly	19. 보도, 발표하다
5. 막대한,거대한	20. deny
6. suffer	21. 개별 지도시간, 사용지침서
7. 강제, 강압	22. remark
8. modify	23. ~보다 먼저오다
9. 가치, 장점	24. obelisk
10. notion	25. 생존가능성
11. 우편의	26. boggle
12. capitalism	27. 반대되는
13. 한결같은, 일관된	28. dense
14. cable	29. 별명을 붙이다
15. 기이한, 특이한	30. fuzzy

Day 9 p.81

[Practice]

Exercise 1. p.87

(1) (f) (2) (h) (3) (g) (4) (b)
(5) (e) (6) (a) (7) (d) (8) (c)

Exercise 2. p.87

(1) evolve (2) dose (3) pure (4) crisis

1. 부분, 조각, 덧대다	16. crisis
2. Jupiter	17. 전화를 걸다
3. 주된, 주요한, 최고의	18. case
4. logo	19. 결정하다
5. 전율, 황홀감	20. correct
6. client	21. 복용량
7. 미루다, 연기하다, 지연	22. surly
8. tribal	23. 생각하다, 여겨지다
9. 악당	24. maximum
10. voucher	25. 친절, 다정함
11. 단서, 실마리	26. butcher
12. pure	27. 자백하다
13. 생태계의	28. fatal
14. entail	29. 움푹 들어간 곳, 훼손하다
15. 진화하다, 발달하다	30. anticipate

Day 10 p.89

[Practice]

Exercise 1. p.95

(1) (d) (2) (f) (3) (h) (4) (e)
(5) (g) (6) (a) (7) (b) (8) (c)

Exercise 2. p.95

(1) factors (2) stems (3) least (4) nasty

Day 10. Self Test p.96

1. designer	16. 그리다, 묘사하다
2. 휴대용[노트북]컴퓨터	17. format
3. reality	18. 최소
4. 거대한	19. beverage
5. route	20. 들어 올리다
6. 줄기	21. slot
7. curb	22. 삼가다
8. 적절한	23. nasty
9. dwarf	24. 화려하게 장식된
10. 독립체	25. descent
11. beta	26. 나르다, 돌출부
12. 요인	27. elusive
13. instinct	28. 잘못된
14. 통합시키다	29. hood
15. ecology	30. 기울다

TOSEL 실전문제 1

General Reading Comprehension

1-2. **(C), (B)**

해석 바이닐 레코드를 즐기는 사람들은 레코드와 관련된 세 개의 숫자가 있다는 걸 알아차렸을 것이다: 33, 45, 그리고 78. 하지만 이 숫자들이 무엇을 의미하는가? 사실, 이것들은 레코드의 분당 회전수 (RPM)을 가리킨다. 축음기라고 불리는 최초의 레코드 플레이어는 크랭크를 돌리는 인간에 의해 작동되었다. 대부분의 사람들이 크랭크를 돌리는 평균 속도는 78 RPM이었다. 이후에, 레코드 회사들은 더 작은 공간에 더 많은 오디오를 넣을 수 있는 방법을 발견했다. 그들은 크기가 더 작은 레코드를 만들었다. 이것들이 78RPM 레코드와 같은 소리를 내기 위해서는 45RPM으로 더욱 천천히 돌아가야만 했다. 그렇다면 33RPM 레코드는 어떤가? 이러한 미니 레코드들은 보통 한쪽에 한 곡씩만 수록하고 있다.

요약 바이닐 레코드는 각 레코드의 분당 회전 횟수와 세 개의 숫자가 관련을 가지고 있다. 오리지널 사이즈의 레코드는 더 크고, 78RPM으로 재생되었다. 이후에, 더 작은 레코드에 더 많은 소리를 넣을 수 있는 방법이 개발됨에 따라, 45와 33RPM의 레코드가 생겨났다.

1. Choose the most suitable word for blank [A], connecting the summary to the passage.
   본문과 요약문을 연결 지을 때, 빈칸 [A]에 가장 적절한 단어를 고르시오.
   (A) resident 거주자 (B) extension 확대
   (C) rotations 회전 (D) adoption 채택

2. Choose the most suitable word for blank [B], connecting the summary to the passage.
   본문과 요약문을 연결 지을 때, 빈칸 [B]에 가장 적절한 단어를 고르시오.
   (A) latest 가장 최근의 (B) smaller 더 작은
   (C) sensitive 예민한 (D) massive 거대한

풀이 RPM이 'rotations per minute'의 줄임말이라고 했으므로 1번은 (C)가 정답이다. 'They made physically smaller records.'를 통해 더 작은 레코드가 발명되었음을 알 수 있으므로 2번은 (B)가 정답이다.

관련 어휘 resident 거주자[주민] (Day 5) extension 확대 (Day 7)
adoption 채택, 선정, 입양 (Day 7)
latest 최근의[최신의] (Day 5)
sensitive 예민한, 세심한 (Day 6)
massive 거대한, 엄청나게 큰 (Day 10)

Chapter 02

Day 11 p.101

[Practice]

Exercise 1. p.107

(1) (e) (2) (f) (3) (h) (4) (g)
(5) (c) (6) (d) (7) (a) (8) (b)

Exercise 2. p.107

(1) scarcity (2) aligned (3) pricey (4) bulk

Day 11. Self Test p.108

1. 동료	16. align
2. conditioner	17. 규모, 대부분
3. 기한, 마감 일자	18. press
4. cultural	19. 예복[가운], 의복
5. 반복연습, 훈련	20. quite
6. hundred	21. 광범위한
7. 가능하게 하다	22. joy
8. demonstrate	23. 흠모하다
9. 입 안을 헹구다	24. laud
10. logical	25. 해안
11. 침입성	26. pricey
12. ruin	27. 인종 차별
13. 장대하고 장엄함	28. scarcity
14. neighbor	29. 의심할 여지 없이
15. 집단[무리]	30. offset

Day 12 p.109

[Practice]

Exercise 1. p.115

(1) (h) (2) (g) (3) (e) (4) (f)
(5) (c) (6) (d) (7) (a) (8) (b)

Exercise 2. p.115

(1) naked (2) civic (3) dictionary (4) participation

Day 12. Self Test p.116

1. 사진 찍기, 사진[촬영]술	16. brass
2. quantity	17. ~보다 위에
3. 가능한대로	18. community
4. resume	19. 공무상의
5. 자아, 자신	20. recognition
6. wise	21. 중앙에 있는, 중앙값
7. (원형)경기장	22. naked
8. fog	23. 투표, 여론조사
9. 지도, 지침[안내]	24. optimize
10. excess	25. 부풀린 과자
11. 참가, 참여	26. devoid
12. productivity	27. 따르다[준수하다]
13. 사전	28. handout
14. invasion	29. 절연 처리를 하다
15. 시민의	30. offensive

Day 13 p.117

[Practice]

Exercise 1. p.123

(1) (f) (2) (h) (3) (g) (4) (d)
(5) (e) (6) (c) (7) (a) (8) (b)

Exercise 2. p.123

(1) reform (2) deemed (3) experiment (4) customer

Day 13. Self Test p.124

1. (설문)조사	16. deem
2. workplace	17. 나오다, 드러나다
3. 거의, 약	18. estate
4. confirm	19. 실험, 실험을 하다
5. 회의, 회담, 학회	20. female
6. deposit	21. 손님, 고객
7. 라벨을 붙이다, 표	22. script
8. entertainment	23.연습[준비]하다
9. 투자하다	24. therapist
10. newsletter	25. 선수단, 반, 분대
11. 반어적으로	26. certify
12. reform	27. 벌거벗은
13. 의존, 의지	28. debris
14. reproduction	29. 궁수
15. 재생 가능한	30. collaboration

Day 14 p.125

[Practice]

Exercise 1. p.131

(1) (h) (2) (g) (3) (f) (4) (e)
(5) (a) (6) (c) (7) (d) (8) (b)

Exercise 2. p.131

(1) generosity (2) reproductive (3) fabulous (4) random

Day 14. Self Test p.132

1. 이글루	16. generosity
2. meditation	17. 우상
3. 수도승	18. routine
4. recommend	19. 기구, 악기
5. 수확하는 사람[기계]	20. frame
6. starfish	21. 충치, 구멍
7. 법정, 법원	22. bust
8. precise	23. 암
9. 넝마	24. deluxe
10. random	25. (물 위나 공중에)뜬
11. 생식[번식]의	26. grief
12. reunion	27. 부러워하다
13. 도식적인	28. discard
14. snow	29. 흥청망청 하기, 폭식하기
15. 기가 막히게 좋은[멋진]	30. customize

Day 15 p.133

[Practice]

Exercise 1. p.139

(1) (g) (2) (h) (3) (f) (4) (e)
(5) (d) (6) (a) (7) (c) (8) (b)

Exercise 2. p.139

(1) inquire (2) semester (3) clarify (4) latter

Day 15. Self Test p.140

1. 최고의, 극도의	16. micro
2. boarding	17. 남자의, 수컷의
3. 전적으로, 완전히	18. pain
4. devil	19. 학기
5. 대출, 빌려주다	20. vandalism
6. mistake	21. 그 다음의
7. 주장하다, 요구하다, 권리, 청구	22. aggressive
8. strike	23. 명확하게 하다
9. 생물학자	24. fright
10. temporal	25. 따돌림 받는 사람
11. ~이긴 하지만	26. phonograph
12. upcycle	27. 순례, 성지 참배
13. 지형, 지형학	28. refugee
14. inquire	29. 기둥
15. 후자, 마지막	30. crew

Day 16 p.141

[Practice]

Exercise 1. p.147

(1) (e) (2) (h) (3) (g) (4) (f)
(5) (d) (6) (b) (7) (a) (8) (c)

Exercise 2. p.147

(1) stranger (2) upcoming (3) rear (4) corporate

Day 16. Self Test p.148

1. 사회의, 사회적인	16. printer
2. analogy	17. 이전의, 사전의
3. 가속화되다	18. rare
4. panic	19. 성공하다
5. 쾅, 쾅하고 치다	20. union
6. rear	21. 다가오는, 곧 있을
7. 만료, 만기	22. via
8. dynamic	23. 한쪽으로, 따로
9. 기업[회사]의	24. Soviet
10. cushion	25. 다재다능한
11. 배짱, 소화기관	26. whereas
12. sacrifice	27. 순위
13. 정신없이 바쁜	28. wildflower
14. savage	29. 낯선 사람
15. 정제하다	30. almost

Day 17 p.149

[Practice]

Exercise 1. p.155

(1) (f) (2) (h) (3) (g) (4) (d)
(5) (e) (6) (a) (7) (b) (8) (c)

Exercise 2. p.155

(1) symbolizes (2) tube (3) without (4) arise

Day 17. Self Test p.156

1. 명백히, 보아하니	16. without
2. chapter	17. 앞치마
3. 컴퓨터 사용[조작, 기술]	18. aphorism
4. constantly	19. 생기다, 발생하다
5. 장애	20. beginning
6. dam	21. 대리석, 구슬
7. 조카(여자)	22. leakage
8. Pharaoh	23. 상호작용을 하다
9. 사랑받는, 총애받는	24. symbolize
10. athletic	25. 순종적인
11. 용감하게	26. sector
12. swell	27. 연주[공연]
13. 근본적인	28. reside
14. tube	29. 바꾸어 말하다
15. 문제, 곤란	30. vanish

Day 18 p.157

[Practice]

Exercise 1. p.163

(1) (g) (2) (h) (3) (e) (4) (f)
(5) (c) (6) (a) (7) (d) (8) (b)

Exercise 2. p.163

(1) tuition (2) duration (3) venue (4) raid

Day 18. Self Test p.164

1. 절차, 방법	16. thick
2. reference	17. 행동
3. 책임, 책무	18. briefcase
4. roommate	19. 기간
5. 여분의, 예비용의	20. software
6. wag	21. 정상, 최고조
7. 사업가[기업가]	22. raid
8. status	23. 긁어내는 도구
9. 통근, 통근하다	24. expertise
10. demonstration	25. 매끈하게 하다
11. 능력, 역량	26. pander
12. venue	27. 회수하다, 상기하다
13. 수업, 교습	28. opt
14. competition	29. 방치하다
15. 탈출하다, 달아나다	30. mend

Day 19 p.165

[Practice]

Exercise 1. p.171

(1) (h) (2) (e) (3) (b) (4) (f)
(5) (g) (6) (a) (7) (c) (8) (d)

Exercise 2. p.171

(1) gloomy (2) combat (3) sticking (4) hinder

Day 19. Self Test p.172

1. 문학	16. narrow
2. valid	17. 붙이다, 꼼짝하지 않다
3. 배열하다, 마련하다	18. memory
4. attempt	19. 격렬한
5. 알고 있는	20. nominee
6. barely	21. 자본주의적인
7. 시민	22. enterprise
8. amplify	23. 참사, 재앙
9. 용량, 능력	24. mere
10. indirect	25. (일시적인) 유행
11. 우울한, 어둑어둑한	26. kettle
12. hardcore	27. 유전자
13. 무선의, 무선	28. hinder
14. combat	29. 요리법
15. 훌륭한, 멋진	30. imperial

Day 20 p.173

[Practice]

Exercise 1. p.179

(1) (d) (2) (f) (3) (g) (4) (e)
(5) (a) (6) (h) (7) (c) (8) (b)

Exercise 2. p.179

(1)municipal (2)calculated (3)artificial (4)partial

Day 20. Self Test p.180

1. (보석의) 원석	16. calculate
2. install	17. 그러나, 아무리 ..해도
3. 흥미롭게도	18. accumulation
4. manufacture	19. 지방 자치제의, 시의
5. 이상한, 특이한	20. confident
6. messaging	21. 상품, 물품
7. 부분적인, 편애하는	22. equivalent
8. organ	23. 마음을 사로잡다, 매혹하다
9. (대학)교정[구내]	24. genetically
10. folk	25. 창안[고안]하다
11. 이동하다, 이주하다	26. geology
12. joint	27. 주교
13. 인공의, 인위적인	28. advisor
14. cluster	29. 흐릿해지다
15. 살아남다, 생존하다	30. ecosystem

TOSEL 실전문제 2

General Reading Comprehension

1-2. **(A), (A)**

해석 “영국”과 “대영제국”이라는 용어는 종종 혼동된다. 영국으로 알려진 국가의 정식 명칭은 “대영제국과 북아일랜드의 연합 왕국”이다. 그것은 잉글랜드, 스코틀랜드, 웨일스, 북아일랜드 네 개의 다른 나라로 구성되어 있다. 때때로 이 네 개의 나라는 법적인 문제에 있어서 분리된다. 예를 들어, 스코틀랜드 법, 북아일랜드 법, 잉글랜드 법 세 가지 종류가 존재한다. 잉글랜드 법은 잉글랜드와 웨일즈 양쪽에 적용된다. 다른 때에는, 영국으로서 4개국 모두에 법이 적용된다. 한편, “대영제국”은 잉글랜드, 스코틀랜드, 웨일스를 포함하는 땅의 덩어리를 말한다. 요약하면, “영국”과 “대영제국”은 별개이다.

요약 영국과 대영제국이라는 용어는 종종 혼용된다. 그러나, 그 용어는 실제로 두 가지 완전히 다른 것을 가리킨다. 영국은 잉글랜드, 스코틀랜드, 웨일스, 북아일랜드 네 개의 다른 나라로 구성되어 있으며, 세 가지 종류의 법이 있다. 그러나 대영제국은 잉글랜드, 스코틀랜드, 웨일즈라는 땅만을 가리킨다.

1. Choose the most suitable word for blank [A], connecting the summary to the passage.
본문과 요약문을 연결 지을 때, 빈칸 [A]에 가장 적절한 단어를 고르시오.
(A) mixed 혼용되는 (B) claimed 주장되는
(C) installed 설치된 (D) fashionably 유행하는

2. Choose the most suitable word for blank [B], connecting the summary to the passage.
본문과 요약문을 연결 지을 때, 빈칸 [B]에 가장 적절한 단어를 고르시오.
(A) made up of ~로 구성되어 있다
(B) aligned with ~와 나란히 되어 있다
(C) attempted to ~를 시도하다
(D) in combat with ~와 싸우다

풀이 ‘The terms “UK” and “Great Britain” are often confused’를 통해 두 단어가 혼동되어 사용된다는 사실을 알 수 있으므로 1번은 (A)가 정답이다. ‘It comprises four distinct countries’에서 네 가지 나라를 통해 이루어진 국가임을 알 수 있으므로 2번은 (A)가 정답이다.

관련 어휘 claim 주장하다, 요구하다 (Day 15)
install 설치하다 (Day 20) align 나란히 하다 (Day 11)
attempt 시도하다 (Day 19)
combat 싸우다, 방지하다 (Day 19)

Chapter 03

Day 21 p.185

[Practice]

Exercise 1. p.191

(1) (d) (2) (f) (3) (h) (4) (e)
(5) (g) (6) (c) (7) (a) (8) (b)

Exercise 2. p.191

(1) novelty (2) bylaw (3) dominance (4) blame

Day 21. Self Test p.192

1. 인기	16. exceed
2. salary	17. ~사이에
3. 인근의, 주위의	18. bylaw
4. in spite of	19. (낄낄거리며) 웃다
5. 경고, 주의	20. fluid
6. tunnel	21. ~을 탓하다
7. 비밀	22. moist
8. taste	23. 잡종, 혼합물
9. 운동	24. cheerful
10. celebrate	25. 영원한
11. 민족의	26. novelty
12. crib	27. 배아
13. 지배, 우세	28. luxurious
14. convention	29. 무관한, 상관없는
15. 유능한, 능숙한	30. besides

Day 22 p.193

[Practice]

Exercise 1. p.199

(1) (f) (2) (h) (3) (g) (4) (d)
(5) (e) (6) (b) (7) (a) (8) (c)

Exercise 2. p.199

(1) infected (2) carriage (3) explicit (4) garment

Day 22. Self Test p.200

1. 암시	16. conclude
2. aurora	17. 맥주
3. 개념	18. experimenter
4. basis	19. 금(지)하다
5. 비판적인, 위태로운	20. infect
6. earbud	21. 즐거운, 명랑한
7. 선물, 제시하다, 보여주다	22. hawk
8. avoid	23. 유산
9. 전체의, 모든	24. carriage
10. explicit	25. 의복, 옷
11. 운 좋은	26. surgeon
12. primary	27. 시간을 지키는
13. 묘사[기술/이야기]	28. overuse
14. domination	29. 바스락거리다
15. 농업의	30. novice

Day 23 p.201

[Practice]

Exercise 1. p.207

(1) (h) (2) (g) (3) (e) (4) (f)
(5) (b) (6) (a) (7) (c) (8) (d)

Exercise 2. p.207

(1) pace (2) cautious (3) restricting (4) obstruct

Day 23. Self Test p.208

1. 결합, 접속사	16. restrict
2. expand	17. 조심스러운, 신중한
3. 치유되다, 낫다	18. obstruct
4. introduction	19. 강우(량)
5. 부족, 결핍, ~이 없다	20. parallel
6. jumper	21. 충실함
7. 믿다	22. conception
8. attention	23. 이용하다, 착취하다
9. 격려하다, 장려하다	24. ignorance
10. polyester	25. 속물
11. 의지하다, 신뢰하다	26. yacht
12. renowned	27. 채찍
13. 암시된, 내포된	28. uneven
14. pace	29. 정신적 외상, 트라우마
15. 소심한	30. surge

Day 24 p.209

[Practice]

Exercise 1. p.215

(1) (d) (2) (f) (3) (g) (4) (h)
(5) (e) (6) (a) (7) (c) (8) (b)

Exercise 2. p.215

(1) vital (2) restriction (3) vast (4) ferry

Day 24. Self Test p.216

1. 액체	16. evaluate
2. loss	17. 봉투
3. 필요 이상의 자격[경력]을 갖춘	18. vital
4. medication	19. 발견, 결과
5. 끼우다[고정시키다], 시작하다	20. firm
6. memo	21. 즉흥적인
7. 신경	22. migrant
8. slight	23. 2학년생
9. 소매, 소매하다	24. throne
10. discover	25. 복지, 후생
11. 제한, 규제	26. undergraduate
12. vast	27. (불에) 그슬다
13. (살짝) 담그다, 적시다	28. teapot
14. extracurricular	29. 미성년자의
15. 연락선, 페리, 나르다, 수송하다	30. janitor

Day 25 p.217

[Practice]

Exercise 1. p.223

(1) (g) (2) (h) (3) (e) (4) (f)
(5) (d) (6) (a) (7) (c) (8) (b)

Exercise 2. p.223

(1) thorn (2) usher (3) frequency (4) wilted

1. 후원자, 고객	16. frequency
2. preserve	17. 활발하지 않은, 소극적인
3. 웅장한, 장려한	18. shred
4. typhoon	19. 시들다, 지치다
5. 사제, 성직자	20. innovation
6. violence	21. 0, 제로
7. 산, 산성의	22. pollen
8. opposite	23. 필연적으로
9. 비, 빗물, 비가 오다	24. phobia
10. disappoint	25. 악명 높은
11. 생각하다, 계산하다, 수치	26. omit
12. thorn	27. 영감, 영감을 주는 것
13. 안내하다, 좌석 안내원	28. particulate
14. successfully	29. 소나기
15. 수력 발전, 수력 발전의	30. sarcasm

Day 26 p.225

[Practice]

Exercise 1. p.231

(1) (e) (2) (f) (3) (h) (4) (d)
(5) (g) (6) (a) (7) (b) (8) (c)

Exercise 2. p.231

(1) implemented (2) resist (3) fragile (4) solely

Day 26. Self Test p.232

1. 강한 바람, 신나는 경험 폭발	16. laughter
2. alphabet	17. 기념비적인
3. 저주, 욕, 악담	18. district
4. connection	19. 연민, 동정
5. 섬세한, 연약한	20. seldom
6. erupt	21. 저항[반대]하다, 참다
7. 연장, 도구	22. tendency
8. exhibit	23. 일광욕을 하다
9. 언급하다, 말하다	24. network
10. tangle	25. 부서지기 쉬운
11. 걸쇠, 자물쇠	26. marrow
12. knob	27. 조화, 화합
13. 오로지, 단지	28. incentive
14. implement	29. 보통 밖에 안 되는
15. 지능의, 지적인	30. extraordinary

Day 27 p.233

[Practice]

Exercise 1. p.239

(1) (f) (2) (h) (3) (g) (4) (d)
(5) (e) (6) (b) (7) (a) (8) (c)

Exercise 2. p.239

(1) correlation (2) surveillance (3) eminent (4)ethic

Day 27. Self Test p.240

1. 불법 침입자	16. internship
2. host	17. 거대함, 육중함
3. 정책, 방침	18. neural
4. pad	19. 틈새, 아주 편한 자리
5. 암기하다	20. parable
6. avenue	21. 대기의
7. 공지, 통지, 알아챔	22. surveillance
8. secure	23. 끊임없는, 거듭되는
9. 참가하다	24. correlation
10. isolate	25. 윤리, 도덕
11. 베개	26. doctoral
12. omnivorous	27. 저명한, 탁월한
13. 놀리다, 조롱하다	28. encase
14. limb	29. 어리둥절하게 만들다
15. ~에서 비롯되다	30. fulfill

Day 28 p.241

[Practice]

Exercise 1. p.247

(1) (f) (2) (h) (3) (g) (4) (d)
(5) (e) (6) (a) (7) (b) (8) (c)

Exercise 2. p.247

(1) prepare (2) poses (3) barrel (4) asset

Day 28. Self Test p.248

1. 거친, 힘든, 고르지 않은	16. pollinate
2. substance	17. 정치적으로
3. 시청자, ~을 보는 사람	18. wriggle
4. tropical	19. 순록
5. 광고주	20. doorway
6. visual	21. 끝이 없는, 영원한
7. 정확도, 정확	22. convey
8. prepare	23. 편견, 편향, 성향
9. 아이를 봐 주는 사람	24. oddly
10. contain	25. 좋은 생각을 떠올리게 하는
11. 태어난 곳의, 토박이의	26. biceps
12. anti	27. 연민, 동정심
13. 통, 한 통의 양	28. asset
14. pose	29. 명하다, 결정하다, 법령, 칙령
15. 소책자	30. crevice

Day 29 p.249

[Practice]

Exercise 1. p.255

(1) (e) (2) (a) (3) (g) (4) (f)
(5) (h) (6) (b) (7) (d) (8) (c)

Exercise 2. p.255

(1)Improper (2)proportion (3)plagiarism (4)commonality

Day 29. Self Test p.256

1. 항공기	16. reflector
2. sometime	17. 부분, 비율
3. (버클로) 잠그다, 버클, 잠금장치	18. proverb
4. convince	19. 선명하게, 뚜렷이, 날카롭게
5. 지문	20. totemism
6. economy	21. 항구, 항만
7. 정의하다, 규정하다	22. governor
8. campaign	23. 부당한, 부적절한
9. 물건, 물질	24. fictional
10. serve	25. 면제되는, 면제하다
11. 만료, 만기	26. divine
12. commonality	27. 향수
13. 표절	28. plaque
14. objective	29. 인종 간의, 민족의
15. (열대) 우림	30. bland

Day 30 p.257

[Practice]

Exercise 1. p.263

(1) (d) (2) (g) (3) (f) (4) (e)
(5) (a) (6) (h) (7) (c) (8) (b)

Exercise 2. p.263

(1)pronunciation (2)buff (3)energetic (4)abatement

Day 30. Self Test p.264

1. 찬성하다, 승인하다	16. riot
2. arrangement	17. 장난
3. 편집자	18. attendant
4. elect	19. 무의식적으로
5. 무례한	20. publicize
6. Britain	21. 활동적인
7. 글꼴, 서체, 폰트	22. survivorship
8. stair	23. 발음
9. 기간, 시기, 시대	24. coordinator
10. fellow	25. -광, 애호가
11. 작물, 수확량, 작황	26. hasty
12. diameter	27. 거장, 지휘자
13. 모으다, 조립하다	28. innovate
14. caller	29. 감소, 경감, 완화
15. 반사적인	30. occupy

TOSEL 실전문제 3

General Reading Comprehension

1-2. **(C), (B)**

해석 보브캣은 북미에서 꽤 흔한, 고기를 먹는 야생 고양이이다. 그러나, 그들의 많은 개체수에도 불구하고, 아마도 그들은 야행성이기 때문에, 인간에게 거의 보이지 않는다. 이러한 찾기 힘든 동물들은 집고양이의 약 두 배 크기이다. 그들의 가득한 털들은 보통 갈색이거나 갈색 빛이 도는 붉은색이다. 보브캣은 굉장히 강한 사냥꾼이고, 그들보다 훨씬 큰 먹이를 잡을 수 있다. 그들은 먹이를 향해 몰래 다가가 마지막 순간에 그 희생양을 향해 3미터까지 뛰어오른다. 보브캣은 혼자 사는 동물이다. 무리를 지어 이동하는 개나 늑대와는 달리, 보브캣은 혼자 이동하고 사냥한다.

요약 보브캣은 북미에 그 수가 많은 육식성의, 길들여지지 않은 고양이이다. 그들은 사람들에게 자주 눈에 띄지 않는다. 대부분의 보브캣은 갈색이나 갈색빛의 털을 가진다. 그들은 사냥에 능하고 그들의 몸 크기보다 큰 먹이를 잡을 수 있다. 그들은 은밀하게 먹이에게 다가간다. 그들은 또한 혼자 이동한다.

1. Choose the most suitable word for blank [A], connecting the summary to the passage.
   본문과 요약문을 연결 지을 때, 빈칸 [A]에 가장 적절한 단어를 고르시오.
   (A) implicit 암시된 (B) cautious 조심스러운
   (C) carnivorous 육식성의 (D) monumental 기념비적인

2. Choose the most suitable word for blank [B], connecting the summary to the passage.
   본문과 요약문을 연결 지을 때, 빈칸 [B]에 가장 적절한 단어를 고르시오.
   (A) sharply 날카롭게
   (B) stealthily 은밀하게
   (C) politically 정치적으로
   (D) inevitably 필연적으로

풀이 'Bobcats are meat-eating wildcats'를 통해 보브캣이 육식성의 동물임을 알 수 있으므로 1번은 (C)가 정답이다. 'They sneak up on prey'를 통해 보브캣이 사냥할 때 은밀하게 다가간다는 것을 알 수 있으므로 2번은 (B)가 정답이다.

관련 어휘 implicit 암시된, 내포된 (Day 23)
monumental 기념비적인 (Day 26)
cautious 조심스러운, 신중한 (Day 23)
inevitably 필연적으로 (Day 25)
politically 정치적으로 (Day 28)
sharply 선명하게, 날카롭게 (Day 29)

Chapter 04

Day 31 p.269

[Practice]

Exercise 1. p.275

(1) (d) (2) (h) (3) (g) (4) (f)
(5) (e) (6) (c) (7) (b) (8) (a)

Exercise 2. p.275

(1) accurate (2) exhilarating (3) choke (4) film

Day 31. Self Test p.276

1. 심각하게	16. chord
2. attire	17. 선호하다
3. 대피시키다	18. acne
4. chronicle	19. 나중에, 그 후에
5. 겸손한, 초라한	20. bait
6. dedicate	21. 투표용지, 무기명 투표
7. 기사	22. circuit
8. electrify	23. 숨이 막히다
9. 의무적인	24. darkness
10. decency	25. 기꺼이 하는 마음
11. 바깥 표면의, 외부의	26. accurate
12. aboard	27. 어디에나 있는
13. 영화	28. lighten
14. behalf	29. 사소한
15. 일반적인, 장군	30. exhilarating

Day 32 p.277

[Practice]

Exercise 1. p.283

(1) (h) (2) (f) (3) (c) (4) (b)
(5) (a) (6) (g) (7) (e) (8) (d)

Exercise 2. p.283

(1) corruption (2) gap (3) urgent (4) sickness

Day 32. Self Test p.284

1. 질병, 아픔	16. fond
2. entitle	17. 열렬한, 간절히 바라는
3. 축소, 감소	18. cubism
4. fade	19. 산길, 루트[코스]
5. 이동하다, 교대 근무	20. delegate
6. gap	21. 긴급한
7. 버리다	22. bribe
8. hereby	23. 잡초, 잡초를 뽑다
9. 짧은, 간단한	24. corruption
10. dismiss	25. 뽑다, 추출하다
11. 부상을 입다, 해치다	26. applause
12. consent	27. 신념, 믿음
13. 감소, 줄어들다	28. retention
14. enact	29. 깜빡 잠이 들다, 졸다
15. 집중	30. privilege

Day 33 p.285

[Practice]

Exercise 1. p.291

(1) (b) (2) (c) (3) (e) (4) (a)
(5) (h) (6) (d) (7) (g) (8) (f)

Exercise 2. p.291

(1) boast (2) internal (3) cultivate (4) desperate

Day 33. Self Test p.292

1. 필요, 필요조건	16. haul
2. tenant	17. 대답하다, 응답하다
3. 구	18. immature
4. hygienic	19. 분리된, 독립된, 분리되다
5. 지역, 영토	20. feminism
6. index	21. 마무리 짓다, 완결하다
7. 지하 세계	22. desperate
8. knack	23. 흘낏[휙] 봄, 훑어보다
9. 맞추다, 개조하다	24. cultivate
10. legitimacy	25. 이런 이유로
11. 뽐내다, 자랑하다	26. emigrate
12. internal	27. 후퇴, 수련회, 조용한 곳
13. 시민들의, 민간의	28. faculty
14. gigantic	29. 스턴트, 방해하다
15. 원인, 초래하다	30. gamble

Day 34 p.293

[Practice]

Exercise 1. p.299

(1) (h) (2) (e) (3) (c) (4) (b)
(5) (a) (6) (d) (7) (f) (8) (g)

Exercise 2. p.299

(1) massage (2) dump (3) Supporters (4) severe

1. 간소화[능률화]하다	16. infringe
2. gatherer	17. 상의하다
3. 지지자, 후원자	18. lade
4. lengthy	19. 불면증
5. 협박하다, 위협하다	20. grin
6. interval	21. 기관[단체/협회]
7. 조정하다, 적응하다	22. hitch
8. massage	23. 전제
9. 부피가 큰	24. incapable
10. nationwide	25. 리허설, 예행연습
11. 무리[무더기], 떼를 짓다	26. isolation
12. obstacle	27. 극심한, 심각한
13. 버리다, 내려놓다	28. mane
14. factual	29. 의회, 집회, 조례
15. ...부터[이후]	30. poach

Day 35 p.301

[Practice]

Exercise 1. p.307

(1) (c) (2) (a) (3) (d) (4) (b)
(5) (g) (6) (e) (7) (h) (8) (f)

Exercise 2. p.307

(1) includes (2) swear (3) panel (4) manipulating

Day 35. Self Test p.308

1. 맹세하다	16. metro
2. raven	17. 완료, 완성
3. 대다[읽히다]	18. overstate
4. outwear	19. 전통의
5. 무역, 상업	20. reddish
6. parental	21. 어른스러운
7. 처리, 처분	22. manipulate
8. rail	23. 겹치다, 겹쳐지다
9. 손가락 끝	24. nuisance
10. smoothie	25. 단, 대
11. 보장[약속]하다	26. offend
12. resign	27. 고리, 고리 모양으로 만들다
13. 즉각, 즉시	28. overtake
14. lexicon	29. 판, 패널
15. 포함하다	30. plummet

Day 36 p.309

[Practice]

Exercise 1. p.315

(1) (h) (2) (g) (3) (d) (4) (c)
(5) (a) (6) (b) (7) (e) (8) (f)

Exercise 2. p.315

(1) recount (2) penalty (3) violation (4) dormant

Day 36. Self Test p.316

1. 저지르다, 전념하다	16. wetland
2. spark	17. 완고한, 고집스러운
3. 휴면기의, 활동을 중단한	18. autocratic
4. tentatively	19. 처음의, 초기의
5. 사건, 에피소드	20. obesity
6. unearth	21. 임대차 계약, 임대하다
7. 다행스럽게도	22. penalty
8. varnish	23. 극대화하다
9. 방해하다, 중단시키다	24. rebound
10. wreck	25. 실현 가능한, 현실적인
11. 매듭	26. sculpt
12. scarp	27. 받다, 받아들이다
13. 소유하다	28. peril
14. recount	29. 위반, 위배
15. 상당히, 꽤, 합리적으로	30. teammate

Day 37 p.317

[Practice]

Exercise 1. p.323

(1) (h) (2) (f) (3) (e) (4) (g)
(5) (d) (6) (c) (7) (b) (8) (a)

Exercise 2. p.323

(1) yarn (2) consolation (3) evolution (4) haunted

Day 37. Self Test p.324

1. 보완하다, 덧붙이다	16. consolation
2. vessel	17. ~에 이르다
3. 집중하다	18. deviation
4. urge	19. 감명을 주다
5. 기금, 자금	20. thrive
6. span	21. 항복하다, 투항하다
7. 유액, 라텍스	22. vent
8. ridge	23. 수정하다, 개정하다
9. 기계로 작동되는	24. yarn
10. profile	25. 진화
11. 냄새	26. width
12. unify	27. 선량함
13. 핀, 비밀번호	28.suite
14. transcend	29. 귀신이 나타나다
15. 다루다, 처리하다	30. synaptic

Day 38 p.325

[Practice]

Exercise 1. p.331

(1) (b) (2) (a) (3) (e) (4) (c)
(5) (d) (6) (g) (7) (h) (8) (f)

Exercise 2. p.331

(1) blizzard (2) uncertain (3) cramp (4) prides

Day 38. Self Test p.332

1. 양보, 영업장소	16. peck
2. absorb	17. 방법
3. 막다, 방해하다	18. optimal
4. priceless	19. 신학
5. 시작하다, 개시	20. neuron
6. balcony	21. 확신이 없는
7. 마그마	22. revolve
8. rescue	23. 관점, 방향
9. 그렇지 않으면	24. pride
10. assert	25. 강조
11. 역설	26. courteous
12. clime	27. ...치수의, ...차원의
13. 미국너구리	28. blizzard
14. retina	29. 향기, 향
15. 연구, 조사, 연구[조사]하다	30. categorization

Day 39 p.333

[Practice]

Exercise 1. p.339

(1) (b) (2) (h) (3) (e) (4) (d)
(5) (a) (6) (f) (7) (c) (8) (g)

Exercise 2. p.339

(1)citizenship (2)medieval (3)cognition (4)suppressant

Day 39. Self Test p.340

1. 똑같이, 마찬가지로	16. literary
2. virtue	17. 세월이 흘러도 변하지 않는
3. 중세의	18. facilitator
4. citizenship	19. 합성한, 인조의
5. 현상	20. insensitivity
6. bind	21. 반복적인
7. 규칙적으로	22. cognition
8. attachment	23. 목격자, 증인, 목격하다
9. 제출하다	24. draft
10. enforcement	25. 수프, 죽
11. 무두질 공장	26. frantic
12. gulf	27. 붕괴되다, 무너지다
13. 승리	28. inhabit
14. misuse	29. 낮, 주간
15. 배달하다, 연설을 하다	30. suppressant

Day 40 p.341

[Practice]

Exercise 1. p.347

(1) (b) (2) (g) (3) (h) (4) (f)
(5) (c) (6) (e) (7) (d) (8) (a)

Exercise 2. p.347

(1) reception (2) warranty (3) aspect (4) infamous

Day 40. Self Test p.348

1. 유독한	16. conceive
2. gravity	17. 사라지다
3. 보충, 보충하다	18. linguistic
4. hesitate	19. 접수처, 리셉션, 수신 상태
5. 서두르다, 혼잡, 분주함	20. mimic
6. infamous	21. 즉각적인, 하다[촉발하다]
7. 서로 다르다	22. outward
8. justify	23. 수분,습기
9. 품질 보증서	24. practice
10. liability	25. 암살범
11. 접착제	26. relevance
12. dual	27. 보너스
13. 측면, 양상	28. warmth
14. enlarge	29. 조각품
15. 최근의	30. turbulence

TOSEL 실전문제 4

General Reading Comprehension

1-2. **(A), (A)**

해석 오늘날 세계는 아프리카, 남극, 호주, 북아메리카, 남미, 아시아, 유럽 등 6~7개 대륙으로 나뉜다. (어떤 사람들은 마지막 두 개를 "유라시아"라고 부른다). 독일의 한 연구원 Alfred Wegener는 그들의 모양을 보고, 몇몇 대륙이 아마도 예전에 연결되어 있었다고 생각했다. 특히, 남아메리카와 아프리카는 서로 맞는 두 개의 퍼즐 조각처럼 보였다. 1912년, 그는 대륙 이동설을 제안했는데, 이것은 그 대륙들이 서로 결합되어 있었고, 그 뒤 분리되고, 지구 주위를 천천히 움직이는 중이었다는 것을 의미한다. 그 당시에, 그 이론은 많은 과학자들에 의해 받아들여지지 않았다. 그러나, 1950년대에 이르러 과학자들은 일반적으로 대륙의 이동이 실제 현상이라는 데 동의했다.

요약 현재, 세계의 대륙은 나뉘어져 있다. 그러나, 1912년에 Alfred Wegener가 알아차렸듯이, 다양한 대륙들은 퍼즐 조각과 같은 모양을 가지고 있다. 그는 대륙들이 한때 연결되었던 적이 있고, 이제는 운동 상태에 있다는 이론을 세웠다. 그의 "대륙 이동" 이론은 처음에는 논란이 많았으나, 지금은 널리 받아들여지고 있다.

1. Choose the most suitable word for blank [A], connecting the summary to the passage.
본문과 요약문을 연결 지을 때, 빈칸 [A]에 가장 적절한 단어를 고르시오.
(A) motion 운동 (B) cognition 인식
(C) evolution 진화 (D) consolation 위안

2. Choose the most suitable word for blank [B], connecting the summary to the passage.
본문과 요약문을 연결 지을 때, 빈칸 [B]에 가장 적절한 단어를 고르시오.
(A) initially 처음에 (B) instantly 즉각
(C) regularly 규칙적으로 (D) tentatively 망설이며

풀이 Wegener의 가설에 대해 지문에서 'meaning that the continents used to be joined together, had then separated, and were slowly moving around the globe'라고 말하고 있으므로 대륙이 '움직이는' 상태에 있다는 의미를 위해 'motion'이 적절하다. 따라서 1번은 (A)가 정답이다. 'At the time, the theory was not accepted by many scientists'라는 것으로 보아 대륙 이동설이 발표된 당시에 받아들여지지 않았으므로 '처음에' 논란이 많았다가 지금은 받아들여졌다는 의미로 빈칸에 'initially'가 적절하다. 따라서 2번은 (A)가 정답이다.

관련 어휘 evolution 진화 (Day 37) consolation 위안 (Day 37)
cognition 인식, 인지 (Day 39)
regularly 규칙적으로 (Day 39)
tentatively 망설이며, 잠정적으로 (Day 36)
instantly 즉각, 즉시 (Day 35)

Chapter 05

Day 41 p.353

[Practice]

Exercise 1. p.359

(1) (c) (2) (d) (3) (e) (4) (f)
(5) (h) (6) (g) (7) (b) (8) (a)

Exercise 2. p.359

(1)allegations (2)calendar (3)accusations (4)collision

Day 41. Self Test p.360

1. 약사	16. bilateral
2. allegation	17. 아마추어의
3. 신속한, 빠른	18. childish
4. bilingual	19. 장벽, 장애물
5. 일시적인, 임시의	20. coastal
6. attest	21. 트램펄린
7. 통풍, 환기장치	22. accrue
8. cardiac	23. 이용, 활용
9. 선호	24. barber
10. database	25. 고요, 적막
11. 우연히	26. calendar
12. collision	27. 수입하다, 수입품
13. 예산	28. dashboard
14. accusation	29. 증명서, 자격증
15. 확인하다, 찾다	30. airtight

Day 42 p.361

[Practice]

Exercise 1. p.367

(1) (b) (2) (c) (3) (f) (4) (g)
(5) (a) (6) (h) (7) (e) (8) (d)

Exercise 2. p.367

(1) criterion (2) apparent (3) prestigious (4) drastic

Day 42. Self Test p.368

1. 주로	16. faucet
2. rod	17. 분명한
3. 수송, 수송하다	18. exposition
4. prestigious	19. 기준
5. 사실상의	20. cower
6. attract	21. 최종적인, 최고의
7. 지휘권, 당국	22. authorize
8. immediately	23. 영화관, 극장
9. 예배실	24. billionaire
10. drastic	25. 잔혹한, 악랄한
11. 터지다, 한바탕...을 함	26. carpool
12. debatable	27. 뒤이어 일어나는
13. 관리자, 행정인	28. discern
14. edgewise	29. 수치스러운
15. 윤리, 공민학	30. classify

Day 43 p.369

[Practice]

Exercise 1. p.375

(1) (g) (2) (h) (3) (f) (4) (d)
(5) (b) (6) (e) (7) (c) (8) (a)

Exercise 2. p.375

(1)disqualified (2)imminent (3)admission (4)facilities

Day 43. Self Test p.376

1. 부족, 종족	16. envious
2. admission	17. 후견인, 수호자
3. 짐[수하물]	18. glorify
4. suspend	19. 레이저
5. 후보자	20. fixation
6. unsuitable	21. 포식자
7. ...을 가질[할] 수 있는	22. fateful
8. handful	23. 기적
9. 이상적인	24. economics
10. imminent	25. 덩어리
11. 유대인의	26. gust
12. illusion	27. 연구, 탐구, 조사
13. 용암	28. endless
14. doubtful	29. 발견하다
15. 시설	30. disqualify

Day 44 p.377

[Practice]

Exercise 1. p.383

(1) (d) (2) (a) (3) (e) (4) (g)
(5) (c) (6) (h) (7) (f) (8) (b)

Exercise 2. p.383

(1) nominated (2) initiative (3) restore (4) battle

Day 44. Self Test p.384

1. 처벌하다	16. immeasurable
2. lapidary	17. 소규모 접전
3. 전형적인, 대표적인	18. hacker
4. madam	19. 계획, 진취성
5. 전투	20. imitate
6. nominate	21. 가정부
7. 무인 항공기, 드론, 수벌	22. jigsaw
8. optimistic	23. 발생시키다, 만들어 내다
9. 마티네	24. intrude
10. emission	25. 망치다
11. 복원하다	26. manure
12. grove	27. 예상하다
13. 환대, 접대	28. downsize
14. hatred	29. 뚜렷한, 분명한
15. 요새	30. disastrous

Day 45 p.385

[Practice]

Exercise 1. p.391

(1) (b) (2) (h) (3) (a) (4) (c)
(5) (f) (6) (g) (7) (d) (8) (e)

Exercise 2. p.391

(1) ominous (2) swirl (3) improvise (4) efficient

Day 45. Self Test p.392

1. 수송, 차량, 이동	16. seniority
2. dominate	17. 통치, 관리, 통치 방식
3. 건축업자	18. projection
4. cruel	19. 친밀함
5. 폐쇄, 종료	20. merely
6. require	21. 유치원
7. 소득, 수입	22. navigate
8. optional	23. 타이머
9. 효율적인	24. ominous
10. occasionally	25. 사실상, 거의
11. 위성	26. payday
12. pavement	27. 전공하다, 전문적으로 다루다
13. 국왕의, 왕족	28. swirl
14. recreate	29. 정도, 크기
15. 뭐든 있는 것으로 만들다	30. horrify

Day 46 p.393

[Practice]

Exercise 1. p.399

(1) (c) (2) (e) (3) (a) (4) (b)
(5) (d) (6) (h) (7) (f) (8) (g)

Exercise 2. p.399

(1)employers (2)superior (3)consequences (4)literate

Day 46. Self Test p.400

1. 비교적	16. literate
2. obvious	17. 휘갈기다/ 낙서하다
3. 고용주	18. payoff
4. skinny	19. 수술, 영업
5. 보험	20. reinforce
6. tattoo	21. 관습, 관례, 대회[협의회]
7. 주인, 임대주	22. rapture
8. strew	23. 유익한
9. 정신의	24. saddle
10. biome	25. 결과, 중요함
11. 알리다	26. tasteful
12. apathetic	27. 해로운
13. 잠시 멈추다, 멈춤	28. unveil
14. misconception	29. 진전, 진보
15. 세면장, 화장실	30. superior

Day 47 p.401

[Practice]

Exercise 1. p.407

(1) (c) (2) (g) (3) (b) (4) (d)
(5) (a) (6) (h) (7) (e) (8) (f)

Exercise 2. p.407

(1)anonymous (2)depression (3)resistant (4)diversity

Day 47. Self Test p.408

1. 상담하다, 상의하다	16. relevant
2. behavioral	17. 가지런함, 동조
3. 자주, 흔히	18. tension
4. clockwise	19. 계산, 추정
5. 검투사	20. sunblock
6. depression	21. 동격의
7. 크루아상	22. accomplishment
8. attorney	23. 10년
9. 심하게	24. backlash
10. resistant	25. 자원봉사자, 자원봉사하다
11. 상호 간의, 서로의	26. attendee
12. selective	27. 경계하는, 기민한
13. 내부의, 내면의	28. trustworthy
14. unborn	29. 익명인
15. 벨트, 마구, 이용하다	30. diversity

Day 48 p.409

[Practice]

Exercise 1. p.415

(1) (d) (2) (a) (3) (b) (4) (c)
(5) (e) (6) (h) (7) (f) (8) (g)

Exercise 2. p.415

(1) despair (2) contemporary 3) subsidy (4) depiction

Day 48. Self Test p.416

1. 군단, 부대	16. intelligible
2. despair	17. 속, 중심부, 핵심적인
3. 방향, 지향, 오리엔테이션	18. communal
4. console	19. 불평, 고소
5. 특허권, 특허를 받다	20. anthropology
6. brag	21. 묘사, 서술
7. 위험한	22. celebrant
8. automobile	23. 동시대의, 현대의
9. 문지르다[비비다]	24. bleak
10. continuously	25. 정치적인
11. 온천, 스파	26. circulate
12. unity	27. 증거, 흔적
13. 체육관	28. default
14. subsidy	29. 관점, 시각
15. 중간[가운데쯤]에	30. motivate

Day 49 p.417

[Practice]

Exercise 1. p.423

(1) (b) (2) (a) (3) (e) (4) (c)
(5) (d) (6) (h) (7) (f) (8) (g)

Exercise 2. p.423

(1) broad (2) council (3) grasping (4) phrase

Day 49. Self Test p.424

1. 필라테스	16. burrow
2. range	17. 사과
3. 해결, 결심, 해상도	18. citation
4. decisive	19. 파산
5. 따로따로	20. animate
6. council	21. 노출, 폭로
7. 무섭게 하다	22. deform
8. exemplary	23. 강조하다
9. 미접촉의	24. effortless
10. fetus	25. 꽉 잡다
11. 창	26. glitter
12. exterior	27. 요금
13. 생산, 생성	28. exert
14. confront	29. 구, 구절
15. 넓은	30. markedly

Day 50 p.425

[Practice]

Exercise 1. p.431

(1) (b) (2) (d) (3) (e) (4) (f)
(5) (g) (6) (h) (7) (c) (8) (a)

Exercise 2. p.431

(1) contradictory (2) interpreted (3) disturb (4) Approval

Day 50. Self Test p.432

1. 제안, 제의	16. cognitive
2. interpret	17. 인정, 찬성, 승인
3. 복원	18. breakthrough
4. floral	19. 소화
5. 달팽이	20. contradictory
6. grip	21. (허공을) 맴돌다
7. 힘든, 어려운, 질긴	22. headline
8. illegally	23. 방해하다
9. 잠깐 자다	24. impair
10. informative	25. 대치, 대립
11. 수송, 환승, 교통 체계	26. legalize
12. mentor	27. 재료, 구성요소
13. 예방주사를 맞히다	28. manpower
14. await	29. ...인 것 같다, 보이기 시작하다
15. 목록, 카탈로그	30. informal

TOSEL 실전문제 5

General Reading Comprehension

1-2. **(D), (A)**

해석 Rip 해류는 좁지만, 해안가에서 바다로 흐르는 강한 물줄기이다. 해류는 물가 얕은 지역과 부두와 같은 인공 구조물 근처에서 형성된다. 해류는 15m에서 90m의 물 길이를 가지고 있다. Rip 해류는 놀랄 만큼 빠르다. 대부분의 Rip 해류는 초속 60cm의 흐름을 보이지만, 초속 2m 속도로 빠르게 흐를 수도 있다. 잠재적으로 극도로 빠른 Rip 해류 때문에, 수영하는 사람들에게 이 해류를 거스르는 것은 권고되지 않는다. 대신에, 바다를 향해 끌려나가고 있다고 느끼는 사람들은 먼저 해안가와 일직선으로 맞추어 수영해야 한다. 그들이 Rip 해류에서 벗어났을 때, 그제야 그들은 해안가를 향해 사선으로 수영할 수 있다.

요약 Rip 해류는 해안가 근처 혹은 인공 구조물 근처 바다의 얕은 부분에서 발생하는 강력한 해류이다. 물 길이는 15에서 90m에 이르고, 초속 2m까지의 속도로 흐른다. Rip 해류에서 벗어나기 위해서, 수영하는 사람들은 먼저 해안가와 평행하게, 그리고 해안가를 향해 사선으로 수영해야 한다.

1. Choose the most suitable word for blank [A], connecting the summary to the passage.
   본문과 요약문을 연결 지을 때, 빈칸 [A]에 가장 적절한 단어를 고르시오.
   (A) broad 넓은 (B) drastic 과감한
   (C) lapidary 정교한 (D) artificial 인공의

2. Choose the most suitable word for blank [B], connecting the summary to the passage.
   본문과 요약문을 연결 지을 때, 빈칸 [B]에 가장 적절한 단어를 고르시오.
   (A) parallel 평행하게 (B) separately 따로따로
   (C) occasionally 가끔 (D) immediately 즉시

풀이 'They form in shallow spots near shorelines and around human-made structures in water, such as docks.'에서 해류는 해안가 얕은 지역과 인공 구조물 근처에서 형성된다는 것을 알 수 있으므로 1번은 (D)가 정답이다. 'Instead, swimmers who feel they are being pulled out to sea should first swim in alignment with the shore.'에서 해류를 벗어나기 위해서 처음에는 해안가에 일직선으로 맞추어 수영을 해야 한다는 것을 알 수 있으므로, 2번은 (A)가 정답이다.

관련 어휘 drastic 과감한, 극단적인 (Day 42)
broad 넓은 (Day 49)
lapidary 정교한 (Day 44)
immediately 즉시, 즉각 (Day 42)
separately 따로따로 (Day 49)
occasionally 가끔 (Day 45)

MEMO